사회복지 윤리와 철학
SOCIAL WORK ETHICS AND
PHILOSOPHY

| 이효선 저 |

학지사

머리말

사회복지는 인간의 가치와 존엄성을 전제로 사회정의의 필요성을 옹호하며, 개인과 집단의 개별적 차이를 존중하고 보호하는 실천 학문입니다. 또한 사회복지는 사회구성원의 존엄성을 유지·발전시키기 위하여 공정한 사회구조를 제공하는 것을 목표로 하는 인권 전문직이라 할 수 있습니다.

사회복지사가 인간을 어떻게 생각하는가는 클라이언트를 돕는 서비스의 질과 정책 결정에 중대한 영향을 미칩니다. 따라서 사회복지사는 사회복지 실천에 관한 지식과 기술 습득에 앞서 진지한 철학적·윤리적 고뇌를 필요로 하며, 각 대학에서는 사회복지 전공자가 사회복지 현장에 나가기 전에 사회복지사의 선택에 영향받는 모두에게 어떤 의사결정이 옳고 선한지에 대한 사고를 할 수 있는 훈련 기회를 제공하여 도덕적인 품성과 자세를 갖추게 할 의무가 있습니다. 또한 삶에 질문을 던져 좋은 사고를 할 수 있도록 돕는 것이 철학이고, 좋은 사고를 옳은 행동으로 실천하도록 이끄는 것이 윤리이기에, 대학에서 사회복지를 전공하는 학생들은 사회복지사가 왜 윤리와 철학을 필수로 이해해야 하는지에 대한 답을 발견해야 할 것입니다. 이렇게 윤리와 철학은 인간존엄을 바탕으로 클라이언트의 문제를 해결하기 위한 가치판단의 기준과 옳은 행동 지침을 제공하는 데 의의가 있습니다.

특별히 저자는 한국에서 사회복지 윤리와 철학을 15년 이상 강의하면서 현장에서 부딪히게 되는 윤리적 문제의 해결과정을 무엇보다도 중요하게 다뤘습니다. 그리고 이는 학생들이 현재 갖고 있는 사고의 수준과 이 사고의 수준이 무엇을 어렵게 하고 방해하는지를 알 수 있는 계기가 되었습니다. 이러한 경험을 토대로 본 책에서는 무엇보다도 사회복지 실천 지식에 윤리학과 철학의 기초이론을 응용하여 많은 의사결정을 연습할 수 있도록 구성하였습니다. 이를 위해 의사결정 모델을 소개함은 물론, 사례를 직접 만들어 각 학자의 모델에 의해 푸는 과정을 예시로 보여 주며 학생들의 이해를 도우려 노력하였습니다. 또한 왜 우리가 윤리적 결정을 할 때 번번이 좋은 선택(결과)을 못하는지에 대해 사회복지 지식, 윤리와 철학의 지식으로 분석·고찰하였습니다.

본 책은 크게 제1부의 이론과 제2부의 사례로 나누어집니다.

먼저, 제1부에서는 사회복지 윤리와 철학에 관한 기초이론을 다루고, 이를 토대로 윤리적 의사결정 모델과 사회복지사 윤리강령을 재해석하였습니다.

제1장에서는 윤리학에 대한 개념 정의를 통하여 사회복지의 전문적 가치와 윤리의 기초적 이해를 도모하였습니다.

제2장에서는 서양 근대의 역사적 배경 속에서 성장·발달한 사회복지의 기본가치인 인간존엄성의 전개를 살펴보고, 사회복지 사상과 보편윤리의 연관성을 살펴보았습니다.

제3장에서는 인간행위의 동기를 이기심으로 설명하려 했던 이기주의 윤리이론을 사회복지 실천 중의 하나인 자원봉사에 적용하여 논하였습니다.

제4장에서는 인간의 본성은 고통을 최소화하고 행복을 최대화하려 한다는 유용성을 윤리이론에 도입한 공리주의 이론에 대하여 고찰하고, 사회복지에서 공리주의가 어떻게 작용하는지를 살펴보았습니다.

제5장에서는 공동체를 이루고 살아가는 인간이 윤리적이어야 하는 근거를 제시하는 의무론에 대하여 살펴보았습니다.

제6장에서는 인간으로서 마땅히 지니고 있는 권리와 이를 존중하고 실현하는 것에 관하여 논하는 권리론을 살펴보고, 사회 안에서 인간이 누리는 권리로서 인권의 개념과

특수성 그리고 인권 사상이 정립된 역사와 함께 차별문제를 다루었습니다. 또한 상호보완 관계인 의무론을 함께 사회복지에 적용하여 논하였습니다.

제7장에서는 인간의 도덕발달을 설명하고 있는 Kohlberg의 이론을 통하여 인간이 어떻게 도덕발달을 하는가를 밝혀 보았으며, Kohlberg의 도덕발달이론과 사회복지와의 관련성을 한국 대학생들의 도덕발달 특성을 통하여 살펴보았습니다. 한편, Kohlberg의 이론에서 적용하고 있는 가설적 딜레마의 한계와 그의 이론이 여성의 경험에 부합하지 않는 남성 중심의 개념임을 비판하며, 대안적 관점으로서 여성의 도덕발달이론을 정립한 Gilligan의 논의로 함께 살펴보았습니다.

제8장에서는 사회복지 실천에서 윤리적 의사결정의 중요성과 고려사항을 살펴보았습니다. 또한 기존의 윤리적 의사결정 과정 모델을 통하여 사회복지 실천 현장에서 사회복지사가 윤리적 딜레마 상황에 접했을 때 어떻게 해결해야 하는지 그 과정을 사례와 함께 제시하였습니다. 그리고 의사결정 과정에서 올바른 결정을 방해하는 반복되는 실수의 예를 사회복지 지식과 윤리이론으로 분석하여 윤리적 의사결정에 대한 이해를 도모하였습니다.

제9장에서는 앞에서 살펴본 사회복지의 가치와 윤리이론을 토대로 우리나라의 사회복지사 윤리강령을 분석하고 재해석하였습니다. 그리고 윤리강령의 실천 가치와 개념이 사회복지 행동지침으로서 어떻게 구조화되어 나타나고 있는지와 그 의미를 객관적 해석학이라는 질적 연구 방법으로 분석하여 윤리강령에 대한 이해를 높이고자 하였습니다. 더불어 사회복지 실천에서 해석학의 적용 가능성을 생각해 보았습니다.

제2부에서는 사회복지 실천에서 전개되는 실제 윤리적 갈등의 문제를 잘 해결하기에 앞서 사고를 훈련하기 위해, 우리 주변에서 쉽게 찾아볼 수 있으며 사회적으로 이슈화되고 있는 윤리적 딜레마와 영화 속에서 나타나는 윤리적 딜레마를 다양한 사례를 들어 살펴보았습니다. 이를 통해 우리는 윤리와 철학이 결코 어렵지 않음을 알 수 있으며, 윤리와 철학을 공부한 뒤 어떻게 사고의 변화가 오는지, 사회복지 실천의 측면에서 윤리적 딜레마를 어떻게 논의할 수 있는지를 알 수 있습니다.

저자는 사회복지를 전공하는 많은 학생에게 윤리와 철학이 그저 어렵고 따분한 것이 아니라, 학문을 하는 데 있어 기본적이고 근본적인 역할을 담당하며, 옳은 사고와 결정을 이끌어 우리의 삶을 윤택하게 하고 있다는 것을 본 책을 빌려 강조하고 싶습니다.

본 책이 완성되기까지 저자에게 철학의 매력을 알게 해 주어 오늘날 내가 무엇을 외쳐야 하는지를 가르쳐 주신 독일 Mainz 대학교의 Garz 교수와, 사회복지를 어떻게 실천하는 것이 옳은지를 늘 깨닫게 도와주시는 조휘일 교수님께 감사 인사를 드립니다. 그리고 대학교 2학년 때부터 스터디를 하며 오랜 시간 저자 곁에서 많은 도움을 주었고, 이제는 박사가 되어 독일 Kiel 대학교 Post Doc.과정으로 떠난 유연숙 박사님께 특별히 깊은 감사와 애정을 드립니다.

또한 저자를 신뢰하며 15년 동안 함께 스터디하며 학문의 즐거움을 만끽하고 있는 김석기, 정푸름, 김혜진, 정순원 예비 박사님들과, 대학원과 대학교의 스터디그룹 학생들인 김민경, 이주혁, 이재곤, 김도연 등 모두에게 제가 당신들의 선생인 것에 감사를 드립니다. 마지막으로 본 책의 출판을 도와주신 학지사 김진환 사장님과 편집부 여러분께도 감사를 드립니다.

2016년
강남대 샬롬관 12층에서
저자 이효선

차 례

제**1**부

사회복지 윤리와 철학이론

제1장 사회복지 실천에서 윤리의
일반적 개요

사회복지는 사람들의 안녕(well-being)을 추구하는 인간적이고 사회적인 노력으로 정
의된다. 이는 사회적 기능의 손상으로 일상생활을 영위할 수 없는 사람뿐 아니라 모든
사람의 건강하고 바람직한 삶을 돕기 위해 사회복지사가 인간과 사회에 대한 과학적인
지식을 활용하여 전문적으로 돕는 과정을 의미한다.

사회복지의 개념 정의에서 알 수 있듯이 사회복지는 인간의 삶의 전 과정에 관심을
가지고 그들을 도와주기 위해 지식과 기술을 활용하지만, 이보다 먼저 생각해야 할 것
은 사회복지학은 인간의 존엄성을 기본가치로 삼고 실천하는 학문이라는 것이다. 삶에
대한 질문을 던지고 좋은 사고를 할 수 있도록 하는 것이 철학이라면, 이 좋은 사고를 가
지고 옳은 행동을 할 수 있도록 이끄는 것이 윤리다. 사회복지에서 윤리와 철학의 의의
는 인간의 존엄성에 관심을 가지고 사람들의 문제를 해결하기 위한 행동방향 및 가치판
단의 기준과 지침을 제공하는 데 있다고 할 수 있다.

따라서 사회복지사가 아무리 많은 지식과 훌륭한 기술을 가지고 있어도 사회복지 실
천에 있어 인간에 대한 존중과 주의라는 철학적 사고(올바른 가치)가 선행되지 않을 때,

그것은 한낱 '돕는 행동'에 불과하다는 것을 알 수 있다. 더욱이 그 기술과 지식이 특정 개인이나 집단에게만 이익을 추구하는 도구로 이용될 때, 그들과 더불어 사는 많은 사람과 공동체에 해를 끼치는 결과를 초래하게 됨은 당연하다. 또한 사회복지사가 인간을 어떻게 생각하는가는 그들이 제공하는 서비스와 정책결정에 중대한 영향을 미치기 때문에 지식과 기술습득에 앞서 누구를 도울 것이며, 어떤 것이 그들을 돕기 위한 올바른 결정이고, 그 결정은 누구를 위한 것인지, 또한 어떤 것을 최우선의 가치로 삼을 것인지 등의 철학적인 고민을 필요로 한다. 사회복지는 인간 삶의 실천 문제뿐 아니라 그들의 실존을 연구하는 인간학으로서 사회복지 철학관의 확립은 옳은 인간관의 확립을 전제로 하기 때문이다.

인간을 대상으로 도움의 과정을 펼치는 사회복지사는 사회복지를 실천할 때 인간이 보다 나은 삶을 살 수 있도록 다양한 역할과 기능을 수행하는 중에 윤리적 결정을 하여야 하는 경우가 다른 전문직보다 많다. 그렇기 때문에 오늘날 사회복지사에게 현대 사회의 변화 추세 중의 하나인 과학기술 발달에 대한 윤리적·철학적 사고의 올바른 확립은 바른 윤리적 결정을 하는 데 중요한 과제로 등장하고 있다.

과학기술의 발전은 인간에게 풍요를 가져다 준 것은 물론 자연을 보다 효과적으로 지배할 수 있게 해 주었지만 동시에 생태계 파괴 기술에 의한 인간지배와 같은 부정적 결과를 가져오기도 하였다. 남녀 성비의 불균형을 가져온 여아낙태 사례와 유전공학의 발전으로 가능하게 된 인간복제는 바로 과학지상주의가 가져온 인간존엄성의 훼손과 반인륜적 결과의 대표적인 예라 할 수 있다. 또한 최근 의료목적을 벗어난 미용목적의 성형시술 수요급증과 각종 의료사고 그리고 임신중절수술 실태와 존엄사에 대한 논란 등도 이와 같은 범주의 예로 대두되고 있다. 이 과학지상주의는 도덕적 계몽이 요구되는 일상의 생활세계(Lebenswelt)에서 문제를 해결해 줄 기술적 해결책만을 찾기 때문에 인간의 주체성과 자율성, 책임 그리고 권리와 의무 등에 대한 논의를 비과학적인 것으로 간주하여 의미 없는 것으로 만들었다. 또한 가치판단의 근거를 타산성이나 효율성에서 찾기 때문에 인간의 존엄성이나 인간생명에 대한 가치를 보장해 주지 못하고 인간을 그저 산업 체제의 한 부속물로 밖에 취급하지 않아 도

대체 인간이 무엇이냐고 묻지 않을 수 없게 만들었다. 그리고 이 과정에서 사람들의 가치관은 더욱더 복잡하고 다양화되어 상대적 특수성과 다원화를 반성과 성찰 없이 바람직한 가치체계로 받아들이고 있어 사회복지사의 윤리적 결정을 더욱 어렵게 하고 있다.

독일의 보편윤리학자이며 근대주의 철학자 Habermas는 앞에서 열거한 문제들이 우리 사회가 자본주의 사회를 거치면서 이성의 여러 면 중에 유독 인식도구적 합리성만을 추구하는 데에서 비롯되었다고 파악한다. 그래서 그는 상호주관성에 기반한 '의사소통적 합리성'을 강조하며, 이것이 현대사회의 문제점들을 해결할 수 있다고 낙관하고 있다(Habermas, 1985). 사회복지 학문도 인식도구적 합리성의 덕택으로 많은 이론과 기술을 개발하였으나, 이제는 이를 기반으로 도덕-실천적 합리성과 심리-표현적 합리성인 윤리와 철학의 문제를 진지하게 풀어 나가야 할 것이다.

그러나 윤리적 판단의 문제를 해결하기 위해서는 무엇보다도 옳고 그름을 판단하여 보다 나은 결정을 할 수 있는 윤리적 사고가 필요하다. 이 윤리적 사고의 능력은 사회복지사가 윤리적 결정이 요구되는 상황을 올바르게 인식하고, 어떠한 결정이 바른 행위인가를 스스로 생각하고 판단하여 자신의 행위를 바르게 선택할 수 있는 능력으로, 다양한 가치관이 혼재되어 있는 현대사회에서 보다 낫고 옳은 윤리적 판단을 하기 위해서 필요하다. 따라서 이 장에서는 사회복지사의 윤리적 사고와 판단의 기초가 되는 윤리와 철학에 대한 일반적 개념은 물론 유사개념인 도덕과 가치의 의미를 분명히 한다. 또한 이를 토대로 절대적 윤리와 상대적 윤리의 개념이 사회복지 실천 현장에서 어떻게 이해되어야 하는지 낙태를 예로 들어 살펴볼 것이다.

1. 윤리와 관계된 유사 개념의 정의

1) 윤리와 도덕

윤리의 본질이 무엇이냐에 관해서는 예전부터 학자들의 의견이 분분하다. 그럼에도 이들의 공통된 주장을 요약하여 보면 '윤리란 사회적 존재인 인간이 사회 속에서 여러 사람과 더불어 사는 데 필요한 원초적으로 지켜야 하는 도리와 이치이며 규범이다'라고 할 수 있다. 이렇게 윤리의 개념을 정의하다 보면 윤리가 인간의 사회성과 연관되어 설명되는 것을 볼 수 있듯이 사람은 태어날 때부터 타인과 관계를 맺으며 살아가고, 그러한 관계 속에서 가족, 사회, 국가 등 공동체의 구성원이 되어 성장하는 사회적 존재임을 알 수 있다. 그러나 사회적 관계를 구축하며 존재하는 인간은 또한 삶의 주체로서 가치와 욕구를 가지며, 자아의 실현과 행복을 추구할 권리를 갖는 존재이기도 하다. 이렇게 개인의 가치와 욕구는 각기 다르기 때문에 때로 타인의 욕구와 충돌하기도 하며, 공동체의 욕구에 부합되지 않는 경우도 있어 인간은 서로 다른 가치와 욕구에 부합하고 행위를 평가하기 위한 규범을 필요로 한다.

윤리는 사람들과의 관계에서 마땅히 행해야 하는 옳은 행위 혹은 삶에서 선(좋은 것)을 구성하는 것에 대한 개념으로 정의된다(Rhodes, 1991). 역사적으로 볼 때 서양의 윤리(ethic)는 그리스어 'ethos'에서 나온 관습, 습관, 품성 등의 의미를 가지며, 동양의 윤리(倫理)는 사람의 무리 또는 질서를 의미하는 '윤(倫)'과 사람이 따라야 할 도리와 이치를 의미하는 '리(理)'로 이루어져, 결국 윤리란 인간관계에서 지켜야 할 도리를 의미한다고 말할 수 있다. 다시 말해, 윤리는 사람이 인간으로서 살아가는 데 지켜야 할 도리이며, 기본적인 사회생활의 규범으로서 사람들의 관심의 초점은 한 사회 안에서 단순하게 실행되는 풍습이나 습관이 아니라, 그 사회 안에서 반드시 실천되어야 할 인간의 행위에 맞춰져야 하는 것이다(Hughes, 1983). 따라서 윤리는 어떠한 행동이 도덕적으로 옳고 마땅한 것인가에 대한 질문을 다루는 것으로, 한 사람의 다른 사람에 대한 의무(obligation)

와 관계된다(Dolgoff, Loewenberg & Harrington, 2005). 또한 윤리는 도덕적으로 허용할 수 있는 행위와 허용할 수 없는 행위의 근본적인 기준을 제시하여 행위의 옳고 그름을 판단할 수 있도록 한다(최문기, 2000).

이렇게 사람으로서 마땅히 행해야 할 것을 행하고, 단순한 행동이 아닌 '인간적 행위'를 논할 때 비로소 우리는 윤리학이 무엇을 취급하는지 이해하게 된다.[1] 특별히 언어의 진술을 통하여 윤리학을 살펴보면, 일상생활에서 우리는 크게 두 종류의 진술을 하는데 그 하나는 '~이다' 형태의 서술을 하는 사실적 진술(factual statement)(예: 대한민국의 수도는 서울이다)과 '~하여야 한다' 형태의 사실이나 대상을 일정한 기준을 가지고 평가하는 규범적 진술(normative statement)(예: 자신의 이익을 위해 거짓말하지 말아야 한다)을 들 수 있다. 규범적 진술은 행동을 지시하고, 다른 규범에 비해 당사자에게 탁월한 중요성을 가지며, 진술하는 사람에게만 타당한 것이 아닌 어느 누구에게나 해당되는 보편 가능성의 특성을 지녔기 때문에 우리는 윤리적 진술 또는 도덕적 진술이라 한다. 그래서 Taylor(1975)는 윤리학을 도덕의 본질과 근거에 대한 철학적 탐구라 정의하며 윤리학이라는 이름으로 도덕을 이해하였다. 여기서 설명되는 도덕이란 우리들이 일상생활에서 선·악을 구별하는 문제 또는 우리에게 도덕적 행동을 하도록 요구하는 행위의 일반적 규범과 관련된 문제를 의미한다. 그래서 우리는 윤리학을 도덕에 관한 학문 내지는 도덕적 행위 자체의 근본 원칙으로 이해할 때, 도덕을 윤리와 동일한 의미로 사용한다. 즉, 도덕은 윤리학의 연구대상으로 '행위 일반의 원리에 관한 학문'으로 이해되는 실천철학(praktische philosophie)이라 할 수 있다(Reiner, 1964). 그러나 엄밀한 의미에서 보면 윤리와 도덕은 구분되는 개념이다. 도덕은 어떤 공동체의 사회질서를 유지하는 행위원리나 가치 혹은 행위의 선악을 판단하는 준거적 가치라고 말할 수 있다. 한편 윤리는 행위주체들이 가족, 사회, 국가 등의 공동체 생활에서 도덕적 가치에 따르도록 요구 받는 주체의 행위가치로서 각 주체의 도덕적 행위원리를 지칭한다(장인성, 2006). 다시 말해

---

[1] 영국의 윤리학자 Hare는 윤리의 형식적 특성을 규정성의 원리(the principle of prescriptivity), 보편화의 원리(the principle of universalizability) 그리고 우선성의 원리(the principle of overridingness)로 보았으며, 윤리적 평가의 원리로 공리의 원리(the principle of utility), 정의의 원리(the principle of justice), 인품향상의 원리로 보고 있다.

도덕은 옳고 그름에 관한 일반적인 원리이며, 윤리는 이러한 도덕원리에 근거하여 행위를 하는 주체에게 강조된 규범과 관계된다고 볼 수 있다(Harper, 2009).

윤리학은 역사적으로 볼 때 이미 고대 그리스시대에 철학의 한 분야로 자리 잡고 있었던 오래된 학문이지만,[2] 그 당시의 윤리학은 도덕적 요구나 도덕적 책임에 관하여는 별 관심을 갖지 않고 최고선이나 인생의 궁극적 목적이 연구대상이었다. 그러다가 Kant에 이르러 순수한 도덕의 개념이 나타났는데, 그는 인간행위의 목적과 동기를 구분하여 도덕적 선이란 행위의 목적에 의해 결정되는 것이 아니라 행위의 동기에 의하여 결정된다는 사실을 주장하였다. 이것은 윤리학의 관심이 기존의 최고선이나 인생의 궁극적 목적이 아닌, 오늘날 우리가 이해하고 있는 도덕에 관한 학문에 있다는 견해를 일반화시키는 계기가 되었다. 또한 당시에 Hume이 경험론적 입장에서 도덕적 행위의 동기는 이성이 아닌 감정이며 도덕판단 또한 이성이 아닌 주관적 감정에 의해 이루어진다며 이성의 능력을 매우 제한적으로 본 것에 반해, Kant는 '코페르니쿠스적인 전회'로 일컬어지는 사고의 혁명으로 '실천 이성'으로서의 이성을 주장한 것이다(박찬구, 1995). 즉, 이성은 종래의 제한적 역할에 국한되지 않으며, 보편적 법칙을 스스로 세우고 그것을 따르기 위한 스스로의 의지까지도 규정할 수 있다는 것이다. Kant는 인간이 동물과 마찬가지로 자연법칙 속에 살고는 있지만, 실천 이성으로서의 이성이 있기에 옳고 그름을 구별하고 의식적으로 스스로를 규율할 수 있는 자율적 존재이며, 그렇기 때문에 도덕을 실천할 수 있다고 주장하였다.

이성의 존재 여부에 의해 판단되는 도덕은 실증적이고 기술적인 것이 아니라 규범적이며 가치 판단적인 속성을 가지고 있기 때문에 그들의 주장은 늘 좋고 합리적인 이유들에 의하여 뒷받침될 수 있는 공정한 토의를 필요로 한다. 이러한 공정한 토의를 하기 위하여 우리는 다음과 같은 절차를 밟아야 한다. 우선 도덕적 결론은 사실이 무엇인가에 크게 의존하고 있기 때문에 사실을 정확히 파악하여야 한다. 사실이 확인되면 도덕

---

2) 고대 그리스의 윤리학은 Socrates와 Platon(B. C. 427~347)을 거쳐 Aristoteles(B. C. 384~322)에 이르러 독자적인 학문으로 발전하였으나, 그들의 윤리학의 관심은 도덕에 관한 연구보다는 인간이 이성의 인도를 받아 모든 행동과 노력을 다하여 인생에서 성취해야 할 궁극적 목적인 최고선(hochstes Gut) 자체에 대한 탐구였다.

적 원칙을 적용하여 공정함을 따져 보고, 그 원칙이 누구에게나, 또 어디에서나 유용해야 하며, 합리적으로 이치에 맞게 적용되고 있는가를 물어야 한다.

이렇게 윤리는 철학이라는 학문체계의 분과 학문으로서 도덕에 관한 철학적 연구를 뜻하는 것으로, Frankena(1974)는 윤리를 도덕에 관한 철학적 사고라고 언급하였다. 즉, 도덕은 인간의 이성과 경험을 인식행위의 기초로 하여 이들이 인식하는 대상과 그들 사이의 관계를 합리적인 추론이라는 인식 방법을 사용하여 연구하는 것이라고 할 수 있다. 따라서 '철학한다'는 것의 의미는 인간이 가진 이성과 경험을 인식의 도구로 삼아 연구대상이 되는 인간을 합리적으로 추론해 나가는 지적인 활동이라 할 수 있다.

결론적으로, 개개인이 조화를 이루어 공동체를 형성하고 공동체 속 개인의 자아실현과 행복을 추구하기 위해 구성된 질서와 행위규범을 도덕이라 하며, 옳고 그름을 판단하여 도덕에 관하여 연구하는 학문을 윤리학이라고 한다. 또한 윤리학은 사회에서 사람과 사람의 관계를 규정하는 규범에 대한 학문으로, Platon 이후에 자연학, 논리학과 더불어 철학을 구성하는 중요한 한 분야로 다루어지고 있다.

2) 윤리와 가치

윤리는 인간에게 다음과 같은 질문에 대답하기를 요구한다. '우리가 살아가는 데 있어 어떤 가치가 가장 중요한가?' '왜 이런 행위가 다른 행위보다 더 좋은가?' 또한 이성에 기초하여 옳은 해답에 도달하고 실제적으로 평가하는 것으로 '왜(why)'를 제공한다. 이와 유사한 개념을 가진 '가치(value)'는 라틴어의 '강하게 보급되는' '가치 있게 되는' 의미의 valere에서 유래하였다(Reamer, 1995). Reamer(1999)에 따르면 가치는 평가될 수 있는 모든 것, 모든 욕구의 대상, 어떤 바람직함이란 개념으로서 가능한 여러 수단과 목적중에서 선택할 때 영향을 미치는 것, 인간의 노력에 지침이 되는 바람직한 최종 상태, 사회적 행동을 인도하는 정당화된 목적의 가장 일반적인 진술, 여러 대안적 행동 중에서 선택을 할 때 영향을 주는 규범적 기준 등으로 정의되고 있다. 가치는 사람들에 의해 가치 있다(의미가 있다) 혹은 없다고 평가되는 것으로, 시공을 초월하여 현실적으로 나타날 때에만 그 의미를 지닌다. 또한 '바람직스러움의 기준'을 의미하는 가치는 그 자체가 수많은 위계질서로 구성되어 있어 수단적 가치와 목적적 가치로 나누어 가치관[3]과 비교되어 설명된다. 예를 들면, 인간존엄적 가치관이란 인간존엄을 최고의 목적적 가치로 보고, 나머지는 그 인간존엄을 구현하기 위한 수단으로서의 가치만을 지닌다고 보는 것이다.

가치는 또한 감정적으로 무엇을 바랄 것인가에 대한 개념으로, 역사 속에서 경험적으로 습득하여 대중이나 집단에 의하여 구성되는 행동패턴의 조직화와 구조화에 대한 의미를 제공하기도 한다. Gordon(1965)은 어떤 것을 가치 있다고 보는 것은 그것을 선호한다는 것이라고 하였고, 선호의 정도는 '선호하는 것을 얻기 위해 어떤 값을 치르고, 얼마나 노력하며, 어떤 희생을 하였는가'로 측정된다고 하여, 가치를 '선호한다'는 의미와 동일시하여 정의했다. 따라서 가치는 인간에게 '좋은 것과 바람직한 것에 대한 가정'으로, 행동에 있어 평가적인 결정에 관여하기 때문에 사람들에게 옳고 그른 것 혹은 좋고 나쁜 것을 평가하도록 한다. Husserl은 이러한 가치판단에 있어 그 주체는 '삶의 주체로서의 인격적 자아'이며, 이 인격적 자아에 의해 실천적 자율에 따르는 삶과 행위를 이끌어 낼 수 있다고 주장하였다(조관성, 2014). 즉, 인격적 자아는 자기의 현실적 행위, 동기, 목표뿐만 아니라 실천적 가능성을 조감하며 삶의 미래 지평까지도 평가할 수 있다는 것이다. 예를 들어, 돈이 없는 배고픈 사람이 길을 가다가 제과점에 진열된 빵을 보게 된다면 동물적인 욕구로는 훔쳐 먹어야 하지만, 훔쳐 먹지 않는 이유는 바로 그가 가지고 있는 가치에 따라 훔쳐 먹지 않는 것이 옳다고 판단했기 때문이다. 이렇듯 가치는 윤리적 이성과 정의의 첫 번째 요소로 작용하며, 이 개인적·직업적·사회적 가치는 딜레마 혹은 곤경을 해결하기 위한 이성의 과정에서 의사결정자에게 적절한 행동을 선택할 수 있는 안내 또는 지표로서 정보를 제공할 수 있다(Manning, 2003). 가치는 또한 '선과 악, 아름다움과 추함, 유쾌와 불쾌, 적절과 부적절 등 인생의 기본적이고 중

---

3) 가치관은 특정한 가치를 최고의 가치인 목적적 가치로 보고, 그 나머지는 그 가치를 위한 수단적 가치로 보는 체계적인 신념을 일컫는다. 그래서 가치관은 그 자체가 주관이 전제된 신념체계이기 때문에 객관적 평가가 어렵다.

요한 부분을 결정하는 지침'(Ritzer, Kammeyer & Yetman, 1979)이며, 무엇을 생각하고 판단하는 행위에 기준이 되는 관점을 말한다. 가치는 모든 사물과 현상을 해석하고 평가하며 의미를 부여하는 것으로써 사람의 생각과 사고방식을 지배하기 때문에 인간의 모든 선택은 가치에 따른 평가에 의해 좌우된다. 따라서 가치는 사람들이 가지고 있는 '신념' 그리고 행동을 지배하는 중요한 '감정' 체계라 할 수 있으며 또한 사람들의 행동을 결정짓는 기본적인 힘이라 할 수 있다. 그렇기 때문에 올바른 가치관의 확립은 매우 중요하다.

이러한 가치에 대하여 옳고 그름의 규범적 기준을 부여하는 것이 바로 윤리다. 그래서 Loewenberg와 Dolgoff(1996)는 '가치는 무엇이 좋고 바람직한가에 관심을 갖는다면, 윤리는 무엇이 옳은가에 대한 행위규범이며, 윤리학은 올바른 행위에 대한 물음'이라고 했다. 가치와 윤리의 차이점을 살펴보면 윤리는 무엇이 옳고 그른가를 다루는 것이고, 가치는 무엇이 좋고 싫은가를 다루는 데 있다. 가치란 하나의 가정적인 개념이어서 인간의 생각에 그치지만, 윤리는 윤리적 판단에 따른 행위수행에 있어서 규범적 기준이 필요하게 된다. 왜냐하면 도덕적(윤리적) 가치는 좋은 사고로 그치는 것이 아니라 그 사고로 인해 행위가 실천될 때 비로소 그 의미가 있기 때문이다.

3) 윤리와 철학

철학(philosophy)은 어원적으로 그리스어의 필로소피아(philosophia)에서 유래하였으며, 사랑이라고 하는 필로스(philos; 愛)와 지를 의미하는 소피아(sophia; 知)의 합성어다. 따라서 Philosophia라는 말을 직역하면 '지혜에 대한 사랑(Liebe zur Weisheit)'을 뜻한다. Hegel이 철학을 지(知)에 대한 누구라고 정의한 것처럼, 철학은 지와 무지에 대하여 알고자 하는 물음 자체를 말한다. 이에 대표적인 인물로 우리는 Socrates를 꼽고 있는데, 그는 자신이 현재 알고 있는 것뿐만 아니라 무엇을 모르고 있는지까지 알고자 함으로써 진정한 철학자임을 보여 주려 하였다. 이처럼 철학은 인간의 특수한 지적 양식과 태도의 양식으로 지식을 추구하는 이성활동이라고 할 수 있다.

하지만 철학의 정의는 학자와 시대에 따라 다양하다. 예를 들면, 고대 그리스 철학자 Platon은 영원하고 절대적인 이데아의 세계를 동경하는 사랑을 철학의 본질이라 하였으며, 근세 과학주의 철학자 Descartes는 모든 지식이 합리적으로 연역될 수 있는 최고의 원리를 포함한 완전한 지식을 얻으려는 것이 철학이라 믿었고, Kant는 철학을 이성 인식의 체계라고 정의하였다.

근대에 들어서 Dilthey는 '이해'의 개념을 중심으로 철학을 해석학의 한 부분으로 발전시켰으며, Husserl은 철학을 학문적 인식의 한 방법인 현상학으로 이해하였다. 그 뒤를 이어 Dewey는 과학의 특수성을 통합시키려는 인간의 요구를 철학만이 만족시킬 수 있다고 믿으며 철학이 과학에 대해 어떠한 기능을 해야 하는지를 역설하였다. 또한 보편주의 철학자인 Apel은 마르크스주의, 실존주의와 실용주의에 삶의 이론과 실천을 실제로 매개시키고 있는 철학의 역할을 언급하였다. 예를 들어, 모든 사회적이고 역사적인 운동의 포괄적인 전체로의 '변증법적'인 통합, 실존적이고 '사적'인 한계상황에서 모험적인 결단과 공적인 관심사들에 대한 실용적인 규제 등이 철학의 기능이라고 설명하였다.

철학자는 이렇게 역사적 배경 속에서 철학자들의 견해를 검토하고 설명하거나 이론을 전개하기도 한다. 그러나 그들의 이론화 작업은 과학자들처럼 관찰과 실험에 의존하거나 실험의 결과에 대하여 설명하지 않으며, 다른 무엇보다도 중요한 물음, 즉 근원을 찾아내려 한다는 것이 커다란 차이점이라 할 수 있다. 진리를 추구한다는 특성으로만 보게 되면 과학(science)도 scire(알다)라는 라틴어에서 연유한 것처럼 우리를 둘러싸고 있는 여러 현상에서 지식을 습득하고 그 지식을 탐구하는 방법으로서 철학과 유사한 개념을 지녔다고 볼 수 있다. 하지만 과학의 기본 목적은 사회현상과 자연현상을 포함한 모든 현상을 설명하는 이론을 제시하는 것으로, 과학자는 사물의 현상에 관심을 갖고 현존하는 사물의 특성을 밝히는 데 만족하지만, 철학은 탐구적이고 반성적인 태도에 의하여 개별 과학처럼 경험의 특정영역만을 대상으로 하지 않고 개별 과학이 정립한 지식을 존중하며, 또 그러한 지식을 동원하여 더욱 근본적인 물음을 제기한다.

철학은 모든 존재하는 것을 대상으로 하기 때문에 무엇이라고 정의하기 어렵다. 그러나 철학은 삶의 진리를 추구하고 그것을 해석하는 데 근본적인 관심을 갖고 있기에 넓은 의미에서 보면 인간학이라 할 수 있다. 또한 철학이 다루는 문제를 두고 생각할 때, 우리는 철학을 사고의 규칙이나 인식에 관해 탐구하는 인식론과 존재론으로 나눌 수 있다. 존재론은 개개의 존재에 관하여 그것이 가지고 있는 특수한 성질을 연구하는 것이 아니라, 일반적으로 존재하는 것에 관해서 그것이 존재하는 이유를 고찰하려고 하는 것을 의미한다.

앞에서 윤리를 인간이 지켜야 할 도리와 규범으로, 도덕의 본질과 근거에 대한 철학적 탐구라 정의한 바 있다. 이처럼 윤리학이 어떤 행위가 옳고 그른가를 판단하고 그 근거가 무엇인지를 밝히려 한다는 점에서 철학적 탐구라 하는 것이다. 이렇게 옳음과 좋음의 우선순위를 따질 때 윤리의 철학적 논의가 시작되기 때문에 윤리를 철학적으로 이해하는 일은 결국 윤리적 행위와 실천을 제대로 하기 위한 기반이 된다. 그러나 윤리는 옳은 행위에 대한 탐구(이론)에만 그치지 않는다. 옳은 행위를 유도하도록 노력함으

〈표 1-1〉 **과학과 철학의 차이**

구분	과학	철학
대상	자연현상, 사회현상	이성적 개념 및 인지 　- 의미와 정당화
영역	개별적 영역 　- 심리학, 사회학, 천문학	포괄적·종합적 세계
연구 태도	객관적인 사실만을 분석하는 기술 가치중립적 태도 자신도 객관적으로 파악	대상에 대한 가치 지향적 태도 나와 우주 전체를 통일적 관계에서 파악-자각
방법	관찰과 실험 　(가설-관찰-실험-결과의 검증) 인과법칙을 토대로 경험적 대상을 설명	논리적 추리, 사유를 해석을 통해서 의미를 찾아내는 방법을 사용하여 이해
결과	일정한 조건하에서는 완전한 지식에 도달 객관적으로 진리 전달이 가능	완성되고 고정된 것이 없음 진리의 사랑

로써 존재해야만 하는 당위에 관한 실천 철학이 되는 것이다. 윤리는 도덕의 본질과 근거를 밝히고자 하는 점에서 철학적 범주에 들어갈 수 있지만, 마땅히 존재하여야만 한다는 당위를 논하고 실천을 이끌어 낸다는 점에서는 철학을 이미 넘어서고 있다. 따라서 윤리의 철학적 이해는 결국 윤리적 행위와 실천을 제대로 하기 위한 기반이 된다고 할 수 있다.

2. 윤리의 분류

윤리는 도덕에 관하여 연구하는 학문이다. 따라서 윤리학의 과제는 어떤 행위가 옳은 행위이며, 어떤 결정이 올바른 결정이며, 이를 위해서 무엇이 옳고 그른지에 대한 근거를 설명할 수 있어야 하는 것이다. 즉, 도덕적 판단이나 행위에 대한 충분한 이유가 규명되어야 하는 것이다. 따라서 윤리학은 일반적으로 그 규명 방법에 따라 도덕현상에 관한 학문으로서의 기술윤리학과 도덕의 본질에 관한 학문으로서의 규범윤리학으로 나누어진다.

전자인 기술윤리학의 입장은 도덕적 규범이 역사적으로 크게 변천해 왔다는 사실과 문화와 민족과 사회체제를 달리함에 따라서 도덕도 다름을 인정하며, 도덕에는 유일 · 절대적인 것이 있을 수 없다는 상대주의 윤리를 말한다. 기술윤리학은 도덕현상에 대한 과학적 설명은 하고 있으나, 두 가지 도덕체계가 주어졌을 때 어느 것을 선택해야 할 것인가에 대해서는 설명하지 못한다. 따라서 우리가 마땅히 어떻게 행위 하느냐에 관해서는 도덕의 보편적인 원리를 연구하는 규범윤리학이 요구된다고 하겠다.

규범윤리학은 도덕의 본질, 도덕적 판단의 의미 및 그 타당성 등을 철학적으로 연구한다. 따라서 규범윤리학을 윤리철학 또는 도덕철학이라고도 부른다. 규범윤리학에도 여러 가지가 있으나 크게 나누어 보면 목적주의 윤리학과 법칙주의 윤리학으로 요약할 수 있다. 목적주의 윤리학은 행위의 옳고 그름, 도덕적 의무 등은 어디까지나 행위의 목적이나 결과의 좋고 나쁨에 비추어 판단해야 한다고 주장한다. 반면, 법칙주의 윤리학은 목적주의 윤리학과는 달리 인간에게는 마땅히 실천해야 할 도덕적 의무가 있다고 주장한다. 그리고 도덕적 판단은 행위의 목적이나 결과에 의해서 판단할 것이 아니라 도덕적 의무의 실천 여부에 따른다고 주장한다. 따라서 법칙주의 윤리학은 의무론적 윤리학이라고도 할 수 있으며, Kant에서 그 전형을 찾을 수 있다.

　앞과 같이 도덕을 인간이 선택할 수 있다고 보며 절대적 원리를 포기하려는 철학적 입장(기술윤리학)과 도덕을 인간이 태어나기 전부터 존재한다고 믿으며 선과 악, 옳고 그름 그리고 마땅히 실천해야 할 당위성이라 강조하는 철학적 입장(규범윤리학)이 있다. 전자와 같은 철학적 입장을 우리는 윤리적 상대주의(ethical relativism)라 하고, 후자의 입장을 윤리적 절대주의(ethical absolutism)라 한다. 이것을 좀 더 자세히 살펴보면 다음 〈표 1-2〉와 같다.

〈표 1-2〉 **기술윤리학과 규범윤리학의 비교**

기술윤리학	규범윤리학
도덕의 현상에 관한 학문	도덕의 본질에 관한 학문
절대적 원리를 포기하려는 철학적 입장	도덕을 인간이 태어나기 전부터 존재한다고 믿고, 선과 악, 옳고 그름 그리고 마땅히 실천해야 할 당위성이라 강조하는 철학적 입장
윤리적 상대주의(ethical relativism)	윤리적 절대주의(ethical absolutism)

1) 윤리적 상대주의

　윤리적 상대주의는 도덕이 개인이나 문화에 따라 상대적이라 주장한다. 이는 도덕과 비도덕을 가리는 초문화적 · 초객관적 기준이란 있을 수 없다고 보는 것으로, '한 사회에서 적용되는 행동의 규칙은 다른 사회에 있는 사람들에게 적용시킬 수 없다'는 입장이다.

　이러한 윤리적 상대주의는 고대 철학자인 Protagoras와 같은 소피스트에서부터 비롯되었으며, 17세기 이후 Comte의 실증주의, Darwin의 진화론 등에 영향을 받아 발전하기 시작하였다. 현대에 이르러 윤리적 상대주의의 토대가 된 것은 문화적 상대주의다. 문화적 상대주의는 한 사회의 도덕적 신념이나 규칙 등은 그 사회의 고유한 문화에 따라서 그 정당성이 평가되어야 하며, 모든 문화는 구성요인들에 의해 보편화될 수 없는 다양성을 갖는다고 주장한다. 즉, 인간의 동일한 행위일지라도 어떤 사람에게는 그것이 도덕적 행위로 인정되는 반면, 다른 사람에게는 비도덕적 행위라 생각되는 경우가 있다는 것이다. 이러한 관점은 상대적 윤리가 어떤 선천적 원리에 의해서가 아니라 후천적인 집단 관습이나 개인의 심리적 선호에서 도덕이 발생했다는 사실에 근거하는 것으로, 개인과 문화적 차이를 감안해 도덕규범의 다원성을 인정한다. 구체적으로 윤리적 상대주의에는 한 개인의 최대 행복과 최대 선만을 위해 평가하는 윤리적 개인주의, 다수의 인간 공동체의 행복과 선을 추구한다는 공리주의 그리고 실용주의가 있다.

윤리적 상대주의의 또 다른 관점으로는 개인 혹은 그의 가치에 관련하여 개인이 옳다고 여기는 신념에 주목하며, 한 사회 혹은 개인의 신념이나 관습이 다른 것보다 좋다고 주장할 강제적 근거가 없다고 보는 관점이다(Rhodes, 1991). 이 세상에는 보편적으로 타당한 도덕원리는 존재하지 않으며, 모든 도덕원리는 문화 또는 개인적 선택에 따라 상대적으로 타당하다는 것이다. 이는 윤리적 상대주의가 심리학적 가치론과 문화적 상대주의를 근거로 하기 때문에 윤리규범을 인간성에 바탕을 두고 사회생활의 과정에서 형성된 산물로 규정한다. 즉, 시대성과 사회성을 강조하여 윤리규범은 관습이 체계화된 것으로 사회변화에 따라 변화한다는 것이다. 만일 이 차이를 무시하고 하나의 규범만이 절대적으로 옳다고 강요한다면 이는 결국 도덕적 전제주의의 횡포에 지나지 않는다는 것이다.

이에 대해 Taylor(1975)는 『윤리학의 원리(Principle of Ethics)』에서 상대주의는 어떤 규범에도 얽매이지 않으면서 순수한 사실이나 증거를 근거로 하여 모든 문화권에 공통된 도덕적 규범은 없다고 주장하며, 그 근거로서 문화적 다양성과 도덕적 신념을 내세웠다. 도덕적 신념은 보편타당하게 한 곳에서 출발한 것이 아니라 문화와 시대에 따라 다르다는 것이다(김영진, 1983). 그러나 이에 대해 대표적으로 Kohlberg는 심리학자의 오류를 지적하고 문화적 상대주의를 비판하였다. 윤리적 상대주의는 자칫 각자가 생각하는

대로 내버려 두어야 한다는 가치 방임주의, 혹은 모든 사람이 추구해야 할 어떤 참된 가
치도 없다는 가치 회의주의로 이어질 수 있다는 것이다(김진, 2011). 때문에 Kohlberg는
특히 그의 『도덕발달의 철학(Psychology of moral development)』에서 가치의 상대성 문제
를 해결하기 위해 노력했다. 그는 가치 상대주의자 중 한명인 Skinner의 경우와 같이, 사
실 개념에서 가치 개념을 도출하거나 이 둘을 동일시하는 것은 '자연주의적 오류'를 기
반한 것이라는 점을 지적하였다. 사실에 대한 비판적 평가가 인과적 설명과 예측으로서
만 가능한 과학이 윤리와 규범적 신념을 다루는 철학마저 '사실(factual beliefs)'인 것처럼
다루고 접근했다는 것이다.

　윤리적 상대주의는 윤리 현실에 관한 주의를 환기시키고 시대의 흐름에 적응하여 인
간의 개별성과 독자성을 강조하면서 그들을 수용한다는 점에서 바람직하다. 그러나 윤
리적 가치가 결정되는 윤리의 본질을 규명하지 못한다는 비판을 받고 있다. 윤리적 상
대주의자는 옳고 그름을 경험적이거나 현실적인 사실에 근거하여 귀납적인 방법으로
도덕적 가치 판단의 기준을 형성한다는 윤리적 입장으로, '사람은 왜 사는가?' 혹은 '다
른 사람을 어떻게 취급할 것인가?'의 문제는 그때의 기회와 상황에 의해 결정하고 대답
하기 때문에 행위의 일관성을 포기하고 아무에게도 그가 반드시 무엇을 해야 한다는 것
을 말할 수 없는 상황에 접하게 된다.

　이밖에 윤리적 상대론에 대한 비판은 다양하게 제시되고 있는데, 그 중 하나는 문화
가 다르다는 이유로 윤리적으로 옳고 그름을 그들의 잣대로 판단할 수 없다는 것이다.
가령 호전적이며 약탈적인 문화를 가지고 있는 집단과 평화 애호적인 문화를 가지고
있는 집단이 있다고 가정해 보자. 이때 만약 문화적 상대주의가 윤리적 상대주의를 함
축하고 있다고 생각하면, 두 문화 모두가 도덕적으로 올바른 삶을 영위하는 집단이며,
따라서 둘 중 어느 것이 보다 나은 집단인가를 가늠할 방법이 없어지게 된다. 예를 들
면, 만약 상대주의 가치관을 갖고 있는 사람이 민족과 종교를 이유로 수십만 명을 살생
한 독일 나치의 삶을 평가할 때, 그저 독일 사람들이 유태인을 좋아하지 않는 풍습을 가
졌으니 그 문화에 속하지 않는 우리는 그들의 행위가 그르다고 판단해서는 안 된다고
요구한다면, 그것이 옳지 않다고 평가할 수 있는 근거가 사라지게 되는 것이다. 그런데

오늘날 우리는 과연 독일 나치의 행위를 이와 같이 평가하고 있는가? 우리는 그 행위가 옳지 않았다고 말한다. 이렇게 상대주의 윤리관은 인간의 생명을 다루는 문제에서는 모순을 낳기 때문에, 특히 인간존엄을 가치로 갖고 있는 사회복지사는 좀 더 신중히 다뤄야 할 문제다.

윤리적 상대론에 대한 또 다른 비판은 그들이 가치를 가변적이고 각 문화마다 각기 다른 차이성이 있는 것으로 받아들이기 때문에 그 문화에 속하지 않은 사람들은 그들과 다른 가치를 비판할 수 없다고 주장하는 데 있다. 그러나 자세히 살펴보면 문화의 현상이 다른 것이지 본질인 가치는 변하지 않고 차이가 없는 고정된 것임을 알 수 있다. 예를 들어,[4] 고대 페르시아 Darius 황제가 여행 중에 밝힌 인디언 종족 중의 하나인 그라시아족(죽은 시체를 화장함)과 칼라시아족(죽은 시체를 먹음)의 장례의식문화를 살펴보면, 화장을 시키는 그라시아의 장례문화는 우리가 화장의 문화를 접했기 때문에 그리 낯설지 않게 느껴지지만, 죽은 시체를 먹는 칼라시아인의 장례의식은 충격을 줄 수 있다. 그러나 그들에게 '왜 장례의식을 그렇게 치르는가'라는 질문을 해 보면 그라시아족이나 칼라시아족 모두 조상에 대한 공경이라는 신념 때문에 화장을 시키거나, 시체를 먹는 관습이 생긴 것이다. 또한 힌두교도가 소를 먹지 않고 숭상하는 이유는 그들은 사람이 죽은 후 소의 육체를 빌려 다시 환생한다고 믿고 있기 때문이다. 이와 같이 앞의 장례문화나 힌두교인의 특정한 음식을 먹지 않는 행위는 그들의 신념의 문제이지 가치의 문제가 아니라는 것이다. 다시 말하자면, 각기 다른 문화 속에서도 똑같이 변치 않는 가치가 있음을 의미한다.

그러나 현대에 이르러 윤리적 상대주의가 크게 대두된 것은 과학기술의 발달로 인한 사회 양상과 생활 조건의 급격한 변화 때문이라고 할 수 있다. 또한 자연과학의 방법을 적용한 경험적 인간학은 인간을 진화의 산물로 보는 동시에 양심까지도 경험에 의하여 변화, 발전하는 것으로 보고 있기 때문에 윤리적 상대론에 기반하여 인간의 존엄이나 생명의 문제를 다룰 때에는 보다 더 신중하게 접근해야 할 필요가 있다.

---

4) 그라시아족과 칼라시아족의 사례는 Rachels의 『도덕철학(Elements of moral philosophy)』 2장에서 자세히 소개하고 있다.

2) 윤리적 절대주의

윤리적 절대주의는 도덕의 차원과 윤리적 평가, 즉 선과 악, 옳고 그름 그리고 마땅히 실천해야 할 당위성의 성격을 이미 전제한 선천적 원리에서 해결하려는 철학적 입장이다. 여기서 '절대적'이란 의심되거나 질문될 수 없는 것으로, 적극적인 긍정성과 확실성 그리고 무조건적인 인정 등으로 해석하여(William, 1975) 초자연적인 존재자의 속성과 그의 의도, 자연의 법칙, 진리와 허위에 관련된 명제, 법과 도덕에 관련된 명제에 적용시켜 인간생활에 응용된다.

윤리적 절대주의는 시대와 장소를 초월하여 만인에게 보편타당한 어떤 도덕적 규범이 존재한다는 주장으로, 대체로 이 입장을 옹호하는 사람들이 제시하는 근거는 보편타당한 삶의 원리는 선천적으로 주어져 있다고 본다. 이 관점에서 인생의 법칙은 도덕과 비도덕을 가리는 객관적 기준이 되고, 시대가 바뀌고 장소가 변하여도 도덕이 도덕으로 남아 있는 이유는 절대적으로 타당한 기준이 있기 때문이다. 그래서 그들의 입장에서 변화하는 것은 도덕규범의 현상이지 도덕의 본질이 아니라는 것이다. 만일 이러한 본질적 기준이 없으면 인간은 무엇이 옳고 그른지 판별할 수 없으며, 도덕적 허무주의에 빠지게 된다고 주장하기도 한다.

이러한 윤리적 절대주의는 인간행위를 위한 규범이 이미 완성되어 존재하는 것으로, 모든 인간에게 예외 없이 적용되어야 한다고 보기 때문에 규범은 인간이 마땅히 추구해야 할 삶의 궁극적 목표이고, 그것을 향해 구체적으로 행동해야 한다는 입장이다. 즉, 삶의 궁극적 목적을 인간이 마음대로 정할 수 있는 것이 아니라, 이미 선천적으로 주어진 절대적인 것으로 본다. 이렇게 윤리적 절대주의는 인간이 도덕적 법칙을 어떻게 생각하는지 관계없이 그 법칙에는 모든 사람에게 적용되어야 하는 '도덕적 필연성과 객관성'을 내포하고 있다는 입장으로, 인간에게는 누구나 지켜야 할 행위법칙이 주어져 있다는 것이다. 이 법칙은 인간의 편의나 쾌락에 의하여 정해지는 것이 아니라 인간의 의지를 초월하여 미리 주어진 절대 불변의 것이다. 예를 들면, '거짓말 하지 말라'든지, '다른 사람을 살인하지 말라' 등의 명제들은 언제나 참된 것으로, 사람들이 반드시 지켜야 한다는 도덕적 당위성과 윤리적 구속력을 가진다. 뿐만 아니라 인간의 구체적 행위를 이 기준에 따라 평가함을 말한다. 이 절대주의 윤리학의 대표적인 학자가 바로 Kant다. 그는 실천 이성의 법칙은 언제나 타당한 것으로 무조건 적용되는 지상명령이라 하였다. 이것은 대체로 형이상적 세계관, 종교적 세계관에 근거하며, 개인의 욕구, 감정, 판단, 그 밖의 어떠한 주관적 태도와 관계없이 초경험적 · 초현실적 세계에 근원하는 보편타당한 인생의 목적이나 행위법칙이 선천적으로 인간에게 주어져 있다고 보는 윤리설이다. 이렇게 윤리적 절대주의는 이미 정해진 고정불변의 도덕률을 강조하는 것으로, 선과 악 그리고 옳고 그름도 그 행위의 결과와는 별개로 판단하게 된다는 입장이다. 이때, 도덕률은 모든 상황에서 절대적으로 적용된다는 것을 전제로 삼는다.

윤리적 절대주의의 장점은 가치판단이 명료하여 방황하지 않고 도덕적 권위가 확고

〈표 1-3〉 윤리적 상대주의와 절대주의 비교

구분	윤리적 상대주의	윤리적 절대주의
윤리적 행위	윤리규범의 필요성을 인정하지 않으며, 인간행위를 상황에 의해서 규정하려는 행위	윤리규범의 필요성을 구속적 · 당위적 입장에서 받아들이는 행위
윤리원칙	심리상태에 의한 행위의 결과로서 욕구, 행복, 실용성 등을 중시함	의무의식에 의한 행위의 동기 및 과정으로서 양심, 이성, 신의 등을 중시함
옳은 행위	한 사회의 목표, 구성원들의 욕구충족에 도움을 주는 행위	보편타당한 절대적 행위의 법칙에 따르는 행위
행위 기준	상대적, 주관적, 특수적, 상황적 기준	절대적, 객관적, 보편적 기준
장점	윤리의 현실성, 인간의 사회성, 개별성을 강조, 다른 문화 포용	마음의 평화, 도덕적 권위, 사회질서 유지
단점	공통성과 보편성 부정, 윤리의 성립근거 미약, 윤리가 권위를 잃게 되며, 도덕적 무정부 상태를 방지할 이론적 근거가 무너질 우려, 윤리를 자의적으로 해석할 가능성	논리적 증명이 어려움, 모호성, 자명한 원리로 인정하기 어려움, 자명한 원리들 간의 불일치, 상대성의 결여, 권위주의적으로 흐를 경향
학자	Comte, Darwin, Spencer	Platon, Aristoteles, Kant, Hegel

히 서서 사회질서가 정연하게 유지될 수 있다는 것이다. 반면에 윤리적 절대주의의 한계점은 이와 같은 개념이 관념론적으로 흐를 수 있다는 것이다. 즉, 절대론을 제시하는 어떤 목적이나 법칙이 모두가 반드시 따라야 할 절대적인 목적이나 법칙이라는 것을 연역적인 방법이나 경험적인 사실에 의거하여 증명할 수 없다는 것이다. 또한 인간의 자유의지에 의한 자율적 활용과 창조성의 한계를 어느 정도 허락하고 있는지의 문제점을 내포하고 있다. 절대적 법칙이 있다는 그 자체에 대한 의문과 절대적 법칙이 과연 선하고 올바른 것인지에 대한 확신 그리고 그 절대적 법칙이 완전하고 완성된 것인지에 대한 여부의 인식론적 질문과 형이상학적 의문을 갖게 한다. 그래서 절대론적 목적, 법칙에 대하여 경험적·논리적 근거를 파악하기 어렵고, 타당성을 상실한 규범을 요구할 때 인간의 반동심리에 의해 증오감과 위선적 인간을 배출할 염려가 있다는 단점이 있다.

3. 사회복지 윤리

1) 전문직으로서의 사회복지

전문직(profession)의 개념은 다양하게 정의될 수 있는데, 간략히 정의하면 높은 학문적 지식체계를 바탕으로 전문적 기술을 보유함으로써 상당한 사회적 권한과 높은 사회적 지위를 누리는 특성을 가지는 형태의 직업이라 할 수 있다. 사회복지 사전에서 전문직은 특정한 욕구를 충족시키기 위해 가치, 기술, 지식 및 신념의 체계를 공유하는 사람들의 집단을 의미하며, 이러한 특정한 집단의 회원으로서 자격을 갖춘 개인이 클라이언트에게 서비스를 제공하기 위해 전문적 지식과 기술을 가지고 전문직 가치와 윤리강령에 따라 수행해야 하는 직업이라고 정의하고 있다(Barker, 1995). 전문직 집단이란 사회 내에서 특정 지식을 윤리적 방식으로 사용할 임무를 부여받은 집단이다(권오훈 역, 1999). 전문가는 특수하고도 복잡한 지식을 실천하는 사람으로, 그의 업무는 자율적이어야 하고 오직 원리에 의해서만 인도되어야 한다(김미원, 1997). 이러한 특성의 전문직 직무를 수행하는 사람을 우리는 전문가(profession)라고 부르며, 이들은 직업상의 활동이 갖는 숙련성과 능력만 인정받으면 되는 숙련공(expert)과 구별된다.

Greenwood(1957)는 직업의 전문직 여부를 판단할 수 있는 다섯 가지 속성으로 체계적 이론, 전문적 권위, 사회로부터 인정받는 권한과 특권, 윤리강령, 전문가적 고유문화를 들고 있다. 그의 관점을 구체적으로 살펴보면 다음과 같다(김태성, 1997).

첫째, 전문직이 되기 위해서는 전문직이 수행하는 기술(skill)의 바탕이 되는 체계적인 이론(systematic body of theory)을 갖추어야 한다. 전문직은 단순히 다른 직업이 갖고 있지 못하는 특정의 기술만을 갖추어서는 안 되고, 이러한 기술에 깔려 있는 체계적인 이론이 필요하다는 것이다. 그리고 이러한 체계적인 이론을 갖추기 위한 훈련은 비교적 장기간의 공실적인 학교교육을 통해서만 가능하다.

둘째, 전문적 권위(professional authority)가 있어야 한다. 전문직에 의한 서비스의 대상은 흔히 'client'라고 하고, 비전문직의 대상은 흔히 'customer'라 하는데, 그 중요한 차이는 전자의 경우는 'client'에 대한 서비스의 내용과 양을 전문직이 결정하는 반면, 후자의 경우는 'customer'가 스스로 결정하는 데 있다. 즉, 전문직과 비전문직의 차이는 서비스 공급의 결정이 전문적 권위에 의하여 이루어지느냐에 따라 결정되는 것이다.

셋째, 전문직은 사회로부터 일정한 권한과 특권(sanction of the community)을 인정받는다는 것이다. 이러한 권한과 특권에는 여러 가지가 있을 수 있으나 가장 중요한 것은 전문직은 전문직에 종사하는 인력에 대한 독점적인 통제 권한을 인정받는다는 점이다. 이러한 권한의 대표적인 예를 들면, 전문직 자체에 전문가를 배출할 자격이 있는 학교를 결정하는 권한을 주거나, 전문직이 되기 위한 일정한 자격시험을 실질적으로 관장하는 권한 등이다. 전문직에 주어지는 또 하나의 사회적 권한은 전문직을 수행하기 위해서는 국가로부터 일정한 규제(대표적인 예: 면허제도)를 받아야 하며, 만약 이러한 규제에 따르지 않고 업무를 수행했을 때에는 형사 처분을 받게 하는 것이다. 이밖에 전문가와 클라이언트와의 관계에 있어 비밀보장을 인정해 주고, 이로 인해 법적인 문제에서 제외될 수 있도록 하는 것 등이 있다.

넷째, 전문직은 전문직 자체의 윤리강령을 갖고 있다는 점이다. 앞에서 언급한 전문직의 특권은 때로는 남용의 위험이 있다. 이러한 남용을 막기 위하여 전문직은 자체적인 규범체계를 갖고 있는데, 이것이 전문직 윤리강령이다. 전문직 윤리강령이 필요한 이유는 전문직의 행위의 판단은 전문직의 속성상(고도의 기술과 지식) 전문직 자체 내에서 할 수밖에 없다는 논리에 기인한다. 그리고 이런 이유로 전문직을 수행하는 사람들에 대하여 전문직 자체의 윤리강령이 더 구속력이 있는 경향이 있다. 예를 들면, 윤리강령을 어기는 전문가는 전문직을 박탈당하게 되는 것이다.

다섯째, 전문직은 전문직 고유의 문화(professional culture)가 존재한다는 점이다. 전문직에는 고유한 가치, 규범, 상징들이 존재한다. 또한 전문직이 하는 일은 일종의 소명(calling)으로 보며, 그 자체가 목적이다. 즉, 전문직을 수행하는 것이 어떤 목적을 위한 수단(예: 돈을 벌기 위한 수단)이 되어서는 안 된다는 것이다.

인간의 생활을 원조하는 부분에서 전문직과 비전문직을 비교하면 다음 〈표 1-4〉와 같다.

〈표 1-4〉 **전문적 원조와 비전문적 원조의 비교**

전문적 원조	비전문적 원조
1. 지식, 통찰, 기본원리, 이론 및 구조를 강조	1. 감정과 기분(구체적, 실천적 중시)을 중시
2. 계통화(systematic)	2. 경험, 상식적인 직관, 관습이 중시
3. 객관적: 거리를 두고 계획을 세워서 자기의 감각과 지식을 중시하며, 감정 이전을 조절	3. 주관적: 친근감을 가지고 스스로 참가
4. 감정이입: 통제된 감정	4. 상대와 동일시
5. 일정의 기준에 의한 실시	5. 때에 따라서 자발적 실시
6. 아웃사이더 지향	6. 인사이더 경향
7. 이론적 지향성을 가진 실천	7. 경험에 의한 실천
8. 신중한 시간 제한, 계통적인 평가, 치료를 중시	8. 시간을 문제 삼지 않음, 비공식적으로 직접 책임을 물음, 케어를 중시

참조: 조추용, 1998: 3-111.

그렇다면 사회복지는 전문직인가? 이와 관련한 논의는 Flexner(1915)로부터 찾아볼 수 있다. 그는 사회복지사가 친절하고 자원이 많은 것은 사실이지만 중재자(mediator)에 불과하며, 사회복지사는 전문적 기술을 사용하지 않고 그들만의 지식이 없다는 이유로 전문직이 아니라고 제기하였다. 이후 사회복지 실천이 단일직종으로서의 핵심기법과 지식을 공유하지 않으며, 내적 일관성이나 통일성을 가지고 있지 않고, 그 외적 경계가 모호하다는 측면에서 전문직으로서의 속성을 갖추지 않았다는 논의는 계속되고 있다 (Austin, 1983).

사회복지는 인간의 기본적 욕구를 충족시키고 인간의 존엄과 개성을 최대한 실현시키는 것을 목표로 하고 있으며, 이를 위해 인간과 환경 사이의 상호작용에 초점을 두고 있다. 따라서 사회과학, 행동과학 그리고 인간과 사회적 환경 간의 관계에 관한 이론과 전문적 실천 경험으로부터 도출한 조사를 바탕으로 독특한 관점을 개발하고 있다. 사회복지의 기본이론은 인간행동에 대한 기술 및 설명, 인간행동 문제의 발생 원인, 사회문제의 발생 원인과 과정 등에 대한 설명을 제공한다. 이것은 사회복지의 배경 지식이 되며, 대부분 사회학, 심리학, 경제학, 행정학, 교육학, 문화인류학 등의 학문분야에서 가져왔고, 인간 발달, 성격, 가족체계, 사회화 조직의 기능, 정치권력 등과 관련된 이론들이 여기에 해당한다. 이처럼 사회복지는 검증된 이론적 틀을 가지고 인간이 존엄성을 유지할 수 있도록 삶의 질을 높이는 실천을 이루었기 때문에 전문직으로 인정받기 시작했다. 전문화된 지식과 과학기술은 사회복지 전문가의 권위 강화에 기여하였고, 사람들은 그들의 삶에 문제가 발생했을 때 그것을 해결하는 데 도움을 받기 위해 전문적 서비스에 의존하기 시작했다. 사람들의 삶에 개입할 수 있는 사회복지 전문직의 특권은 사회적 책임을 수반하게 되었으며, 다른 전문직과 마찬가지로 사회복지사협회에서는 사회복지사 윤리강령을 채택함으로써 사회복지사의 윤리적 판단의 기준을 마련하고 있다.

이와 같이 사회복지 직업이 전문직으로서의 구성요소들을 갖추고 있음에도 다른 전문직(의사, 약사, 간호사, 교사, 변호사 등)과 비교해 보았을 때 아직은 전문직으로서 널리 인식되지 않고 있다. 그 이유는 사회복지의 기본가치가 '인간을 이해'하는 것에 있기 때문에 클라이언트와의 관계 형성 기간이 오래 걸리고, 또 그들을 이해하기 위한 지식과 기술이 다방면으로의 접근을 필요로 하기 때문이다. 그래서 이는 자칫 사회복지 실천 현장에서 사회복지사의 역할이 단순한 정보의 제공과 정보로의 연계로 보일 수 있는 소지를 가지고 있다. 무엇보다 사회복지의 전문성은 인간의 복지를 향상시키고 빈곤과 억압을 경감시키는 것으로부터 온다(김융일, 1991: 나병균, 2013에서 재인용). 그러나 우리나라에서는 전문직으로서의 사회적 인정에만 급급했을 뿐 그 지향점에 대한 근본적 관심은 상대적으로 약했다. 이은주(2003)는 그 이유에 대하여 우리 사회의 정치적 보수성으로 인해 환경 변화의 담론 자체가 활성화되지 못한 점, 사회복지계의 확대가 사회복지계 스스로의 노력에 의해서라기보다는 정부 시책의 결과에 의해 수동적으로 임하였다는 점 등을 들고 있다. 그로 인하여 사회복지 교육과 사회복지 실천 현장이 잘 부합하지 않으며, 우리나라에 맞는 사회복지 실천의 정체성과 전문성을 제시하지 못하고 있다고 보았다.

그렇다면 사회복지의 전문성을 확립하고 제고하기 위해 어떠한 변화를 추구해야 하는가? 무엇보다 전문직으로서 사회복지사는 진정으로 그들의 지식을 공공 이익을 위해 사용하는지 혹은 전문가로서 위험가능성 없이 자율성을 누릴 자격이 있는지 등 전문화를 추구하는 과정과 그 결과에서 나오는 사회적 의미를 비판적으로 인식해야 한다(김미원, 1997). 또한 지속적인 윤리적 고민과 항상 함께해야 하며, 이것이 윤리적 평가로만 그치지 않고 문제 상황에 적용되는 행동으로 이어질 수 있도록 해야 하는 것이 사회복지의 전문성을 확립하는 방법이 될 것이다(Eisenmann, 2006). 결국 사회복지 가치와 이념을 토대로 클라이언트를 제대로 이해하고 개입할 수 있는 역량을 키워 전문직 자율성에 기반을 둔 실천을 할 수 있는가가 사회복지사의 전문성을 좌우하게 될 것이다. 그리고 그 실천에 대한 끊임없는 반성적 사고와 실천에의 적용은 전문직으로서 사회복지사가 반드시 갖추어야 할 자세다.

사회복지사의 전문성을 보다 확립하기 위해서는 대학에서 오랜 기간 이론 습득은 물론 많은 연습과 실습을 통하여 클라이언트의 문제를 정확하고 빠르게 이해할 수 있어야 한다. 사회복지사는 클라이언트가 어떤 문제를 가지고 있는가, 어떻게 그 문제를 좋게 해결할 수 있는가에 대답해야 할 의무가 있다. 이 의무에 답하기 위해 Frankfurt대학교 사회학과 교수인 Oevermann(1981)은 전문가가 되기 위해서는 이론 이해(theory verstehen)와 사례 이해(fall verstehen)를 필수 조건으로 강조하고 있다. Oevermann의 논의를 토대로 Raven과 Garz(2011)는 전문적 행위를 위해서는 이론과 실천을 조화시켜 활용할 수 있어야 한다고 하였다. 이론을 아는 것은 필수이지만 지식이 있다고 전문가가 아니며 전문적 행위를 위한 전문가로서의 하비투스(Habitus)[5]가 내재화되어야 한다고 주장하였다. 이것은 훈련과 연습을 필요로 하는 과정으로 단순히 경험이 쌓임으로써 형성되는 것이 아니다. 전문성을 갖추기 위해서는 인간과 사회에 관한 이론습득은 물론 적극적으로 사례를 다루는 연습이 필요함을 강조하였으며, 이해의 능력을 키워야 현장에 나가서 전문가로서 일하는 데 어려움이 없다고 보았다.

구체적으로 전문직 하비투스를 형성하기 위한 방법은 다음과 같다. 첫 번째는 강의, 토론, 세미나 등을 통해 이론을 습득하는 단계다. 두 번째는 사례를 연습하는 단계다. 첫 번째 단계와 달리 사례 연습의 단계는 현재의 교육과정에서 도외시되어 왔다. 사례를 연습하기 위해서는 '마치 ~인 것처럼(as if)' 훈련을 해야 한다. 나와 관계없는 가상의 사례를 통해 실제 내 사례인 것처럼 연습해 보는 것으로 마치 클라이언트를 직접 만난 것처럼 실제 사례를 가지고 분석하는 연습을 하는 것이다. 이에 Oevermann은 대학에서 인간을 이해하기 위한 훈련으로 해석학을 권고하고 있다. 첫 번째 단계에서 습득한 이론적 능력을 토대로 사례를 다루는 연습을 끊임없이 하게 되면 점차 문제를 정확히 이해할 수 있는 능력이 향상되어 보다 안정적이고 전문적인 도움을 줄 수 있게 된다. 그리고 이러한 이론 교육과 사례 연습의 두 단계를 거쳐 세 번째 단계인 실천 현장으로 나갔을 때 비로소 전문적 실천이 가능해진다. 그런데 현재는 첫 번째 단계인 이론 교육을 거쳐 바로 세 번째 단계인 실천 현장으로 나가고 있어 많은 사회복지사는 마치 '갑자기 물

---

5) Bourdieu(1974)의 하비투스(Habitus)는 개인이 가지고 있는 인지, 지각, 성향을 나타내는 것으로 어렸을 때부터 후천적으로 습득되는 것을 의미한다. 즉, 하비투스는 행위자의 내부에서 행위를 구조화하는 메카니즘으로 구조의 영향을 받아 형성되지만, 일방적으로 그 영향에 의해 기계적으로 결정되는 것이 아니라, 장(field) 안에 놓여진 위치의 성격에 따라 탄력적으로 대응하여 장의 특성에 영향을 미치는 '구조화시키는 구조'라는 것이다. 장 안에서 발생하는 하비투스의 실체는 바로 실천(practice)을 매개로 나타난다.

속에 뛰어든 느낌으로 헤매고 있는' 문제를 안게 된다. 실천 현장에서는 보다 빠른 진단과 정확한 이해를 필요로 하는 전문인을 필요로 하지, 현장에서 우물쭈물 자신 없고 실수하는 사회복지사를 원하지 않는다. 그러므로 사회복지사는 실천 현장에 나가기 전에 대학에서 실수와 잘못을 경험하며 충분한 훈련을 받음으로써 인간과 사회에 대한 이론은 물론 사례를 이해할 수 있는 힘을 키워 전문적 실천을 할 수 있도록 준비해야 할 것이다(Raven, 2014).

2) 사회복지의 가치와 윤리

사회복지사는 행동하는 전문직이어야 하며 그 행동은 사회복지 가치와 이념을 토대로 해야 한다. 그러므로 전문가로서 사회복지사가 클라이언트를 원조함에 있어 어떠한 생각을 갖는 것이 바람직하며, 문제를 해결함에 있어 어떻게 처리하는 것이 바람직한 것인가에 대한 올바른 판단을 하는 것은 매우 중요하다. 이러한 판단은 여러 가지 가치관을 전제로 하기 때문에 사회복지사는 판단을 하기에 앞서 다양한 가치체계에 대한 이해가 필요하고, 이를 토대로 바람직한 가치를 선택할 수 있어야 한다. 바람직한 가치의 선택은 옳고 그름을 판단하고 행동할 수 있는 윤리를 필요로 하는데, 이러한 사회복지사의 결정과 행동은 직접적으로 사회복지사의 가치를, 간접적으로는 사회의 가치를 반영하기도 한다. Dolgoff, Loewenberg 그리고 Harrington(2005)에 의하면 가치는 무엇이 좋고 바람직한가에 관심을 갖는 것으로 하나의 가정적인 개념이어서 인간의 생각에 그치지만, 윤리는 무엇이 맞고 옳은가에 대한 행위규범이어서 판단에 따른 행위수행에 있어서 규범적 기준을 필요로 한다고 설명하였다. 결국 무엇이 옳고 그른가라는 윤리의 문제도 가치로부터 나오는 것이기 때문에 가치에 대한 이해가 중요하다고 할 수 있다. 사회복지는 가치의 집합으로 구성되어 있고, 그 가치를 기반으로 동기화되거나 기능화되기 때문에 사회복지에 있어 가치는 매우 중요한 의미를 갖는다. 사회복지가 추구하는 가치는 무엇인가에 대한 다양한 논의가 있지만 대부분 공통된 가치로 제시되는 것들을 살펴보면 ① 각 사람의 가치와 존엄성에 대한 믿음을 포함하며, ② 평등과 비차별을 위하여 헌신하고, ③ 클라이언트의 자기결정과 비밀보장에 대한 권리를 수용하며, ④ 사회복지사는 동료 전문가, 기관, 타 전문직과 사회에 대한 다양한 윤리적 책임이 있음을 인식해야 하는 것 등이 있다(Healy, 2007).

Levy(1976)는 가치란 사람에 관하여 그리고 사람을 다루는 적절한 방법에 관하여 전문직이 갖고 있는 신념이라 했으며, 사회학자 Halmos(1966)도 원조 전문직이 인간의 본질에 관한 신념으로부터 작용한다는 것을 제시했다. 다시 말해 가치는 인간의 본질에 관하여 전문직이 갖고 있는 증명되지 않는 신념으로, 이러한 신념은 실무자의 일상적인 활동에 반영되어 전문직의 실천방향을 제시해 주게 된다.

Reamer(1999)에 따르면 사회복지 실천에서 가치는 ① 사회복지 실천 사명의 본질, ② 사회복지사와 클라이언트, 동료들, 사회구성원과의 관계, ③ 사회복지사가 사용하는 개입의 방법, ④ 실천에 있어 윤리적 딜레마의 해결이라는 네 가지 측면에서 그 중요성을 갖는다고 설명하였다. 가치는 행동에 있어서 선택의 기준 역할을 하며 가장 명확하고 충분히 개념화된 가치는 판단이나 선호, 선택의 기준이 된다고 하였다(Williams, 1968; Reamer, 1999에서 재인용). 따라서 사회복지사는 전문적 가치를 분명히 알고 있어야 하며 일상의 실천을 위한 구체적인 지침을 가지고 있어야 한다.

Levy(1976)는 윤리를 행동하는 가치로 보고, 이러한 속성을 지닌 가치에 기초해서 사회복지사는 결정을 내리거나 그들의 직업적 활동을 계획하고 그에 대한 평가를 내릴 수 있을 뿐 아니라 사회복지사에게 윤리적 사회복지 실천을 고무하고 탈선의 책을 결정하도록 고안된 규칙으로 보고 있다. 이처럼 사회복지의 윤리에서 가치문제는 그 안에서 윤리적 원칙들이 나오기 때문에 중요하게 다루어진다. 이에 Reamer는 윤리강령을 사용하여 사회복지에서의 윤리적 기초를 제공하려는 시도를 하였다. 따라서 다른 전문직과 마찬가지로 사회복지도 그 기본가치, 원칙 그리고 규정을 설명하는 전문직 윤리강령을 발달시켜 왔다. Levy(1976)는 사회복지 윤리가 사회복지사가 그들의 현장에서 윤리적 문제와 부딪혔을 때 가이드라인을 제공하는 전문직 기준이 된다고 하여 사회복지에서의 윤리의 중요성과 윤리강령의 필요성을 논하였다. 사회복지 윤리강령은 ① 실천에서 발생할 수 있는 윤리적 딜레마를 해결하는 지침이 되며, ② 무능력한 실천가로부터 일반 사람을 보호하고, ③ 정부의 공적 규제보다 자기규제를 더 확실하게 하며, ④ 전문직 동료와의 상호관계를 위한 기준을 제공하고, ⑤ 소송으로부터 전문가를 보호하는 역할을 한다(Dolgoff et al., 2005).

Reamer(1995)는 사회복지 윤리의 필요성에 대하여 다음과 같이 설명하고 있다.

첫째, 전문가 자신의 가치와 클라이언트, 지역 주민, 동료 전문가, 슈퍼바이저 등 다른 사람들의 가치관 사이에 어떤 공통점과 차이점이 있는가에 관해 체계적으로 확인하기 위해 필요하다. 또한 전문가의 개인적 가치가 다양한 전문적 판단과 평가 등에 지대한 영향을 미치는 사회적 공인으로 필요한 경우에는 자신의 가치관을 공개할 수 있어야 한다.

둘째, 윤리적 딜레마를 이해하고 이에 대처할 수 있는 능력을 갖추기 위해 필요하다. 전문가는 딜레마 상황에서 바람직한 윤리적 판단을 내릴 수 있는 사람이어야 한다.

셋째, 다양한 가치 사이의 관계 정위 또는 순위를 결정하기 위해 필요하다. 윤리를 뒷받침하는 가치나 덕목은 여러 가지가 존재할 뿐만 아니라 경우에 따라서는 '자유와 평등' 같이 2개 이상의 가치가 상충할 수도 있다. 사회복지에는 중심 가치나 주류사항이 존재하는 것으로 알려져 있다. 그러나 그것이 무엇인가를 일목요연하게 정리하기란 쉽지 않으며, 더구나 그것은 사회특성의 변화에 따라 끊임없이 달라질 수 있다. 따라서 일련의 가치들 속에서 질서를 수립할 필요가 생기는 것이다.

넷째, 사회복지의 현행 주류 가치가 얼마나 정당한가를 성찰하고, 나아가서 시대적 조류에 맞는 가치를 정립하기 위해 필요하다. 사회복지의 주요 가치는 역사적 맥락 속에서 끊임없이 변화하여 왔다. 이는 사회복지 가치의 발전과정에서 사회의 변화와 어느 정도의 정치적 고려가 불가피하다는 사실을 뜻한다. 예를 들어, 자기결정이나 분배적 정의와 같은 사회복지 가치는 자본주의와 민주주의라는 서구의 개인주의적 정치사상에서 영향을 받은 것이다. 따라서 개인주의와 대칭관계에 있는 집합주의로부터 강력한 도전을 받게 된다. 사회복지가 사회적 공인을 유지하려면 그러한 도전에 대해 적절히 대처해야 한다.

다섯째, 사회복지 전문성을 발전시키고 실천방법을 개발하기 위해 필요하다. 사회복지학은 인간을 대상으로 하는 실천 학문으로서 사회복지의 전문지식을 바탕으로 기술을 지속적으로 개발해야 하며, 사회복지사는 그것을 꾸준히 습득하고 연마해야 한다. 지식과 기술의 습득은 쉽게 이루어질 수 있다. 그러나 인간에 대한 근본 이해 없이 지식과 기술의 개발에만 매달리는 것은 모래 위에 집을 짓는 것과 같다. 윤리학은 근본에 관한 학문으로, 사회복지 윤리를 이해하면 사회복지 지식과 기술이 보이게 되는 것이다.

3) 사회복지 분야에서 가치와 윤리의 발전

Reamer는 사회복지직은 모든 전문직 중에서 가장 가치에 기반을 둔 전문직이라고 하였으며, 사회복지 전문직의 발달에 대한 역사적 평가를 사회복지의 가치기반과 윤리적 원칙에 그 중요성을 두었다. 그는 사회복지 전문직의 발달을 다음과 같이 설명하고 있다(Reamer, 1995).

사회복지의 임무는 기본적으로 공정한 것과 불공정한 것이 무엇인가에 대한 개념과 사회 안에서 개인이 가진 권리와 다른 사람에 대한 의무가 무엇인지에 관한 집합적 믿음에 의해 발전되어 왔다. 그러나 그 용어가 의미하는 것과 실제 개념은 수년 간 변해왔다.

첫 번째 단계는 19세기 후반의 형식적 직업으로서의 사회복지 단계다. 이 시기에 사회사업은 사회복지사의 윤리나 도덕성에 대한 것보다 클라이언트의 도덕성, 성실성을 강화시키고, 빈곤에 대응하는 등의 온정주의적 시도로서 클라이언트를 도덕적 결함이 있는 자로 취급하여 그들을 교정하는 것이 사회복지의 근본적 의무였다.

두 번째 단계는 20세기 초로, 사회복지의 가치와 목표가 주택, 건강, 위생, 고용, 빈곤, 교육 등의 사회문제와 관련된 개혁으로 전환되는 시기다. 당시 활발히 진행되던 진보주의에 발맞춰 빈곤이 클라이언트들의 도덕성 문제보다는 사회문제에 초점을 두면서 전문직이 표방해야 할 가치에 의문을 제기하였다. 점점 시간이 지나면서 임상사회사업, 정신요법, 사회복지 정책과 행정, 지역사회 조직이나 사회개혁과 같은 사회복지의 미래에 대한 논쟁으로 변해 갔다.

　세 번째 단계는 1940~1950년대 후반으로, 사회복지사들의 윤리와 도덕성에 관심을 두었던 시기다. 1919년에는 윤리학의 전문 규칙을 만들기 위한 시도도 행해졌으며, 1922년 미국가족복지연합은 윤리적 문제에 대한 윤리위원회를 소집했다. 또한 1947년 미국사회사업가 대표회의에서는 윤리강령을 채택하였는데, 존엄, 윤리성, 인간에 대한 가치, 자율성, 존경, 정의, 평등과 같은 가치에 관심을 가졌다. 어쨌든 이 시기는 사회복지의 분수령의 시기였다.

　네 번째 단계는 사회복지가 사회정의, 권리, 개혁 등의 윤리적 구조에 관심을 보인 시기다. 1960년에 처음으로 NASW가 사회복지 윤리강령을 채택한 것은 눈에 띌 만하다. 그리고 사회사업의 가치와 윤리에 늘어나는 관심이 가장 두드러질 만한 표현은 1976년 Levy의 『사회사업 윤리(*Social Work Ethics*)』의 출판이었으며, 그 순간부터 사회복지 윤리학의 학문이 꽃을 피웠다.

　이렇듯 사회복지 전문직의 역사와 함께 사회복지사의 중심 가치는 초기 빈민의 도덕성에 대한 관심에서 후기 사회개혁과 사회정의에 대한 관심, 그 후 치료와 정신치료의 문제에 대한 관심을 포함하여 변화하였다. 또한 사회복지사의 기본가치와 윤리에 대한 여섯 가지 가치 지향적 태도들이 나타났는데, 이러한 가치들은 그 개념상 뚜렷이 구분되나 상호배타적이지도 않다. 각기 다른 관점의 요소들은 사회복지사와 사회복지 역사 속에서 일제히 발견되기도 하였다. 그것을 구체적으로 살펴보면 다음과 같다(Reamer, 1995).

① 온정주의적 지향(Paternalistic Orientation)

　이 관점은 우애방문단과 자선조직협회의 회원들이 확산되었던 19세기 후반과 20세기 초반에 가장 뚜렷하게 나타났다. 이것은 사회복지 전문직의 임무가 클라이언트를 덕을 쌓을 수 있도록 이끌어 정직을 향상시키고, 국가나 개인의 재정지원에서 벗어나 일을 할 수 있도록 하는 것이라는 가정을 기초로 한다. 주요 목적은 기아, 노숙, 실업 그리고 빈곤한 자들의 내적 자원을 끌어 내어 생산적 삶을 살도록 하는 것이다. 즉, 사회적 기능이 약화되고, 어려움에 처한 사람들을 돕는 것이다.

② 사회정의적 지향(Social Justice Orientation)

이 관점에 따르면 의존은 근본적으로 문화와 경제적 삶의 구조적 결함이다. 빈곤, 실업, 범죄, 정신질환은 도덕적 지각을 잃어버린 문화의 소산이다. 시간이 지나 자본주의의 결점과 인종차별 그리고 다른 형태의 억압들은 하층민에게 상처를 주었다. 하지만 이러한 재난들은 긍정적 행위, 기회균등, 부의 분배, 인간복리와 서비스 같은 것들을 추구하는 기본적 사회변화, 즉 누진적인 세금, 자유로운 기업정신, 대기업의 공정과 관대 그리고 보호(care)에 의해 재배치되어야 한다. 그 예로 인보관 운동에 참여한 사회복지사, 뉴딜정책, 가난과의 전쟁 등이 이러한 관점을 반영한다(Davis, 1967).

③ 종교적 지향(Religious Orientation)

온정주의와 사회정의 관점의 특징은 사회복지 가치와 윤리에 대한 종교적 관점에서 나타나고 있다는 것이다. 이 관점에서 전문직의 주요 임무는 그들의 종교적 신념을 뜻하는 사회복지로 전환하는 것이다(Constable, 1983; Marty, 1980). 예를 들어, 박애는 개인과 신, 이웃 간의 기독교적 사랑을 반영한 것이다.

④ 임상적 지향(Clinical Orientation)

가장 최근에 개별사회사업, 가족사회사업, 집단사회사업에서 일어난 윤리적 딜레마에 비중을 둔 것으로, 사회복지에서 가치와 윤리 부분에 대한 반영이다. 1970년대 후반에 나타난 이러한 현상은 전문직 윤리에 대한 관심의 동시대적 흐름이다. 여기서 중요한 점은 클라이언트의 비밀보장(제3자 보호에 대한 의무, 정보 누출, 클라이언트의 기록 접근성), 특권화된 의사소통, 정보에 근거한 동의, 온건주의, 이익의 갈등, 밀고, 법의 준수, 기관의 규칙에 관한 논의다. 특히 이 관점의 특징은 윤리적 결정과 전문적 사명의 갈등 해결이다. 가치 충돌과 윤리적 딜레마를 강조한 이 관점은 클라이언트와 사회복지사의 가치관계에 관한 관심을 지속시키는 부분에 근간을 둔다.

⑤ 방어적 지향(Defensive Orientation)

최근 사회복지의 가치와 윤리에서 중요시되는 부분은 방어적 태도가 무엇을 지칭하는 것인가를 설명하는 것이다. 개별 클라이언트, 가족, 지역사회, 각계각층의 사회조직원을 포함한 클라이언트의 이익에 대하여 윤리적 실천의 증진을 강조하고 있는 임상적 관점에 비하여, 방어적 관점은 실천가의 보호에 초점을 두고 있다. 이는 다양한 형태의 과실과 부정행위에 대한 주장과 의무와 증가하고 있는 소송의 위험에 근거한다(Reamer, 1994b).

⑥ 도덕과 무관한 지향(Amoralistic Orientation)

도덕과 무관한 지향의 특징은 가치에 기초한 개념이나 규범적인 개념을 배제한 실천을 하고 있다는 것이다. 이러한 시각은 사회복지사가 실천의 기술적 측면에 경도될 때 나타난다. 과학적 실천의 강조와 정신의학의 범람(psychiatric deluge)으로 많은 사회복지 실천가가 윤리와 가치적 언어를 기피하였고, 인간행동의 신비를 명확히 해 줄 것이라고 믿은 정신역학적 용어를 대용하였던 것이 그 예다. 그러나 그들의 작업은 가치로부터 자유롭지 못했다. 정신역학적 구조 혹은 그 밖의 다른 이론들도 가치를 구성한다(Perlman, 1976). 그들의 작업은 전통적 사회복지의 가치로서 간주되는 것들에 의해 지배받지 않았다. 정신치료 기술, 프로그램 평가, 비용 편익 분석과 같은 가치중립적 연구를 전략으로 하는 오늘날의 사회복지사 또한 마찬가지다.

앞에서 살펴본 바와 같이 Reamer는 사회복지에서 윤리학의 발달을 사회복지 발달사와 함께 고찰한 반면, 최근에는 윤리적 행동을 실천으로 통합시키는 것을 설명할 수 있는 지식이 하나로 결부된 윤리적 모델과 이론의 개발이 한창이다. 따라서 사회복지 윤리학자들에 의해 사회복지 윤리의 철학적 기초를 탐구하고, 실천에 있어서의 독특한 윤리적 딜레마를 분석한 결과를 제공하는 많은 양의 연구가 쏟아지고 있다. 하지만 여전히 사회복지사는 모든 실천영역 안에서 그들이 수행하는 일상의 활동에 대한 명료하고 실행 가능한 기본구조의 결여로 윤리문제에 선뜻 다가서는 데 어려움을 느낀다. 이와 같은 문제를 Manning(1997, 2003)은 '도덕적 시민(moral citizen)'이란 용어를 사용하여 급변하는 현대사회에서 가치관의 혼란을 겪을 수 있는 사회복지사에게 사회복지 현장에서 사회복지 목표를 달성하기 위하여 어떻게 인식ㆍ사고해야 하고, 감정을 수행할 것인가에 대한 실천적 측면에 초점을 두는 도덕적 시민으로서의 조건을 제시하였다. 그런데 이 도덕적 시민권은 클라이언트, 동료, 기관 그리고 공동체를 포함한 지역사회의 일원으로서 사회복지사가 지니고 있는 권리와 특권의 한 부분으로, 옳고 선한 행동을 결정하는 책임을 말하는 것이며, 사람들로 하여금 마땅히 해야 할 일을 결정하게 한다는 점에서 윤리와 일맥상통한다. 도덕적 시민권의 기본구조는 실천을 통해 사회복지의 목표를 달성할 수 있게 하는 하나의 틀을 제공해 준다. 이 도덕적 시민권을 자세히 설명하면 다음과 같다.

  ① 인식
  윤리적 행동의 첫 단계는 윤리적 행동의 필요성에 대한 인식이다. 철학자 Arendt(1963)는 인간에게 개인적ㆍ조직적 현상이 악한 것인가 하는 인식이 이해와 저항을 향한 첫 단계라고 논했다. 이처럼 Arendt는 모든 인간의 비판적이고 반성적인 인식의 중요성을 강조하였지만, 현대사회의 기술주의적이고 형식주의적인 성향들은 사회복지사가 윤리적 문제를 인식하는 데 장애를 가져와 무감각하게 만들고 있다. 그래서 사회복지사의 도덕에 대한 민감성과 예리한 인식은 다음 단계인 옳음에 대한 깊은 사고를 가능하게 하고, 옳은 행동을 결정하는 첫 단계로서 아주 중요하다.

  ② 감정
  윤리적 딜레마에 처한 도덕적 시민으로서 사회복지사가 취해야 할 행동은 그 행동을 하고자 하는 동기로서의 감정을 포함해야 한다. 그렇기 때문에 사회복지사가 클라이언트를 도울 때 지식적으로 무엇을 안다는 것만으로는 충분하지 않다. 이것은 사회복지사들이 가슴으로 그들을 끌어안으려는 적극적인 이해의 자세를 강조하는 것으로, 윤리적 행동은 오로지 '합리적인 문제해결'만이 아닌 사려 깊고 배려하며 그들의 경험을 존중

하고 그들의 이야기를 경청함으로써 얻어지는 실천적인 것임을 강조하고 있다.

③ 사고

윤리적 사고는 합리성과 존중을 그 구성요소로 하고 있다. 합리성은 사회복지사가 최상의 근거가 뒷받침된 옳은 행동과정을 결정하는 데 도움을 준다. 윤리적 딜레마에 관한 여러 사실은 때때로 너무 복잡하기 때문에 사회복지사에게 논리적 사고 과정인 합리성은 그 사실에 대한 확증과 이해를 하는 데 도움을 줄 수 있다. 존중은 사회복지사가 다양한 문화적 배경(민족, 인종, 종교, 성, 가치)을 가진 이들을 돕기 위해 활동할 때 발휘되는 중요한 구성요소다. 사회복지사의 사고의 부재(특별히 도덕적 사고의 부재)는 관료조직 안에서 머리는 없고 몸통만 있는 기형적인 꼭두각시의 모습과 같을 것이다.

④ 행동

도덕적 가치와 믿음은 그것이 행동으로 전환되어야만 의미가 있는 것이다. 인식한 것을 행동하고자 하는 용기가 곧 도덕적 시민권이다. 도덕적 시민으로서 행동하는 것은 사회 내의 다른 사람과의 관계에서 이루어진 정치적인 것이고, 개인적인 선보다는 공공의 선에 기초한 행동이라는 점에서 선한 개인으로서 행동하는 것과 차이가 있다. 사회복지사의 자유로운 의사표현은 사회복지사가 윤리적으로 행동하는 데 중요한 변수로서, 도덕적 판단을 하는 데 솔직한 의견을 낼 수 있는 사회복지사가 그렇지 못한 사회복지사보다 복잡한 윤리적 문제에 더 잘 대처해 나갈 수 있다.

4) 사회복지의 가치 유형화

사회복지의 가치는 앞에서 살펴본 것 같이 전문직의 역사와 함께 발전되어 왔으며, 실천과 관련된 핵심적 가치들의 유형화 작업이 몇몇 학자들에 의해 시도되었다. 예를 들어 Pumphrey(1959)와 Reamer(1995)는 사회복지사들이 맺는 관계의 방식에 따라 세 가지 범주로 분류하여 설명하였다.

그 첫 번째 범주는 전문직의 가치를 사회·문화적으로 널리 알리는 것이다. 이러한 영역은 사회정의, 사회변화, 공통된 인간 욕구 등 전문가의 사명과 보다 광범위한 사회가치 사이의 호환성을 고려한다.

두 번째 범주는 전문가 집단 내부의 관계성에 초점을 맞추었다. 예를 들어, 전문적 해석과 실행에 있어 그것의 가치와 윤리적 행위를 조장하는 것에 초점을 두었다. 이러한 범주는 전문직 내부의 의사소통과 정책결정을 통하여 기본가치와 윤리적 원칙을 명확히 하려는 사회복지사의 노력을 포함한다.

세 번째 범주는 서비스를 받는 특정 집단 혹은 개인과의 관계에 초점을 맞추었다. 이것은 사회복지의 핵심가치를 적용하여 클라이언트의 욕구를 이해하고 반응하는 것이다. 또한 개인의 가치와 존엄, 개인의 변화능력, 자기결정권 등을 존중하는 클라이언트와 사회복지사의 관계를 제시하는 가치의 분석을 포함한다. 또한 그는 '궁극적인 전문직의 가치'를 다음과 같이 설명하고 있다.

- 각각의 인간은 다른 모든 사람으로부터 무한한 가치를 지닌 대상으로 간주되어야 한다. 또한 타고난 존엄성을 유지하고, 균형 잡힌 상태에서 보호받아야 하며, 고통으로부터 보호되어야 한다.
- 인간은 자기 내적인 조화와 만족을 개발하고 또한 타인의 발전에 외적으로 기여할 수 있는 크고도 아직 알려지지 않은 능력을 갖고 있다.
- 자신의 가능성을 실현하기 위해서 모든 인간은 다른 사람들과 주고받는 관계 속에서 상호작용을 해야 하며, 그 기회에 대한 평등한 권리를 가져야 한다.
- 인간의 진보는 가능하다. 변화, 성장, 운동, 진전, 개선 등은 사회복지 실천의 가치에 관한 진술에서 끊임없이 등장하는 단어들로 인간이 변화할 능력을 갖고 있다는 사회복지 실천의 믿음을 암시한다. 따라서 변화 그 자체를 추구하기보다는 전문직이 승인한 개인적·사회적 이상을 향한 변화를 추구한다.
- 개인이나 집단, 조직사회의 긍정적인 방향으로의 변화는 타인의 적극적이고 의도적인 도움과 격려에 의해서 가속화될 수 있다. 또한 부정적인 방향으로의 변화는

타인의 개입에 의해 늦춰지거나 방지될 수 있다. 다시 말해서 '원조'는 유효성이 입증된 과정으로 그 자체로서 존중되어야 할 가치다.

- 가장 효과적인 변화는 강제될 수 없는 것이다. 인간의 잠재적 가능성에 자기 자신의 운명을 발견하고 지시하는 능력도 포함된다. 이 능력은 그것이 결여되었거나 심각하게 손상되지 않는 한 존중되어야 한다.
- 인간에 관한 많은 사실을 알 수 있다. 인간의 욕구와 잠재력을 보다 깊이 이해하기 위해 끊임없는 노력이 경주되어야 한다. 그리고 이미 알아낸 지식들은 널리 알리고, 개인과 사회의 자기실현을 향상시키는 수단을 고안하는 데 활용되어야 한다.
- 사회복지 전문직은 이러한 가치들을 보호하고 실행하는 데 헌신하는 집단이다.

Levy(1976)와 Reamer(1995) 또한 사회복지 전문직이 고수하는 주요 가치를 두 가지의 유용한 범주로 분류하여 제시하였다. 첫 번째 범주는 인간과 관계된 가치로 인간에 대한 바람직한 개념, 인간을 위한 바람직한 결과, 인간을 다루는 바람직한 도구에 관한 것이며, 두 번째 범주는 사회복지 전문직의 핵심가치로서 사회적 가치, 조직과 기관의 가치, 전문적 가치, 인간서비스 실천의 가치를 논하였다.

(1) 범주 1: 인간과 관계된 가치
① 인간에 대한 바람직한 개념
개인 고유의 가치와 존엄에 대한 신념, 건설적 변화에 대한 능력과 상호신뢰성, 소속의 욕구, 독특성, 공통된 인간의 욕구를 포함

② 인간을 위한 바람직한 결과
개인의 성장과 발전을 위한 기회, 사람들이 욕구를 충족하고 기아, 질병 등과 같은 재난을 피할 수 있는 재화와 서비스, 사회 형성에 참여할 동등한 기회를 제공해야 하는 사회의 의무에 대한 믿음을 포함

③ 인간을 다루는 바람직한 도구

인간에 대한 존중과 존엄의 태도, 자기결정권 보장, 사회에 동참하도록 격려, 독특한 개인으로 인식되어야 함을 포함

(2) 범주 2: 사회복지 전문직의 핵심가치

① 사회적 가치

    ㄱ. 모든 사람의 신체적 · 정서적 · 정신적 건강

    ㄴ. 모든 사람의 시민적 · 법률적 권리

    ㄷ. 모든 사람의 사회복지

    ㄹ. 이타주의 – 하나 혹은 다른 욕구를 경험할 때, 다른 사람을 위하여 보상적 노력을 인정하고 다른 사람들에 대한 순수한 고려와 동정으로부터 도출하는 것

    ㅁ. 모든 사람의 공통적 특성과 특질뿐 아니라 모든 사람과 독특한 집단의 유일함과 차이

    ㅂ. 모든 사람의 존엄성

    ㅅ. 건강하고 안정된 생활 상태에 대한 접근과 기회

    ㅇ. 모든 사람이 자신의 능력과 잠재력을 사용하고 펼칠 수 있는 최대 기회

    ㅈ. 모든 사람이 그들의 능력과 관심, 소망 한도까지 교육 받을 수 있는 평등한 기회

    ㅊ. 모든 사람이 그들의 능력과 유용성에 따른 소득과 만족을 얻는 직업을 가질 수 있는 평등한 기회

    ㅋ. 사적 자유(사생활 보장)

    ㅌ. 모든 사람이 그들의 욕구와 선호에 따라 가족과 다른 사람들과 만족스럽고 건설적이며, 유익한 관계를 맺을 수 있는 최대 기회

    ㅍ. 모든 사람이 신체적 · 문화적 · 예술적 풍요를 누리고 발전할 수 있는 기회

    ㅎ. 모든 사람이 공공 및 사회 정책의 공식화와 실행에 있어 책임 있는 참여를 할 수 있는 기회

② 조직과 기관의 가치

ㄱ. 기관이 계획, 제정하거나 다른 방식으로 재가된 기능에 의해 시기적절하고, 적당하고, 공평하고, 차별 없는 민주적 행위

ㄴ. 모든 사람과 특정 집단이 유용한 조직 및 기관의 서비스, 프로그램, 기회에 관한 정보에 평등하게 접근

ㄷ. 모든 사람과 특정 집단이 유용한 서비스, 프로그램, 기회에 평등하게 접근

ㄹ. 조직 및 기관이 창조하고 계획한 서비스, 프로그램, 기회를 필요로 하는 사람들뿐만 아니라 욕구와 열망이 변화한 사람들에 대한 조직 및 기관의 적응

ㅁ. 기관 및 조직의 권위와 자원, 기회의 공정하고 사려 있고 최적화되고 창조적인 사용

ㅂ. 모든 사람에 대해 사려 깊고 존중적인 태도

ㅅ. 조직 및 기관의 서비스와 영향을 받는 모든 사람의 최대한의 가능한 참여와 자아결정

ㅇ. 이웃과 지역사회에서 사무와 발전에 충분하고 생산적인 참여를 할 기회

ㅈ. 인가된 기능에 대한 조직 및 기관의 합법성과 윤리적 책임

③ 전문적 가치

ㄱ. 부의 확충과 증대보다 인간서비스의 강조

ㄴ. 클라이언트와 다른 사람들과의 관계에서 공정하고 사려 깊고 최적화하여 창조적으로 전문적 권력과 권위 기회를 사용

ㄷ. 전문적 기능을 충분하고 사려 깊고 윤리적으로 수행할 책임

ㄹ. 그들의 클라이언트와 기능에 관련 있거나 영향을 주는 공공 및 사회정책 옹호

④ 인간서비스 실천의 가치

ㄱ. 전문적 기능을 완전하고 공정하고 충분히 윤리적으로 수행

ㄴ. 클라이언트와 다른 사람의 개인적 학대와 착취의 금지

    ㄷ. 클라이언트와 다른 사람의 존엄성 존중

    ㄹ. 클라이언트와 다른 사람의 사생활 존중

    ㅁ. 정직과 신의

    ㅂ. 욕구, 문제, 관심, 열망과 관련하여 클라이언트의 최대한의 참여와 자아결정

    ㅅ. 욕구와 열망을 공유하는 클라이언트와 다른 사람에 관련한 공공, 사회, 기관
       및 조직의 정책 옹호

    Friedländer(1980)는 사회복지 실천의 기본가치를 개인존중의 원리, 자발성 존중의 원리, 기회균등의 원리, 사회연대성의 원리로 제시하고 있다. 이는 모든 사람은 인간으로서의 가치, 품위, 존엄 등을 가지고, 개인이 무엇을 요구하고 그것을 어떻게 충족할 것인가의 결정 권리를 가지며, 모든 인간에 대해 균등한 기회를 제공하고, 자기 자신, 가족 및 사회 등에 대해 책임을 진다는 것이다. 이 밖에 잔여적 대책이 아닌 제도적 대책을 지향, 클라이언트와 전문적 관계, 사회적 · 경제적 정의 추구, 서비스의 사회적 책임성 지향 등을 기타의 가치로 제시하고 있다.

    미국사회사업가협회(NASW)의 사회복지사 윤리강령(Code of Ethics, 1996; 2008)은 사회복지 실천에서 형성된 핵심가치를 기본으로 한 윤리원칙을 다음과 같이 제시하고 있다.

① 서비스(service)

윤리원칙: 사회복지사의 첫째 목표는 욕구를 갖고 있는 사람들을 원조하고 사회문제를 해결하는 것이다.

    사회복지사는 자신의 이익보다 다른 사람들의 이익을 위해 서비스를 제공한다. 사람들에게 지식과 가치, 기술을 원조하고 사회문제를 해결하는 데 활용한다. 또한 물질적 보상 없이 전문적 기술을 자발적으로 할애하도록 격려한다.

② 사회정의(social justice)

윤리원칙: 사회복지사는 사회적 불의에 도전한다.

사회복지사는 취약하고 억압된 사람들과 집단을 위하여 그들과 함께 사회적 변화를 추구한다. 사회복지사의 사회변화 노력은 우선적으로 빈곤, 실업, 차별, 기타 사회적 불의의 문제에 초점을 둔다. 그리고 이러한 활동들은 문화와 인종 차별 같은 억압에 관한 지식과 감성을 증진시킨다. 사회복지사는 필요한 정보, 서비스, 자원들에 접근하기 위해 노력하고, 모든 사람을 위해 의미 있는 의사결정에 참여하려고 노력한다.

③ 인간의 존엄성과 가치존중(dignity and worth of the person)

윤리원칙: 사회복지사는 인간의 천부적인 존엄과 가치를 존중한다.

사회복지사는 각 개인을 개인적 차이와 문화적 · 인종적 차이를 고려하는 보호와 존중의 원칙으로 대한다. 사회복지사는 사회적으로 책임 있는 클라이언트의 자아결정을 증진시킨다. 또한 클라이언트의 욕구를 변화시키고 문제를 해결할 기회와 능력을 향상시키기 위해 노력한다. 그리고 사회복지사는 클라이언트와 다른 사회집단에 대한 그들의 이원적인 책임을 인지한다. 그들은 가치와 윤리적 원칙, 전문직의 윤리적 기준을 구성하는 사회적으로 책임있는 태도로 클라이언트의 이익과 사회이익 사이의 갈등을 해결하려 한다.

④ 인간관계의 중요성(importance of human relationships)

윤리원칙: 사회복지사는 인간관계의 중요성을 인식한다.

사회복지사는 사람 사이의 관계가 변화를 위한 중요한 매개체라는 것을 이해한다. 사회복지사는 원조과정에서 동반자로서 관여한다. 사회복지사는 개인과 가족, 사회집단, 조직, 지역사회의 복지를 증진, 개혁, 유지, 향상시키기 위한 목적 있는 노력으로 사람 사이의 관계를 강화하려 노력한다.

⑤ 성실성(integrity)

윤리원칙: 사회복지사는 신뢰받을 수 있는 행동을 한다.

사회복지사는 끊임없이 전문직의 사명, 가치, 윤리원칙, 윤리기준을 인식하고 그것들을 일치시키는 태도로 실천한다. 사회복지사는 정직하고 책임감 있게 행동하고, 그들이 속한 기관의 부분에서 윤리적 실천을 증진시킨다.

⑥ 능력(competence)

윤리원칙: 사회복지사는 능력의 범위에서 실천하고, 그들의 직업적 전문성을 증진시키고 발전시킨다.

사회복지사는 끊임없이 전문 지식과 기술을 증진시키려 노력하고 그것을 실천에 적용시키려 노력한다. 사회복지사는 전문직의 기본 지식에 기여하려 노력해야 한다.

4. 사회복지 실천에서 윤리적 상대주의와 절대주의의 적용

사회복지사는 실천을 할 때 다양한 가치전제 속에서 윤리적 결정을 내려야 할 상황과 직면하게 된다. 다음의 사례를 통해 윤리적 절대주의의 관점을 가진 사회복지사 김 선생과 윤리적 상대주의적 관점을 가진 사회복지사 이 선생이 문제를 해결하기 위하여 윤리적으로 어떻게 접근하고 있는지 고찰해 보자.[6]

> 청소년 쉼터에 있는 고등학교 3학년인 지현이는 중학교 시절부터 사귀어 온 남자 친구와의 성관계로 현재 임신 4개월에 접어들었다. 남자 친구는 임신 사실을 듣고 서둘러 군에 입대했다. 지현이는 이 사실이 부모님에게 알려질 것이 두려워 집을 나와 현재 청소년 쉼터에 입소하여 생활하고 있다. 지현이는 남자 친구와의 사이에 임신한 아이를 낳고 싶어 하며, 이 사실을 부모에게 알리지 말아 달라고 사회복지사에게 부탁하였다.

---

6) 이 사례는 클라이언트의 윤리적 갈등을 다루는 것이 아니라, 오히려 클라이언트 자신이 자신의 문제를 먼저 결정짓고 도움을 요청하는 사례로서, 이러한 클라이언트를 윤리적 상대주의에 입각하여 서비스를 제공하려는 사회복지사와 윤리적 절대주의 입장에 서서 클라이언트를 도와주려는 사회복지사의 윤리적 갈등 문제를 다룬 것이다.

이 사례에서 사회복지사가 직면한 딜레마는 클라이언트 지현이의 자기결정권에 따른 출산에 대한 권리와 장래 삶에 미칠 영향에 관한 문제다. 이러한 문제는 사회복지사의 윤리적 판단 기준에 따라 입장의 차이가 발생할 수 있다. 즉, 클라이언트의 현재 처한 상황에 의해 낙태를 찬성하며 부모에게도 이러한 사실을 알려야 한다고 자신의 의사를 밝히는 사회복지사 이 선생 그리고 상황보다는 사회에서 통용되는 도덕적 원칙과 사회복지 윤리원칙을 강조하며 낙태를 반대하는 사회복지사 김 선생의 상반된 주장을 볼 수 있다.

윤리적 결정의 옳고 그름을 판단하는 도덕판단은 이성의 존재 여부가 문제가 되어 판단되는 것으로, 규범적이며 가치판단적인 속성을 가지고 있기 때문에 그들의 주장은 늘 합리적인 이유들에 의하여 뒷받침될 수 있는 공정한 토의를 필요로 한다. 그렇기 때문에 이 두 입장의 주장을 살펴볼 필요가 있다. 이를 통하여 윤리적 상대주의와 윤리적 절대주의의 관점을 구체적으로 분석하여 보면 다음과 같다.

김 선생: 현재 클라이언트는 아이를 낳고 싶어 하며, 우리는 클라이언트의 의사를 존중하여야 한다. 우리가 클라이언트에게 해 줄 수 있는 것은 그녀가 아이를 낳을 수 있도록 방향을 제시하는 것뿐이다. 그녀의 현실적 상황이 아이를 낳아서 기르는 것이 어렵다고 해도 한 생명을 죽이는 것은 용납할 수 없는 살인이라고 생각한다.

이 선생: 물론 생명은 소중하고, 클라이언트 자신이 아이를 원하고 있지만 클라이언트의 장래와 아이의 삶에 대해서도 생각해야 한다. 만약 아이를 낳으려고 선택했을 경우 현재 클라이언트가 아이의 출산과 양육의 준비가 되어 있지 않기 때문에 아이와 클라이언트 모두 행복한 삶을 유지하기 어렵다고 판단된다. 또한 단지 생명존중을 위해서 지현이의 장래를 포기할 수는 없다. 만약 클라이언트가 아이를 낳는다 해도 부모에게 알리지 않은 상황에서 아직 학업을 끝내지 못한 클라이언트는 남자 친구와의 결혼도 현재로서는 불가능하다. 심리적, 경제적으로 보호를 받기 어려운 상황에서 아이를 낳는다 해도 그 아이를 키울 능력이 없을

뿐만 아니라 자신의 생활을 유지하는 것도 어렵다. 그렇다면 태어난 아이는 시설 등에 보내지거나 입양될 수밖에 없다. 아이의 생명은 유지되지만 인간적인 삶은 기대할 수 없게 되는 것이다. 물론 좋은 부모에게 입양된다면 좋겠지만, 시설에 보내질 경우 그 아이는 평생 부정적 낙인이 찍힌 상태로 살 수밖에 없고, 자기 자신의 삶을 부정하게 될 것이다. 이러한 사실을 클라이언트에게 알려 준다면 낙태를 단순히 거부하지만은 않을 것이다.

김 선생: 사회복지는 인간존엄에서 출발하며, 인간존엄과 가치는 인간생명의 존엄성이라고 말한다. 사회복지사의 역할은 인간존엄과 평등사회의 창조를 위해 불평등과 차별에 대항해서, 즉 미혼모와 태아가 사회에서 차별받지 않고 평생을 살아갈 수 있도록 돕는 것이지, 임산부 편의를 위해서 존귀한 생명을 죽이는 것이 아니다.

이 선생: 현실적으로 양육의 부담이 여성에게 부가되는 상황에서 낙태는 죄의식보다는 임신이 주는 신체적 부담으로부터 벗어나게 하여 홀가분함과 안도감을 느끼게 하고, 아이를 낳았을 때 양육의 질과 자신과 가족의 삶의 질을 높일 수 있게 해 준다. 더구나 우리나라 상황에서 보았을 때, 미혼모나 사생아에 대한 편견과 미혼모 사회복지 시설의 열악한 상황을 고려해 보자. 과연 클라이언트에게 아이를 낳게 하는 것이 최선인가? 클라이언트와 아이가 인간적으로 살 수 있는 환경이 마련되지 않은 상태에서 아이를 낳는다는 것은 무리라고 생각된다. 여성은 자신의 몸을 지킬 권리가 있다. 자기가 생각했을 때 아이를 낳지 않는 것이 옳다고 생각한다면, 그것은 낙태를 할 수 있다는 것이다.

김 선생: 클라이언트에게는 자신의 행동을 선택할 권리가 있는 것뿐만 아니라, 자신의 행동에 대해서 책임을 질 의무가 있다. 그녀가 분명 임신할 행위를 했고, 뜻밖에 임신이 되었다. 자신의 삶에 방해가 된다고 해서 생명을 죽일 권리가 있는 것은 아니다. 오히려 클라이언트는 자신의 행동에 대해서 책임을 지고 자신에 의해 잉태된 생명에 대해서 최선을 다할 의무가 있는 것이다. 태아가 의사표현을 할 수 없다고 하여 태아의 의견을 무시하고 자신의 이익을 위해서 태아의

생명을 죽일 권리는 없다. 그것은 자신을 위해 태아를 희생시키는 개인적 이기주의일 뿐이다.

이 선생: 낙태수술을 한 어느 클라이언트는 '상황이 좋지 않을 때 아이를 낳아서 평생을 원망하면서 사는 것보다 시기가 적절할 때 아이를 낳아서 잘 키우는 것이 좋다'고 생각하여 낙태를 하였다고 한다. 그것이 더 책임감이 있는 행위이며, 어떤 의미에서 보면 그것이 진정으로 의무를 행하는 것이지 않겠는가? 많은 사람이 낙태가 살인이라고 생각하면서 상황에 따라서는 낙태를 하여야 한다는 이중적인 생각을 가지고 있다. 낙태를 경험한 대부분의 클라이언트는 낙태가 죄라는 것을 알고 있음에도 자신에게 그런 상황이 닥치면 낙태를 하게 될 것이다. 임신중절이 불법이던 시절 미국에서는 아이를 양육할 수 없는 수많은 여성이 불법 시술소에서 혹은 자신의 집안에서 낙태를 시도하다 죽어 갔다. 생명존중을 내세워서 또 다른 한 인간의 삶을 파괴해도 된다는 것인가? 만약 성폭행이나 근친상간 등 아이를 낳을 수 없는 경우에도 인간의 생명존중을 내세우며 아이를 낳아야 한다고 주장하겠는가? 「모자보건법」상으로 낙태를 허용하는 경우가 있다. 성폭행, 근친상간, 유전적 결함, 태아와 산모의 건강상의 문제 등은 「모자보건법」에 의해 낙태가 허용된다.

김 선생: 그러나 성폭행은 성폭행한 사람의 문제이지 태아의 잘못이 아니다. 성폭행한 사람 때문에 태아의 생명을 죽이는 것은 부당하다고 생각한다. 또한 아이의 건강상의 문제로 낙태를 하는 것은 질병을 고치기 위해서 환자를 죽이는 것과 다를 바 없다. 생명의 존엄성은 이미 생명이 생겨났을 때부터 시작되고 태아는 임신 순간부터 인격체라 볼 수 있다. 생명존중은 인간존엄성 확보의 기본이다. 사회복지의 기초인 인간존엄성 확보를 위해서 우리가 해야 할 것은 부당하게 죽임을 당하는 태아를 보호하고, 산모와 태아가 사회에 나와서 차별받지 않고 자립하여 평등하게 살아갈 수 있도록 건강한 사회를 만들기 위해서 노력하는 것이다.

사회복지사 김 선생은 어떠한 상황에서도 인간존엄과 생명존중이라는 보편적 도덕원리는 지켜져야 하기 때문에 아이의 출산은 당연한 것이라고 생각한다. 또한 사회복지가 추구하는 가치인 클라이언트의 자기결정권과 비밀보장의 원칙을 지켜야 한다고 생각하기 때문에 클라이언트의 의사결정을 존중하여 아이를 낳을 수 있도록 도와야 하며, 클라이언트의 요구대로 부모에게 임신 사실을 알리지 않아야 한다고 판단한다. 클라이언트의 현실적 상황이 아이를 낳아 기르는 것이 어렵다고는 해도 한 생명을 죽이는 것, 즉 생명존중의 도덕원칙을 위배하는 것은 옳지 않다고 생각하기 때문이다.

한편, 사회복지사 이 선생은 아직 학생인 클라이언트가 아이를 낳아 자신의 인생을 희생하기보다 낙태를 통해 재기의 기회를 주는 것이 옳다고 믿기 때문에 부모에게 임신 사실을 알려 오히려 도움을 받게 하는 것이 그녀에게 많은 이익이 있을 것이라 생각한다. 이 선생은 클라이언트의 임신과 출산 이후 아이가 클라이언트의 인생에 심각한 영향을 미칠 것이라는 판단을 하게 되어 현재 그녀에게 현실적인 도움을 줄 수 있는 부모에게 이 사실을 알려 함께 의논해야 한다고 생각한다. 그래서 부모에게 도움을 청하고 낙태를 할 것을 권고하는 것이 옳은 결정이라 주장한다.

앞의 내용을 통해 두 사회복지사의 윤리적 판단 근거에 따라 문제의 해결 방법이 달라진다는 것을 알 수 있다. 사회복지사 김 선생은 도덕규칙과 원칙을 중시하는 윤리적 절대주의자로 사회복지 실천에 있어 사회복지의 기본가치와 윤리강령을 따르는 것이 바람직한 행위라고 믿는다. 여기서 사회복지의 기본가치는 인간존엄과 생명존중이다. 이러한 가치는 측정되거나 비교될 수 없는 절대적 가치이며, 모든 사람에게 평등하고 보편적으로 적용되어야 한다. 한 생명이 다른 생명의 삶에 방해가 된다고 해서 그 생명을 희생시킬 수 없는 것이기에 사회복지사는 낙태로부터 태아의 생명을 구할 의무가 있는 것이다. 또한 사회복지 윤리강령의 자기결정권과 비밀보장의 원칙을 지켜야 할 의무가 있다고 믿는 사회복지사 김 선생은 클라이언트가 아이를 낳을 수 있도록 도와야 하며, 비밀보장의 요구를 받아들여야 한다고 주장한다. 그러나 사회복지사 김 선생의 이러한 판단은 클라이언트 지현이의 상황과 이후 초래될 결과는 염두에 두지 않는다. 태아의 생명을 구하고 클라이언트의 자기결정권과 비밀보장을 지키는 것이 언제나 옳은 행위라고 믿고 있기 때문이다.

사회복지사 이 선생은 도덕원칙과 윤리강령을 지키는 것이 옳은 행동이라고 하더라도 현재 상황에서 한 선택이 행복한 결과를 초래하지 않는 것은 결코 바람직하지 않다고 믿는다. 그래서 클라이언트 지현이의 상황에서 도덕원칙과 윤리강령을 적용하는 것은 타당하지 않다고 믿어 클라이언트가 요청한 비밀보장을 깨고 부모에게 연락하여 도움을 청할 것이다. 즉, 클라이언트가 낙태를 하지 않고 아이를 낳을 경우, 학업의 중단으로 장래가 불안정해지며, 10대 미혼모가 아이를 양육하게 될 경우 경제적 어려움과 사회적 비난이 엄마와 아이 모두에게 미칠 영향 등은 결코 바람직하다고 할 수 없기 때문에 낙태를 권고할 것이다. 사회복지사 이 선생은 낙태라는 행위보다는 낙태를 할 수밖에 없는 상황이 그 판단 대상이 된 것이다. 이처럼 그 상황과 초래되는 결과에 따라 윤리적 판단을 내려야 한다는 것은 윤리적 상대주의 입장이라 할 수 있다.

📖 연구문제

1. 사회복지사는 왜 윤리적이어야 하는가?

2. 사회복지 가치와 사회적 가치의 차이점은 무엇인가?

3. 사회복지 실천영역에서 윤리적 절대주의를 적용하여야 할 부분과 윤리적 상대주의를 적용하여야 할 부분은 무엇인가?

4. 심장과 폐를 공유하고 있는 샴쌍둥이는 분리수술을 하지 않으면 두 아이 모두 오래 살지 못하고, 분리수술을 한다면 한 아이의 생명은 포기해야 한다. 이러한 경우 샴쌍둥이의 분리수술은 도덕적으로 정당한가? 윤리적 절대주의와 윤리적 상대주의를 적용하여 논하라.

제2장

사회복지 기본가치인
인간존엄과 보편윤리와의 관계

인간의 '돕는 행위'는 인류가 시작되면서부터 존재해 왔다. 그것은 인간이 언제나 혼자가 아닌 타인과 더불어 생활하는 '상호의존적 존재'임과 동시에, 남을 돕고 또 도움을 받을 수밖에 없는 속성을 지닌 운명 공동체적 존재이기 때문이다.

자연스런 인간본성인 '돕는 행위'는 종교의(특히 기독교) 의미가 더해지면서 '자선사업'이란 용어로 재탄생하였으며, 개인의 차원이 아닌 기관이나 제도를 통해 실시되기 시작하면서 일반 대중에게 '돕는 행위'에 대한 사회적 인식을 확산시켰다. 그러나 이때의 '돕는 행위'는 인간존엄사상과 그들에 대한 지식체계가 정비되어 행해진 것이 아니라, 단순히 경제적으로 부유한 사람이 가난한 사람에게 신으로부터 내세를 약속받으며 베풀었던 '돕는 행위'였기 때문에 그 방법에 있어 근본적으로 많은 문제점을 안고 있었다.

'돕는 행위'는 1869년 자선조직화운동을 계기로 '과학화'와 '전문화'의 명분을 내세우며 '돕는 전문 직업인'을 양성하기에 이르렀다. 그 후 150여 년이 지난 오늘날 사회복지학은 사회복지사가 타 전문직과 같은 전문직으로서 조건을 갖추기 위해 인간과 사회를 이해할 수 있는 인접학문—특별히 심리학 부분에서의 정신분석이론을 비롯한 성격이론을, 사회학에서 인간의 사회적 기능과 역기능의 이론에 관심을 갖게 되었다—을 응용하여 수많은 이론모델을 개발하였다. 또한 고도의 기술습득을 위한 장기적인 훈련이란 명목 하에 많은 대학교에서 사회복지학과를 개설하였고, 사회복지기관 곳곳에서 사회복지사의 기술습득을 위한 프로그램과정을 만들어 전문가 배출에 노력을 기울이고 있다.

직업인으로서의 사회복지사는 외형적으로는 전문직의 조건을 갖추었다고 말할 수 있겠으나 정작 돕는 직업인이 되려는 그들에게 "왜 우리는 마땅히 남을 도와주어야 하는가?"라는 도덕적 질문을 하였을 때 선뜻 소신을 갖고 대답하는 이는 그리 많지 않다. 이로써 우리는 지금까지 사회복지 전문 교육이 실천의 기본조건인 가치에 대한 문제를 소홀히 하고 그저 실천과정에서 필요한 지식과 기술의 습득만을 강조하여 왔다는 것을 직감할 수 있다. 전문가로서의 가치는 클라이언트를 위한 사회복지사의 서비스 결정과 행동의 주요한 결정요소다. 그러므로 우리는 사회복지 실천양식과 방법의 구체성을 언급하기에 앞서 사회복지 가치와 윤리의 문제를 다뤄야 한다. 특히 사회복지의 대표적 가치를 우리는 '인간의 존엄성'이라 일컫고 있다. 이 인간의 존엄이란 인간의 생명은 무엇과도 바꿀 수 없는 소중한 것이며, 그렇기 때문에 인간은 누구나 존중받을 권리가 있음을 뜻한다. 내 인격과 같이 남의 인격도 존중되어야 하고, 인간은 존재 자체로 충분한 목적이며, 다른 목적을 위한 수단으로 취급되어서는 안 되는 것이다. 이러한 인간존엄 사상은 인간의 기본적 인권과 생명권의 보장을 주장한 계몽주의에서 비롯되었다. 계몽주의는 이성을 진리판단의 기준으로 삼아 불합리를 제거하고 세계를 합리적으로 개선하여 인간의 무지와 몽매를 계몽하려던 범유럽적 운동으로, 이는 르네상스 이후 지속적으로 전개되어 온 사회적 · 사상적 변화에 기초한다(Stoerig, 1969).

먼저, 영국의 자연과학적 경험주의 그리고 프랑스의 인식론적 합리주의가 이 운동의 사상적 토대를 형성하였다. 자연과학적 경험주의와 인식론적 합리주의는 인간을 더 이상 신의 섭리에 순종하는 존재가 아니라 자연법칙에 의해 존재하는 인격체로 받아들였다. 이후 계몽주의는 18세기 초 독일에 유입되어 Kant에 의해서 인간의 이성법칙으로부터 규범을 도출하는 인간학적 규범학을 정립함으로써 인간의 존엄성에 대한 근거를 마련하였다. 계몽주의 사상은 모든 종류의 권위(종교, 국가, 사회적 권위)에 우선하는 개인의 존엄성과 그 궁극적 가치를 강조하는 개인주의를 형성하는 데 있어 굳건한 사상적 기초를 제공했다. 이에 기초하여 18세기에 영국의 산업혁명으로 인한 자본주의가 발달하였고, 19세기에는 프랑스 대혁명을 계기로 민주적 정치체계가 발달하였다. 근대를 특징짓는 계몽주의 사상은 과학과 기술을 통한 인간해방과 진보를 약속하였다. 이는 과학과 기술을 통해 자연과 사회를 합리적으로 통제함으로써 인류의 존엄과 행복이 보장받을 수 있게 됨을 의미한다. 그러나 인간의 자율과 미래사회에 대한 희망으로 떠올랐던 계몽주의의 약속은 지나친 논리와 이성 숭상으로 인하여 도구였던 이성이 목적으로, 목적이었던 인간이 수단으로 전치되는 폐단을 낳게 되었다(Horkheimer, 1972). 예를 들면, 종교와 민족을 내세운 독일 나치의 유대인 대학살이 행해지고, 핵에너지를 얻기 위한 발명이 원자폭탄이라는 대량학살의 무기로 전쟁에 이용되면서 당시 프랑크푸르트 제1세대인 Horkheimer와 Adorno는 계몽주의자의 우상이었던 이성(도구적 이성)이 인간성을 말살시켰다는 비난을 하며 회의에 빠졌다. 그러나 제2세대인 Habermas와 그의 스승 Apel은 상호이해와 합의를 거친 의사소통적 합리성에 의해 현대사회의 이러한 문제점들을 해결할 수 있는 규범을 도출시킬 수 있다고 보며 이성의 재건을 주장하였다. 그들은 이 지상의 모든 사람이 인간존엄을 지키며 더불어 잘 살기 위해서는 이미 초월적으로 실현되는 보편적 규범과 합리적 의사소통을 통한 문제 해결이 필요함을 제시하였다.

앞에서 살펴본 것처럼 이 장에서는 인류역사상 인간의 이성을 찬양하며 그들의 권리를 주장한 계몽주의 사상가들을 통해 사회복지의 기본가치인 인간존엄사상을 알아보고자 한다. 특별히 Kant의 절대 의무론을 통해 인간존엄의 당위성을 확고히 하고, 이성에 대한 회의기(懷疑期)를 극복하며, 이성의 재건을 시도한 Habermas의 보편윤리사상을 역사 속에서 성장한 사회복지의 가치와 비교 검토할 것이다. 그 목적은 사회복지사가 사회복지 실천에 있어서 보편윤리를 어떻게 활용할 수 있는지, 사회복지사가 추구해야 할 가치가 무엇인지를 발견하고자 하는 것이다.

1. 사회복지 기본가치인 인간존엄의 사상적 배경

인간존엄이란 인간행위의 평가에 따라 주어지는 가치판단이 아니라 인간이 태어나면서부터 지니는 것으로, 인간이라면 누구나 예외 없이 모두에게 인정되는 인간으로서의 품위를 의미한다. 인간존엄성은 인권을 핵심내용으로 자유의 개념과 함께 발전하였고, 르네상스의 철학적 개념으로 개인의 자유의식과 권리의식의 확장과 병행하며 발전하였다. 그것은 생명에 대한 양도 불가능성, 혹은 대체 불가능성이라는 관점에서 모든 인간은 목적 그 자체로서 실존하는 '절대적 가치'를 갖는 존재이며, 평등하게 대접받을 권리가 있는 존재라는 것이다. 이에 인간존엄을 최고의 가치로 여기는 사회복지의 기본가치를 논하기 위해서는 우선 이 가치의 근간을 이루고 있는 계몽주의에서 보편윤리까지의 역사적 배경과 철학사상을 알아보는 것이 필요하다. 사회복지가 전문직의 모습을

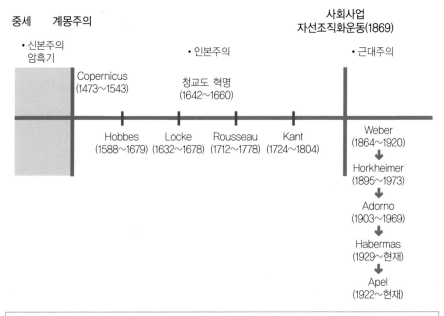

[그림 2-1] 인간존엄사상의 역사적 발달

갖추게 된 근대 서구사회의 사상을 중심으로 '인간존엄사상'이 어떻게 발전되고 변화되어 오늘날까지 왔는가에 대해 민주주의 이론을 철학적으로 발전시키는 데 기여한 대표적 자유주의 철학자들의 사상을 비교하며 검토할 것이다.

1) 이성에 대한 숭상기

14세기 말 '지구가 돈다!'라고 주장한 천문학자 Copernicus의 반성적 의심은 인류역사에 많은 변혁을 예고하였다. 즉, 기존까지 믿고 따랐던 중세의 신 중심적인 가치개념과 신념체계가 무너지게 한 사건이기도 하였다. 신의 계시보다는 인간 이성의 힘을 믿게 되었고, 이 이성은 인간을 보다 자율적인 존재로 바라보게 된 계기가 되었다. 우리는 이 시기를 계몽시대로 보고 있다. 계몽시대를 맞이한 서구인은 인간과 사회를 알게 됨으로써 인간은 더 이상 신이나 권력자에 의해 지배당하는 대상이 아니고 자주, 독립, 자유의 인격체임을 인식하게 되었다. 즉, 사회란 신이나 권력자의 독점무대가 아니고 인간 간의 계약 여하에 따라서 이루어지는 것임을 알게 된 것이다. 이로써 이성의 힘이 있기에 원초적인 감정에만 이끌리는 감각적이고 타율적인 무능한 존재가 아닌 스스로 자신의 도덕을 가지고 선한 것을 실천할 수 있는 존재로 인간을 부각시키게 되었다.

계몽주의의 출발점이라 할 수 있는 Hobbes는 인간을 본성적으로 이기적인 존재로 보았으며, 자연 상태에서는 누구에게나 자기보존을 위해 모든 수단과 방법을 동원할 수 있다는 인간의 권리에 대해 처음으로 언급하였다. 그는 또한 경험주의 철학자로 자연과학을 철학의 기초에 두었는데, 기계적 원리를 자연적 물체에 대해서 뿐만 아니라 인간과 사회에 대해서도 적용하는 유물론·합리론 철학을 완성하였다. 이러한 사상은 인간이 신의 섭리에 의해 만들어지고 신에 의해 움직이는 존재가 아닌 저마다 자유롭고 평등하며 생존을 위해서는 무엇이든지 할 수 있는 권리인 자연권[1]을 가지고 있는 주체로 규정하였다.

---

[1] Hobbes에게 있어서 '자연권'이란 자기보존(self-preservation)을 위해 온갖 수단과 방법을 동원할 수 있는 권리를 말한다.

모든 사람이 자기이익만을 끝까지 추구하는 자연 상태에서는 '만인의 만인에 대한 투쟁'만 있기 때문에 자기보존의 가능성마저 없어지게 된다. 그러므로 이러한 자연 상태를 피하기 위해 사람들은 상호 간의 관계를 규제할 법률의 수립에 동의하여 국가를 설립해야 하고, 국가는 그 규칙들을 강제로 지키게 하는 데 필요한 힘을 가지고 있어야 한다. Hobbes에 의하면 그와 같은 동의가 실제로 존재하며, 그 동의가 사회생활을 가능하게 만들어 준다는 것이다. 즉, 모든 시민이 한 부분으로 속하게 하는 이 동의를 사회계약이라 한다. 각자의 이익을 위해서 사람은 계약으로써 국가를 만들어 '자연권'을 제한하고, 국가를 대표하는 의지에 그것을 양도하여 복종한다고 하였다.

그 뒤를 이어 Locke도 Hobbes와 마찬가지로 자연 상태의 인간을 설명하며 이론을 구축하였다. 그러나 그는 Hobbes와 다르게 자유2)를 강조하며 평화스러운 자연 상태에서 '이성의 주체로서 인간'을 더욱 강조하였다. 중세시대까지 모든 인식과 지식의 근원은 신에게 있었지만 Locke는 인식과 지식은 인간의 경험 속에서 다져진다고 하였다. 이렇게 그는 경험론을 인식론 안에 도입하여 인간은 오직 환경의 산물이며, 인간을 완성시키기 위해서는 단지 환경을 바꾸면 되는 것이고 억압은 불필요하다고 보았다. 그런 관점을 갖고 있는 Locke이기에 만약 불평등이 본래적인 것이 아니고 환경의 산물이라면, 이것 역시 인간에 의해 제거될 수 있다며 자유로운 이성의 주체로서 인간을 설명하고 있다(Cahn, 1985). Locke는 이성을 가진 인간을 무한한 가능성을 지닌 인격체로 보았으며, 사유재산을 인정함으로써 상호불가침의 권리를 주장하였다. 이렇게 Locke의 경험론적 인식은 경험론적 철학을 이끌어 내었으며, 이로써 인간의 존엄성을 정립한 계몽주의 철학이 시작되었다. Locke도 Hobbes와 같이 자유롭고 평등한 개인이 사회계약에 의해 구성하는 사회를 시민사회라 정의하며 시민사회의 기초를 형성하였다. 그가 말하는 시민사회는 생명, 자유, 재산이라는 개인의 권리에 기초하고 있다.

Hobbes와 Locke의 뒤를 이어 프랑스 계몽주의 철학자 Rousseau는 자유스럽고 평등

---

2) Locke는 인간은 태어나면서부터 자유를 자연적으로 지닌다고 하였다. 그가 말하는 자유는 생명, 자유, 재산으로, 우리가 통상적으로 사용하는 자유보다는 포괄적인 의미를 가진다.

한 인간을 제시하였다. 그는 「인간 불평등 기원론」[3]이라는 논문을 통하여 인간이 자연스러운 상태는 평등할 때이며, 인간 사이의 불평등한 상태는 인간의 인위적인 이유 때문이라고 주장하면서 인간은 자연스럽고 평등한 상태(자연)로 돌아가야 한다고 주장하였다. 그는 인간 불평등의 원인을 사유재산에 의한 것이라 생각하여 사회계약에 입각한 각 개인의 자유, 평등을 누릴 수 있는 자연상태를 구상하였는데, 이것은 프랑스 시민혁명의 이론적 근거가 되기도 하였다. 이는 인간 본래의 모습을 손상시키고 있는 당대의 자본과 시민사회에 대한 비판으로 인간성 회복을 주장하는 것이다. Rousseau는 인간을 이상적인 존재이며, 자연법적인 행복추구의 권리를 가지고 있는 동시에 타인의 행복추구와 현명하게 조화를 이룰 수 있는 지혜를 가지고 있다고 보았고, 이를 바탕으로 새로운 시민공동체를 건설할 것을 주장하였다. 인간은 이성을 가지고 도덕을 행할 수 있다는 Rousseau의 인간관은 Kant에게 영향을 주어 인간의 존엄 근거를 정립할 수 있는 발판이 되었다.

Kant는 인간을 철학의 시각으로 해석하려는 의지를 갖고 당위의 근거로서 도덕법칙을 반성하는 것에 일생을 바쳤다. 특히 그는 인간의 이성을 중심사상으로 무장하며 계몽주의의 창시자였던 영국의 Locke와 프랑스 시민혁명을 계기로 시민사상을 발전시킨 Rousseau 등의 자유사상에 대단한 흥미를 가지고 있었기에 인간존엄의 문제를 고민했던 것은 아주 자연스런 일이었다.

Kant에 의하면 인간은 감성과 이성이라는 두 개의 이질적인 요소가 결합해 있는 존재이며, 이 양자의 결합만이 인식이 성립할 수 있다. 또한 그는 인간이 갖고 있는 여러 성향이 신에 의해 부여된 것이 아니라 인간 자신에 의해 선택된 것이라고 주장하였다. 그렇기 때문에 선이나 악의 근원은 이성이나 감성이 아니라, 이성적이면서 동시에 감

---

3) 1753년에 디종아카데미의 현상 논문 「인간 사이에 있어 불평등의 기원은 무엇인가 그리고 그것은 자연법에 의해 정당화되는가」에 응모한 것이다. 낙선되었으나, 1755년에 네덜란드에서 출판되었다. 본문은 2부로 나뉘며, 제1부에서는 인간은 본래 고립·분산하여 자기보존과 연민이라는 본능에만 순응해서 자기만족의 생활을 하는데 이것이 '자연 상태'라고 논하고, 제2부에서는 인간은 공동생활을 시작하여 얼마 동안 행복했으나, 재산의 사유(私有)가 시작되고 산업 발전에 따라 불평등이 심해졌으며, 국가는 그 빈부(貧富)의 차를 합법화시킨 것에 지나지 않는다. 그러나 정의(正義)에 의해서 사회를 재건하려는 가능성은 자연인의 선성(善性) 속에서 찾을 수 있다고 하였다.

성적인 존재로서 인간의 자유로운 선택행위 그 자체였다(Mueller-Doohm, 2000).

Kant는 인간에게 "너는 이성을 가진 인간이기 때문에 도덕을 할 수 있다"(Kant, 1982)라고 명령했다. 이처럼 인간에게 명령을 한다는 것은 인간이 이성을 가지고 있기 때문에 명령할 수 있는 존재라는 전제가 있기에 가능한 것이며, 이러한 점에서 인간은 동물과 구별된다. Kant에 의하면 인간은 자연 속에서 자연의 법칙에 지배받는 존재인 동시에 도덕률의 지배를 받는 존재로 설명된다. 그래서 인간은 다른 동물들과 같이 육체를 가지고 있어 욕구의 주체가 되기도 하지만, 자유의지를 갖고 있기 때문에 자기의 욕구에 대하여 책임질 의무도 지닌다는 것이다. 바로 이 점 때문에 인간은 다른 존재와는 달리 당위(sollen)라는 관점을 가진다.

인간은 이처럼 감성과 이성에 의해 인식하고, 자유의지에 의해 행위를 선택하며, 이 본성적 법칙에 따라 행위의 당위성을 인식한다. 당위(sollen)란 마땅히 무엇이어야 한다는 개념으로, 행위에 대해 책임질 의무를 갖게 됨을 말한다. 따라서 윤리적 규범도 인간의 본성에서 비롯된다고 할 수 있으며, Kant의 인간에 대한 이해는 '인간이 무엇인가'가 아니라 '인간이 무엇을 해야만 하는가'에 있다(Stoerig, 1969). 인간에게 이러한 것을 요구하는 이유는 인간이 자유의지를 가지고 있기 때문이며, 이것을 근거로 의무를 수행할 수 있는 능력이 있다는 것을 전제로 하기 때문이다. 이렇듯 Kant는 도덕법칙과 의지의 자유가 불가분의 관계가 있다고 보며, '인간이 무엇을 해야 한다(sollen)고 의식하기 때문에 인간은 무엇을 할 수 있다(koennen)'고 주장하고 있다. Kant는 이것을 '해야 한다(당위)'는 의무의 의식 속에는 '할 수 있다(능력)'(Kant, 1974)라는 자유를 포함하고 있다고 믿기 때문이다. 즉, 우리는 도덕법칙을 통하여 자유를 인식할 수 있다는 것이다.

또한 Kant는 인간행위에 있어 그 행위의 결과들에 대한 타산적인 자의지와 전혀 무관한 '선에 대한 의지' 자체에 기초한 인간의 도덕적 의무가 객관적으로 존재한다고 보았다. 그래서 그는 '의무에 맞는 행위'와 '의무에서 나온 행위'를 구별하며 의무개념을 다시 한 번 명료화하였다.

의무는 객관적으로는 행위에 의해서 법칙과의 일치를 요구하고, 주관적으로는 행위 준칙에 의해서 법칙에 대한 존중을 요구한다. 그리고 의무적 행위(pflicht maessige Handlung)를 했다는 의식과 의무에서(aus Pflicht), 즉 법칙의 존중에서 행위했다는 의식과의 구별은 위의 내용에 의존한다. 그 중 합법성은 도덕성, 즉 도덕적 가치는 행위가 의무에서 생기는 법칙이 되어야 한다(Kant, 1974).

여기서 Kant는 의무에 맞는 행위는 경향성을 띠고 하는 행위이기에 그 동기가 순수하지 못하고 도덕적 가치가 결여되어 있어 도덕적 행위가 아니라고 하며, 의무에서 나온 행위만이 그의 자유의지에서 판단되어 나온 행위로 도덕이라는 것이다. 이것은 그가 주장한 의지가 선하여야만 선이라고 할 수 있다는 정의를 다시 한 번 확인한다. Kant는 종래의 도덕적 의무가 보편적인 법칙으로 확립되지 못했던 것은 그 의무의 기초가 인간의 도덕적 자발성에 근거하지 않고 종교적·초월적 권위나 경험적 조건에 근원을 두었기 때문이라 생각하였다. 따라서 어떤 원리가 도덕적인 것이 되기 위해서는 그것이 외적인 힘에 의해서가 아니라 자율적인 이성의 힘에 의해서 유발되어야 한다는 도덕이론을 체계화하였다.

2) 이성에 대한 절망기

계몽주의 시대에 이성을 지닌 인간은 무한한 진보가 가능한 존재였으며, 과학적 방법이 모든 인간의 조건을 향상시킬 수 있는 지식을 제공할 것이라고 믿었다(Habermas, 1969). 이러한 이성과 과학에 대한 계몽주의의 신념은 Weber에 의해 근대화 이론으로 이어졌다. 그는 근대화의 세계사적 과정을 점진적인 합리화 과정으로 해석하고, 합리화란 합리성의 증가를 의미한다고 하였다. 그런 점에서 보면 Weber는 계몽주의의 계승자라 할 수 있다. 계몽주의 전통에서 역사는 이성을 향한 진보를 나타내기 때문이다.

근대주의 합리성 이론이 확보하고자 한 것은 인간 이성의 자율성이었다. 이것은 인간 이성의 신적 권위로부터, 자연의 속박으로부터 그리고 타인의 지배로부터의 자유를 의미한다(Weber, 1985). 그러나 근대주의의 합리성 이론은 지나치게 합리성과 목표달성만을 중시하여 인간의 목적이나 가치는 도외시하게 되었고, 인간이 사회의 부속품처럼 기계화, 비정의화되어 도리어 인간의 자유를 속박한다는 비판을 받게 되었다. Weber의 제자이며 프랑크푸르트 제1세대 비판 철학자인 Horkheimer와 Adorno는 그의 스승 Weber가 숭상하였던 합리주의적 근대정신이 지나친 논리와 이성 숭상으로 목적이었던 인간을 도구화한다고 하며 도구적 이성을 비판하였다. 도구적 이성이란, 인간을 목적이 아닌 수단으로 대하는 것으로, Horkheimer와 Adorno의 이성에 대한 불신은 유럽의 파시즘, Stalin에 의한 왜곡된 마르크스주의 그리고 물신화에 빠진 미국의 상업주의 문화에 대한 충격에서 비롯되었다. 즉, 목표달성을 위해서 수단과 방법을 가리지 않는 사회현실에 대한 비판이었고, 그들은 마르크스주의, 계몽주의의 오도된 합리화 추세, 과학과 기술, 문화산업 및 자본주의와 사회주의 사회의 바람직하지 못한 현상상태를 모두 '계몽의 변증법'[4]이라는 압축된 개념 하에 비판적으로 해석하였다. 따라서 계급투쟁과 사회주의적 이행에 대한 집착을 포기하고, 그 대신 도구적 이성과 계몽의 역설을 철학적으로 비판하는 데 몰두하였다(Horkheimer, 1969). 그들에 의하면 타락한 현대인의 모습은 사회 진보와 깊이 관련된 현상으로, 한편에서 보면 경제적 생산성의 발전보다 정의로운 사회를 이룩하는 데 필요한 물적 조직을 창출하였다고 할 수 있다. 그러나 다른 한편에서 보면 그것은 기술적인 지배기구와 이를 장악한 사회집단이 다른 사람을 지배할 수 있게 하였다고 할 수 있다. 이와 같이 Horkheimer와 Adorno는 계몽주의 사조로부터 비롯된 근대이론을 철저하게 비판함으로써 진보의 가능성을 전혀 인정하지 않았다는 비판을 받고 있다.

---

4) Horkheimer와 Adorno는 『계몽의 변증법(Dialektik der Aufklärung)』이라는 저서를 통해 바람직하지 못한 사회현실을 비판적으로 해석하였다. 계몽의 변증법은 한때 인류를 신화와 공포로부터 해방시킨 계몽주의적 이성이 오늘날에 이르러 인류를 새로운 이데올로기적 신화와 공포의 도가니로 밀어 넣게 된 역설을 뜻한다. "신화는 이미 계몽되었다"라는 명제와 "계몽은 신화로 전도되었다"라는 명제는 중세의 암흑과 억압상태에서 문명사회로 계몽하려던 모더니티의 과제가 실제로는 문명에서 새로운 차원의 억압으로 되돌아가는 역설, 말하자면 해방과 속박, 계몽과 몽매로 표현할 수 있는 역설적이고 이중적인 구조를 뜻한다.

3) 이성에 대한 재건기(보편윤리)

프랑크푸르트 제1세대인 Horkheimer와 Adorno는 도구적 이성의 식민지화를 개탄하며 이성을 회의적으로 바라보았다. 그러나 그의 제자 Habermas는 사회를 크게 체계(정치·경제체계)와 생활세계(Lebenswelt)로 나누어 이성에 대한 회의론을 극복하고 재건기로 나아갔다. 그는 우리가 살아가는 데 있어 도구적 이성 그리고 의사소통과 연대성이 구비된 도덕의 세계인 생활세계의 필요성을 말함으로써 계몽주의적 이성과 자율성의 이성을 포기하지 않았다(Habermas, 1982). Habermas는 근대(Modernity)에 대해 낙관적인 입장을 취하며 그의 스승들이 이성에 대한 회의주의자로 빠진 것에 비해, 이성의 능력에 대한 믿음인 '계몽(Aufklärung)'과 자기 자신에 대한 끊임없는 비판으로 사회가 발전한다는 '계몽의 정신'에 대한 믿음이 컸다.

Habermas는 의식철학(Bewusstsein philosophie)[5] 혹은 주체철학(Subjekt philosophie)에서 취하는 주체(인간)-객체(자연) 구도를 비난하며 자신의 근대성 이론을 설득력 있게 펼쳐나갔다. Habermas는 의식철학 혹은 주체철학의 주-객 구도 하에서 대상이란 주체(인간)에 의해 지배될 수 있는 것만을 의미하기 때문에 우리는 지식을 세계 속에 있는 어떤 대상에 관한 지식으로만 이해할 수 있을 뿐이라고 보았다. 즉, 대상에 대한 파악이 얼마나 효율적으로 지배하고 소유하는가와 관련된 성공의 여부가 합리성의 기준이 된다는 것이다. 이것은 의식철학이 오로지 합리성의 인지적-도구적 측면만을 요구하며 정당화하고 있음을 의미한다. 따라서 Habermas는 현대사회의 문제점이 바로 이러한 인지적-도구적 합리성만을 요구하는 데에서 비롯된다고 파악하였다. 그러므로 그는 이러한 일면화된 합리성의 개념에서 벗어나 합리성의 다원성을 회복시키고자 의식철학 패러다임에서 언어적 패러다임으로 전환을 감행하여 의사소통적 합리성(Kommunikative Rationalitaet)의 개념을 정립시키고, 이를 통해 현대의 규범적 토대를 구축하였다.

---

5) 여기서 말하는 의식철학이란 객체(자연)는 인간(주체)과 대립되는 것이며, 인간은 객체를 자기 것으로 삼을 수 있는 능력을 가지고 있다고 파악하는 철학의 한 조류다.

의사소통적 합리성은 생활세계 속에서 주체 대 객체의 의사소통을 행하는 상호주관적 관계를 성립시킴으로써 의식철학의 일방적인 주–객 관계에서 벗어날 수 있는 토대를 마련하였다. 그것은 생활세계의 일상 실천에서 인식–도구적인 것, 도덕–실천적인 것 그리고 심미–표현적인 것을 자유롭게 함께 적용할 수 있도록 함으로써 인지–도구적으로 일면화되고, 편향화된 합리성(이성)을 원래의 다원화된 모습으로 회복시키는 역할을 할 수 있도록 하였다. Habermas는 바로 이러한 과정을 통해 생활세계의 내적 식민지화 현상 그리고 전문가 문화와 일상생활 간의 괴리라는 현대의 문제가 해결될 수 있다고 주장하였다.

그는 체계와 생활세계의 분리를 현대사회의 특징으로 보았다. 체계란 화폐와 권력이라는 비언어적 매체에 의해 조정되는 행위영역을 의미하고, 생활세계란 언어적 이해과정을 통해 행위가 조정되고 규범적으로 통합되는 영역을 말한다. 생활세계의 구성요소는 문화, 사회, 인격으로 그들의 속성을 살펴보면 다음과 같다.

문화는 개인이 다른 사람과의 의사소통을 통해 그들의 세계에 대해 이해할 수 있고 해석을 내릴 수 있도록 해 주는 지식의 저장물(wissensvorrat)을 의미하며, 사회는 의사소통 참여자들로 하여금 자신이 소속된 사회적 집단을 통제할 수 있도록 해 주어 연대성을 보장할 수 있게 해 주는 정당한 질서(legitimen ordnungen)다. 마지막으로 인격은 한 주체로 하여금 언어능력과 행위능력을 갖출 수 있게 해 주는 것으로, 이것은 주체가 의사소통 이해과정에 참여할 수 있게 해 주고, 참여과정 중에 자신의 정체성을 주장할 수 있도록 해 주는 능력(kompetenzen)을 의미한다.

이렇게 Habermas는 서구 사회가 자연과학의 합리적 방법(도구적 이성)을 인간 사회에 적용함으로써 그 구성원에게 물질적으로 풍요한 삶을 가져올 여러 가지 정책수단을 개발하여 많은 성과를 올렸지만, 문제는 이런 성공 안에서 인간이 근본적으로 주체가 아닌 그저 정책적 대상에 머물고 있다는 예리한 지적을 하였다. Habermas는 정치·경제 체계는 생활세계를 위해 존재하고, 체계와 생활세계 간의 갈등은 의사소통에 의한 담론으로 해결할 수 있다고 보고 있다(Habermas, 1995). 즉, 그가 지향하는 사회의 형태는 '보편윤리에 의한 합리적인 사회'라 할 수 있다.

이렇게 Habermas는 특정 문화 또는 전통에 근거하지 않는 보편주의적 규범론의 정립을 근대 계몽주의의 핵심적 과제로 보고 자유, 자율, 도덕적 평등성, 인간존엄성에 기초한 상호존중의 이념 등 근대적 이상들이 가지는 보편화 가능성에 주목하였다. 그리고 이를 선험적, 주관주의적 또는 형이상학적이 아닌 일상적 의사소통의 화용론적 전제의 정립을 통해 정당화하려고 했다(Habermas, 1981). 즉, 인간의 행위는 혼자 하는 것이 아니라, 관련된 다른 인간과 서로 영향을 주고받으며 함께하는 것이다. 따라서 어떤 행위가 올바르게 되려면 적어도 우선 그 행위의 뜻, 즉 행위자의 의사가 다른 인간, 나아가 지구상에 사는 모든 인간에게 통해야 한다는 것이다(이런 것이 가능한 근거는 인간이 언어를 통해 뜻을 전달하거나 거부하면서 행위할 능력을 가지고 있다는 사실이다).

Habermas와 함께 담론윤리학(Diskursethik)을 창시한 Apel은 인간사회나 공동체의 삶이 유지되기 위해서는 보편적으로 인정되는 윤리적 규범이 있어야 하는데, 이러한 윤리는 외부에서 타율적으로 주어진 것이 아니라 모든 사회구성원이 자신의 인간적 욕구를 모두 내놓고 토론을 통해 합리적으로 조정하는 과정을 통해 만들어진다고 설명하고 있다. Habermas는 Apel이 어떤 주장이나 논변을 모순 없이 하려면 반드시 어떤 주장을 듣고 동의하거나 반대할 상대편이 있어야 하며, 이들로부터 동의나 합의를 얻을 수 있다는 점이 전제되어야 한다고 한 것을 강조하고 있다(Habermas, 1991). 이를 '선험(先驗) 화용론적 전제'라고 명명한 Apel은 Habermas와 함께 모든 논변이나 주장의 선험 화용론적 전제로서 ① 진리성(wahrheit), ② 성실성(wahrhaftigkeit), ③ 정당성(richtigkeit), ④ 이해가능성(verständlichkeit)의 요구 등 네 가지를 주장하였다. 특정 의사소통 공동체가 담론의 규칙에 따라 이 네 가지 타당성의 요구를 충족시키는 의사소통과 토론을 무제한적으로 진행시킨다면, 어느 시점에선가 합의에 도달하는 참되고 정당하며 진실되고 이해 가능한 인식이나 이론이 생길 수 있다는 확신이 바로 Apel의 선험 화용론적 인식이론이고 철학이다. Habermas는 Apel의 사상사적 공로는 전후의 파괴된 도덕의식을 회복하기 위해 합리적이며 보편적인 인식과 윤리의 토대를 마련하고, 여기에 장애가 되는 여러 가지 형태의 상대주의와 역사주의에 맞서 끈질기게 대결한 데 있다고 단언하였다(Habermas, 1983). 이데올로기적 장벽이 무너지고 하나의 지구적 공동체로 발전해 가는 오늘의 세계화와 정보화 사회에서 민족, 언어, 인종, 종교, 문화 등 이데올로기와 가치관을 다른 인간들이 어떻게 하나의 세계 시민적 공동체로 형성해 갈 것인가는 바로 Apel의 담론윤리학의 핵심인 것이다. 담론윤리학은 이렇게 실천철학상의 중요한 반성의 계기를 근대적 이성에서 상호주관적 의사소통의 이성으로 전환시킴으로써 이성주의자로 자처하며 오늘날 만연된 포스트모더니즘(post-modernism)의 상대주의적이고 회의적인 경향에 대항할 수 있는 강력한 자기정합적 체계의 수립을 목표로 한다.

2. 보편윤리학과 사회복지 가치와의 연관성

오늘날 우리는 인간과 사회의 공동체 삶을 잘 유지하기 위해서 '법칙론적인 도덕철학'과 '좋은 삶에 관한 윤리학' 사이의 보완관계를 설정할 수 있으며, 보편적으로 인정되는 윤리규범의 필요성을 절실히 느끼고 있다. 그러나 이러한 보편적 윤리는 외부에서 타율적으로 주어지는 것이 아니다. 이것은 스스로 선한 것을 구별할 줄 알며 자율적 의지를 소유한 사회구성원이 자신들의 욕구를 모두 내놓고 토론을 하며 합리적으로 조정하는 과정을 통해 만들어진다. 보편윤리는 도덕규범의 타당성을 개별집단이나 정당의 정치, 사회적 목표가 지닌 역사적 위상과 관련해서 묻지 않고 인간성의 보편적 목적과 관련하여 이성적으로 정당화할 수 있는가와 관련해서 묻는다. 독일의 근대주의 철학자 'Apel'과 'Habermas'를 우리는 대표적 보편윤리학자 또는 담론윤리학자라고 말한다. 그들은 21세기의 새로운 이념으로 보편성에 바탕을 둔 '보편윤리'를 새로운 사회진보의 가능성을 가진 이론으로 구축하였다.

특별히 Habermas는 인간에 대한 무한한 믿음과 긍정적인 시각으로 인간을 가치 있고, 존엄한 대상이며, 주체적이고 상호연대적인 존재로 바라본다. 이는 곧 사회복지 전문직이 인간에 대한 긍정적 가치를 내면화시키며 인간을 가치적 존재로 받아들이는 것과 같은 원리라 할 수 있다. 그리고 사회복지가 개인과 상황의 상호작용 문제를 발견하고 그것을 해결하기 위한 과정에 참여하여 클라이언트를 도와주는 중재자로서의 역할을 하는 것처럼, Habermas도 인간 개인이 환경과 상호작용하고 영향을 주고받으며 발달하는 상호주관적 존재임을 강조하며 이 발달의 주요 역할이 의사소통임을 분명히 하였다.

사회복지 가치와 보편윤리와의 관계성을 이론적인 측면에서 정리하면 다음과 같다.

첫째, 사회복지 가치 중 '인간존엄성'이란 인간을 가장 우선적으로 다루며 각 사람은 존중해야 할 본래적인 존엄성을 지닌 독특한 개인이라는 개념이다. 보편윤리의 '목적 자체로서의 인간관'과 같은 개념이라고 볼 수 있다. 보편윤리에서는 인간성을 우리 자신이나 타인에 있어서 단지 수단으로 대해서는 안 되며 항상 목적으로 대해야 한다고 말한다.

둘째, 사회복지 가치 중 하나인 '클라이언트의 자기결정권'은 모든 사람은 자신의 삶을 적극적으로 주도하는 자율적인 존재라는 사회복지 인간관을 반영하는 것으로, 클라이언트는 자신의 문제를 스스로 결정할 수 있도록 허용되어야 한다는 뜻이다. 이것은 보편윤리의 '의지와 자율'이라는 가치관과 추구하는 바가 같다고 할 수 있다. 즉, Habermas가 근대(modernity)를 자신의 문제를 스스로 진단하고 해결할 수 있는 능력을 보유하고 있음을 의미하는 자기결정(selbstbestimmung)과 자기실현(selbstverwirklichung)의 개념으로 설명함은, 보편윤리학자인 그가 인간의 이성의 능력에 대해 얼마나 깊은 신뢰를 갖고 있는가를 보여 주는 단면이라 할 수 있다. 이러한 인간관은 인간이 이성을 갖고 있다는 전제를 갖고 있기에, 그들의 집합체인 사회(공동체)와의 조화를 위해 외부의 강제로서가 아닌 스스로 규칙을 정하고 결정할 수 있는 자율적인 사람들의 집단이라고 규정한다. 이와 유사하게 사회복지 실천에서도 클라이언트의 자기결정권 인정을 인간존엄의 가치와 더불어 크게 강조하고 있다. 이는 사회복지사가 클라이언트를 그저 무력하고 무능한 존재로 취급하지 말고, 현재 처한 상황 속에서 임시적(단기적)으로 도움을 받을 수밖에 없는 처지에 놓이게 된 존재로 수용하라는 것이다. 이 수용의 자세 속에는 클라이언트를 자신의 삶의 문제를 스스로 해결할 수 있는 힘을 지닌 한 주체자로서 받아들일 뿐 아니라, 그의 성장 가능한 잠재력에 대한 믿음이 전제되어 있다. 그렇기에 사회복지사는 클라이언트에게 자신의 가치와 의지를 강압적으로 행사하여 그들 스스로 결정할 수 있는 기회를 상실하게 해서는 안 되며, 단지 그들에게 도움을 줄 수 있는

각종 유용한 정보와 방법을 알려 줌으로써 클라이언트가 합리적인 자기결정을 할 수 있
도록 가교의 역할을 담당하여야 한다.

셋째, 사회복지 가치인 사회연대성 원리는 이웃의 복지에 대한 관심과 배려를 요구하
는 것으로, 곧 인간이 상호주관적으로 공유된 생활양식과 연관되어 있다는 것을 의미하
는 보편윤리의 유대성의 원리와 그 맥을 같이한다고 볼 수 있다. 그것은 개인이 사회적
존재이며 서로 상호적 관계를 통해 사회공동체의 중요성을 인식하는 존재임을 의미한
다. 이러한 보편윤리의 유대성의 원리와 사회복지의 가치인 사회연대성의 원리는 결국
개인은 상호의존적이며 서로 간에 사회적 책임을 진다는 원리로 해석할 수 있다.

앞에서 살펴본 바와 같이 보편윤리는 '규범적인 도덕철학'과 '좋은 삶에 관한 윤리학'
사이의 보완관계를 설정함으로써 범지구적인 문제들에 직면하면서 모든 세계시민에게
타당하게 적용될 수 있는 윤리를 말한다. 보편윤리학자인 Apel(다음 페이지의 인터뷰 참조)
은 오늘날의 사회문제로 ① 세계인구 문제, ② 생태학적 불균형 문제, ③ 경제적 세계화
문제, ④ 다양한 문화가 한 사회 안에 공존하는 문제, ⑤ 세계 경제 질서 문제를 지적하며,
이 문제들은 결국 자본주의 사회의 계층 간 위화감과 갈등으로 귀결되는 문제라고 강조
하였다. 그러므로 국가 간의 협력과 이해가 경제적 차원만이 아니라 윤리적 차원에서 이
성의 합리성으로 문제를 해결하려는 보편윤리원칙을 제시하였다. 그는 또한 담론윤리가
인간이 무엇을 해야 하는가의 척도를 제시하여야 하며, 어떠한 사태에 영향을 줄 수 있는
지 알아야 한다고 했다. 인류의 문제를 놓고 매일같이 반복되는 회의, 토론 등은 비판적
세계 공론의 표현이며 각기 다른 정치·경제체제 때문에 서로 다른 이익을 갖고 논쟁하
고 있지만 결국 담론을 통해 시대를 올바르게 변화시키고, 경우에 따라서는 윤리(보편윤
리)에 따라 인류의 문제를 개혁·변혁하여 생활에 영향력을 행사하여야 한다고 했다. 즉,
Apel은 국제적인 협력을 통한 인류의 문제 해결은 인종과 국가, 문화의 차이를 뛰어넘는
이해와 존중이 필요하며, 이것을 Habermas는 '이상적 담화 상황'이라 설명하여 강대국
과 약소국 간의 관계(특히 경제적 관계)에 있어서의 질서문제를 해결하기 위해서는 특히
약소국들 간의 '공론의 형성'이 중요하다고 주장하였다. 이렇듯 Habermas와 Apel의 담
론윤리는 한 국가 내의 구성원 간의 문제뿐만 아니라, 국가와 국가 간의 문제, 세계 전체

의 질서에 모두 통용되는 윤리로서 인간의 존엄에 관심을 가지고 그들을 도우려는 사회복지의 기본적 가치이념과 많은 상관성이 있다. 이러한 측면에서 보면 사회복지 실천에서도 전 지구적인 문제를 철학적 이성이 주도하는 보편윤리의 가치 제시로 지구적인 위기 또는 사회적인 문제의 원인을 규명하고, 이에 대한 대응책을 구상하기 위한 규범적인 이념으로서 사용될 수 있을 것이다. 또한 보편윤리를 도출해 내는 담론 과정에서 나타나는 가치, 즉 의사소통이 가능하여 서로 이해할 수 있고, 인간 혹은 개인의 자율성과 진지함을 자율적 대화를 통하여 해결할 수 있다는 '자기이해'라는 새로운 개념을 사회복지적인 측면에서 받아들여서 활용할 필요가 있다. 이런 이치에서 보면 사회복지사는 다른 어느 전문직보다도 더 윤리적이고 가치지향적인 전문직일 수밖에 없는 것이다. 사회복지 가치와 이념은 이렇게 사회의 안정과 번영을 위하여 정의, 평등, 자유, 민주의 가치를 바탕으로 모든 사회구성원이 인간의 존엄성을 유지하면서 자기 실현을 할 수 있도록 사회 전체가 공동으로 책임을 진다는 철학을 기본으로 하고 있다.

Karl Otto Apel 박사의 담론윤리에 관한 인터뷰

KBS '정범구의 세상읽기', 1998년 10월 25일

J: 우리에게는 좀 생소한 이름이지만, Habermas와 함께 소위 담론윤리학을 창시한 독일의 Apel 박사님입니다. 그는 인간사회나 공동체 삶이 유지될 수 있기 위해서는 보편적으로 인정되는 윤리적 규범이 있어야 한다고 말합니다. 그리고 이러한 윤리는 외부에서 타율적으로 주어진 것이 아니라 모든 사회구성원이 자신의 인간적 욕구를 모두 버리고 토론을 통해 합리적으로 조정하는 과정에서 만들어진다고 합니다. 소위 세계화 시대, 정보화 시대를 맞이하면서는 민족과 인종, 종교와 문화, 이데올로기와 가치관이 서로 다른 사람들끼리 서로의 생각을 정직하게 교환하고 그에 따른 합의를 이끌어 가는 것이 담론윤리의 기초가 됩니다. 그러니까 세계적인 기아 문제나 생태계 파괴에 맞서기 위해서도 이런 문제를 전 지구적인 차원에서 논의할 수 있는 새로운 의사

(意思) 공동체를 만드는 것이 필요하다는 말인데요. 아펠 박사님을 직접 만나 보겠습니다.

J: 박사님께서는 철학자로서 다가오는 21세기 우리 인간들의 삶이 어떻게 변화할 것이라고 생각하십니까?

A: 저로서는 우선 제가 가장 중요하다고 생각하는 문제들이 무엇이냐 하는 것을 암시해 드릴 수는 있습니다. Karl Popper가 절대적인 이유는 있을 수 없다고 말을 했는데 저 역시 자세한 이유는 아직 모르겠습니다. 하지만 저는 다음 문제들이 앞으로 가장 중요한 문제가 될 것이라는 것을 말씀드릴 수 있습니다. 그 문제들에 대해서 하나씩 이야기해 보죠.

첫 번째로는 지금도 시시각각 늘고 있는 세계인구의 문제를 들 수 있습니다. 이것은 두 번째 문제, 즉 점점 커지고 더욱 위험해지고 있는 생태학적 위기와도 밀접한 관련이 있습니다. 우리로서는 세계인구가 환경에 더 심각한 압력을 가하지 않도록 천천히 증가하기를 바랄 뿐입니다. 분명한 것은 이 생태학적 위기야말로 다음 백년, 아니 그 이상 우리에게 가장 위험한 위기라고 말할 수 있다는 점입니다. 그리고 세 번째로 제가 말하고 싶은 것은 세계화의 문제입니다. 이 문제는 우선 통상 쓰이는 의미 그대로의 세계화, 그것은 경제적인 세계화의 문제를 말합니다. 경제적인 세계화야말로 지금까지 나타났던 세계화의 측면에서 가장 중요한 측면이라고 할 수 있습니다. 그리고 이 경제적인 세계화의 문제들은 모두 근대에 이루어진 현대화의 문제인 동시에 세계화의 문제이기도 하며 앞으로도 계속 나타날 것입니다. 네 번째 문제로는 다양한 문화가 한 사회 내에 존재한다는 것입니다. 이러한 문제는 세계적으로 나타나고 있는데 그것도 거대국가, 예를 들어 미국, 캐나다, 인도 같은 나라뿐만 아니라 심지어 옛날부터 단일 민족 국가라고 하는 나라에서도 나타나기 시작했습니다. 우리 독일에도 회교를 믿는 삼백만 명의 터키인이 살고 있는 까닭에 벌써부터 이런 문제가 제기되고 있습니다. 다섯 번째로 세계 경제질서의 문제가 있습니다. 제 생각으로는 일찍이 Kant가 요구했던 세계 시민적인 법질서가 이 문제를 보완해 주어야 할 것입니다. 세계 시민적인 경제질서를 염두에 둔다면 당연히 그래야 하는 것이죠. 우리는 이미 세계 시민적인 경제질서를 위한 법질서와 같은 제도들을 갖고 있기는 합니다. 국제 통화기금, 세계은행, 세계 무역 기구 등등 뭐 그런 것이죠. 최근 신문에서 읽었지만 Giddens 교수도 그런 말을 했습니다. 유럽 연합에서 프랑크푸르트에 세운 것과 같은 중앙은행을 국제연합 차원에서도 세워야 한다는 것이죠. 가령 오늘날 일자리를 분배하는 문제는 어떻게 해서든 성공해야 하는 일이고, 어려운 문제이기도 한데 이런 문제들이 바로 세계 시민적인 경제질서를 위한 법질서와 관계된 일입니다. 그리고 이러한 점들이 대체로 향후 백 년 간 가장 중요한 문제라고 생각됩니다.

J: 네, 그렇다면 박사님께서 말씀하신 다섯 가지 주요 문제들은 이른바 세계화된 세계에서 생각나는 문제라고 할 수 있겠죠. 이 문제와 관련해서 박사님께서는 한국에 오셔서 이미 '세계화의 도전과 보편윤리의 책임'이라는 제목으로 강연하신 바가 있습니다. 그런데 이 세계화라는 개념에 대해서 좀 더 구체적으로 묻고 싶은데요. 박사님께서는 세계화에는 두 가지 차원이 있다고 말씀하신 것으로 기억하고 있습니다.

A: 네, 저는 세계화의 개념을 보다 더 넓게 이해하려 했습니다. 먼저 아주 넓은 의미의 세계화가 있는데 그것은 근대화의 과정 전체와 관련되어 있습니다. 그런 관점에서 보면 좁은 의미에서의 세계화, 즉 경제적 의미에서의 세계화는 현대화로서의 세계화 단계에 있어서는 마지막 단계이지만 오늘날 아주 많은 사람의 주목을 받는 아주 중요한 단계임이 분명합니다. 저는 세계화를 둘로 구분하고자 합니다. 우선 일차적 세계화가 있는데 이를테면 원시적인 의미의, 이미 우리들 사이에 진행되고 있는 세계화로서 결코 되돌릴 수 있는 것이 아닙니다. 그와 구별되는 이차적 세계화는 오늘날 우리에게 필수 불가결한 것이고 해결해야 할 과제를 던져 주고 있습니다. 이 이차적 세계화는 정신적이고 윤리적인 세계화로서 우리가 야만스러움에서 벗어나기 위해서 꼭 필요한 일차적 세계화에 대한 응답입니다. 이 응답은 일종의 보편적인 윤리로 행해질 수밖에 없는데 바로 이것이 제가 담론윤리라고 일컫는 것입니다. 이것이 바로 세계화의 개념이라고 하겠습니다.

J: 네, 그렇군요. 그런데 이 이차적 세계화에 대해서 보다 구체적으로 알고 싶은데요. 보통 세계화하면 단지 시장경제의 세계화만을 생각하는데요. 박사님께서는 좀 다

른 차원으로 생각을 하시는 듯 느껴지는데요…….

A: 저는 경제의 세계화와 정보 통신 기술이 아주 밀접하게 관련되어 있으며, 컴퓨터나 정보 통신 같이 여러 기술의 발달로 경제의 세계화가 가능하게 된 것이라 봅니다. 그런데 요즘에는 윤리적 측면에서 새롭게 문제가 제기되고 있습니다. 자, 예를 들어 봅시다. 경제적인 체계 내에서의 원시적 세계화 그리고 근대적인 기술로 무장된 미국이나 유럽식이 아닌 온갖 문화가 홍수처럼 번진다는 그런 측면에서 원시적 세계화도 우리에게는 해결해야 할 문제인 것입니다. 이 새로운 문제는 오직 세계적인 차원에서만 그 해결책을 찾을 수 있을 것이라 봅니다. 그렇게 세계적 차원에서 이 문제를 해결하는 것이 바로 이차적 세계화인데, 이것은 세계 경제질서나 세계 법질서 등의 도움을 보다 고차원적인 국가 간에 협력을 이루어 냄으로써 실현될 수 있을 것입니다.

J: 그렇다면 이런 맥락에서 볼 때 과연 어떻게 보편적 윤리라는 것이 세계화라든가 아니면 세계의 다양한 문제를 해결할 수 있다는 것이죠?

A: 이쯤에서 저는 철학이 무엇을 할 수 있는지 다시 언급해야 하겠군요. 적어도 보편적인 담론윤리라고 한다면 인간이 무엇을 해야 하는가에 대한 윤리적 척도들을 제시할 수 있어야만 합니다. 그리고 담론윤리가 두 번째로 할 수 있는 것이 있는데, 이 점에 관해서는 제가 여러분들에게 얘기한 적이 있습니다만 이 담론윤리가 어떤 사태에 영향을 미치는지 예를 들어 보여 주겠습니다. 제일 먼저 예를 들 수 있는 것은 우리가 인류의 문제라는 것으로, 매일 개최하는 수많은 회의라든가 토론을 들 수 있습니다. 우리에게 생기는 모든 문제를 놓고 우리는 거의 매일 회의나 토론을 하는데, 예를 들면 과학회의, 철학회의, 정치회의, 경제회의 등이 있죠. 이 수많은 회의야말로 비판적인 세계 공론의 표현인 것입니다. 다른 한편으로는 이런 회의들은 윤리적인 문제를 다루는 장소라기보다는 각기 다른 국가체제 내지 경제체제로 인해서 이해관계가 복잡하게 얽혀 있는 이해 당사자들 간에 협상을 벌이는 일종의 전략적 자리이기도 합니다. 바로 이것이 제가 담론윤리학 후반부에서 다루고 있는 것인데, 이러한 회의나 논의를 통해서 사람들은 사태를 올바른 방향으로 변화시켜야만 합니다. 그리고 우리가 각종 제도들을 유지하고 있는 만큼, 경우에 따라 윤리를 통해서 그 제도들을 변형시킬

수 있어야만 합니다. 그리고 현재에 유지되고 있는 경제질서 역시 여전히 개혁해야 할 점이 많습니다. 이 문제는 장기간을 두고 힘써야 할 일인데 그 성공 여부는 별개의 문제입니다. 비판적인 세계 공론을 계몽 각성시킴으로써 보편윤리를 근거로 현실에 영향력을 행사할 수 있다고 봅니다.

J: 자, 이제 그럼 다른 문제로 넘어가 보겠습니다. 빈곤이 세계적으로 만연해 있고 국가 간의 빈부의 격차도 점점 더 심각해지고 있습니다. 이른바 유럽식의 사회적 시장경제 모델이라는 것을 전 세계적 차원에서 적용한다면 이런 상황이 해결될 수 있다고 보십니까? 제가 알기로는 전에도 이런 말씀을 하신 것으로 기억하고 있는데요…….

A: 예, 맞습니다. 그것이야 말로 제가 말하는 이차적 세계화의 전형적인 삶입니다. 이차적 세계화는 앞서 말씀드린 것처럼 정신적·윤리적 세계화에 세계적 법질서와 경제 질서가 보완된 것이기도 하며, 동시에 제3세계와 서구의 선진 공업국들을 연결하는 고리로써 사회정의라고 하는 세계적으로 통용되는 척도를 창출하는 것입니다. 그것은 당연히 어려운 일입니다. 우리는 그러한 요구에 부응하여 투쟁해야 하는 것입니다. 이는 최선의 윤리적 과제인 것입니다. 나는 지난 5년간 거의 숙명적으로 가난을 안고 사는 라틴 아메리카의 해방철학 대표자들과 꾸준히 토론을 해 왔습니다. 저는 여기서 생태학적 위기와 밀접한 관련이 있는 다음 사례를 강조하고 싶습니다. 이것은 마다가스카르 섬에서 실제로 일어나고 있는 일입니다. 오늘날 비단 그곳뿐만 아니라 세계 각 처에서 가난을 이기지 못해서 자신이 사는 숲에 불을 지르는 사람들이 실제로 많이 있다는 것은 누구나 다 아는 사실입니다. 이런 일은 결코 인류 전체의 이해와 조화를 이루지 못합니다. 오히려 그와 정반대입니다. 마다가스카르의 숲에 있는 마지막 나무가 불태워진다는 것은 극히 위험한 일입니다. 그런 일이 벌어지고 나서 향후 삼십 년 간 무슨 일이 벌어질 것인가를 생각하는 것은 이미 무의미한 일입니다. 만약 우리가 빈곤의 문제를 해결하지 못한다면 우리는 당연히 생태계의 위기 문제 또한 해결할 수 없다는 사실을 잘 나타내 주고 있습니다.

J: 우선 사회적 시장경제의 모델에만 국한시켜 얘기해 본다면 이 모델은 유럽의 시장경제체제 하에서만 효력을 발휘한다고 보면 될까요?

A: 유럽에서는 사회적 시장경제 모델이 굉장한 성공을 거두었다고 이야기할 수 있습니다. 독일에서는 분명히 성공적이었고, 스웨덴의 성공담은 조금은 과장된 측면도 있지만, 이제는 모두 지난 일이 되어 버렸습니다. 그런데 이 사회적 시장경제 모델에는 분명히 문제점도 있었습니다. 독일의 Oskar Lafontaine 신임 재무장관은 이 문제점들은 바로 제가 말한 이차적 세계화를 기초로 한 상호협력을 통해 해결할 수 있다는 취지의 얘기를 한 적이 있습니다. 다시 말해서 이 모델을 새로운 시각에서 보게 된 것이죠. 과거 수십 년간 유럽 여러 나라들은 개별 국가 단위로 또는 어느 정도 제3세계의 희생을 기반으로 해서 이 모델을 발전시켜 왔지만 그 문제점을 결코 해결할 수 없었습니다. 거기에서 이루어진 성공들은 모두 선진국들을 위한 것이었고, 부분적으로는 가난한 제3세계 국가의 희생을 통한 것이라는 얘기가 라틴 아메리카에서는 적지 않게 돌아다니고 있습니다. 현재 이 가난한 나라들과 부자 나라들 간의 문제는 좀 더 어려운 지경에 놓였습니다. 그러나 윤리의 입장에서 보면 처음부터 모든 문제의 해결은 인간과 사회를 위한 정의의 관점에서 이루어져야 합니다. 이것은 사회적 시장경제에 대해서 새로운 차원의 문제, 즉 세계의 차원에서 사회적 시장경제를 재정립해야 한다는 문제를 제기한 것인데, 여기서 핵심은 첫째도 협력, 둘째도 협력입니다.

J: 네, 그렇게 볼 수 있겠군요. 그럼 유럽 정치와 연관된 문제를 하나 제기해 보겠습니다. 최근 유럽 정치를 보면 좌파의 약진이 두드러집니다. 우선 Blair가 영국에서 정권을 잡으며 소위 제3의 길이라는 것을 제창했죠. 그리고 그 뒤를 잇는 독일의 Schröder는 새로운 중도 노선이라는 것을 표방하고 나섰습니다. 박사님께서는 제3의 길이라든가 또는 신중도 노선이라는 것을 어떻게 이해하고 계십니까?

A: Schröder가 신중도 노선에 대한 얘기를 하기는 했죠. 특히 독일의 특수한 상황을 염두에 두고 말입니다. 제가 받은 인상만으로 말씀을 드리자면 지금 유럽에서는 이데올로기 간의 상호접근이 이루어지고 있다고 봅니다.

이러한 진단은 상당히 설득력이 있다고 봅니다. 우리는 유럽의 수많은 사람들이 이제는 맹목적으로 신자유주의를 원하는 것이 아니라 사회정의를 되살리고, 달리 표현하자면 우리가 이미 가지고 있던 복지국가 모델로부터 좋은 몇 가지는 살려 내려 하고 있다는 것입니다. 그런데 이 제3의 길이라는 표현에 대해서 말씀드리자면 이 말은 사실 사람들을 약간 오해하게 만드는 측면이 있습니다. 왜냐하면 벌써 20~30년 전에 사람들에 의해서 이 제3의 길이라는 표현이 여러 사람에 의해서 쓰인 적이 있기 때문입니다. 그런데 당시의 뜻은 지금과 달랐습니다. 대부분 이 말은 사회민주주의자들이 썼던 것인데 체코나 기타 국가에서 제3의 길을 모색했던 데 있었습니다. 특히, 체코슬로바키아에서 이 말은 고전적인 사회주의 이념으로의 복귀를 뜻하는 것이기도 했습니다. 그러나 오늘날 Blair나 Schröder가 이 말을 사용할 때에는 사회정의를 강조하고자 하는 것일 뿐 시장경제를 전면 부인하는 것은 결코 아니었습니다. 그런데 이 노선을 표방하는 이들은 규제를 풀어 주는 것이 모든 것을 파괴해서는 안 된다고 믿으며, 또 사회정의를 희생해서는 안 된다고 하는 점에서 공통되는 것입니다. 개인적으로 저는 이런 식으로 선택된 제3의 길이 올바르다고 생각하며 이 입장을 지지합니다. 그런데 이 노선은 생태계 보호책임과도 연결되어야 하는데, 독일에서는 사민당과 녹색당이 연합정당을 형성하면서 이런 연결 관계에 초석을 놓았습니다. 이 두 당이 과연 연정 계약을 체결하여 서로 협력하는 데까지 성공할 것인가 하는 것은 두고 보아야 할 문제입니다. 순전히 이념적인 차원에서만 보자면 이런 결합은 대단히 모범적인 것이며 설득력 있는 것입니다. 이 문제는 조금 더 지켜봐야 할 문제일 것입니다.

J: 지금 한국은 IMF 관리체제 하에 놓여 있습니다. 지금까지 우리가 사회적 시장경제라든가 제3의 길에 대해서 이야기를 해 보았습니다만, 이건 어디까지나 유럽에서 성공했던 모델입니다. 이런 유럽식 모델이 경우에 따라서는 IMF 관리체제 하에 있는 한국에서도 적용될 수 있는 모델이라고 생각하십니까?

A: 다시 한 번 말씀드리지만 현재 발생하고 있는 문제들은 전 지구적인 차원에서 모든 나라의 협력을 통해서만 해결될 수 있다는 것입니다. IMF라든가 세계은행, 세계무역기구 같은 국제기구들은 전 지구적인 영향력을 행사하고 있습니다. 이런 사실을 기초로 우리는 명확한 결론을 내릴 수 있습니다. 만약에 사태가 이런 식으로 전개된다면 한국을 포함한 관련된 모든 나라에 이 모델을 적용해 볼 수 있습니다. 그러나 다른

한편으로는 역시 지역마다 각기 다른 상황들이 있습니다. 아시아적 상황은 현재 유럽과는 또 다릅니다. 비단 한국뿐만 아니라 일본, 말레이시아, 인도네시아, 타이 등도 이 금융위기를 안고 있습니다. 이런 위기가 지배하는 상황은 사회적 시장경제에 대한 얘기를 꺼내는 데 별로 유리한 상황은 아닙니다. 지금 구십억 달러를 관리하고 있는 IMF 관리들의 입에서는 신자유주의니 규제철폐니, 국가의 은행 간섭 제재니 하는 소리만 들을 수 있습니다. 이런 것이 현재의 위기와 관련된 사항들입니다. 아, 그러나 장기간을 두고 본다면 물론 시장은 언제나 전제되는 것이지만 사회정의를 실현하고자 하는 사회적 시장경제는 한국에서도 유효할 것입니다. 그리고 사회적 시장경제가 한국에서 실현될 기회는 다른 어떤 나라들보다 훨씬 더 많다고 생각됩니다. 제 생각으로는 한국은 지금까지 민주화와 산업화 과정에서 엄청난 진보를 이룩했으며, 지금까지 제가 알게 된 바로는 상당히 놀라운 것이었습니다. 이 나라가 지난 50년간 맨땅에서 일구어 낸 성과들은 한국 사회의 거대한 역동성을 보여 주는 것이었습니다. 저로서는 향후 50년 안에 한국이 유럽과 똑같이 지도적인 국가가 되리라는 점을 추호도 의심하지 않습니다.

📖 연구문제

1. 인간은 어떠한 근거에서 존중받아야 하는지 밝혀라.
2. 도구적 이성과 합리적 이성의 차이는 무엇인가?

제3장　이기주의

　　인류역사상 인간에 대한 인식은 근대 시민사회로 접어들면서 커다란 변화를 맞이하
였다. 즉, 신의 부속물로서 신의 의지에 순종하는 인간상을 그려 냈던 중세에 비해, 신과
비교해 늘 부족하고 실수하는 인간의 한계성을 인정하며 그들을 '욕구를 지닌 이기적
인 존재'로 인식했다는 것이다. 이러한 인간에 대한 인식의 변화는 결국 이 이기적인 인
간들이 어떻게 그들의 공동체에 조화를 이루며 살아가는가가 인간과 사회를 연구하는
학자들의 중요한 이론적 관심 중의 하나가 되었다. 그래서 그들은 우리가 우리 자신의
이익보다는 타인의 이익을 먼저 고려해야 하는지, 아니면 앞에서 규정한 것처럼 인간은
이기적인 존재이기 때문에 본질적으로 남을 위해 산다는 것이 불가능한 것인지를 고민
하여 왔다. 따라서 이기주의와 도덕적 의무의 갈등을 윤리학의 핵심적 문제로 삼게 되
었다. 이렇게 인간의 행위에 대해 도덕적 논쟁이 시작된 이후 이기주의는 실제 생활에
서나 도덕이론에서 항상 갈등과 번민의 핵심이 되어 왔다.
　　심리적 이기주의자들은 인간의 행위는 모두 '자기이익'을 위한 동기에서부터 생기기
때문에 타인을 위해 봉사하고 희생하는 삶도 결국 자신의 이익을 충족하고자 하는 이기

심의 발로라고 생각하였다. 그래서 그들은 인간행위에 대한 동기를 냉소적이고 부정적으로 이해하려고 하였다. 반면에 윤리적 이기주의자들은 비록 인간의 행위가 이기심의 발로에서 시작했어도 그것이 보편적 인류애를 실현할 수 있다는 생각을 하면서 인간의 자기이익 추구를 당연시 여기어 동물과 같은 이기적 욕망으로만 한정시키지 않았다. 그래서 이기적 행위들이 조화로운 질서를 이루는 것은 그나마 최소한의 윤리와 도덕이 존재하기 때문에 결국 자기이익을 추구하는 것이 쉽지 않고, 오히려 타인을 위한 행위가 가능하다며 긍정적으로 보는 윤리학자도 나왔다.

이렇게 이기심에 기초한 인간의 행위에 대한 동기가 도덕적인 것이 될 수 있음을 주장하기 위해서는 '결과론적 도덕관'을 따라야 한다. 이 결과론적 도덕관은 어떤 행위가 도덕적인 것이 되기 위해서는 결과적으로 선을 유발하고 증진시켜야 한다는 입장이다. 인간의 행위가 비록 계산된 이기심에 따른 것일지라도 우리의 일반적인 도덕판단에 비추어 보아 도덕적 행위로 평가 받고 있는 경우, 이를테면 이기심에 기초한 어떤 행위가 결과적으로 관련 당사자들의 이익을 증진시키는 데 이바지하였다면 그 행위는 마땅히 도덕적일 수 있는 나름의 이유가 있다는 것이다. 이러한 이기심에 기초한 행위가 옳은 행위이기 위해서는 다음 두 가지 조건을 만족시켜야 한다.

첫째, 행위로 인해 자기에게 유리한 결과가 반드시 나타나야 한다.
둘째, 행위 결론으로 주어지는 자기이익이 선한 것이어야 한다.

즉, 이기심에 기초한 행위가 선한 목적에 합당한 결과이어야 하며, 이 선한 목적은 자기의 선, 자기의 이익을 추구하는 것이어야 한다는 입장으로 결과론적 도덕관은 목적론적 도덕관과 불가분의 관계에 있다. 목적론적 도덕관에서는 '무엇을 목적으로 하는가'가 선한 목적이어야 한다. 여기서 선은 조화로운 삶을 추구하기 위한 최대의 선으로서 양적인 개념이다. 최대의 선은 시대와 문화적으로 다를 수 있다는 입장으로 윤리적 상대주의의 입장을 취하고 있다.

이렇게 인간행위로 인해 자기에게 유리한 결과 또는 목적이 누구의 선이어야 하는가에서 나의 이익, 타인의 이익으로 나누며, 공동의 선 중에서 어느 것이어야 하는가에 따라 이기주의, 이타주의 그리고 공리주의로 나눈다. 이기주의는 나의 선, 자기이익을 목적으로 하는 입장이다. 사람은 누구나 자기이익 및 자기사랑이 기본이라고 보며 이기주의는 가장 원초적이고 가장 상식적인 규범이다. 즉, 인간은 누구나 자기에게 이익이 되는 것을 행하여야 옳다는 명제로서 마땅히 자기이익을 추구하여야 한다고 주장하는 이론으로, 당위의 이기주의는 어떤 행위에 대한 평가적 주장을 담고 있다. 따라서 참된 자기이익이 무엇인가에 대한 윤리적인 규범을 제시하고 있기에 이기주의가 윤리로 다루어질 수 있는 것이다.

이기주의가 진정으로 모든 인간행위를 규제하는 규범으로서 마땅한지 깊이 생각해 보기 위해 이 장에서는 윤리적 이론으로서 이기주의의 개념과 유형을 알아보고자 한다. 나아가 사회복지에서 이것이 과연 어떠한 의미를 갖고 있으며, 특히 자원봉사 분야에서 자원봉사자들의 동기를 이기주의 이론에 적용하여 어떠한 것이 진정한 자원봉사자의 자세인지를 살펴볼 것이다.

1. 이기주의의 개념과 유형

이기주의는 합리적인 인간이라면 누구나 자기이익을 추구한다는 것을 인정하는 이론으로, 이 이론의 '인간이면 누구나 자기이익을 추구하고자 하는 마음을 갖고 있다'는 관점이 인간본성의 솔직한 표출이라는 점에서 우리의 논의의 대상이 되고 관심을 모은다. 허무주의 철학자 Nietzsche는 이기주의를 생의 증진을 지향하는 건강한 충동으로 보았다. 그래서 그는 이타적이고 '약자에 대한 동정을 하는 기독교적 도덕을 약자에 대한 동정이나 선심으로 살아가려는 비굴한 감정'이라고 보는 데 반하여, 이기심은 '끈질기게 생의 본능을 추구하며 활력을 증진시키는 고상하고 용감한 사람의 도덕 감정'이라고 생각하였다.

이기주의는 두 가지 측면을 가지고 있는데, 하나는 **사실로서의 이기주의**인 '인간은 누구나 본성적으로 이익이 되는 것을 행한다'라는 명제로 묘사되며, 다른 하나는 당위로서의 이기주의인 '인간은 누구나 마땅히 자기이익을 행하여야 옳다'라는 명제로 묘사된다. 즉, 인간은 이기적인 존재이기 때문에 이기적 행동을 한다는 것과 인간은 자기이익을 마땅히 추구해야 한다는 것이다.

Taylor(1975)도 이 둘의 차이점을 다음과 같이 설명하였다.

'심리적 이기주의는 인간행위의 동기와 그 행위에 대한 사실적인 이론으로, 사람들이 왜 이기적으로 행동하는가를 설명한다. 윤리적 이기주의는 하나의 규범으로서 사람들이 어떻게 행동해야 하는가를 결정할 표준이나 원리를 제시한다. 심리적 이기주의자들은 모든 사람이 실제 어떠한 목적을 추구하고 있는가를 말해 주지만, 윤리적 이기주의자들은 모든 사람이 어떠한 목적을 추구해야 하는가를 말해 준다.' 이 차이는 결국 앞에서 언급한 것처럼 이기적인 인간행위가 과학적이며 사실적인 설명인가, 아니면 철학적·규범적 접근방법인 당위적인 설명인가로 볼 수 있다. 그러나 인간의 '자기이익 추구행위'를 권리의 입장으로 설명하려는 이기주의는 이 지구상에 어떤 사람도 자신의 이익이 아닌 '남의 이익을 추구'하는 이타주의 행위를 하지 않는다는 것을 정당화하기 위해 나온 이론이다.

Hobbes 또한 이기주의는 의무의 기준이 아니라 의무의 근거에 관심을 둠으로써 의무에 대한 설명과 정당화를 요구하는 이론이라고 하였다. 이렇게 이기주의는 또 하나의 도덕을 제시하는 것이 아니라 현실의 도덕이 요구하는 이타적 명령을 부담스러워하면서 도덕적 관점 일반에 대해서 회의하고 있는 이론이라 할 수 있다. 그래서 도덕적 의무가 자신의 희생을 동반할 경우에 왜 도덕을 위해 나의 이익을 희생해야 하는지, 즉 "나는 왜 도덕적이어야 하는가?"의 물음을 제기하는 자기이익은 의무(should)의 세계가 아니라 권리로서 허용(may)의 세계다.

자신의 이익을 목적으로 하는 이기주의와는 반대로, 타인의 이익을 목적으로 하는 행위를 우리는 이타주의라 부른다. 하지만 인간의 이기적 행동과 이타적 행동을 객관적으로 구별하기에는 어려운 경우가 많다. 왜냐하면 인간의 행동은 보여지는 것이고, 그 행동을 지시하는 사고(동기)는 보여지지 않는 특성을 지니고 있기 때문이다. 그래서 이기적 행동처럼 보이는 행동도 긴 안목에서 보면 이타적 결과를 가져올 수 있고, 이타적인 동기에서 한 행동도 이기적 결과를 가져와 비난의 대상이 되는 수도 있다. 이러한 이유로 Socrates는 정의의 덕이 결국 개인의 행동에 기여하는 것임을 강조하고, 젊은이들의 이기심을 도덕적 수양으로 유인하는 논법을 구사하여 이기로써 이타를 유도하기도 했다. 이와 유사하게 Broad(1950)도 현재 어떤 사람에게 정언적인 힘을 갖는 명령도 한때는 단지 가언적인 것에 불과했으며, 시간이 흐름에 따라 그것이 성공적으로 이용됨으로써 점차 많은 사람에게 정언적인 힘을 갖게 되었다고 주장했다. 즉, 이기주의 이론가들은 인간의 행위가 비록 이기적인 동기가 밑받침이 되어 시작되어도 언젠가는 도덕적 동기로 변하여 행위하는 것에 대하여 설명하며 자신들의 이론을 전개하였다. 이렇게 이기주의는 '무엇을 행해야 한다'처럼 직접적으로 행위를 인도하는 지침으로서 의미를 지니는 것이 아니라 행위를 인도하고 규제하는 직접적인 의무와 규칙의 근거이자 궁극적인 목적으로서 작용하고 있다.

　이기성과 이타성의 배합에 따라 이기주의는 다음과 같이 분류될 수 있다.

- 1유형: 이 유형은 자신의 이익과 타인의 이익을 같은 무게로 고려하지만, 만약 양자가 상충하는 경우에는 자기이익을 먼저 생각하는 유형을 말한다. 이는 사회적으로 가장 흔한 일반적 태도로서 모든 사람이 각자 자기이익을 추구한다고 보는 입장으로 이를 보편적 이기주의(universal egoism)라 한다.
- 2유형: 이 유형은 타인의 손해가 자신에게 이익을 가져온다고 생각하는 전형적인 이기주의 유형으로, 자신과 타인 간의 치열한 경쟁관계가 벌어질 때 나타난다. 그 경쟁관계는 일상적인 가정에서 형제들이 부모의 인정을 받기 위한 경쟁부터 입학시험에서 동기생 간의 경쟁 그리고 정치인들의 선거과정에서 경쟁의 형태로 많이 볼 수 있다. 이를 개인적 이기주의(individual egoism)라 한다.
- 3유형: 이 유형은 타인의 이익에 무관심한, 즉 비록 타인에게 손해를 끼치는 행위는 하지 않지만, 오로지 자신의 이익만 챙기는 유형이다. '내가 너한테 신세지지 않았으니, 너도 나한테 신세지지 않을 것'을 강조하는 태도다. 특히 집합주의 문화

에서 자기합리화의 유형으로 나타나며, 오늘날 더불어 사는 사회를 잊고 살아가는 많은 사람에게서 발견되는 이기주의 유형을 말한다. 이는 사회적으로는 무해무득한 생활태도이며, 개인적으로는 이웃 없이 혼자만의 세계에 갇혀 고독한 생활을 하는 자다. 이를 사적 이기주의(personal egoism)라 한다.

- 4유형: 이 유형은 궁극적으로 자신의 이익을 증진시킬 의도에서 먼저 타인의 이익에 공헌하는 유형으로, 이익집단에서 흔히 발견되는 태도다. 자신에게 이익을 가져다 줄 후보자의 당선을 위해 열성으로 선거운동을 벌이는 행위를 대표적인 예로 들 수 있는데, 이것을 집합적 이기주의(collective egoism)라고 부른다.

1) 심리적 이기주의

심리적 이기주의(psychological egoism)는 사람이 왜 그렇게 행위하는가에 대한 설명이다. 특별히 인간은 누구나 자기에게 이익이 되는 것을 하고자 하는 욕구를 가지고 있다고 설명하는 인간본성에 관한 기술적 언명으로서, 모든 인간의 행동 이면에 있는 동기를 경험적으로 일반화한 이론이다. 그렇기 때문에 인간은 본성적으로 이기적일 수밖에 없다고 주장하며, 인간의 행위가 다양한 욕구와 결부되어 있다는 점을 부각한다.

이 이론은 이제까지 인간의 행위에 관한 많은 연구 중 이타주의적 행위와 동기에 관한 연구사례들이 심도 있는 분석을 결여하고 있다는 비판을 하기 위해 형성된 이론이다. 인간의 행동에 실제로 동기를 부여하는 것에 관한 경험론적 이론이며, 규범을 취급하거나 윤리적 명제를 다루지 않고 사실적 명제를 다루고 있어 다음과 같은 표현방식을 보인다(Taylor, 1975).

- 인간은 항상 자기의 이익을 증진하기 위해 행동한다.
- 모든 행위의 유일한 목적은 행위자 자신의 선을 추구하는 것이다.
- 행위 가운데에서 어떤 것은 비이기적인 것처럼 보이지만 실제로 모든 행위는 이기적이다.

- 인간은 항상 그가 하고 싶은 것을 하거나 혹은 가장 싫어하지 않는 것을 한다.
- 복지에 대한 자신의 관심은 동기 상의 강도로 볼 때, 복지에 대한 다른 사람의 관심보다 더 강하다.

　앞의 진술에서 알 수 있듯이 심리적 이기주의는 인간행위에 대한 사실적인 주장을 하는 것이지 가치 판단을 하는 것은 아니며, 모든 인간과 인간행위에 대한 보편적 주장을 한다. 이러한 특성을 지닌 심리적 이기주의는 냉소주의와 쾌락주의의 면이 있기에 다른 사람의 이타적 행동을 진실하게 보지 않고 이기주의의 위장이나 위선으로 보고 있다. 예를 들어, 쾌락주의 측면에서는 모든 사람이 자신의 최대 만족을 얻기 위해 남을 도와주는 이타주의 행동을 한다고 본다. 이렇게 심리적 이기주의는 이타적 행동에는 행위자가 자신의 욕구를 충족시키려는 동기, 즉 자신의 만족이나 쾌락을 추구하는 동기가 깔려 있다고 보는 것이다.

　심리적 이기주의의 대표적 인물로 우리는 Hobbes를 꼽고 있다. 그에 의하면 인간은 본래 이기적 존재이고 욕구의 대상이기 때문에 '선'을 행하는 것이지 '선'을 행하기 때문에 욕구의 대상이 되는 것이 아니라고 하였다. 한마디로 도덕적 가치기준은 자기이익에 있으며, 심리적 이기주의는 인간 심리의 내재적 동기는 이기적이라는 사실과 인간의 행위는 언제나 이기적이라는 것을 뜻한다. 그런 의미로 비춰 보면 심리적 이기주의는 윤리이론이라 할 수 없다. 왜냐하면 인간본성이 그러하기 때문에 당위라는 것은 필요 없기 때문이다. 그러나 인간이 행위를 하는 데 있어서 심리적 이기주의는 윤리적 이기주의의 전제 조건이 되고, 행동의 변화를 일으키는 근거가 되기 때문에 우리의 관심의 대상이 된다.

2) 윤리적 이기주의

　'인간이 어떻게 행동하고 있는가'를 기술하는 심리적 이기주의에 비해 윤리적 이기주의(ethical egoism)는 인간 존재와 행위의 옳고 그름을 가리고자 하는 규범적 이론으로,

'인간은 어떻게 행동해야만 하는가'에 관한 이론이다.

윤리적 이기주의는 인간이 일상생활에서 진정으로 자신의 이익만을 위해 살기가 쉽지 않기 때문에 자기이익을 권고하며, 개인적 인간생활의 성실성을 존중해 주는 유일한 윤리적 철학으로 인간의 행위에 동기를 부여해 주는 규범적 이론이다. 그래서 윤리적 이기주의에서는 각 개인의 도덕적 기준이 무시당해서는 안 되고, 존중되어야 할 뿐만 아니라, 타인의 도덕적 기준도 똑같이 인정되어야 하기 때문에 한 사람의 도덕적 가치기준이 '보편적 법칙'이 되도록 요구할 수 없다는 입장이다.

결국 윤리적 이기주의자가 의도하는 것은 자신의 이익을 추구함에 있어서 사람은 언제나 자기가 원하는 것을 해야 옳다는 것을 강조한다. 하지만 이것을 행함에 있어 눈앞의 이익을 얻기 위한 전략이 되어서는 안 되고, 장기적인 안목에서 자기에게 실제로 최선의 이익이 되는 것을 행해야 한다고 주장한다. 그 좋은 예로 심리적 이기주의자는 순간적 쾌락을 유지하기 위해 술, 담배를 선택하는 행위를 하지만, 윤리적 이기주의자는 미래에 폐암이나 간암에 걸리지 않고 건강하게 살기 위한 이익을 얻기 위해서 현재의 욕구를 자제하며 술, 담배를 하지 않는다는 것을 들 수 있다. 모두 똑같이 자기이익이 목적이 되어 행위하여도 수단으로 사용하는 것이 즉각적이고 단기적인 이익 추구는 심리적 이기주의에 해당되고, 비록 현재는 고통스러울지라도 장기적인 희망을 갖고 미래의 이익을 위해 참는 행위는 윤리적 이기주의에 해당된다. 따라서 윤리적 이기주의는 도덕적 의무와 규칙 전반에 대한 거부로 귀결되지 않는다. 인간의 쾌락 추구는 충동과 본능에 의하기보다는 이성에 의해 다듬어지고 현명해질 필요가 있기 때문이다. 그렇기 때문에 타인의 행복에 대한 이기주의자들의 관심은 근본적으로 이타주의의 그것과 다르다. 이기주의에 있어 선의(benevolence)는 결코 '무조건적으로(categorically)' 정당화되지 않는데, 그 이유는 도덕적 선행의 궁극적 원천은 자기 자신의 이익이기 때문에 자신의 이익이 없으면 의무도 없기 때문이다.

이러한 특성 때문에 윤리적 이기주의자들은 만약 인간이 윤리적 이기주의의 권고에 따라 행동하면 자신의 삶에 의미 있는 변화가 나타난다고 믿는다. 나는 왜 내 자신의 이기주의에 따라서 독단적으로 행동하기보다 다른 사람의 이익에 근거한 행동을 해야 하는가?' 이 물음은 인간의 동기가 심리적 이기주의자들이 서술하고 있는 한계를 넘어서서 이미 다른 사람들의 행복을 살피고, 그들을 향한 의무를 존중함으로써 다른 개인을 존중하는 것을 지니게 된다는 것이다.

우리는 가끔 자기이익만을 외치는 이기주의자도 공익사업에 열성을 다하는 모습을 보게 된다. 왜냐하면 비록 그 일이 현재 자신의 이익을 창출하지 않지만 궁극적으로는 자기이익이 된다는 판단에서 하는 행위이기 때문이다. 그래서 Socrates는 정의의 덕이 결국 개인의 행복에 기여하는 것임을 강조하고, 젊은이들의 이기심을 도덕적 수양으로 유인하는 논법을 주장하였다.

Hospers(1972)는 인간의 이기적인 동기가 밑받침이 되어 도덕적 실천을 하는 것에 대하여 다음과 같이 자세히 설명하고 있다.

"왜 우리는 바른 행동을 하여야 하는가?"라는 물음에 대한 가장 일반적인 대답 그리고 가장 흔한 대답은 "그렇게 하면 보답이 있기 때문에-그렇게 하는 것이 금방은 아니더라도 뒤에 우리의 이익이 되기 때문에"와 같다. 이런 동기가 끊임없이 작용하고 있기 때문에 우리는 그것을 의식하지 못한다. 정직이 선이기 때문에 정직하라고 말하지는 않는다. "정직하면 보답이 있다" 그리고 "정직이 최선의 정책이다"라고 한다. 물론 이때 최선의 정책이란 길게 보아 우리에게 가장 이로운 정책임을 말한다.

"도움이 필요한 사람을 돕도록 하라! 그러면 네가 도움이 필요할 때 그들이 도울 것이다" "안전운행을 하라! 네가 구제한 생명이 너 자신의 생명일 수도 있다" 이 말은 만약 네가 구제한 생명이 너 자신의 것이 아니라면 너는 안전운행에 신경을 쓰지 않아도 된다는 뜻을 함축하고 있다. 성서의 계명조차 흔히 그런 호소를 한다. "너의 빵을 바다 위에 던져라! 그러면 후일 네게 돌아오리라" 그러나 그것이 되돌아오지 않는다면 계속 바다 위에 빵을 던져야 하는가? 매년 25만 달러를 암 연구소에 기탁하는 미국의 어떤 큰 회사 사장이 그 이유에 대해 질문을 받았다. 그는 "그것은 요트 한 척의 값이지만 나는 요트를 사는 것보다 기탁하는 것이 더 재미있다"라고 대답했다. 어떻든 여기에도 뻔뻔스러운 이기주의적 동기가 있다. 도덕성에 대한 호소가 모두 그처럼 거칠게 이기주의적인 것은 아니다. "남을 도와라. 그러면 그들이 보답으로 너를 도울 것이기 때문이다"라고 한다면 너무 직선적인 이기주의다. "남을 도와라! 그것이 너에게 마음의 평화가 될 것이기 때문이다"라고 한다면 덜 조잡해 보일 수는 있지만 역시 이기주의적이다. 만약 마음의 평화를 갖기 위해 남을 돕는다면 그 뜻은 만약 도와주어도 마음의 평화를 갖지 못한다면 도와줄 필요가 없다는 뜻이 된다.

-Hospers, 1972 : 175-

〈표 3-1〉 심리적 이기주의와 윤리적 이기주의 비교

심리적 이기주의	윤리적 이기주의
인간은 본성적으로 이기적임	인간은 마땅히 자기이익을 추구
인간의 행동에 실제적인 동기를 부여하는 것에 대한 경험적 이론	참된 자기이익을 위한 권리와 선의 개념을 갖는 규범적 이론
즉각적이고 단기적 이익 추구(쾌락주의)	장기적인 안목에서의 이익 추구

• 심리적 이기주의는 윤리적 이기주의의 전제 조건이고 행동의 변화를 일으키는 근거가 됨

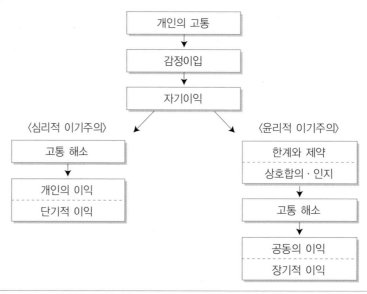

[그림 3-1] 심리적 이기주의와 윤리적 이기주의

2. 사회복지 실천분야인 자원봉사의 이기주의 이론 적용

오늘날의 가족과 경제제도의 변화는 사회적 문제해결에 사회구성원의 자발적 참여와 연대적 책임이 필요하여 자원봉사에 대한 요구가 급증하였다. 그뿐만 아니라 사회복지 수요가 급격히 증가하고 있으나 정부의 현 복지예산으로는 사회복지기관에 대한 예산지원과 모든 복지서비스를 전문 인력을 통해 제공하는 데에는 한계를 지니고 있다. 이를 보완하기 위해 사회복지 조직에서는 자원봉사자의 활용이 필요하다. 이에 따라 자원봉사자의 역할에 대한 중요성이 새롭게 인식되고 있다.

*Encyclopedia of Social Work*에 의하면 자원봉사자를 '개인, 집단, 지역사회의 여러 가지 사회문제를 예방·통제하고, 개선하는 일을 수행하며, 공사의 여러 조직 활동에 상응하는 보수 없이 자발적으로 참여하는 개인'이라고 정의하고 있다. 또한 김영호(2003)는 자원봉사를 지역사회에서 주민들이 다양한 공동체 사회문제를 해결하고 예방하며, 전인적 인간화와 복지공동체문화를 창출하고, 생명존중, 사랑, 정의, 자유 등 공동의 복지목표를 달성하기 위하여 보수 없이 자발적으로 참여하는 가치 창조적·사회적 조화의 노력이며, 동시에 인간의 질적으로 바람직한 삶, 복지적인 삶 그 자체인 것이라고 정의 내리고 있다.

이와 같이 자원봉사 활동은 민주주의 철학을 기반으로 하여 개인, 집단, 지역사회의 문제를 해결하고 예방하는 노력과 그에 상응하는 대가(보수, 지위, 명예 등)를 바라지 않고 자발적으로 협력 또는 직접 참여하는 복지활동이라고 할 수 있다. 이는 개인의 자유의지에 따라 이루어지는 자발성을 가지며, 자신의 이익만을 위해서가 아니라 이웃과 더불어 복된 삶을 살기 위하여 책임감을 갖고 공동체의 구성원이나 고난에 처한 개개인의 인간복지 향상을 목표로 활동하는 것으로, 사회성(공공성), 무보수성(무급성), 과정성(지속성) 등의 속성을 갖는다고 할 수 있다.

자원봉사에 대한 요구가 증대되고 자원봉사 프로그램의 운영상 문제들이 부각되면서 자원봉사의 동기에 대한 관심이 커지고 있다. 자원봉사자와 자원봉사 대상자 또는 기관의 필요와 요구를 이해하게 되면 자원봉사 활동을 훨씬 더 효과적으로 운영할 수 있기 때문에 인간행동의 배후에 자리 잡고 있는 동기를 이해한다는 것은 매우 중요하다.

인간행동의 동기를 크게 두 가지로 나누어 보면 하나는 동기의 주체인 개인의 입장에서 자율적이고 능동적으로 느끼는 내적 요인, 즉 이기적 동기이고, 다른 하나는 외부의 다른 사람으로부터의 타율적이고 피동적인 이타적 동기라고 할 수 있다. 이타주의는 사람들이 자원봉사에 참여하는 주된 원인으로 간주되어 왔으나 한 개인이 타인을 돕기 위해 활동적으로 임할 때에도 이러한 도움의 동기는 자기의 복지를 증가시키거나 또는 죄의식을 감소시키려는 욕구에 의해 동기화된 것이라고 보는 시각이 늘게 되었다. 조휘일 (1991)은 자원봉사 활동은 이타적 동기와 이기적 동기의 혼합으로 볼 수 있는데, 절대적으로 이타주의적인 동기는 드물며, 동기이론이나 자원봉사 실태조사에 따르면 자원봉사 활동은 복지증진이나 동정심, 죄의식을 감소하려는 욕구에 의해 동기화된 것이라고 강조하였다. 그렇기 때문에 이타적 이유로 자원봉사에 참여하고 있다고 말하는 사람들조차도 자신들이 오직 자기희생적 이유 때문에 자원봉사에 참여한다고 인정하지 않는다고 하였다. Troth(1999) 또한 '동기-행동 불일치 모델'로 자원봉사자들의 자원봉사 동기를 설명하면서 자신을 전적으로 희생하면서까지 남에게 봉사하는 것은 불가능하다고 보며, 자원봉사는 사회적 인정과 명예, 사회경험의 축적, 개인적 성취감과 자부심 등의 부가적 편익이 있기 때문에 가능한 행동이라고 주장하였다. 이성록(2001)은 자원봉사가 불행에 처한 사람의 행복을 증가시키려는 동기로서가 아니라, 타인이 곤경에 빠진 것을 보면 슬퍼지는 자신의 불편한 감정을 감소시키려는 동기인 '이기적 동기에 의한 이타적 행동'으로 가정하였다.

이와 같이 자원봉사 활동의 동기는 이타적 동기와 이기적 동기의 혼합이라고 할 수 있다. 이러한 주장을 뒷받침하는 실증연구 조사를 살펴보면, 사회복지협의회에서 1988년에 조사 연구한 결과 이타주의 봉사심으로 자원봉사에 참여한다는 사람은 26.4%에 불과하고, 경험의 욕구, 대인관계의 욕구, 여가활동 등의 욕구를 가지고 참여하는 사람은 73.6%로 나타났다. 이것은 자원봉사라는 행위가 이타주의, 곧 희생이라는 통념에서 크게 벗어난 결과이며, 자원봉사자들은 자원봉사 활동이 오로지 타인을 위한 일방적인 봉사가 아니라 내적 충족과 자아성장을 기대할 수 있는 경험으로 보았다. 궁극적으로 자원봉사 활동은 남을 위한 것이 아니라 자신을 위한 것이라고 볼 수 있는 이기적 동기에 의해서라 할 수 있다. 이제까지 연구된 자원봉사자의 동기 중 이기주의(심리적 이기주의이거나 윤리적 이기주의이거나 상관없이)를 밝혔던 논문들을 열거해 보면 다음과 같다.

이경자(1987)의 조사 연구에서 여성 유휴인력들의 자원봉사 활동 희망 이유에 대한 조사 결과를 보면, 남을 돕거나 지역사회 발전을 위해 참여하겠다고 한 사람은 20% 정도에 해당하고, 그 외 사람들은 **여가활용과 자신의 능력과 지식의 활용을 목적으로 자원봉사를 하겠다**는 것으로 나타났다. 주영길(1986)은 사회적인 책임과 의무로 참여하는 경우는 8~9%에 불과하며, 대부분 지식의 활용, 경험하고 싶은 욕구, 여가활용의 욕구로 참여한다고 밝히고 있다. 안수향(1992)의 한국 대학생 자원봉사 동기에 대한 조사에 의하면 대학생들이 자원봉사 활동을 통해 **내적 충족감, 자아성취, 직업에 대한 생각, 사회적 경험, 대인관계** 등에 높은 성취감을 나타낸 것을 알 수 있다. 자원봉사자들은 무조건적인 헌신과 봉사 외에 무엇인가 자신에게도 도움이 되는 프로그램에 참여하기를 원하는 것으로 풀이되는데, 이기적 동기에 의해서 자원봉사를 한다고 할 수 있다.

이들 연구에서 다시 한 번 고려해 보아야 하는 문제는 자원봉사자들의 동기가 이타주의적인 동기보다는 이기적인 동기가 우세하게 나타난다는 점이다. 그러므로 자원봉사자들의 동기에 대해 전통적 관점을 탈피한 새로운 관점이 요구된다고 할 수 있다. 사회복지 관련 종사자와 지도자들은 자원봉사를 희생과 봉사의 장으로 이해하던 것을 극복하고, 자원봉사자들이 '자기이익'이라는 관점에서 행위한다는 심리적 이기주의를 인정하여야 한다. 또한 사회복지 관련종사자와 지도자들은 앞의 실증연구에서 보았던 것처럼 자원봉사자들이 처음에는 "왜 다른 사람을 도와주어야 하는가?"라는 질문에 심리적 이기주의에 의해 자신의 이익 때문에 선택한다는 대답을 하지만 '그것이 옳기 때문에 마땅히 다른 사람을 도와야 한다'는 동기의 변화를 가져오도록 하여야 한다. 즉, 길을 지나가다가 돈을 구걸하는 걸인에게 돈을 주었던 사람에게 왜 그 행위를 하였는가를 인터뷰해 보았을 때 "만약 제가 오늘 그 사람에게 돈을 주지 않고 그냥 지나쳤다면, 아마도 오늘 밤 제가 그 사람에게 돈을 주지 않은 행위가 떠올라 잠이 오지 않을 것 같아서 주었습니다"라고 한다면 그 행위는 비록 남을 돕는 이타주의로 보였을지라도 자신이 잠을 못 잘까 봐 걱정되어, 즉 본인의 이익 때문에 행해진 심리적 이기주의라 할 수 있다. 그러나 "그렇게 하는 것이 옳기 때문에 했습니다. 그것은 선하기 때문이지요"라고 한다면 우리는 그의 행동에 윤리적 이기주의인 도덕의 음성이 있음을 알 수 있다. 여기서 우리가 꼭 생각할 것은 윤리적 이기주의는 심리적 이기주의를 거치지 않고 바로 발달하는 개념이 아니라는 것이다. 이것은 행위의 성숙도의 순서를 말하는 것으로 처음에는 자신의 욕구를 채우는 것에 열중하여 자신의 기쁨만을 구하지만, 이것을 잘 훈련받으면 더불어 사는 삶이 더 가치 있다는 원리를 배우게 된다는 것이다. 자원봉사 활동도 처음에는 그저 시간이 있어 또는 점수를 받기 위해 시작했어도, 활동을 하다보면 자신의 내적 성장을 맛보며, 이렇게 행위하는 것이 옳구나 하는 체험을 하게 된다. 그래서 시간이 없으면 시간을 내서, 또 점수를 받지 않아도 그것이 즐거워서 자원봉사 활동을 하기 때문에 자원봉사 활동이 중단되지 않을 것이다. 이 말은 자원봉사자를 관리하는 사회복지기관에서 진정으로 남을 돕고자 하는 이들에게 어떻게 교육을 시켜 자원봉사를 활성화시킬 수 있는가에 대한 중요한 지침이 될 것이다.

자원봉사를 활성화하기 위한 방안으로 기존의 연구에서는 자원봉사자에게 정기적인 교육, 적재적소에 배치, 교통비 지급 등의 방안을 제시하고 있는데, 이러한 방안은 자원봉사 행위인 내적 동기 변화에 초점을 두기보다는 기관에 초점을 두고 있기 때문에 그들의 자원봉사 여건 등의 변화로 인한 자원봉사의 중도 탈락을 막을 수가 없다. 따라서 자원봉사를 활성화하기 위해서는 그들의 동기를 심리적 이기주의에서 윤리적 이기주의로 발전시켜 자원봉사의 행위를 '마땅히' 하게 된다는 것으로 받아들여지도록 하여야 할 것이다. 그럼으로써 윤리적 이기주의에 의한 동기화를 통해 중도 탈락률을 낮추고 적극적으로 자율적인 참여를 하게 하여 자원봉사를 활성화시킬 수 있을 것이다. 더 나아가 지역사회에 대한 책임감과 시민의식을 향상시킴으로써 지역사회와 함께하는 성숙한 공동체가 되도록 할 수 있을 것이다.

📖 연구문제

1. 사람들 각자가 자신의 고유한 이익을 추구하는 것이 사회의 이익을 증진시키려는 의도를 가졌을 때보다 종종 더 효과적으로 사회 전체의 이익을 증진시킨다는 주장을 지지하거나 반증할 만한 사례를 들어 보라.

2. 장애인시설의 유치를 반대하는 지역주민의 집단적 행위에 대하여 이기주의 이론에 근거하여 문제점과 해결방안을 제시하라.

3. 자기이익에 의해 자원봉사에 참여한 사람이 자원봉사 활동을 지속하도록 하기 위한 방안을 모색해 보라.

제4장 공리주의

    공리주의는 영국에서 발전한 윤리설로, 윤리문제에 있어서 쾌락을 지적인 방식으로 형상화하려는 노력으로 표현된다. 공리주의 사상의 뿌리는 고대 그리스 Epicureanists의 쾌락주의(hedonism)로부터 찾아볼 수 있다. 고대 쾌락적 이기주의의 원리는 Aristippos에 의해 최초로 진술되어 Epicouros에 의해 발전되었다. 에피쿠로스주의(Epicureanism)는 '욕망의 즉각적인 충족을 통하여 현명하게 사는 방법'을 가르친 키레네(cyrenaic) 학파의 쾌락주의를 발전시키면서 형성되었다. Epicouros에 있어 개인의 행동 원리는 쾌락이다. 그런데 이들은 쾌락을 육체적인 것에 한정하지 않았으며, 우정, 민족, 평화, 미, 지속, 영원으로 쾌락의 의미를 확장시키면서 인간성의 확장을 제안하고 있다(박종원, 2007). 이러한 에피쿠로스주의는 영국에서 계승되어 윤리학으로서 공리주의로 발전하였다. 그러나 오늘날 우리가 말하는 공리주의 이론은 18세기 초 영국 철학자 Hutcheson이 '최대 다수에게 최대 행복을 가져오는 행위가 좋다'는 원칙을 발표하여 서양의 많은 윤리학자의 관심을 집중시켜 오다가, Bentham에 의해서 본격적으로 이론이 정립되었으며, 다시 Mill에 의해 수정ㆍ보완되어 완성되었다.

　　법률가였던 Bentham은 프랑스 혁명이 있었던 1789년에 『도덕과 입법 원리 개론 (Introduction to the Principles of Morals and Legislation)』을 집필하여 그의 학문과 인간에 대한 중심사상을 피력하였다. 그는 당시 실증주의의 영향을 받아 사회학과 심리학이 인간 존재에 관한 연구를 과학적으로 만들 것을 주장하였던 것과 같이 법과 도덕도 '과학적'으로 설명하려는 시도를 하였으며, 인간에 대하여는 인간이 '고통과 쾌락이라는 두 군주의 지배하'에 있기에 언제나 쾌락을 추구하며 고통을 피하려 하는 유기체라며 인간의 특성을 설명하였다(Robinson, 1997). 이처럼 그는 쾌락의 추구가 선악의 판별기준일 뿐만 아니라 행위의 필연성을 설명할 수 있는 원리라고 주장하기 때문에 자연히 칸트적인 동기주의를 비판할 수밖에 없다. 그에게 있어서 도덕적 판정의 기준은 의무를 이행하려는 동기에 있는 것이 아니라 쾌락을 증진시키는 행위의 결과에 있다고 믿기에 쾌락의 양이 윤리적으로 선한 행위라고 주장하는 것이다. 그러나 이러한 공리주의 이론은 국가 전체의 목적을 도모할 사명이 있는 법률가의 견지에서는 입법 원리로 받아들일 수는 있었으나 일반인의 행위의 원리, 즉 도덕원리로 받아들이기에는 미흡하였다. 또한 공리의 원칙을 쾌락의 양(실증적인 과학관)만을 고려하여 설명하려는 자세는 그의 제자였던 Mill에게 공리주의 이론을 수정할 필요를 느끼도록 동기를 부여하였다.

　　그리하여 Mill은 공리주의 이론이 입법자뿐만 아니라 일반인을 위한 도덕적 체계로 받아들여질 수 있다고 믿고, 쾌락의 평가를 함에 있어 기존의 Bentham이 주장했던 '양적인 쾌락의 개념'에 '질적인 쾌락의 개념'을 도입함으로써 고상한 정신적 쾌락과 저급한 육체적 쾌락으로 구분하였다. 즉, 인간은 쾌락의 질을 추구하기 때문에 존중되어 마땅한 존재라는 것이다. 이러한 Mill의 '쾌락의 원리'는 한 개인에게만 국한시키지 않고 사회에 적용시켜 사회를 구성하는 사람들 전체의 쾌락 또는 행복의 증가와 고통의 감소에 관심을 가지고 이론을 전개한 사회적 윤리관이다. 그에게 있어서 인간은 상호협조할 줄 아는 사회적 존재이며 양심[1]에 의해 행동을 결정하는 존재이기에 인간에게 개인적 쾌락도 다수의 행복을 위해 양보하라고 명령하고, 만약 이 명령을 어기면 고통스럽다는

---

1) 여기서 양심은 동정심이나 상호이해심, 즉 동료와 하나가 되고자 하는 감정 또는 집단 감정이다.

사실을 강조하며 그의 최대 다수의 최대 행복의 원리를 정당화하였다.

지금까지 살펴본 것처럼 공리주의의 도덕원리는 최대의 유용성을 산출하거나 또는 적어도 다른 행위(규칙)들보다 많은 유용성을 산출하는 행위(규칙)들이 옳다고 보는 입장이다. 이때 공리주의에서 많은 유용성을 산출한다는 것의 의미를 보면, 다음의 〈표 4-1〉에서 '행위 1'은 광범위한 분배를 하지 못하지만 공리주의 입장에서만 본다면 '행위 1'이 더 나은 것이다. 분배가 정의로워야 한다는 논리는 공리주의에 다른 도덕 규준을 덧붙이는 것으로, 공리주의는 분배의 정의에 관심을 두지 않으며 결과적인 행복의 총량에 관심이 있다. 한편 Mill이 말하는 행복 혹은 유용성이란 감각적 쾌락보다는 지적 쾌락, 정서적 쾌락, 상상의 쾌락 그리고 도덕적 정서의 쾌락에 의미를 부여한다.

〈표 4-1〉 공리주의에서 최대의 유용성

	관련된 사람	개인당 유용성	유용성 총량
행위 1	2	100	200
행위 2	50	2	100

참조: 김학택, 박우현 역, 1994.

이러한 면에서 공리주의는 쾌락주의와 구별되며, 또한 어떤 행위의 결과가 한 개인의 행복과 쾌락에만 집중된 것이 아니라 그 행위의 결과로 영향을 받는 모든 사람에게 행복과 만족을 가져와야 한다는 점에서 이기주의와 구별된다.

이와 같은 공리주의의 기본적 원칙은 사람들은 각각 하나로 간주되며 어느 누구도 하나 이상으로 간주되지 않아야 한다는 것이다. 따라서 도덕적으로 옳은 행위를 결정할 때 자신의 행위에 영향을 받는 모든 사람이 똑같이 행복하고 좋은 상태가 되어야 가장 바람직하지만 현실에서 이러한 상황은 불가능하기 때문에 최선의 행위는 최대의 행복을 찾는 것이라고 본다. 즉, 최대의 유용성을 산출하거나 적어도 다른 행위들보다 많은 유용성을 산출하는 행위를 하여야 한다는 것이다. 이것은 다음의 몇 가지 중요한 전제를 포함한다(Rhodes, 1991).

첫째, 사회의 선은 개개인의 선의 합이다. 만약 개개인 모두의 최대 행복을 위해 행위한다면 더 나은 사회를 만들 수 있다.

둘째, 최대 행복은 행위의 즉각적 결과와 예측할 수 있는 장기적인 결과를 포함한다. 단, 행위의 결과에 의해서만 평가될 수 있다.

셋째, 만약 최대 행복의 개별적 측정이 이성적으로 고려된다면, 결과는 행복의 본질에 기본적으로 일치할 것이다.

- 이성적 사고는 술을 마시는 쾌락과 지적인 삶의 쾌락과 같이 전혀 다른 쾌락들 중에서 이성적(보다 높은) 행복을 선택하게 할 것이다.
- 이성적 사고는 우리의 눈앞에 보이는 이익과 장래에 발생하는 이익이 다르지 않다는 것을 이해하게 한다.
- 교육은 보편적 복지를 가져오는 데 필수적이다. 교육은 낮은 질의 행복이 우리를 행복하게 만들지 않는다는 것을 이해하게 하여 이성적으로 욕구를 형성할 수 있도록 한다. 교육을 통하여 우리의 욕구는 정당하게 요구될 수 있는 것으로 발전된다.

넷째, 인간의 본성은 선천적으로 다른 사람들과 경쟁하는 것이다. 그러나 이러한 경쟁심은 이성적 자기이익에 의해 완화된다.

다섯째, 이타주의는 공통의 자기이익을 고찰한다. 장기적으로 바라봤을 때, 개인의 이익을 추구하는 것은 다른 사람의 이익을 추구하는 것이 된다. 이것은 이성적 이익을 어떻게 구성하느냐에 따라서 이타주의로 변화할 가능성을 열어 준다. 개인이 해야 할 것은 이성적인 자기이익을 행하는 것이며, 그리하여 타인의 이익이 추구되는 것이 된다. 또한 개개인의 이성적 자기이익은 타인을 돕는 방법을 찾는 것에 입각한다.

1. 행위공리주의와 규칙공리주의

공리주의(utilitarianism)는 선을 추구하는 목적론과 결과론을 말한다. 여기서 선이라

함은 결과의 선인 유용성(utility)으로 쾌락 · 행복을 의미한다. 그렇기 때문에 공리주의에서는 사태의 결과로 영향을 받는 모두의 행복의 양이 증가하면 도덕이라 한다. 이런 특성을 지닌 공리주의는 적용기준에 따라 행위공리주의와 규칙공리주의로 분류된다.

행위의 옳고 그름을 판단함에 있어 행위공리주의는 그 행위 자체가 최대의 유용성을 산출하거나 다른 행위보다 더 많은 유용성을 산출하는지에 의해 판단한다. 그러나 규칙공리주의는 그 행위에 전제된 도덕규칙이 최대의 유용성 또는 다른 규칙보다 많은 유용성을 산출하는지의 여부에 따라 판단한다. 다시 말해 행위공리주의에서는 여러 행위 중에서 그 행위에 관련된 이들에게 최선의 결과를 가져오는 행위가 옳은 행위가 되며, 규칙공리주의에서는 가능한 여러 유형의 행위 가운데에서 그것이 일반적인 수행, 즉 규칙이 되었을 때 관련된 이들에게 최선의 결과를 가져오는 행위가 옳은 행위가 되는 것이다.

행위공리주의는 좋은 결과만이 행동의 이유가 되어야 한다는 입장으로, 도덕규칙은 우리가 무엇을 하여야 할 것인지를 결정할 때 하나의 참고사항으로 규칙이 고려될 뿐이다. 따라서 그들은 결과적으로 규칙을 지키지 않는 것이 바람직할 때에는 규칙을 지키지 않아도 된다고 생각하는 입장이기에 행위공리주의에서 도덕규칙은 그저 경험법칙에 불과하다. 예를 들어, '진실을 말해야 한다'는 규칙은 일반적인 선을 가져오지만 만약 거짓말의 결과가 진실을 이야기하는 것의 결과보다 많은 선이 될 때 행위공리주의에서는 거짓말을 선택하는 것이 옳다. 다시 말해 행위공리주의는 행동의 결과를 개별적으로 평가하여, 옳은 행위란 행위자 자신뿐만 아니라 어떤 방식으로든 그 행위에 영향을 받는 사람들 모두를 위해서 최대의 행복을 산출하는 행위라는 것이다. 이런 입장은 행동을 평가하는 데 결과 이외의 어떤 것도 고려하지 않기 때문에 공리주의의 극단적 입장이라 할 수 있다. 그렇기 때문에 행위공리주의자들은 만약 어떤 행위가 고통보다는 행복을 산출한다면 도덕규칙을 파기할 수 있다. 예를 들어, 배가 파산되어 당대에 유명한 외과의사와 배움도 적고 재산도 없는 거지가 뗏목에 겨우 목숨을 부지한 채 강에 떠내려가고 있다고 가정해 보자. 그런데 그 뗏목은 계속 부서져 겨우 한 사람이 버틸 자리만 남아 있다. 과연 "이 두 명 중 누가 구출되어야 하는가?"라는 질문을 한다면 행위공리주의자들은 의사에게 손을 들어주며 의사가 거지를 뗏목에서 밀어내는 행위를 허용할 것이다. 왜냐하면 의사가 살게 되면 그의 의학기술로 많은 사람을 도울 수 있어 행복을 가져올 수 있지만 거지의 경우에는 그렇지 못하기 때문이다.

한편 규칙공리주의에서는 행위의 옳고 그름은 그 행위가 전제하고 있는 규칙이 평가기준이기 때문에 도덕규칙이 행동의 이유가 되어야 한다는 입장이다. 즉, 특정행위의 공리성보다는 규칙을 강조하는 것이다. 따라서 직접적인 행위가 기준이 아니고 옳은 행위를 이행하는 데 사회적 통념과 규칙을 통하여 공리를 추구한다는 점에서 행위공리주의와 구별된다. 다시 말해 규칙공리주의에서 행위의 옳고 그름은 그 단독 행위의 결과에 의해서 판단되는 것이 아니라 일반화되었을 때 나타나는 결과, 즉 규칙으로 작용했을 때 초래될 결과에 의해 판단한다. 그리고 아무리 현재의 행위가 좋은 결과를 산출한다 하더라도 그 행위가 선례가 되고, 규칙으로 작용했을 때 사회질서를 파괴하거나 규칙에 관계된 사람들에게 불이익이 가해진다면 이는 허용될 수 없다.

예를 들어, 규칙공리주의자인 김 교수에게 한 학생이 기말고사에 낙제하여 찾아왔다. 4학년인 그 학생은 현재 졸업을 전제로 어렵게 취직이 되었는데, 그 과목에 낙제함으로써 졸업을 할 수 없게 되었다. 졸업을 못하면 입사도 취소되며, 자신은 집안의 경제를 책임지고 있으니 선처해 줄 것을 호소하였다.

규칙공리주의의 도덕추론과정은 우선 앞의 사례에 포함된 대안적인 규칙들을 정리하여 각각의 유용성을 비교할 것을 요구한다. 그 학생에게 낙제점을 주지 않는다면 김 교수의 행위가 근거하고 있는 규칙은 '교수들은 학생들의 성적이 아니라, 학생들의 요구에 따라 점수를 부여해야 한다'와 같이 정식화될 수 있다. 한편 김 교수가 그대로 낙제점을 준다면 이 행위가 근거한 규칙은 '교수들은 학생들의 요구가 아니라 성적에 따라 점수를 부여해야 한다'와 같이 정식화될 수 있다. 규칙공리주의자는 '두 가지 일반적 규칙 중 어느 것이 최대 유용성을 산출할 것인가'를 묻는다. 즉, 두 가지 구체적 행위의 유용성을 비교하는 것이 아니라 서로 다른 두 가지 규칙의 유용성을 비교하는 것이다.

전자의 규칙이 광범위하게 적용될 경우, 점수라는 것은 상대적으로 무의미해진다. 누군가 A학점을 받았다고 해도 정말로 A를 받을 자격이 있는 학생인지 의심하게 될 것이고, 학생들의 학문적 성과를 알아보기 위해 성적표를 참조할 수 없게 될 것이다. 성적에 대한 신빙성이 없어져 어느 학생이 A를 받아도 그만한 자격이 있는지 다시 한 번 확인해야 하는 결과를 가져온다. 또한 학업에 최선을 다하고자 하는 학생들의 동기를 감소시키게 될 것이다. 반대로 교수들이 성적에 근거하여 점수를 매긴다는 규칙을 적용하면 앞서 이야기한 난점들은 없어진다. 학생들의 요구에 따라 성적이 결정되는 것보다 더 많은 유용성을 산출하게 되는 것이다. 따라서 규칙공리주의에 의하면 두 번째 규칙이 정당하고, 그 학생에게 두 번째 규칙이 적용되어서 그 학생은 성적에 따라 낙제점을 받게 될 것이다. 이처럼 규칙공리주의에서는 개별행위보다는 그 행위가 전제하고 있는 규칙과 그것에 의해 산출되는 공리를 기준으로 옳고 그름을 판단하는 것이다.

하지만 규칙공리주의를 현실에 적용할 때 다음의 문제에 직면하게 된다. 하나는 규칙공리주의자가 가장 바람직하다고 인정한 규칙들을 다른 사람들이 준수할 것인가의 여부이고, 다른 하나는 구체적인 행위에 전제된 규칙을 정식화해 나가는 방법이다. 또한 두 가지 규칙이 동등한 결과를 산출하는 상황에서는 해결책을 제시하지 못하게 된다.

이에 대하여 Harris(1986)는 규칙공리주의에서 두 대안의 기초가 되는 규칙의 유용성을 평가한다고 해도 두 대안 중 어느 대안이 옳은지를 결정할 수 없는 경우 두 행위 자체의 유용성을 직접 살펴봐야 한다고 하였다. 그는 이러한 과정을 〈표 4-2〉의 '공리주의를 현실에 적용하기 위한 점검표'를 통해 보여 주고 있다. 규칙공리주의를 먼저 적용하여 규칙이 갖는 유용성을 평가할 수 없다면 행위공리주의를 적용하여 그 상황에서 행위 자체가 갖는 유용성을 살펴본다. 그리고 만약 어떤 것도 더 큰 유용성이 없다면 공리주의 입장에서는 옳고 그름이 결정될 수 없는 것이다.

결국 행위공리주의이든 규칙공리주의이든 규칙과 행위가 최선의 결과를 가져온다면 옳고, 그렇지 못하면 그르다는 공리주의의 기본이념을 따른다.

〈표 4-2〉 **점검표**

〈규칙공리주의를 적용하기 위한 점검표〉
- 평가하고 있는 행위에 전제되어 있는 규칙을 서술한다. 그 규칙은 적극적 유용성 또는 소극적 유용성을 산출하는 상황의 여러 특징을 서술하기에 충분할 만큼 구체적이면서, 현실적으로 어떤 사회도 채택할 수 있고 실천할 수 있는 것이어야 한다.
- 가장 합리적인 대안적 규칙들을 서술한다.
- 그 규칙들에 의해 영향을 받게 될 사람들 또는 동물들을 규정하고 그들이 어떤 영향을 받을지를 확인한다.
- 최대 유용성을 산출하는 규칙이 실제로 준수될 수 있다고 가정하고서 그 규칙을 확인한다.
  - 어떤 규칙이 최대 유용성을 산출하고, 그 대안적 규칙은 최소 유용성을 산출한다면 그 규칙은 도덕적으로 의무인 규칙이다.
  - 전체적으로 더 적은 유용성을 산출하는 규칙들은 도덕적으로 허용될 수 없다.
  - 두 규칙이 동등한 유용성을 산출한다거나 또는 어떤 이유에서도 하나의 규칙이 정식화될 수 없다면 그 문제를 해결하기 위해 행위공리주의에 의존하는 것이 허용될 수 있다.
- 의무이거나 허용할 수 있는 규칙을 구체적인 행위에 적용할 때 만일 어떤 규칙도 정당화되지 않는다면 행위공리주의를 적용한다.

〈행위공리주의를 적용하기 위한 점검표〉
- 행위와 그 행위에 대한 가장 합리적인 대안들을 기술한다.
- 어떤 사람과 어떤 동물이 그 행위에 의해 영향을 받는지를 결정한다.
- 유용성의 최대 총량을 산출하는 행위가 현실적으로 가능하다는 가정 하에 그 행위를 확인한다.
  - 최대 유용성을 산출하는 행위는 도덕적으로 의무를 갖는 행위다.
  - 전체적으로 더 적은 유용성을 산출하는 행위들은 도덕적으로 허용될 수 없다.
  - 둘 혹은 그 이상의 행위가 동등한 유용성을 산출한다면 그 행위들은 도덕적으로 동등하게 허용될 수 있다.

참조: C. E. Harris, Applying Moral Theories, 1986.

2. 사회복지에서 공리주의 이론 적용상의 문제점

Bentham의 '최대 다수의 최대 행복', 즉 유용성의 원리는 경제학의 효용개념으로 발전하여 경제학의 기초를 이루게 되었을 뿐만 아니라, 정치 및 정책 영역에도 영향을 미치게 되었다. 그러나 사회 전체의 효용의 극대화, 즉 어떠한 목적을 달성하기 위해 각종 대안에 관해서 각각에 필요한 비용과 그것에 의해서 얻어진 편익을 비교 · 평가해서 채택하는 효용성의 사고인 공리주의 이론은 사회복지적 관점에서 볼 때 여러 가지 문제점을 내포하고 있다.

첫째, 공리주의 원리에 입각할 경우 최대 다수에 포함되지 못한 소수의 희생을 정당화할 수 있다. 사회복지가 추구하는 기본가치는 혜택 받지 못하는 소수에게 관심을 두는 것인데, 공리주의적 사고는 이에 정면으로 대치되는 것이다.

둘째, 공리주의의 기본원리인 최대 다수의 최대 행복 원리는 개념 간에 모순을 내포하고 있다. 즉, 최대 다수의 원리에 역점을 두게 되면 다수의 행복을 위해 소수의 행복이 희생될 수 있으며, 최대 행복의 원리에 중점을 둘 경우 소수자의 이득이 다수자의 이득을 능가하는 조건 하에서는 다수의 행복이 소수의 행복을 위해 희생되어야 한다.

셋째, 공리주의는 해당 정책이 개개인, 더 나아가 사회구성원 전체에 가져다주는 만족의 양만을 문제로 하고, 여러 가지 만족 상호 간의 질적 차이를 인정하지 않기 때문에 자유, 평등 등의 가치들은 무시되어 버릴 수 있다.

Berger(1984)는 이러한 공리주의 이론 적용상의 문제점에 관한 논의들은 모든 공리주의 이론들이 행위의 옳고 그름을 결과에 의해 판단하기 때문이라고 주장하였다. 예를 들어, 정의의 의무들은 결과와는 다른 고려들에 토대를 두고 있기 때문에 공리주의의 쾌락 또는 행복의 극대화라는 하나의 원리만으로는 도덕의 또 다른 측면인 정의의 문제를 제대로 설명할 수 없다는 것이다.

이러한 문제에 대하여 Rhodes(1991)는 다음의 사례를 통하여 공리주의에서 최대 행복의 원칙이 얼마나 일반적이고 막연하여 전혀 다른 방식으로 적용될 수 있는가를 보여주고 있다.

당신이 노숙인 쉼터에서 근무하는 사회복지사라고 가정해 보고 다음과 같은 문제를 생각해보자.

이 쉼터는 70여 명의 노숙인을 수용하고 있으며, 클라이언트가 안정적인 직업을 얻을 수 있을 때까지 약 3개월간 식사와 숙박은 물론 각종 사회적 서비스를 제공한다. 쉼터의 클라이언트가 취업을 하게 되면 그 클라이언트에 대한 책임은 쉼터에서 지역정신보건센터로 이관되며, 쉼터는 새로운 노숙인을 받을 수 있게 된다. 하지만 이관된 클라이언트가 다시 실직자가 될 경우, 정책상 그 클라이언트는 쉼터로 되돌아올 수 없다. 이 정책은 쉼터에서 보낸 클라이언트에 대한 지역정신보건센터의 책임을 촉진할 뿐만 아니라, 클라이언트가 가능한 직업활동을 꾸준히 할 수 있도록 격려하기 위해 마련되었다. 그러나 지역정신보건센터에서 쉼터가 이전 클라이언트를 다시 받은 것을 알게 되면, 해당 클라이언트는 더 이상 구직프로그램에 참여할 수 없게 된다. 이러한 경우 대부분의 노숙인은 처음 상태보다 더 어려운 상황에 처할 가능성이 있다.

예를 들어, 지역정신보건센터에서 쉼터의 클라이언트인 A에게 일자리를 제공하였다. 그러나 현재 어떤 직업도 그의 욕구에 맞지 않아 당신은 A가 취업을 하더라도 곧 그만 둘 것을 알고 있다고 가정해 보자. 이 경우 A는 다시 노숙인이 될 것이며, 쉼터의 도움을 필요로 하게 될 것이다. 이 경우 당신은 그가 쉼터에 다시 들어올 수 있도록 받아들여야 하는가?

공리주의는 최대 다수의 행복을 이끄는 행위의 결과에 초점을 맞춘다. 따라서 사회 전체의 행복이 목적이며, 개인의 행복을 목적으로 하지 않는다. 그렇기 때문에 공리주의에서 최대 행복은 한 사람의 노숙인에 대한 서비스를 가능한 한 적게 함으로써 얻을 수 있다고 보고 있다. 왜냐하면 그들은 상대적으로 작은 집단임에도 그들에게 제공되는 서비스는 많은 비용이 들기 때문이다. 그밖에 다른 분야에서도 최대의 행복을 기준으로 하는 공리주의를 적용한다면 소수를 보호하는 서비스는 제공되지 않을 가능성이 많다. 그런 의미를 가지고, 앞에서 제시된 사례의 문제를 탐색하다 보면 공리주의가 특정한 사례를 결정하는 데 진정한 도움을 주지 못할 뿐만 아니라 심지어 도덕적으로도 어긋난다는 것을 발견할 수 있다. 또한 공리주의 원리에 의해 실시된 제도는 클라이언트의 이익보다는 사회복지사와 사회복지기관 자신들의 이익을 추구할 수 있다는 것을 알 수 있다. 예를 들어, 앞의 사례에서 클라이언트를 다시 받아들이는 것을 반대하는 규칙은 장기적 관점에서 노숙인의 이익 때문이 아닌 노숙인 쉼터의 이익을 위해 장려되는 것일 수 있다. 여기서의 '유용성'은 쉼터의 유용성으로 공공복리를 추구한다는 가치 아래 조직의 목적에 공헌하는 데 사용될 수 있다.

이러한 공리주의의 한계는 우리가 윤리적 관점을 세우는 데 있어 공리주의적 규칙의 위험을 경고해 준다. 그러므로 공리주의는 이러한 위험을 제한할 수 있는 적절한 방법을 찾아야 할 것이다. 만약 적절한 제한 방법이 없다면 공리주의는 오히려 많은 사람에게 해로울 수 있고 또한 심각한 비도덕적인 행위를 초래할 수도 있다.

3. 사회복지 실천에서 안락사에 관한 논의

1) 안락사

현대사회의 비약적인 의료기술의 발달은 인간의 삶과 죽음을 조절할 수 있는 정도까지 도달하고 있다. 이 중 죽음에 관련된 문제는 한편에서는 생명을 인위적으로 연장시키려 하고, 다른 한편에서는 모든 고통을 제거하려고 하는 노력에서 생긴다. 안락사 문제는 삶 자체가 오히려 고통을 배가시킬 수 있다는 사실에 바탕을 둔다. 이러한 안락사 문제는 생명에 관련된 것으로, 생명존중, 인격존중을 바탕으로 한 인간존엄을 기본가치 전제로 삼고 있는 사회복지 분야에서 중요한 이슈로 대두되고 있다. 다음의 사례를 통해 안락사에 대하여 윤리적 논의가 어떻게 이루어지는지 살펴보자.

사회복지사 김 선생은 종합병원에서 근무하고 있는 의료사회복지사다. 현재 상담중인 클라이언트 N은 30대 초반의 뇌종양 환자로서 뇌종양으로 시력을 점점 잃어가고 있으며, 운동신경마저 마비가 되고 있어 혼자서는 거동조차 불편하다. N은 5년간 계속된 암의 재발과 치료로 몹시 지쳐 있으며, 자신이 앞으로 시력을 완전히 잃고 움직일 수

없게 된다는 사실을 두려워하고 있다. 또한 자신 때문에 힘들어 하는 가족을 생각하며
고통스러워 하고 있다. 그래서 N은 치료를 거부하며, 사회복지사 김 선생에게 퇴원을
할 수 있도록 도와달라고 하였다.

  사회복지사 김 선생은 N의 상태를 자세히 알기 위해 N의 담당의사와 가족을 만났
다. N의 담당의사는 현재의 의학기술로는 N이 완치된다는 것은 불가능하다고 하였다.
그리고 만약 계속해서 병원에서 치료를 받을 경우 몇 년 간은 더 살 수 있지만 상태는 호
전되지 않을 것이라고 하였다. 하지만 치료를 중단한다면 그는 한 달도 채 살지 못할 것
이라고 말하였다. N의 가족은 가족 된 입장에서 그가 살 수 있다면 무엇이든 할 수 있는
치료는 다해 주고 싶어 한다. 그러나 N이 그로 인해 고통 받는 모습을 보면 차라리 죽는
것이 낫다는 생각을 한 적도 있다고 한다. 그리고 현재 입원비와 치료비 때문에 경제적
으로 매우 어려우며, N의 수발을 맡고 있는 N의 어머니 또한 당뇨병을 앓고 있어 과로
에 의한 합병증의 위험에 노출되어 있다고 하였다. 하지만 다른 가족은 치료비와 생활
비를 벌어야 하고, 경제적으로 간병인을 따로 둘 형편이 되지 않는다.

  이러한 경우 N이 요구하고 있는 것은 단지 치료중단만이 아니라 치료를 중단함으로
써 유발되는 의도적 죽음, 즉 안락사다. 과연 김 선생은 N의 치료중단에 대한 요청을 받
아들여야 하는가?

  김 선생은 주치의와의 상담과 가족 상담을 통해 N의 경우 치료가 생명의 연장인 동
시에 고통의 연장이며, 가족에게도 고통이 된다는 사실을 알았다. 그리고 치료를 중단
하면 곧 죽을 것이라는 사실도 알았다. 여기서 사회복지사 김 선생은 사회복지의 기본
가치인 생명존중과 인간답게 살고 싶은 삶의 질 문제라는 윤리적 딜레마에 직면하게
된다. 우선 김 선생은 사회복지의 기본가치에 따라 생명을 존중하고 보호할 의무가 있
다. 왜냐하면 생명존중은 어떠한 예외도 적용할 수 없는 절대가치이기 때문이다. 물론
이것은 마땅히 그렇게 해야 할 무조건적인 당위성을 갖지만 클라이언트 N에게 있어서
는 생명연장은 고통의 연장일 뿐이다. N이 치료를 중단하게 되면 그의 생명은 유지될
수 없지만 질병과 치료의 고통에서 벗어날 수 있고, N의 가족은 치료비에 의한 경제적

손실이 없어지고 경제활동을 하던 다른 가족이 N의 수발을 들 수 있게 되어 N의 어머니는 더 이상 과로로 인한 당뇨합병증의 위험에서 벗어날 수 있다. 따라서 N의 요구를 들어주는 것은 N 자신뿐만 아니라 N의 가족의 삶에 더 이롭게 될 수 있기에 갈등을 일으키게 된다.

공리주의에서는 N의 사례를 어떻게 논의하는지 살펴보자.

공리주의자는 크게 행위공리주의자와 규칙공리주의자가 있다. 행위공리주의에서는 행위를 함으로써 행위에 영향을 받는 개인이나 주변 사람들에게 이익이 된다면 그것이 죽음으로 이끄는 행위라 하더라도 도덕이다. 그래서 만일 죽음을 선택한 개인의 행위가 다른 사람들에게 해를 끼치지 않는다면, 이것은 국가나 법에 예속되지 않는다고 주장한다.

만약 사회복지사 김 선생이 행위공리주의자일 경우 다음과 같은 주장을 할 것이다.

인간은 고통을 피하고 행복을 추구하는 본성을 지닌 존재로 자신의 삶의 질을 추구할 권리를 가지며, 이러한 권리는 죽을 권리까지 포함한다. 또한 구차한 생명연장은 N의 인격을 황폐화시키고 가족에게 부담을 안긴다. 암 투병의 고통은 참을 수 없을 정도로 심하다. 특히 뇌종양의 경우에는 두통과 구토, 시력상실, 운동마비 등의 증세가 뒤따른다. 이러한 상황에서 환자가 자신의 죽음을 선택하는 안락사를 허용하지 않는 것은 생명을 연장시키는 것보다 오히려 잔인하고 비도덕적일 수도 있다. 개인은 자기 자신의 신체, 생명, 죽음에 관한 권리를 지니고 있기 때문에 치료를 받을 권리도 있지만 거부할 권리도 갖는다. 이러한 권리는 침해할 수 없고, 개인은 품위 있게 죽을 권리를 가지며, 완치될 가망이 없는 환자에게 치료를 통하여 고통기간을 연장하는 것보다 치료를 중단하여 고통기간을 단축시키는 것이 옳은 결정이 될 수 있다.

그러나 만약 사회복지사 김 선생이 규칙공리주의자일 경우 다음과 같은 주장을 할 것이다.

비록 환자의 고통을 줄여 주기 위해 환자의 동의 하에 안락사를 실시한다 하더라도 이 경우 생명의 가치 그 자체에 대해 위험한 기준을 세우는 결과가 초래될 수 있다. 환자의 삶의 질과 가족의 삶의 질을 고려하여 환자의 동의 하에 안락사를 허용한다고 하더라도 그러한 선례는 "살인하지 말라"는 사회적 통념인 규칙을 파괴하는 위험을 내포하고 있기 때문에 안락사의 실시를 반대한다. 더욱이 만약 안락사가 법적으로 인정이 된다면 의사를 표현할 수 없는 환자의 동의 없는 안락사나, 선천적으로 장애를 갖고 태어나는 영아살해 등으로 확대될 수 있기 때문에 반대한다. 또한 이것은 장기기증을 위한 안락사의 지나친 남용문제로 확대될 수 있다. 그리고 비록 인간이 지닌 권리가 이 권리를 포기할 수 있는 자유와 연결되어 있지만 생명에 관한 권리는 예외라고 본다. 예를 들어, 만일 자기 자신을 죽이는 일이 도덕적으로 허용된다고 하더라도 다른 사람에게 자신을 죽일 수 있는 권리는 맡길 수 없는 것이다. 환자의 동의 하에 안락사를 시행했다 하더라도 어떻게 그 사람의 동의를 확인할 수 있는가? 또 그러한 동의가 이성적 고려에 의한 것인지 혹은 심리적 혼란과 압박상태에서 강제적으로 이루어졌는지를 가려내는 것은 더욱 어렵다. 따라서 안락사를 찬성할 수 없다.

사회복지는 인간의 존엄성을 최대 가치로 여기며, 이를 실현하기 위한 실천 학문이다. 따라서 사회복지에서는 개인의 자율성과 인격을 침해할 소지가 있는 안락사보다는 고통 받는 환자들과 그의 가족을 도울 수 있는 방안을 모색하여야 할 것이다. 말기 암환자들의 인터뷰에서 그들은 암의 고통으로 죽기를 희망하다가도 고통이 진정되었을 때에는 다시 살아가기를 희망하고 있다. 따라서 사회복지에서는 안락사보다는 고통 받고 죽어가는 환자와 가족의 이익을 보장하기 위해 호스피스를 사회복지 서비스의 하나로 제안할 수 있을 것이다. 호스피스는 죽음을 앞둔 환자의 고통을 감소시키고 보다 편안하게 죽음을 맞이할 수 있도록 원조하는 것으로 자세한 논의는 다음 장에서 좀 더 다루어 보도록 하자.

2) 안락사의 대안으로서의 호스피스

앞에서 죽음을 앞둔 암환자의 안락사에 대하여 논의하였다. 인간존엄과 생명존중을 기본이념으로 하는 사회복지에서는 인간의 생명을 의도적으로 죽이는 안락사는 허용될 수 없지만 N의 경우와 같이 생명존중을 위해 그와 그의 가족의 고통을 외면한다면 이 또한 사회복지사의 임무를 저버리는 행위다. 여기서 우리는 사회복지의 기본가치인 인간존엄과 생명존중에 어긋나지 않고 말기 암환자와 같이 죽음으로 인해 고통 받고 있는 클라이언트의 복리를 증진할 수 있는 방안으로써 호스피스를 제안할 수 있다.

호스피스의 목적은 시한부 환자에게 죽음을 있는 그대로 알리며, 남아 있는 삶 동안 고통스런 증상을 완화시키고 환자와 가족의 신체적 · 정서적 안정을 극대화시켜 평화로운 죽음을 유도하는 것이고 또한 죽음 이후 남겨진 가족을 돌보는 것으로 치료보다는 돌봄(care)의 개념을 가지고 있다. 그리고 그 돌봄의 대상은 환자뿐만 아니라 환자의 가족, 환자가 맺고 있는 사회적 관계까지 포함하고 있다. 사회복지사는 인간과 인간을 둘러싼 환경, 즉 사회에 관심을 갖고 인간의 복리를 증진하려는 전문인이기에 호스피스 제도에 있어 사회복지사의 역할은 매우 중요하다고 할 수 있다. 이는 환자를 대하는 호스피스의 역할을 살펴보면 더욱 뚜렷해진다.

호스피스는 죽음을 앞둔 환자를 대하는 데 있어 다음과 같은 7가지 측면을 포함한다 (Thiroux, 1977).

① 치료보다는 편안하게 하고 배려해 준다.
② 팀 접근을 통해 환자나 가족에게 다양한 지지를 제공한다.
③ 팀 구성원은 급성통증과 만성통증의 차이를 알고, 육체적 · 정서적 · 사회적 · 정신적 수준의 통증을 모두 다룬다. 이를 다룰 때 반응적 접근보다는 예방적 접근을 취한다.
④ 병원 외 다른 장소 혹은 가정에서 돌본다.
⑤ 가정처럼 편안하고, 인간적인 환경 속에서 환자를 돌본다.

⑥ 환자나 가족을 재정적 부담으로부터 해방시키고자 한다.

⑦ 환자의 죽음 전후에 사별(死別) 상담을 제공한다.

여기서 사회복지사는 죽음에 대한 교육과 상담을 통한 지지로 죽음을 앞둔 환자와 그의 가족에게 나타날 수 있는 심리적·사회적 고통을 줄이는 데 기여한다. 또한 환자가 맺고 있는 사회적·제도적 관계에서 발생할 수 있는 문제를 해결할 수 있도록 도움을 준다. 그리고 이를 통해 환자와 그의 가족이 임종을 편안하게 맞이할 수 있도록 한다. 죽음에 대한 교육은 인생과정의 한 부분으로 죽음을 인식하여 자연스럽게 받아들일 수 있게 함으로써 죽음에 대한 두려움을 감소시키고, 인간발달의 마지막 과업으로써 죽음을 준비할 수 있도록 한다. 사회복지사는 죽음을 앞둔 환자의 육체적 고통을 감소시키거나 통제할 수는 없다. 그러나 상담을 통하여 환자가 죽음과 관련하여 갖게 되는 특수하고 개별적인 욕구를 알아내어 충족시킬 수 있도록 할 수 있다. 또한 환자가 자신과 가족의 삶의 질을 향상시키고 환자가 존엄한 죽음을 맞이할 수 있게 도와줄 수 있다. 또한 말기 암의 경우 치료에 비용이 많이 소모되어 가족이나 환자 모두 재정적 어려움을 겪고 있는 경우가 많다. 이러한 경우 사회복지사는 제도적 장치들을 연계하여 문제를 해결하는 데 도움을 줄 수 있다.

앞의 사례에서 N은 질병과 치료과정에서 오는 신체적 고통보다는 죽음에 대한 두려움과 가족에 대한 부담감에서 벗어나고자 스스로 죽음을 선택하려 하고 있다. 또한 그의 가족도 N의 고통과 신체적·경제적 부담감으로 삶이 피폐해지고 있다. 이들의 삶의 질을 저하시키는 요인은 N의 심리적 고통과 가족의 부담이다. 죽음을 앞두고 있는 N에게는 치료보다는 고통을 경감시킬 수 있는 돌봄이 필요하다. 죽음에 대한 두려움에서 벗어나 편안하게 죽음을 준비할 수 있도록 하는 호스피스 임종서비스는 N과 가족의 삶의 질을 높일 수 있는 방안이다. 또한 경제적으로 어려움을 겪고 있는 N의 가족에게 사회제도적 장치를 연계하여 도움을 줄 수 있다. 사회복지사의 임종서비스는 N으로 하여금 죽음에 대한 두려움에서 벗어나게 하고, 가족은 경제적·신체적 부담감에서 벗어나게 함으로써 삶의 질을 향상시킬 수 있다.

📖 **연구문제**

1. 사회복지에서 공리주의가 강조되는 경우와 공리주의를 경계하는 경우는 어떠한 경우인가? 각각의 예를 들어 설명하라.

2. 공리주의에서 안락사를 도덕적으로 옳게 보는 이유를 설명하라.

제5장 의무론

    의무(義務)를 한자로 풀이하면 바른 일을 하기 위하여 힘쓰는 것, 즉 당연히 해야 하는 옳은 일을 말한다. 이러한 개념 정의로 미루어 보면, 만약 인간이 지구상에 혼자 존재한다면 행위에 대한 평가나 비교가 가능하지 않기 때문에 바른 것의 기준인 윤리는 필요 없으며, 바른 것을 위해 힘쓰는 '의무'는 더욱 필요하지 않을 것이다. 다시 말해 윤리는 인간의 공동생활을 전제로 하여 성립하는 것이며, 공동체의 유지와 발전 그리고 구성원 간의 화합을 위하여 그 구성원에게 부과되는 행위규범이기에 "나는 무엇을 해야 하는가?"라는 개인이 바른 것을 행하도록 하는 당위 명제를 이끈다. 이러한 이유로 우리는 의무가 의무론이라는 윤리이론으로 성립될 수 있다고 말하는 것이다. 의무론적 윤리는 무엇보다 인간의 행위가 마땅히 따라야 하는 것으로, 그것이 온전히 윤리적이게 되는 근거로서의 '의무'를 찾으려고 한다.

    보통 이론은 사실을 체계적으로 서술하고 그 근거를 논리적·경험적으로 제시한다. 그러나 윤리학은 지금 존재하고 있는 사실 혹은 이루어지고 있는 행위를 객관적으로 서술하는 것이 아니라, 아직 이루어지지는 않았으나 '마땅히 이루어져야 한다'고 생각되는 행위는 어떤 것들이며, 왜 그러한 행위가 이루어져야 하는가에 대한 이유를 제시한다. 그래서 윤리학은 '당위'를 근거로 제시되는 의무론적 이론(Deontological Theories)과 목적론적 이론(Teleological Theories)으로 분류한다.

의무론적 이론에서는 인간에게는 윤리적인 직관 혹은 양심 같은 것이 있어서 어떤 행동이 옳으며 어떤 행동을 해야 하는가를 바로 알 수 있다고 주장한다. 보편화 가능성의 원칙(Principle of Universalizability)을 중요시한 Kant의 윤리학과 Rawls의 윤리이론을 우리는 대표적인 의무론적 이론이라 부른다. 이에 비하여 목적론적 이론은 옳은 것, 그른 것, 의무적인 것의 최종 기준을 성취하고자 하는 윤리 외적 가치에서 찾는다. 이 이론의 대표적인 것은 공리주의로서, 그것은 모든 윤리적 행위의 기준을 '최대 다수의 최대 행복의 달성'으로 본다.

이렇게 의무론적 도덕관은 도덕 그 자체로 옳은 것이기 때문에 우리에게 의무 내지 명령으로 주어진다고 주장한다. 행위의 옳고 그름은 행위 결과의 심리적 경향인 선악이나 이기심과 같은 도덕 외적 기준에 따라 판단하지 않는다. 이 관점에서 보면 이기심에 기초하여 자기이익을 추구하려는 행위는 그것이 아무리 선을 조장, 증진시키는 결과를 낳는다 하더라도 도덕적인 것이 될 수 없는 것이다. 또한 의무론은 글자 그대로 행동 자체에 가치를 두고 내재적인 뜻에 의하여 행동을 하게 되는 인간의 '의지'에 초점을 두고 있기 때문에 크게 행위의무론과 규칙의무론으로 구분하여 설명할 수 있다. 이 모두는 인간이 보다 나은 행동을 하기 위한 기준을 제시한다. 공통점을 지녔지만, 행동을 결정하기 위한 근본 원리에서 차이점이 나타난다. 예를 들면, 행위의무론은 사회의 보편적인 규칙은 하나의 지침일 뿐이고, 개인적인 상황에 따라서 주체적인 결단을 중요시하여 의무행위를 하는 것을 말한다. 반면, 규칙의무론은 인간은 선의지가 있고, 이성적인 존재이기 때문에 누구나 이해할 수 있는 보편타당한 원리가 기준이 되어 의무행위를 결정짓는다는 것을 말한다. 하지만 이러한 구분을 떠나 의무론은 인간의 의지와 이성에 가치를 둔다는 데 그 의의가 있다. 인간의 의지와 이성에 무게를 두는 것은 인간이 옳은 것을 스스로 선택할 수 있는 능력을 지닌 존재로 보는 인간존엄을 의미하며, 이는 사회복지의 기본가치전제라고 할 수 있다. 따라서 사회복지 실천을 하기 전에 인간에게 의무란 무엇을 의미하며, 어떠한 기준에서 판단과 행동을 해야 하는지를 알아야 한다.

1. 의무의 개념 및 정의

의무의 정의는 간혹 이와 유사한 '당위'의 개념 때문에 혼동을 가져온다. 따라서 의무가 무엇인지 정확히 알기 위해서는 먼저 당위와 의무에 대하여 이해할 필요가 있다.

의무는 '마땅히 해야 할 직분' '법률로써 강제로 하게 하거나 못하게 하는 일'을 말하며, 당위는 '마땅히 있어야 하는 것' '반드시 해야 할 일이라고 요구하는 것'을 지칭한다. 언뜻 보기에는 비슷한 개념처럼 보이지만, 이 둘은 엄연히 다르다. 예를 들면, 지하철에서 노약자를 위하여 자리를 양보하는 것은 약자에 대한 미덕이며 친절의 행위다. 양보를 하면 가치 있는 것이지만, 양보를 해야만 한다는 강제성은 없다. 이처럼 우리는 양보와 같은 인간의 행위를 당위의 행위로 보는 것이지 의무의 행위라고 보지 않는다. 왜냐하면 당위는 사랑, 양보, 친절 등의 내재적인 가치는 있으나 강제력, 구속력은 없으며, 당위를 행하지 않으면 비난을 받게 된다. 반면에 의무를 이행하지 않았을 경우(예를 들어, 국민의 4대 의무인 국방의 의무, 납세의 의무, 교육의 의무, 근로의 의무)에는 법의 심판을 받게 되는 강제력과 구속력이 있다. 이러한 의무와 당위의 특성 때문에 많은 사람이 일상생활에서 법은 두려워하지만 도덕은 아주 사소하게 여기는 경향이 없지 않다. 하지만 만약 인간행위에 있어서 의무와 당위 간에 갈등이 있을 경우에 인간은 사회적 존재이기 때문에 당위보다는 외현적 가치인 사회질서에 더 큰 강도와 의미를 가진 '의무'가 우선되어야 한다.

의무는 인간 상호 간에 하기로 약속되어 있는 일을 해야 하는 일상적 의무와 인간으로서 마땅히 해야 할 일을 의미하는 절대적 개념에서의 도덕적 의무가 있다. 일상생활 속에서 한 나라의 국민으로서의 의무, 한 학교의 학생으로서의 의무, 직장의 구성원으로서의 의무 등은 크고 작은 사회집단 속에서 지위와 역할에 따라 해야 하는 일상적 의무를 말하는 것으로, 그것은 권리와 상관적으로 사용되고 있다. A라는 사람이 열심히 일을 하고 휴식을 취할 권리가 있다면, 다른 사람들은 A의 휴식을 방해하지 않을 의무가 있다는 것이다. 반면, 도덕적 의무는 절대적으로 '옳기' 때문에 그리고 '가치 있기' 때문에 권리와 상관없이 반드시 지켜야 하는 의무를 말하는 것으로 절대적인 개념으로 사용되는 경우가 많다. 다시 말해 자식이 부모에게 효도해야 하는 의무와 부모가 자녀 양육에 대한 책임을 이행해야 하는 의무는 권리를 요구하지 않는다. 이렇게 도덕적 의무는 '당신은 이러한 행동을 조건 없이 해야 한다'라는 무조건적 요구의 형식을 취한다. 그렇기 때문에 윤리학에서의 의무는 '해야 마땅한 혹은 가장 좋은 일'을 뜻하는 것이다. 따라서 인간으로서 마땅히 해야 할 일을 지시하는 것이다.

2. 의무론의 구분

1) 행위의무론

행위의무론은 의무판단에 있어서 규칙을 의무판단의 기준으로 삼지 않으며, 상황에 대한 직관이나 결단에 따라 의무판단을 하는 것을 말한다.

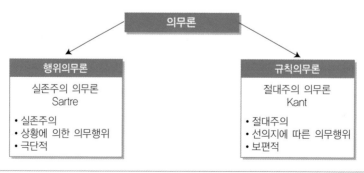

[그림 5-1] **의무의 구분**

행위의무론자는 보편적 도덕규칙 혹은 이론은 없으며, 단지 특수한 행동이나 상황에 의하기 때문에 사람들을 보편화할 수 없다고 본다. Sartre는 "실존이 본질에 선행하며 실존이 주체성이다"라는 근거 위에 실존적 휴머니즘을 주장하였던 대표적 행위의무론자였다. 그는 인간의 궁극적인 목표는 오랜 세월을 바라보는 행복의 상태도 아니고 정신적 세계를 추구하는 상태도 아닌 오직 인간의 자유 그 자체의 욕구로, 자유의 상태에서 하는 행동에 전적인 책임을 져야 한다고 본다. 따라서 인간은 자유의 욕구를 충족시키고 자유 속에서 선택하고 그 선택에 대하여 책임지는 것은 당연한 일이다. 실존주의는 의무판단에 있어서 인식보다는 결단이 중시된다. 무엇을 해야 할 것인지는 객관적으로 인식될 문제가 아니라 주관적 결단의 문제라고 보는 것이다.

따라서 Sartre는 우리에게 선택의 상황에 놓일 때, 개인의 행동뿐만 아니라 태도와 감정, 성격까지도 절대적인 자유 안에서 선택 그 자체를 목적으로 판단해야 한다고 하였다. 인간은 어떠한 목적을 달성하려고 선택하는 것이 아니라, 자유를 위해 선택을 하며 그 선택에는 책임이 부과된다. 이런 선택의 결단 속에서 자유로운 인간의 삶이 형성된다고 본 것이다. 그는 인간은 일반 규칙의 적용을 배제하고 주체적 결단에 의하여 할 일을 선택하여야 한다고 주장하였다. Sartre는 제2차 세계대전 중에 홀로 계신 어머니를 돌보며 자식에 대한 의무를 다해야 하는가, 아니면 조국을 위해 전쟁에 나가 싸워야 하는가에 대해 고민하는 학생의 상황(효도의 의무와 충성의 의무의 갈등)을 설정하여 그 문제의 해결을 위해서는 당사자의 주체적 결단 이외에 어떤 도덕원리도 도움이 되지 않는다는 점을 피력하였다. 그는 모든 사람이 인생을 살아가며 그때마다 해야 할 일을 결단하는 것은 아무도 모방할 수 없는 나만의 자유 선택이며 삶의 창조이기 때문에 윤리학을 예술과 같다고 하였다. 즉, 행위의무론이란 상황에 따른 판단을 중요시하고 의무판단에 있어서 인식보다 결단을 중시한다.

2) 규칙의무론(Kant의 의무론)

규칙의무론은 규칙을 의무판단의 기준으로 삼는 것으로, 약속을 지켜야 할 의무는

'약속을 지켜라!'라는 규칙에서 나온다고 보는 입장이다. 규칙의무론의 대표적인 학자로 Kant를 꼽을 수 있다. 그는 '한 인간으로서의 의무를 위한 의무'의 개념을 주장하였다.

Kant는 선에 대한 의지(a good will)[1]를 '그 자체로 선한 것'이라 설명하며, 인간의 행동은 선의지를 실현시키기 위한 표현이라고 보았다. 선의지란 도덕 혹은 의무 그 자체를 존중하며 선을 수행하고자 하는 것으로, 오직 의무를 존중하는 동기에서 의무에 맞도록 하는 행위만이 도덕적 가치를 인정할 수 있는 행위다. 이는 모든 경향성으로부터 오는 행위와 분리될 수 있는데 오직 법칙에 따른 실천 이성, 즉 선의지에 의한 보편적 행위만이 도덕이라는 것이다. 그래서 인간이 동정심에서 비롯한 자선행위를 하는 것, 연민으로 친구를 돕는 행위를 하는 것 등은 비록 외면적으로 옳은 행위라 하더라도 Kant는 그것을 참된 선에 대한 의지라고 부르지 않는다. 왜냐하면 도덕적으로 선한 행위는 선에 대한 의지에서 비롯된 행위이고, 선에 대한 의지에 따른 의무를 인식하는 데에서 나오는 행위이기에 의무를 자각하는 것을 법칙에 대한 존경에서 나오는 행위의 필연성이라고 보았기 때문이다.

그렇다면 과연 행위에 어떤 법칙을 부여해야 그것이 필연적으로 선한 행위가 될 수 있는가? 인간은 이성적이면서 동시에 감성적인 존재이기 때문에 의지의 준칙(개별적인 자기입법)이 반드시 법칙(준칙이 보편화될 수 있는 법칙)과 일치하지 않는다. 법칙은 그에 따르지 않는 사람이 있더라도 마땅히 실천되어야 하는 것이다. 도덕법칙은 명령의 형식으로 제시되는 것으로 가언명령(假言命令)과 정언명령(定言命令)으로 구분된다. 가언명령은 "만일 성공하고 싶으면 열심히 공부하라!"와 같이 일정한 목적을 달성하기 위하여 필요한 수단을 지시하는 조건적 명령이다. 그런 것에 비해 정언명령은 "거짓말하지 말라!" "사람을 죽이지 말라!"와 같이 명령된 행위목적이나 결과에 무관하게 그 행위 자체가 가치 있기 때문에 무조건적으로 그리고 절대적으로 명령하는 것이다.

---

1) 선의지는 옳은 행동을 오로지 그것이 옳다는 이유에서 항상 택하는 의지를 말한다. 그것은 행위의 결과를 고려하거나 자연적인 경향을 따라서 옳은 행동을 선택하는 의지가 아니라, 단순히 어떤 행위가 옳다는 이유 때문에 그 행위를 선택하는 의지다.

Kant는 도덕적 명령은 정언명령이라고 보았다. 그리고 모든 도덕적 명령을 포괄하는 근본 법칙은 하나밖에 없다고 주장했다. '네 의지의 준칙이 항상 동시에 보편적 법칙의 원리가 될 수 있도록 행위하라'(Kant, 1982). 이 명령은 지극히 추상적이지만, 개인의 주관적 행위선택 원리인 준칙이 모든 사람이 인정할 수 있는 객관적이고 보편적인 법칙이 될 수 있도록 행위하라는 것이다. 이 원리에 따르면 나에게 옳은 행위는 누구에게나 옳은 행위이고, 나에게 그른 행위는 누구에게나 그른 행위가 되어야 한다. Kant는 이 정언명령을 기초로 다음 3개의 실천 원리를 도출하였다.

첫째, 네 행위의 준칙이 너의 의지에 의해 보편적인 자연법칙이 된 것처럼 행위하라.

이 원리는 인간행위에 대한 준칙이 모든 사람에게 적용될 수 있고, 어디에서나 통용될 수 있는 예외 없는 자연법칙처럼 객관적이고 보편적인 법칙이 되기를 요구한다. 예를 들면, 돈을 갚을 수 없는 상황이면서 갚겠다고 약속하는 것이 보편적인 법칙이 된다면 아무도 약속을 인정하지 않을 것이다. 이렇게 거짓 약속은 보편적인 자연법칙일 수 없으며 자기모순에 빠진다.

둘째, 네 자신을 포함한 모든 인격에 대하여 인간을 단순한 수단으로 대하지 말고 항상 목적으로 대우하라.

이 원리는 인간 각 개인이 자신의 인격뿐만 아니라 타인의 인격을 단순히 나의 욕망을 충족시키는 수단으로 사용해서는 안 된다는 것이다. 물건은 우리들의 목적을 위해서 사용될 수 있기 때문에 가격으로 매겨져 수단적인 가치를 갖지만, 인격은 존엄성을 갖는다. 따라서 인간은 수단이 아니라 목적 자체로서 존중받아야 한다. 하지만 유감스럽게도 요즈음 우리들의 세계는 이 둘이 뒤바뀌어 인간에게 가격을 매겨 수단으로 취급하고, 물건에게는 존엄을 주어 물질만능주의는 만연하고 인간의 가치는 하락시키는 일들이 많이 발생하고 있다.

셋째, 각 이성적 존재자는 마치 자신이 준칙에 의하여 언제나 보편적인 목적의 왕국에서 입법적 성원인 것처럼 행위하라.

이 원리는 각 개인의 의지가 그 준칙을 통하여 보편적으로 입법하는 의지로서 작용하여야 한다는 것을 강조하고 있다. 그렇기에 개인의 의지는 개별적 이해를 벗어나서 보편적 의지여야 한다는 것이다. 인간을 이성을 지닌 입법적 존재로 볼 때, 그들의 결합체인 '목적의 왕국'의 개념이 가능하다. 또한 각 개인은 존엄한 인격을 지녔다는 점에서 평등하기 때문에 어느 누구도 타인을 자기의 목적을 위한 수단으로 사용하지 않을 것이다. 왜냐하면 어느 누구도 다른 사람들이 자신을 단지 목적을 위한 수단으로써 사용하도록 허락하는 규칙을 세우려 하지 않을 것이기 때문이다.

이처럼 Kant의 규칙의무론은 보편타당한 하나의 도덕법칙에서 실천적으로 많은 규칙들이 도출된다고 보는 일원적 의무론으로, 규칙을 중시하며, 의무판단에 있어서 전적으로 규칙을 기준으로 한다. Kant에 있어서 의무란 '도덕법칙에 대한 존중(Achtung fuers Gesetz)'에서 나온 행위의 필연성으로 정의된다. 이는 오로지 법칙만을 존중의 대상으로 보는 도덕적 엄격주의를 표방하고 있는 것으로, 결국 도덕법칙은 무조건적이며 절대적인 것으로 예외 갈등은 있을 수 없다는 입장이다.

📖 **연구문제**

1. Kant와 Sartre의 의무론에 대해 설명하라.
2. Kant의 '~해야 함은 ~할 수 있음을 함축한다'의 뜻을 설명하라.

제6장 **권리론**

> 3. 20. 미-이라크 전쟁은 비극의 끝이 아닌 또 다른 시작이었다. 조지 W. 부시 미국 대통령은 개전 연설에서 "미국과 연합국은 이라크를 해방하고 세계를 위협에서 벗어나도록 하기 위해 공격을 개시했다"고 주장했다. 이를 믿는 세계인은 별로 없다. 그동안 미국을 포함한 세계의 곳곳에서 벌어진 반전(反戰)운동과 UN의 반대가 이를 증명한다.
>
> – 2003년 3월 21일 문화일보 사설 '또 다른 비극 이라크 전(戰)' 중에서 –

세계의 평화와 이라크 국민의 해방을 위해 전쟁을 감행한다는 미국의 주장은 공리주의 입장에서 본다면 정당화될 수 있다. 그러나 전쟁으로 인하여 이라크가 평화와 자유를 얻는다 하더라도 미국의 행위는 정당화될 수 없다. 그것은 Kant의 정언명령 제2의 형식에서 보면, 미국이 전쟁에서 승리함으로 이라크에 평화와 자유라는 공리성은 가져오지만 '개인'의 생명 가치가 무시되고, 생명이 다른 사람의 목적달성으로 사용되는 수단으로 이용되기 때문이다. 이와 같이 인간을 그들의 자발적인 동의 없이 함부로 다른 사람들의 수단으로 이용하는 것을 잘못으로 보는 입장이 바로 인간의 권리 개념의 핵심이다.

자유주의 전통에서 어떤 규범적인 용어보다도 중요한 개념은 '권리' 개념이라 할 수 있다. 한 개인이 권리를 가질 때 상대방은 그에 상응하는 의무를 갖게 된다. 따라서 상대방을 의무에 귀속시킬 수 있는 규범적 강제성 때문에 권리는 개인의 자유, 이익, 자율성을 부당한 국가 권력이나 타인의 횡포로부터 보호해 주는 기능을 효과적으로 수행할 수 있다. 이러한 특성을 가진 권리는 의무를 전제로 하여 전개되지만, 이 의무가 비록 자유의지에 근거한 의무일지라도 사회에서 일정하게 요구하는 보편적인 가치를 따라야 하기 때문에 개인과 상황에 따라 타율적이 될 수도 있다. 그래서 공리주의와 칸트주의는 사람들이 공통으로 선에 대한 기본적 수준에 동의할 수 있다고 가정하고, 공통의 선을 위하여 개인의 자유와 이익이 타인의 자유와 이익과 균형을 이루는 것을 전제로 하고 있다.

권리론은 일반적으로 한 사회 내에서 선이 무엇인가와 선한 것을 성취할 수 있는 사회의 방식에 대한 관점이 매우 다르다는 것을 인정하고 있다. 이러한 가정들은 인간은 자신의 이익을 위해 행위할 수 있다는 것을 말하며, 반대로 타인은 타인의 이익을 위해서 행위할 수 있다는 것을 의미한다. 하지만 나의 이익과 행복과 가치를 해치는 행위가 만연하다면 Hobbes가 예측한 대로 '만인에 의한 만인의 투쟁'만 가득한 세상이 될 것이다. 이러한 삶의 방식을 탈피하기 위하여 사람들은 사회적 계약을 성립하였고, 그들은 타인의 독선적 행위로부터 자유를 얻기 위하여 자유의 일부분을 포기하는 것에 동의하였다.

계약을 체결하는 것은 단지 자유에 대한 새로운 보호를 집행하기 위해서만 힘을 사용할 권리를 갖는 국가를 창조하게 된다.

권리는 의무를 전제로 할 때 효력이 발생하며 의무와 권리의 효력은 윤리의 정당성을 부여한다. 행위, 규칙으로서의 인습적 단계의 윤리행동에서 나아가 인간의 존엄과 행복, 자유, 평등을 추구할 수 있는 권리를 사회복지와 관련시켜 생각하면 다음과 같다.

1. 권리의 개념 및 정의

권리는 인간이 행위하며 삶을 영위하는 한 근본적인 사유형식이며 실천의 범주로서 자유주의와 개인주의의 지배적 가치라 할 수 있다. 또한 오늘날 사회정의의 기본원리에 관한 논의의 핵심은 권리의 분배 기준을 어디에 두느냐에 대한 물음으로 환원할 수 있으며, 권리는 일상적 삶의 규범적 가치일 뿐만 아니라 현대 정치이념의 핵심으로 자리 잡고 있다.

우리는 흔히 권리를 권리의 소유주가 타인에게 존중을 요청하기 위한 매개의 개념으로 정의내리고 있다. 권리의 소유주는 권리를 주장함으로써 당위적이고 보편적인 도덕법칙과 같이 우연적이고 개별적인 자신이 권리라는 도덕적 가치의 소유자임을 선언한다. 그 소유로 인해 도구적 존재인 자신을 존중해 달라고 타인에게 요청하고, 자신이 소유한 권리에 대한 타인의 침해는 도덕적 잘못임을 지적하고 있다. 이렇게 인간은 권리를 주장함으로써 자신이 자연적 존재 이상의 존재이며, 이에 부합되는 존중을 받아야 한다는 것이다. 여기서 존중의 의미는 이성적이며 윤리적 가치를 소유한 태도로, 사물이 갖는 시장가치와 대조되며 타자와의 관계에서가 아니라 자체적으로 갖는 가치다. 이 가치는 자신의 본질을 가리키는 내적 가치이며, 자신이 진정 자신으로서 소유케 되는 존재론적 가치라 할 수 있다. 이런 가치를 지님으로써 존중의 대상이 되는 것은 이성적 진리, 도덕법칙, 도덕적 인격체 그리고 권리다. 그렇기 때문에 경제적 가치, 도구적 가치, 외적 가치만을 갖는 것은 존중이나 존경의 대상이 되지 않는다. 이런 이치에서 본다면 권리는 의무와 마찬가지로 개념상 도덕적 가치이며 이성적 가치다. 따라서 권리는 당연히 존중의 대상이 되는 것이다. 권리 존중은 정직함, 약속 이행 등과 같은 종류의 의무이기도 하다.

우리는 인간의 권리에 대한 연원을 기독교 구약성경에서 볼 수 있는 하나님의 '창조 작업'에서부터라고 말할 수 있다. 왜냐하면 하나님은 만물과 인간을 창조하시며 인간에게 세상을 다스릴 권리를 부여하였기 때문이다. 또한 역사적으로 고대 서양에서는 그리스·로마 시대의 인간존엄사상, Socrates의 "너 자신을 알라", 예수의 "네 이웃을 네 몸과 같이 사랑하라", 동양에서는 석가모니의 '자비사상', 공자의 '인(仁)' 사상에서 오늘날의 '권리'의 의미를 지닌 개념은 아니지만 권리의 핵심개념인 인간존엄사상이 깃들어 있음을 알 수 있다. 이렇게 권리를 인간존엄사상의 핵심개념으로 바라보면 서양 역사 속에서 암흑의 시기인 중세를 거쳐 인간의 존엄성이 나타났던 르네상스 운동과 종교개혁은 인간의 권리를 제창하는 계기가 되었다고 볼 수 있다(제2장 참조).

권리의 의미는 중세 이후 계몽주의 시대에 인간의 독특성을 강조하면서 시작되어 민주주의 이념과 사상으로 자리 잡으며 그 중요성을 더해 왔다. 즉, 개인으로서의 인간은 본질적으로 태어날 때부터 침범할 수 없는 자연권(생명, 자유, 재산)을 갖고 있는 소중한 존재이기에 성별, 종교, 피부색, 국적, 빈부 차이, 사회적 지위, 신체적·정신적 조건 등과 관계없이 무조건 존중받아야 한다. 민주주의 정신은 권리와 의무를 함께 발전하여 멀리는 고대에서부터 르네상스 혁명, 근대 민주국가, 현대 사회를 거쳐 논의되었다.

특별히 Hobbes는 최초로 인간에 대한 특성을 규정지으며 신이 아닌 인간에 관심을 가졌던 계몽주의 철학자였다. 그는 인간을 욕망을 지닌 이기적인 존재로 보았기에, '만인 대 만인의 투쟁' 상태인 사회를 안정시키기 위하여 서로(왕과 시민) 계약을 맺을 수 있는 권리가 있음을 주장하였다. 그 뒤를 이어 Locke는 인간의 사유재산의 권리를 인정하여 본격적인 자유주의와 민주주의의 토대를 만들었다. 이런 자유주의 사상에 익숙했던 Kant는 절대주의 의무론을 주장하였으며 그의 의무론은 책임의 권리와도 연관되어 있다. 사회에서 합의하는 도덕법칙 아래에서 인간에 대한 예의와 존엄을 극대화시키기 위해서는 자신의 행동과 주장에 책임이 따르기 마련이다. 그래서 권리 주장도 책임 가능한 권리를 주장할 때 사회적으로 의미 있는 권리가 된다는 것이다. 즉, 도덕법칙 아래에서 자유의지에 의한 권리는 개인과 사회와의 관계를 전제하면서 사회에 대한 개인의 주장이라는 형식을 갖는다고 하였다.

앞의 학자들은 국가권력의 원천을 국민의 동의에 두고, 국민과 정부의 계약에 의해 국가권력이 구성된다는 주장으로 절대왕정에 저항한 시민혁명의 사상적 배경을 제시하였다. 그리고 이 사상은 국민주권 원리와 사회의 도덕규범의 기초가 되었다. 프랑스 인권선언과 이후 UN 인권선언은 르네상스 시대 이후 종교개혁과 시민혁명을 거치면서 인간의 존엄과 권리에 대한 끊임없는 고민의 결과물이라 할 수 있다. 현대 민주주의 국가에서는 천부인권사상에 기초를 둔 인간의 존엄과 권리를 천명함으로써 인간의 자유와 평등을 극대화하기 위한 노력을 하고 있다.

한 사람을 죽임으로써 많은 사람이 더 행복해질 수 있음에도 그 한 사람을 죽어서는 안 되는 이유는 무엇인가? 공리주의적 입장에서라면 다수의 행복을 위한 한 사람의 희생을 정당화할 수 있다. 이것은 이 장의 서두에서 논의되었던 미국—이라크 전쟁의 상황과도 비슷하다. 그러나 인간은 생명에 대한 권리가 있기 때문에 전쟁은 정당화될 수 없다. 개개인은 자신의 생명에 대한 권리뿐만 아니라 차별받지 않을 권리, 국가로부터 간섭 받지 않을 권리, 인간다운 생활을 요구할 수 있는 권리 그리고 국가의 정치에 참여할 수 있는 권리, 이러한 권리가 침해되었을 때 그 회복을 청구할 수 있는 권리 등을 가지고 있다. 그러나 많은 사람은 원하는 모든 것을 '요구' 또는 '주장'할 수 있는 것이라고 권리를 잘못 이해하고 있다. 만약 앞의 전제에 따라 내가 원하는 모든 것을 요구하고 주장한다면 다른 사람도 그 사람이 원하는 모든 것을 요구하기 때문에 혼란의 상황이 야기될 수 있다. 진정한 권리란 주장에 타당한 근거가 뒷받침되고, 공정성이라는 기준이 있어야 한다.

권리는 의무를 전제한다는 의미에서 '보편성'을 가지며 보편적인 범위 안에서 권리를 주장할 수 있다. 왜냐하면 내가 권리를 주장함으로써 타인은 의무를 이행해야 하며, 타인의 권리를 위해서는 나에게 의무가 지워지기 때문이다. 여기서 보편적인 범위란 나와 타인의 공통된 범위—사회적 규범—를 말하는 것으로, 권리는 정의의 구현 방법이라 할 수 있다. 고대의 정의는 법을 지키는 것, 합법성과 공정성으로 권리를 설명한 것에 비해, 현대에서는 그 의미는 유사하나, 고대 그리스에서 국가적 차원에서 추구하였던 정의와는 달리 개인의 정의를 '권리'라고 주장한다. 그런 속성으로 보면 권리는 지극히 개인적이면서 동시에 사회적인 규범으로서의 기능을 가진다고 할 수 있다.

윤리적 사고를 위한 권리론적 접근은 인간존재가 생활, 자유, 행복, 복지 혹은 고통을 피할 자유 등에 대한 도덕적 권리를 갖는다는 철학을 고무시킨다. 우리가 이러한 권리들을 우리 자신뿐만 아니라 타인에게도 돌릴 때, 도덕공동체의 존재를 깨닫게 될 것이다. 사회적 도덕공동체는 타인의 자율성과 개인적 특성에 대한 상호이해와 인식을 하는 인간존재의 상호작용을 기초로 한다(Fox, 1997). 도덕공동체의 구성원은 각자가 타인의 자아결정과 표현 같은 자율적 행위의 기회와 스스로 원하는 최대한의 잠재력을 실현할 동등한 기회를 보장할 것을 요구한다. 권리론적 접근은 자기결정을 내릴 수 있는 자유와 평등한 사람으로서 각자 존중받고 이해받아야 한다는 기본적 권리를 인정한다. 또한 권리론적 접근은 변화된 '리더십 이론'과 일치한다(Manning, 2003). 각 구성원의 자기결정과 자아실현에 대한 권리 인식은 권한 이론과 비슷하기 때문에 정보 제공과 과정에 대한 동의의 중요성은 윤리적 딜레마와 주제를 해결하는 것에 있어 참여와 포함을 증진시킨다. 타인의 자율성을 반영하는 상호책임과 약속은 조직문화 내에 도덕성의 수준을 더 높이 발전시키고, 조직을 도덕공동체로 변화시킨다. 그러므로 권리론적 접근은 이렇게 타인과의 관계에 대한 도덕적 책임으로 우리의 주의를 변화시킨다.

2. 인권의 개념과 특수성

사회복지 실천은 사회구성원의 존엄성을 유지 · 발전시키기 위하여 공정한 사회구조를 제공하는 것을 목표로 하는 인권 전문직이다. 여기서 인권이라 함은 인간과 권리의 합성어로서 인간이 무엇이고, 권리란 무엇인가라는 두 가지 존재론적 질문에 대한 대답으로 구성된다. 따라서 인권은 말 그대로 인간의 권리, 즉 모든 인간이 인간이라는 이유만으로 누리는 권리를 뜻한다.

앞서 설명한 의무(제5장 참조)가 인간의 공동생활을 위한 질서의 필요에서 출현한 것처럼 인권도 우리가 다른 사람과 어울려 살기 때문에 필요한 문제다. 인권은 인간 사이의 관계 속에서 정립되는 것이기에 공동체 안에서 살아가는 인간에게 필요한 것으로, 자연상태가 아니라 사회 안에서 인간이 누리는 권리라고 볼 수 있다. 다시 말해 인권은 자연 속에서 태어난 사람이 아닌 사회 속에서 태어난 인간이 당연히 누리는 인간 서로에 대한 권리를 뜻한다. 따라서 인권은 개인이 주체라는 점에서 매우 주관적이지만, 오로지 공동체 안에서만 실현될 수 있다는 점에서 관계적이다. 한마디로 요약하면 인권은 모든 사람이 인간다운 삶을 위하여 인간인 이상 누구나 갖는다고 추정되는 권리로 정의할 수 있다. 다른 권리와 구별되는 인권의 특성을 허완중(2011)은 다음과 같이 설명하고 있다.

첫째, 인권은 보편적이다. 권리가 인권이 되려면 모든 인간이 세계 어느 곳에서나 오로지 인간이라는 이유만으로 평등하게 누려야 한다. 즉, 인권은 인간을 둘러싼 어떠한 조건과 상관없이 누구에게나 보장되는 것으로, 인간으로 태어나면 누구나 당연히 부여되는 권리로서 후천적으로 획득하는 권리가 아닌 '인간 평등관'을 포함시킨 의미다. 그러나 이러한 인권의 보편성이라는 특성은 간혹 문화 상대주의에게 문화 간의 차이와 다양성이 있다는 점(인권의 특수성)에서 인권의 내용이 무엇인가에 대해 보편주의 인권을 부정하게 만드는 요인을 제공하기도 한다. 사실 여기서 주장하는 인권의 보편성은 서구적 자연권의 영향을 받은 특수한 문화에서만 설득력을 갖는 '이성'이라는 실체적 규범의 보편성이 아니고, 오히려 보편주의적 지향 그 자체에 있는 것이다. 인권의 이념에서 표현되고 있는 규범적 요청들은 모든 사람에 대해, 즉 전 세계적인 차원에서 모든 사람에 대해 무제약적으로 타당해야 한다는 규범적 지향 그 자체만을 담고 있기 때문에 보편적이라 보는 것이다. 그래서 인권의 보편성은 특정지역의 문화에 대한 일방적인 확산을 설정해서는 안 되고 동시에 구체적인 개인의 특수성과 조화를 이루어야 한다(정영선, 2000).

둘째, 인권은 도덕적이다. 이는 인권이 언제 어디서나 누구나 누려야 하고, 누구에게나 주장할 수 있다는 것은 인권이 보편적 타당성이 있다는 것을 뜻하는 것이기에 도덕적 권리라 할 수 있다는 의미다. 이때 보편적 타당성은 이성적 논증을 통해서 확인되는 것이기에 인권은 법적 권리가 아닌 도덕적 권리인 것이다. 이러한 인권 개념은 개인의 실천 이성에 의해 구성된다고 믿는 Kant의 실천 이성 이론이나 도덕적 형이상학에서 잘 나타나고 있다. 이성적 존재의 모든 행위의 이념적 근거인 도덕의 보편적 원칙은 자율성의 개념과 분리가 불가하게 결합되어 있기에 근본적으로 자율성이란, '도덕'의 관점에서 감각적 욕구나 이해관계에 좌우됨이 없이 스스로 도덕법칙을 수립하고 따를 능력으로서의 도덕적 자유를 의미한다. 자기입법자 관념으로도 표현되는 이 자율성은 도덕 의무의 주체이기 위해서는 스스로를 도덕명령(입법)의 주체로 승인할 수밖에 없음을 암시하며, 그런 점에서 의무론적 윤리의 자기정당화 원리라고도 할 수 있다(이재호, 2006). 이러한 도덕적 인권의식을 갖고 있는 세계 시민은 타 문화에 대해서 그 문화와 사고 방법을 존중할 뿐만 아니라 인종과 민족과 종교의 차이를 포용할 줄 아는 정의로운 사람이다.

셋째, 인권은 인간답게 살려면 '모든 인간에게 필수적으로 요구되는 권리'로서 결코 포기할 수 없는 가장 기초적인 권리이며, 우리는 공동체 안에서 살아가면서 다양한 형태의 권리를 누린다. 하지만 인권이 인간의 권리라고 해서 인간이 누리는 모든 권리가 인권은 아니다. 이러한 근본성 때문에 인권은 권리보장의 기준이 된다. 그래서 인권은 개인의 권리를 보호하는 출발점이면서 보호의 마지노선 역할을 수행한다. 또한 인권의 근본성은 개별적으로 형성된 문화를 인권에 맞게 수정하도록 하는 기능도 수행하지만, 수정이 필요한 부분을 최소화하여 개별 문화를 존중하도록 하는 기능도 수행한다.

마지막으로, 인권은 실정법에 우선한다는 점에서 우월성이 있다. 인권의 우월성은 국가를 포함한 누구도 인권을 마음대로 평가하고 그 내용을 확정하거나 보호 여부를 결정하지 못한다는 것을 뜻한다. 그러나 인권은 그 내용이 불명확하여 무작정 실행하도록 관철시키기 어렵기 때문에 인권의 단점을 보완하기 위해서 법적 실정화가 요구된다. 이러한 요구에 따라 헌법을 통해서 실정화한 인권이 기본권이다. 인간은 인권을 보장받기 위하여 헌법을 통해서 국가를 창설하였다. 그래서 국가는 개인의 인권을 확인하고 보장할 의무를 진다. 김철수(2001)는 인권은 인간의 본성에서 나오는 자연권을 의미하는데 비하여, 기본권은 헌법이 보장하는 국민의 기본적인 권리라고 인권과 기본권의 차이에 대하여 말했다. 기본권은 인권과 달리 국가의 의무를 먼저 고찰하는 과정을 거친 뒤 헌법을 통하여 국가법질서 안에서 정착하여 보장되는 특성을 가지고 있다. 따라서 국가에 의무를 부과하는 인권과 국가의 의무에서 도출되는 기본권은 국가의 의무를 매개로 연결된다. 법에 우선하는 인권의 우월성은 국가법질서 안에서 최고라는 헌법의 우위성으로 대체된다.

3. 인권의 역사와 차별문제

인권은 천부적 권리이고, 양도가 불가능한 자연권으로서 사회적 · 정치적 산물이라 할 수 있다. 인권 사상이 서구에서 먼저 정립된 근본 원인은 무엇보다도 자유민주주의 사상으로 무장된 근대국가의 출현 때문이다.

인권 개념의 기초가 되는 사상적 토대로 근대 서구사상의 중요한 두 조류는 인본주의와 계몽주의를 꼽을 수 있다. 우선 인본주의는 넓게는 인간성을 확보하고 인간의 생명, 가치 그리고 존엄을 추구하는 사상을 종합적으로 표현한 것부터, 좁게는 14세기에서 17세기에 걸쳐 일어난 그리스 로마 문화의 정신적 부흥운동인 인문주의를 지칭하는 것이다. 하지만 실제로 영국의 인권선언이라 할 수 있는 대헌장(1215년)과 명예혁명 후 발표되었던 권리장전(Bill of Rights, 1689년) 그리고 미국의 독립선언(1776년)과 프랑스의 인권선언(1789년)의 내용을 살펴보면, 적어도 인본주의는 단순한 고대의 정신적 부흥이 아니라, 봉건주의와 권위적 왕권주의의 횡포에 저항하는 혁명적 사회정신으로, 인격과 인간존엄 그리고 자유가 그 중심 개념이었으며, 이는 곧 근대의 인권 개념의 기초가 되었다(이재호, 2006). 또한 계몽주의는 인간은 이성을 통해 자연의 본질과 법칙을 통찰할 수 있다고 믿는 자연법적 사고에 정초된 Hobbes와 Locke, Rousseau 그리고 Kant 등의 사회계약론 사상가들에 의해 체계화되었다. 이들은 인권을 국가나 실정법에 의하여 부여된 것이 아니라 인간이기 때문에 인정되는 모든 생득적인 것으로 보았으며, 이러한 천부적 특성은 자연권 이론에 근거를 두고 있다.

예를 들면, Hobbes의 '자연권'은 인간이 자신의 생명과 신체를 보존할 수 있는 권리이며, 그것은 만인 대 만인의 투쟁이라는 자연상태에서 자기보존을 위해 무엇이든지 할 수 있는 권리를 말하는 것이었다. 그래서 Hobbes와 Locke에게 (정부)국가는 인간이 태어나면서 갖는 고유한 권리를 보다 잘 보존하기 위해 시민들과 동의와 합의에 기초해 형성된 개념으로 보았다. 이런 점이 오늘날 인권사상과 권리의 근대자유주의의 초석을 마련하였다고 보고 있다(오영달, 2001). 그 뒤를 이은 Rousseau와 Kant는 자연권이 곧 인권이기에 올바른 이성과 양심을 가진 사람들의 계약에 의해서 시민적 · 정치적 권리의 모습을 하고 있다고 보고 있다. Kant는 이성을 특히 강조하며 그 어느 누구보다도 인간의 평등한 권리를 선언했다. 즉, 모든 인격을 "항상 목적으로 대하고 결코 수단으로 대하지 말라"라는 원칙은 모든 인간은 목적 그 자체로서 실존하는 '절대적 가치'를 갖는 존재이며, 평등하게 대접받을 권리가 있다는 것이다. 이렇게 Locke의 자연권 개념과 Kant의 보편타당한 합리성 개념은 근대자유주의에 바탕을 두고 있는 인권 개념의 발아를 엿볼 수 있다.

이렇게 천부인권인 자연권 사상은 18세기에 이르러 개인의 생명과 자유에 대한 권리를 바탕으로 인권을 개념화하였고, 이후 인간의 권리는 양도될 수 없으며, 어느 국가도 침해할 수 없다는 기본권 사상으로 전 세계로 확산되어 인권의 사상과 제도로 확립되었다. 그런데 이 자연권 사상은 주로 재산을 소유한 남성의 권리를 대변하는 것이었기에 노동자와 여성의 권리를 중심으로 인권의 주체가 확대되고, 시민적 · 정치적 권리에서 점차 경제 · 사회 · 문화적 권리에 대한 요구로 대체되었다. 즉, 인권의 개념과 그 적용범위가 서구사회와 남성에 그치는 것이 아니라 전 세계적 · 전 인간적으로 적용되고 준수되어야 한다고 보편적 권리로서의 인권을 주창하였다(정영선, 2000). 이를 위해 1920년대에 국제연맹과 국제노동기구가 설치되었지만, 국제사회에서 인권의 논의가 본격화되고 국제규범으로 자리 잡기 시작한 것은 제2차 세계대전 이후 나치 Hitler의 유태인 대량학살과 관련이 있다. 즉, 국제행동의 기준이 인권으로 표현될 필요성을 인식하여 1948년 이후 세계인권선언이 보급되어 발전하였다. 이후 2개의 국제인권규약이 1967년에 채택되고, 1976년에 발효 · 시행되고 있으며, 그 밖의 여성, 아동, 장애인, 노동자, 소수민족, 소수성애자 등 구체적인 사안에 따라 새로운 규범들이 등장하였다. 그러나 이러한 국제인권문제는 인권이 중요하다는 점은 공감하면서도 국가 간의 인권규범의 해석과 적용을 둘러싸고 지역 간, 국가 간에 수많은 논쟁을 넘어 분쟁을 일으키고 있다. 그중에서도 종교, 문화와 전통 그리고 정치상황을 두고 다른 여러 사회 간에 인권문제를 둘러싼 첨예한 논쟁이 계속되고 있다. 그것은 인권의 개념이 역사의 소산이고 문명의 산물이므로 특정한 사회의 문화와 사람들의 습관 등에 따라 인권에 대한 인식과 그 실천은 다른 모습을 띠고 있기 때문일 것이다. 즉, 모든 사회는 인권의 가치를 인정할 수 있는 각자의 도덕적·윤리적 기준을 가지고 있기에 모든 사회에서 인권의 절대성을 주장하기에는 한계가 있다는 것이다.

그럼에도 1993년 비엔나 인권선언에서는 침해받기 쉬운 자들에 대한 보호를 전통과 문화(특수성)를 뛰어넘어 반드시 보호하는 것이 옳다는 인식이 인권의 보편성을 다시 강조하게 되는 계기가 되었다. 이것은 현대를 살아가는 우리에게 인권의 보편적 가치는 서구사회의 고정불변의 가치가 아니라, 부단한 논쟁과 실천 속에서 그 범위를 확대해 다른 절대적 가치와 구분되게 '상대적'인 보편적 가치로 인식하는 것이 바람직하다는 것을 재차 강조하고 있는 것이다(정영선, 2000). '상대적 보편주의'의 의미는 극단적 문화상대주의의 논리를 배격하고 인간존엄성을 보호하는 보편적 인권의 가치를 인정하면서도 문화적 차이에 따른 융통성을 발휘하여 인권의 관념을 새롭게 성장시켜 나가는 사상의 한 흐름이라 요약할 수 있다.

현재 우리 사회에서 당면하고 있는 인권 문제 중 가장 많은 문제를 안고 있는 것은 '차별의 문제'인데, 일단 평등의 원칙이 잘 지켜진다면 어떤 개인이나 집단을 차별한다는 것은 불가능하다. 차별을 하지 않는다는 것은 평등과 인간존엄이라는 인권의 기본원칙에 근간을 두고 있다는 말이다. 차별의 사전적 의미는 둘 이상의 대상에 특정 기준에 따라 우월을 따져 구별하는 행위를 말하는 것으로서, 개인의 독특한 다양성을 전체성 속에서 더 이상 파악해 내지 못한다는 것을 의미한다. 차별은 제외된 개인 또는 집단으로부터 모든 인간의 기본적이며 보편적으로 수용되고 승인된 권리를 박탈하는 것으로, 『인권과 사회복지실천(Human Rights and Social Work)』(이혜원 역, 2005)에 의하면 종교, 장애, 나이, 신분, 학력, 성별, 성적 취향, 인종, 생김새, 국적, 나이, 출신, 사상 등의 이유로 특정한 사람을 우대하거나 배제 또는 불리하게 대우하고, 정치적·사회적·경제적으로 평등권을 침해하는 행위다.

차별은 다양한 형태로 나타나는데, 그중에서도 먼저 종교의 문제를 들 수 있다. 사실 종교는 인간이 만들어 놓은 제도이기에 인간의 존엄성과 공존성을 확인하고자 하는 기능을 갖고 있다. 그래서 종교는 누구와 누구를 포용과 배제하기 위한 장치가 아닌데도 오늘날 기독교문화와 이슬람문화는 끊임없이 충돌하고 이슬람 테러집단은 생명을 위협한다. 이는 실제 각 종교가 갖고 있는 사랑과 배려, 관용의 기본원리를 망각하고, 각자가 자기 종교에게는 우월성을, 타 종교에게는 비하와 배척을 적용시켜서 오는 결과라고 생각한다.

다음은 인종차별의 문제다. 실제로 다문화주의보다는 다인종주의가 현실에서 더 많은 문제를 안고 있으며, 이에 가치와 태도의 변화를 모색할 필요가 있다. 왜냐하면 민족(인종) 우월감은 인종의 서열화를 만들어 타 인종을 열등하게 취급하는 행위에 정당성을 제공하기 때문이다. 이미 미국에서는 1960년대에 공민권 운동이 활발하게 일기 전까지 흑인에 대한 법적인 차별이 있었고, 남아프리카공화국에도 인종차별이 정책으로서 실행되었다. 오늘날 인종차별의 문제로 대두되는 유럽, 특히 독일과 러시아에서의 네오나치 집단들의 확산은 세계적 협력 운동과 더불어 사는 삶의 기본가치인 연대성을 무력하게 만든다. 외국인이 자국민에게 불이익을 초래한다는 이유로 외국인 혐오증을 대놓고 표현하는 이들이 있는 이상, 인간은 누구나 평등하고 존엄하다는 논리는 부끄러운 외침일 것이다. 우리나라에서 이주 노동자들을 대하는 태도를 보면 우리나라도 인종차별의 문제에서 예외일 수 없다고 본다. 또한 여전히 많은 다문화 국가에서 백인중심주의의 사고방식과 가치체계를 다른 유색인종에게 강요하고 있고, 이에 따라 백인이 우월한 위치를 점유하고 있어 백인과 유색인종 간의 차별과 편견은 인권문제를 논할 때 커다란 걸림돌이 되고 있다.

마지막으로 세계 곳곳에서 인간존엄의 원리에 의한 것이 아닌 경제적 업적주의로 인간을 평가하기 때문에 인간성은 인격의 품위가 아닌 그가 산출해 내는 경제적 가치인 소득과 지위로 설정되어 상품성으로 인간의 부류를 나누는데, 이로 인한 가진 자와 갖지 못한 자의 사회적 차별이 문제다. 사회적 차별은 1948년의 세계인권선언이나 국제인권규약, 여성차별철폐조약 등으로 사라지게 되었지만 여전히 각종 차별은 여러 사회에 남아 있으며 많은 문제를 야기하고 있다.

인권은 사회구성원 간의 갈등과 이해를 처리하는 규범을 만드는 최고의 법이며, 그 이념은 발생적 기원의 특수성이나 문화론적 · 이데올로기적 해석의 자의성을 초월해서 도덕적이고 인간존엄성을 보여 주는 본원적인 가치이자 실천 덕목이라 할 수 있다. 그러므로 국가 간 또는 문화와 종교 간의 인식 차이를 좁혀 나가기 위해 모든 사회구성원은 자신의 인간적 욕구를 버리고 토론을 통해 합리적으로 조정하는 능력을 키우도록 노력을 해야 한다. 그리고 이들의 다양성에 대한 공감을 키워 올바른 문화전통을 계승하고 타 문화에 대해서는 수용은 물론 승인하려는 자세와 나와 다른 것은 틀린 것이 아니라 그저 다른 차이가 있을 뿐이라는 사고를 생활화할 수 있도록 노력해야 한다.

사회복지는 인간의 가치와 존엄성을 전제로 사회정의의 필요성을 옹호하여 개인과 집단의 개별적 차이를 존중하고 보호하는 실천적 학문이다.

앞에서 살펴본 바와 같이 사회정의는 사회의 모든 구성원이 같은 기본권 안에서 보호와 균등한 사회적 기회를 보장 받고, 개인은 그가 속한 사회에 의무와 책임을 다하여 공정한 사회를 실현한 상태를 일컫는다. 이에 비해, 사회 부정의는 일부 기득권을 취득한 지배집단이 사회구성원의 일부에 대해서 편견을 가지고 불평등을 조장하여 개인의 권리를 침해하는 것으로, 이러한 침해는 곧 그 구성원에게 사회적 기회나 자본에 대해서 공평한 접근을 어렵게 만들고 사회의 완전한 참여를 제한한다. 이러한 과정은 결국 약자그룹에 대해서 핍박과 차별 조건을 만들어 비인간적인 감정과 희생자적인 느낌을 경험하게 한다. 그래서 이러한 부정의로 인해서 생기는 결과들을 이해하여 개인적이고 집단적인 사회 · 경제적 정의를 성취하기 위해 사회복지사가 개입하는데, 우선적으로 사회적인 제도(적절한 교육, 정치적 참여, 경제적인 자립, 건강, 복지)가 제공하는 기회와 자원을 확장함으로써 사회적 정의를 구현하도록 노력해야 한다. 이를 위해 책임감 있는 사회복지사는 사회 · 경제적인 정책을 촉진해야 할 뿐만 아니라 모든 사람이 그 혜택에 접근할 수 있도록 사회복지 전달 네트워크를 조직해 그들과 더불어 연대성을 발휘하여 함께 나가고, 때로는 옹호자의 역할로 그들을 대변해야 한다.

4. 사회복지에서 의무와 권리의 논의

의무와 권리에 대한 논의는 사회복지사가 클라이언트에게 특정 서비스를 제공하기 전에 무엇이 그들의 존엄을 위한 최선의 길인가를 결정짓는 초석 역할을 한다. 그래서 사회복지사들이 권리와 의무에 대한 개념 정립과 원리를 올바르게 이해해야 함은 사회복지를 실천하는 데 최우선 과제라 할 수 있다.

의무와 권리는 상호보완적 관계이기 때문에 우리가 의무를 이행하는 것은 권리를 보호하기 위함이며, 또한 이 권리를 보호하기 위해서는 의무가 선행되어야 하는 관계성을 갖고 있다. Kohlberg의 도덕발달 이론에서 제시한 도덕적 딜레마 상황 중 하인츠 딜레마에서 우리는 이 둘의 관계를 명확히 볼 수 있다.

> 문 – 하인츠는 약을 훔쳐야 하는가?
> 답 – 예, 그는 훔쳐야 합니다. 아내의 생명을 구할 의무는 약제사의 권리를 존중할 의무보다 우선해야 합니다.
> 문 – 누군가를 죽게 내버려 두는 것과 훔치는 것 중 어느 것이 더 나쁜가?
> 답 – 죽게 내버려 두는 것입니다. 왜냐하면 인간생명의 가치는 재산의 가치보다 논리적으로 앞서는 것이기 때문입니다. 재산은 인간생명이 보호되지 않는 한 어떠한 가치도 갖지 않습니다.

앞의 딜레마는 약을 훔치는 것은 사회적 규칙에 위배되지만, 생명의 보호가 최상위의 가치이기 때문에 어떠한 것보다 선행되어야 한다는 것이다. 다시 말해 사회구성원으로 훔치지 말아야 할 의무가 있지만 그보다는 개인의 생명보호라는 권리가 우선되어야 한다는 예를 보여 주고 있다.

우리는 일상생활에서 자신의 이익을 주장하게 되면 타인의 이익과 권리를 침해하게 되고, 이와 반대로 타인의 권리를 위해서 자신의 권리가 침해받는 경우를 접한다. 의무와 권리는 역전환성(reversibility)[1]에 의한 보편적인 사회적 행위를 뜻하며, 사회의 안전함과 사회 구성원의 인간존엄을 위해서는 권리 추구와 더불어 권리를 위한 의무 이행이 선행되어야 한다. 이에 대하여 Kant는 인간은 이성적 존재이기 때문에 합리적 원칙에 따라 행위하는 절대주의 의무론을 강조하며 보편적 원칙에서 나오는 행위를 의무라 하였다. 따라서 의무는 질서 자체에 대한 것이라기보다 사회질서의 이면에 있는 정의의 원리이며, 곧 정의실현을 위한 '책임'으로서의 권리임을 강조하였다. 예를 들어, 자원봉사와 의무에 관련해 생각할 때, 불쌍한 이웃을 돕는 것이 의무에 부합하는 일이라면, 사회적 책임으로서 마땅한 일을 하는 것은 의무에서 나온 책임으로서의 자원봉사라 할 수 있다.

이렇듯 정의 원리로서의 의무는 도덕적 판단을 가능하게 해 주기 때문에 중요하다. 정의로운 사회 구현을 위해서 사회구성원은 도덕적 판단을 내릴 수 있어야 하며, 사회복지사는 올바른 도덕판단을 내릴 수 있도록 도와주는 역할을 해야 한다. 이러한 올바른 도덕판단을 통해서 클라이언트의 권리와 클라이언트를 둘러싼 체계의 의무와 권리를 보호할 수 있다. 따라서 사회복지사의 중요한 역할 중 하나는 올바른 판단자의 역할이라 할 수 있다. 특히 의무론적 선택에 의하여 책임 또는 의무의 판단을 해야 하는데, 이는 보편화가 가능한 모든 도덕원리 중에서 '보다 도덕적인' 것을 이끌어내기 위함이다. 의무와 권리 그리고 도덕적 판단과 정의사회 구현은 Kohlberg의 도덕발달이론에서 그 관계를 찾아볼 수 있다(제7장 참조). Kohlberg에 따르면 의무는 제2수준인 인습에 해당되는 도덕으로 규범적이며 사회의 안정적 유지를 위한 도덕이라 하였고, 이를 위해서 사회구성원의 의무를 강조한다. 권리는 제3수준인 후인습의 도덕으로 인권과 사회복지의 구현, 일반 윤리적 원리에 따른 보다 보편적이고 도덕적인 사회를 만들기 위한 도덕을 말하는 것으로 의무를 선행한 권리의 개념이 중요시된다. 즉, 인간은 사회적 존재로서 공공복지를 위하여 '의무'를 선행해야 하며, 더 나아가 '권리'를 통하여 인간존엄을

---

1) 역전환성(reversibility)은 모든 사람(B, C, D, E, F 등)에게 적용되도록 보편화된 특정 개인, A의 준칙을 생각해 볼 때, A, B 두 사람의 관계로 범위를 축소해도 같은 결론이 나오는 것을 말한다. 일관성을 유지하려면 준칙은 반드시 역전환될 수 있어야 한다(최용철 역, 1994).

실현하고 윤리적인 공동체를 만들 수 있다는 것이다. 물론 사회질서 유지에 있어 의무와 권리, 법은 필요 불가결의 관계이지만 의무와 권리가 법의 테두리 안에만 있는 것은 아니다. 궁극적으로 의무와 권리가 모두의 안녕과 윤리적 공동체를 지향하는 만큼 한 사회에서의 법이 보편적 · 윤리적인 것이 아닐 때에는 시민 불복종 운동, 담론을 통한 합의의 도출 등 다양한 방법을 통하여 재정립될 수 있는 유연성을 담고 있다.

인간의 의무와 권리의 실천 학문이라고도 할 수 있는 사회복지에서 환경 속의 인간은 실천의 핵심요소다. '환경 속의 인간'이라는 개념은 개인과 사회의 상호작용의 집합 개념으로 사회구성원으로서의 의무 이행, 개인의 권리, 타인의 권리 존중을 의미한다. 여기서 사회구성원으로서의 의무 이행은 나와 타인과의 권리를 조율하기 위한 기본 전제가 되며, 더 나아가 사회질서 유지의 원동력이 된다.

사회복지 현장에서 클라이언트가 발생하는 경우는 흔히 일상생활에서 권리와 의무의 무게가 평형을 이루지 못할 때 생긴다. 즉, 자신의 의무는 이행하지 않고 권리만을 주장할 때, 다시 말해 자신에게는 권리만을 주고 타인에게는 의무만을 강요할 때 정의롭지 못한 가해자가 출현하기에 억울한 피해자인 클라이언트가 발생한다. 따라서 사회복지사는 자의적 또는 타의적으로 의무를 이행하지 못하는 클라이언트에게 '시민' 관점에서 의무를 이해할 수 있도록 돕고, 의무 이행 방법을 구체적으로 제시하여 그들이 행위할 수 있도록 대안을 마련하여야 한다. 왜냐하면 의무를 이행하지 않은 경우에 자신의 권리뿐 아니라 타인의 권리를 침해하기 때문이다. 만약 의무의 불이행으로 가정에서 폭력을 사용하는 경우, 폭력을 당하는 가족구성원은 가정에서의 개인의 자유와 보호를 받아야 하는 권리를 침해당하게 된다. 특히 아동의 경우 건전하게 출생하고 행복하며 건강하게 육성될 권리를 보장받지 못한다(「아동복지법」제1조). 그리고 또 다른 의무 불이행을 야기한다. 이는 비단 가족 내의 문제가 아니라 사회 전반의 문제다. 즉, 의무와 권리는 작게는 개인의 삶과 존엄의 길이지만, 개인이 모여 사회를 이루는 공동체에서는 모두의 안녕을 위한 기본요소가 된다.

사회복지사는 크게는 사회정의를 위하여 작게는 클라이언트의 권리가 무엇인지, 클라이언트의 권리를 위하여 어떻게 접근을 해야 하는지에 대한 고민을 한다. 그래서 사회복지 가치와 관련하여 도덕적 권리를 이해해야 한다. 사회복지사는 사회복지 실천의 가치전제 하에 윤리적 결정을 내려야 하는 의무를 지니며, 사회복지사 윤리강령은 사회복지사의 클라이언트와 사회에 대한 의무와 권리의 집합체라 할 수 있다.

사회복지사는 윤리강령을 바탕으로 의무와 권리의 불균형으로 어려움을 겪는 클라이언트를 도와야 할 의무가 있으며, 도움을 요청하는 클라이언트에게 올바른 가치기준에 따라 자신의 삶을 선택할 수 있도록 지원해야 한다. 동시에 클라이언트의 권리를 주장할 수 있도록 옹호해야 한다. 클라이언트의 자기결정 권리는 사회복지에서 생명의 보호 다음으로 중요한 사회복지 가치로 인간의 존엄성과 자율성 원리에 입각하여 모든 사람은 하나의 독립된 개체로서 자유를 가지며, 자신의 욕구가 무엇인지 그리고 그것을 어떻게 충족시킬 것인지를 자유로운 분위기에서 스스로 결정하는 권리다. 사회복지사는 다양한 정보와 객관적이고 전문적인 시각에 의하여 클라이언트의 상황을 예측할 수 있으나 클라이언트를 대신하여 결정할 수는 없다. 자기결정권은 개인에 대한 믿음이고 개인의 능력에 대한 존중으로 사회복지사는 클라이언트의 자기결정권을 존중해 주어야 하며, 동시에 클라이언트에게 자기결정권에 대하여 설명해야 한다. 하지만 클라이언트의 자기결정권을 존중해 주는 경우나 자기결정권을 행사할 수 있도록 하는 두 가지 경우 모두 쉬운 것은 아니다. 클라이언트가 자기결정에 입각하여 문제를 해결할 수 있다면 사회복지사의 도움을 필요로 하지 않았을 것이다. 따라서 사회복지사는 클라이언트가 자기결정 권리를 충분히 발휘할 수 있도록 여러 대안과 가능성, 예상되는 결과에 대하여 충분히 전해 주어야 한다. 이것은 동시에 클라이언트의 알 권리와 관련되기도 한다.

국민에게는 국가의 전반적 운영상황에 대하여 알 권리가 있듯이 클라이언트에게는 자신과 관련된 것에 대하여 알 권리가 있다. 사회복지사가 클라이언트의 알 권리를 보장해 주지 않았을 때, 결과적으로 효과적일 수 있으나 클라이언트에 대한 인간존엄의 가치체계가 흔들린다. 알 권리는 자기결정을 위한 과정이며, 자기결정은 인간의 존엄을 위한 방법이며 개인에 대한 신뢰이기 때문이다. 그러나 때로 사회복지사는 클라이언트의 여러 상황 속에서 어떠한 권리가 우선되어야 하는지 갈등을 한다. 흔히 윤리적 갈등 상황(Ethical Dilemma)이라고 부르는 경우에 어떠한 가치와 권리가 선행되어야 하는지 고민이 필요하다. 일반적으로 생명보호는 자기결정권에 우선하며, 자기결정권은 알 권리에 선행한다. 예를 들면, 종교적인 이유로 아동의 치료를 거부할 때, 생명의 보호가 선행되기 때문에 종교적 신념에 따른 자기결정권(아동의 대리인으로서의 부모의 권리)은 우선시되지 않는다.

또한 사회복지사는 클라이언트의 욕구가 사회적 책임의 이유, 정의의 측면 등에서 타당한 것일 때 클라이언트의 욕구가 충족될 수 있도록 사회적 차원의 지원을 해야 한다. 그리고 클라이언트 개인, 집단의 권리가 위협받거나 사회변화에 따른 권리의 변화가 요구될 때 또는 인간존엄이라는 한 단계 높은 도덕발달을 이루고자 할 때 등 클라이언트 체계에 대한 적극적인 지원을 할 수 있다. 예를 들면, 고령화 사회 진입으로 인한 노인보건복지정책 캠페인을 주도한다거나, 장애인의 이동할 권리를 위한 100만 인 서명운동, 외국인 노동자의 인권보호를 위한 활동과 같은 경우다. 클라이언트의 권리 옹호 또한 자기결정권, 알 권리, 사회적 책임성 등 사회복지 기본가치전제와 함께하는데, 클라이언트에게 정보를 제공하고 결정을 할 수 있도록 원조한 후에 클라이언트는 자신의 권리 주장을 위하여, 사회복지사는 클라이언트의 권리를 위하여 대변 또는 옹호 활동을 해야 한다.

이와 같이 사회복지사는 윤리적 의사결정을 통한 사회복지 실천을 위하여 의무와 권리에 대한 이해가 있어야 하며, '보다 도덕적인' 것을 이끌어 내기 위하여 도덕교육에 대한 훈련을 받아야 한다. 역으로 사회사업 실천 기술에 앞서, 실천 기술의 의미와 목적이 무엇인지 생각해 본다면 의무와 권리에 대하여 이해하는 데 도움이 될 것이다.

인간은 공동체 속에서만 존재할 수 있는 사회적 동물로 의무와 권리라는 더불어 사는 방법에 대한 이해는 우리의 삶의 목표를 달성하고 공동체의 존재의 가치를 증명하기 위한 필수 사항이다. 따라서 의무와 권리는 더불어 사는 사회를 만들기 위하여 조정하고 매개하고 조직하는 사회복지사에게는 더욱 중요하다.

사회복지에서 의무와 권리는 법률적 의미를 포함하는 도덕적 차원의 논의다. 도덕이란 인간존재의 근본이며 사회 속의 개인의 행복을 추구하게 해 주는 요소로, 다시 말해 의무와 권리는 곧 도덕이며 사회복지에서의 의무와 권리에 대한 논의는 사회복지의 존재에 관한 논의다. 사회복지사는 클라이언트와 사회에 대한 책임과 의무를 가지고 그들의 의무와 권리 이행에 있어 도움이 될 수 있도록 노력해야 하며, 궁극적으로 도덕적인 공동체로 나아가기 위한 준비를 해야 한다.

📖 연구문제

1. 사회복지사의 의무와 권리를 그들의 역할에 의해 설명하라.

2. S회사의 엘리트 연구원인 김 씨는 5년 동안 회사에 근무하며 동료들과 새로운 신약을 개발하고 있었다. 그 신약의 개발이 완성될 즈음 S회사와 경쟁회사인 M회사에서 좋은 조건으로 스카우트를 제의해 왔다. 그러나 스카우트 제의 조건은 그 동안 김 씨가 연구해 왔던 프로젝트의 문서를 빼오라는 것이었다. 만약 김 씨가 이 제의를 받아들여 좋은 조건의 M회사에 취직을 한다면 이 행위를 의무와 권리 측면에서 토론하라.

제7장

Kohlberg의 도덕발달이론

　도덕이란 올바른 신념과 용기로 자신의 생각을 실천에 옮겨 존경이라는 대가를 얻을 수 있는 행위, 즉 '행동하는 양심'이라고 할 수 있다. 이러한 도덕은 법보다 큰 개념으로 윤리적인 특성을 가지고 있다. 법과 도덕은 보다 나은 인간과 사회를 위한 행동지침이라는 공통점을 갖는다. 그러나 강제성과 비강제성, 의무와 당위 등의 본질적인 차이가 나타난다. 결국 법은 타율성이 큰 데 비해 도덕은 자율적인 측면이 강조된다. 이는 사회복지에서 인간을 자율적 의지의 존재로 보는 것과 상통한다.

　여기서 우리는 법의 테두리가 아닌 도덕적인 개념에서 올바른 것이 무엇이며, 양심에 따라 행동하는 것은 어떤 것인지, 또 이것은 사회복지와 어떠한 관련성을 지니는지에 대하여 논의하고자 한다.

　도덕이 인간사와 함께 발달해 왔지만, 구체적으로 도덕에 대하여 언급한 것은 Freud로부터 시작한다. Freud에 의하면 남근기에 초자아가 발달하는데, 이 시기에 동일화를 통하여 도덕성이 발달한다고 하였다. 그 후 Piaget는 Freud와는 달리 심리적인 측면보다는 인지적인 측면에서 타율적인 도덕성의 단계와 자율적인 도덕성의 단계로 나누어 설

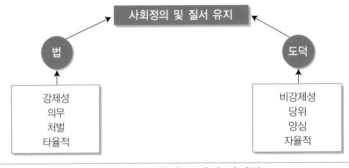

[그림 7-1] **법과 도덕의 차이점**

명하였다. 타율적인 도덕성은 복종, 명령에 따른 타율성이 짙은 것이며, 자율적인 도덕성은 규칙이란 합의에 의하여 변할 수 있는 것으로 옳기 때문에 행동하는 것이라고 보았다. 그 후 Kohlberg의 도덕발달이론은 Kant의 인간관을 바탕으로 Piaget의 인지이론을 심화하였다.

모든 발달이론에서와 같이 Kohlberg의 도덕발달이론도 인간의 발달가능성에 대한 긍정적인 면을 우선시한다. '발달' 자체가 인간의 잠재력을 인정하기 때문이다. 도덕판단의 결과보다는 도덕판단 과정의 논리에 대하여 중요시하면서 상황에 따른 인간의 자유판단을 최대로 고려하였다는 점에서 사회복지의 가치를 많이 반영한다.

Kohlberg의 도덕발달이론은 성숙이론이나 심리분석이론과는 달리 기본 정신구조를 유기체와 환경 간의 '상호작용'의 산물로 바라보는 인지발달이론이다.[1] 이는 사회의 '상호작용' 과정에서 일어나는 일련의 사건을 다루는 사회복지에서 의미 있다 하겠다. 따라서 Kohlberg의 도덕의 개념을 중심으로 사회복지 실천 측면에서 이 이론이 사회복지와 어떤 관련성이 있는지 살펴보고, 이를 통해 한국 대학생들의 도덕발달 특성을 알아보고자 한다.

---

1) 1. 성숙이론 내지 생득이론은 행동패턴이 이미 유전적인 근거를 가지고 있으며 환경자극은 다만 행동패턴을 수정하는 역할을 한다는 의미에서 중요성을 인정한다.
   2. 학습이론은 기질과 능력의 유전적 특성이 인성의 개인차와 학습유형 및 속도의 개인차를 일으키는 데 양적으로 얼마만큼 역할을 할 것인가에 관심을 둔다.

1. Kohlberg의 도덕발달이론의 이론적 배경과 사회복지와의 관계

정의(Justice)의 원리를 도덕이라 규정짓는 Kohlberg는 도덕이란 개인의 도덕적 딜레마를 해결하려는 의사결정(도덕판단)이라 하였다. 따라서 그가 어떤 선택을 해서 어떤 행동을 하게 되었는가, 왜 그러한 선택을 하게 되었는지 그 선택의 이유에 관심을 두었다. 그렇기 때문에 그에게 있어 도덕발달이란 사고의 방법, 도덕적 추론 수준의 발달을 의미하는 것이다. 이러한 도덕성의 발달은 사고와 행동에 있어 일련의 조직된 구조를 통한 개인의 발달을 말하며, 개인의 사회적 환경과 물리적 환경 간의 상호작용을 통해 순서화된 방식으로 변화되어 간다(Kohlberg, 1969). 인지구조에 있어서 한 단계에서 다음 단계로의 발달은 개인 내부의 인지구조와 환경 사이의 상호작용으로 이루어지며, 이러한 인지사고는 원리화된 사고로 능동적인 발달을 한다는 것이다.

Kohlberg의 인지단계는 도덕적 문제를 사고하는 방식에 근거한 것(Garz, 1996)으로 이 단계의 특징을 살펴보면, 우선 단계는 질적인 차이가 있으며, 이러한 사고 양식의 차이는 개인의 발달에서 불변의 계열, 순서, 연속성을 형성한다. 물론 문화적 요인이 발달을 촉진, 완화, 정지시킬 수는 있으나 그 계열을 변화시키지는 않는다. 이와 같이 서로 상이하고 계열적인 사고 양식은 '구조적 전체'를 이루고, 단계는 위계적 통합을 이루고 있어서 상위단계는 하위단계를 통합시키며 발달한다.

Kohlberg의 학문적 특징은 Dewey의 초기 사상과 Piaget의 단계이론에 뿌리를 갖고 있으며, 도덕발달을 연구하면서 철학과 사회과학을 접목한 연구방법을 제시하였다는 것이다. 도덕심리학에서는 Dewey와 Piaget의 인지발달이론을 계승하였고, 사회학에서는 도덕성의 개인의 차이를 이론적으로 설명하기 위해 상징적 상호작용론적 개념인 'role taking'을 사용하였다. 그리고 도덕철학에서는 Kant의 의무윤리부터 무지의 장막 아래에서 원초적인 사회계약의 개념을 주장한 Rawls와 대화의 원리인 보편적 담론윤리를 언급한 Habermas까지 이어지는 이성적 전통을 계승하였다. 즉, Kohlberg는 도덕이론을 철학, 심리학, 사회학 그리고 교육학 등 여러 학문을 총체적으로 종합해 하나의 종합된 도덕교육의 이론과 실행을 이룩하고자 헌신했던 도덕발달이론가다(Garz, 1996). 특히 형식적이거나 의무론적인 전통을 배경으로 어느 시대나 사회를 막론하고 인간은 반드시 지켜야 할 보편적인 정의의 원리와 도덕률이 있다고 생각하고, 인간이 개인적인 욕구중심의 단계로부터 원리적 도덕성으로 이행해 가는 과정을 설명하였다.

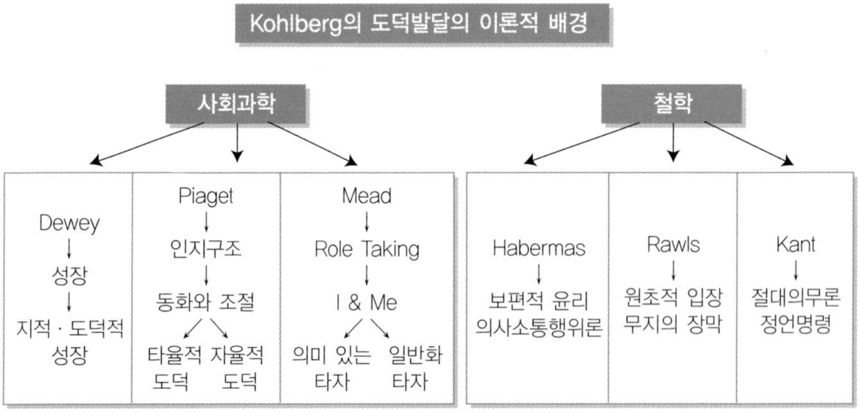

[그림 7-2] **Kohlberg의 도덕발달의 이론적 배경**

그는 이 이론적 배경을 기초로 도덕성의 발달을 크게 3수준과 6개의 단계로 구분하였는데, 각 수준과 단계에 따른 도덕발달상의 특징을 살펴보면 다음과 같다.

1) 전인습수준

청소년 이전 아동이 이 단계에 속하며, 때론 더 이상 성장하지 못하고 발달이 고정된 일부 성인이 포함된다. 이 수준에서의 도덕가치는 사람이나 표준에 귀속되는 것이 아니라, 외적이며 물리적인 사건, 물리적 욕구에 귀속한다. 즉, 벌을 피하고 권위에 복종하기 위한 도덕성으로 도덕규칙을 강요하는 사람의 힘이나 권위와 관련지어 판단한다.

- 1단계: 벌이나 권위에 의한 복종의 도덕성

복종 및 처벌에 오리엔테이션 되어 있다. 우월한 힘 내지 권능에 대한 자기중심적인 존경 혹은 좋은 게 좋다는 객관적인 태도다. 어떤 것이 나쁘다고 할 때 그 나쁜 것은 동등자들 사이의 협력에 의해서 정해지는 것이 아니라 권위자에 의해 나쁜 것으로 규정된 타율적인 것이다.

- 2단계: 'Give and Take', 즉 상호교환적 도덕성으로 자신을 우선시한 실용주의적 관점이며, 도구적 상대주의를 의미한다.

자기의 욕구를, 때로는 다른 사람의 욕구를 도구적으로 충족시켜 주는 행위를 정당한 행위라고 본다. 소박한 평등주의 그리고 상호성 및 교환에 무게를 둔다.

2) 인습수준

이 수준에서의 도덕가치는 훌륭하고 정당한 역할을 수행하고 인습적인 명령과 타인의 기대에 부응하는 데에서 성립한다고 본다. 개인은 가족이나 집단, 국가가 지키려 하는 권위를 존중하며 진정한 사회화가 나타난다.

- 3단계: 대인 상호 간의 기대나 의도에 따라 판단하며 타인의 인정을 받고 싶어 하는 공유관계 지향의 도덕성이다.

흔히 착한 아이의 정의라고 본다. 다른 사람을 돕고 기쁘게 해 주고 인정을 받으려는 행위가 이에 속한다. 모두가 하는 대로 따라가는 식의 역할 행동 그리고 의도성에 의거한 판단을 한다.

- 4단계: 권위나 고정된 규칙 또는 사회질서 유지의 중요성을 강조하는 사회체제와 양심에 의한 도덕성을 의미한다.

권위와 사회질서를 유지하기 위한 도덕성이다. 의무수행 그리고 권위자에 대한 존경

표시 및 사회질서 유지 그 자체에 무게를 둔다. 그리고 타인의 응당한 기대에 따른다.

3) 후인습수준

이 수준에서는 도덕적 문제에 대한 접근이 자율적이며 보편적인 정의의 원칙을 갖는다. 이 보편적 정의의 원칙은 기존 법이나 사회관습과는 관계없이 그 자체로서 타당성을 가진다. 또한 이 수준은 20세 이후 소수 성인의 도덕수준으로서 개인의 도덕적 가치나 원리가 독자적으로 그 당위성을 가진다. 따라서 자아의 판단에 따라 권리와 의무를 행하는 것을 그 특징으로 한다.

- 5단계: 개인의 권리와 사회계약 존중의 도덕성으로 남의 권리를 존중, 계약에 대한 의무를 다하며 이때 사회제도는 절대적인 것이 아니라 합의에 의해 바뀔 수 있다고 생각한다.

계약 맺음과 법 존중의 정의로 협약 그 자체를 지키기 위해 기대나 규칙이 지닌 임의적 요소를 분별해 낸다. 또는 그것의 출발점이 무엇이어야 하는가를 인식하는 단계다. 계약, 타인의 권리 내지 의지의 존중, 다수의 복지 등의 견지에서 의무를 규정한다.

- 6단계: 사회적 규칙에 의해서가 아니라 윤리적 보편성과 윤리관에 따라 행동하는 단계다.

양심 혹은 원리에 따라서 행동하는 단계다. 현실적으로 제약을 주는 사회규칙뿐만 아니라 논리적 보편성 및 일관성에의 호소를 담고 있는 선택의 원리 쪽에 무게를 둔다. 행위의 지도력인 양심과 상호존중 및 신뢰를 중요시한다. Kohlberg는 예수, 간디, 공자 등 위대한 도덕가나 종교지도자, 철인들의 목표가 곧 보편윤리적인 원리라고 설명했다. 보편윤리적인 원리는 '내가 대접을 받고자 하는 대로 남을 대접하라'는 황금률과 같은 곳에서 드러난다. 생명의 신성함, 최대 다수를 위한 최대 행복의 원리, 인간성장을 조성하는 원리 등이 이 원리에 속한다.

이렇게 Kohlberg의 도덕은 보편적 윤리가치로서, 특정사회가 기대하는 역할, 규범, 관습, 법률 등에 대한 동조적인 판단으로부터 벗어나 모든 인간의 공통적인 권리, 가치, 존엄성, 정의 등을 고려하는 보편적 기준에 따르게 되는 과정을 의미한다. 이런 관점에서 보면 사회복지도 더불어 사는 사회를 지향하는 학문으로, 누구에게나 일관적이고 항상 적용할 수 있는 보편적 윤리를 필요로 하므로 Kohlberg의 도덕발달이론과 사회복지 가치의 공통된 점은 둘 다 더불어 사는 원리를 터득하기 위함이라 할 수 있다. 따라서 사회복지에서 더불어 사는 삶의 원리인 인간존엄의 가치를 Kohlberg의 도덕발달 5, 6단계인 후인습적 도덕원리에 맞추어 살펴보면 다음과 같다.

이 수준에서는 도덕적 문제에 대해 자율적이며 보편적인 정의의 원칙을 강조한다. 법이기 때문에 가족의 규칙이기 때문에 행하는 것이 아니라, 옳기 때문에 가치 있다고 생각하고 행하는 '자율'의 의미다. 따라서 개인의 권리와 사회계약 존중의 도덕성으로 남의 권리를 존중하고 계약에 대한 의무를 다한다. 이때 사회제도는 절대적인 것이 아니라 윤리적 보편성에 따라 담론을 통한 합의 또는 공동의 안녕을 위한 활동 등의 다양한 방법을 통해 재정립될 수 있는 유연적인 사회계약을 의미한다. 이러한 도덕발달의 5, 6단계는 도덕원리를 설명하기 때문에 후인습수준의 윤리적 원리의 도덕성은 정의로운 공동체를 만들기 위한 필수조건이 된다.

좀 더 구체적으로 살펴보면, 5단계는 도덕적 사회건설을 위해서 선택할 만한 보편적

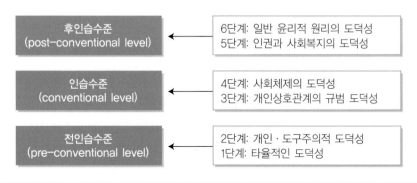

[그림 7-3] **도덕발달수준과 단계**

가치와 권리들에 대하여 각성하고 있는 합리적인 도덕행위자에 대하여 조망한다. 실정법과 사회체제의 타당성은 법과 체제가 근본적인 인권과 가치를 보존하고 보호해 주는 정도에 비추어 평가될 수 있다. 여기서 사회체제는 모든 성원의 권리를 보존하고, 복지라는 명분 하에 각 개인이 자유롭게 맺은 계약으로 이해할 수 있다. 이는 '사회유지'의 관점이라기보다는 '사회창조'의 관점이다. 5단계의 기본 시각은 권리 혹은 사회복지에 중심을 맞춘다. 권리가 사회의 법이나 규약과 갈등을 빚을 때조차도, 각 개인은 이 권리를 지지할 수 있는 도덕적 선택을 내려야 하는 의무를 가지는 것, 4단계에서는 도출될 수 없는 소수의 권리에 대한 관심을 말해 준다.

이것은 바로 사회복지의 가치전제이기도 하다. 사회복지의 대상이 인간, 특히 사회와의 상호작용에서 나타나는 문제로 도움을 요청하는 존재임을 생각할 때, 5단계는 사회복지가 왜 그들의 복지와 권리를 위하여 존재해야 하는가를 알려 준다.

6단계의 도덕적 관점은 윤리적 원리가 중심이 되어 행위하는 것으로, 모든 인간을 자유롭고 평등하며 자율적으로 보고 서로에 대하여 이상적인 채택을 하는 단계다. 이것은 도덕적 의사결정에 의해 영향을 받게 될 각자의 관점 내지, 주장에 대하여 동등하게 숙고하는 것을 의미한다. 보편 가능하고 가역적이며 규정적인 윤리 원리는 Kant의 정언명령과 황금률윤리에서부터 무지의 장막(veil of ignorance) 아래에서 원초적인 사회계약의 개념을 주장한 Rawls와 대화의 원리인 보편적 담론윤리(universal discourse ethics)를 언급한 Habermas까지 이어지는 이성적 전통을 계승하고 있다. 이러한 원리적인 도덕성은 개인의 생명을 극대화하고, 다른 사람의 자유와 양립하는 경우 자유를 극대화하는 원리와 재화를 분배하는 공평성과 공정성의 원리, 즉 정의의 원리를 도출할 수 있다. 이는 Gilligan이 주장하는 형제애에 의한 책임과 보호의 도덕이기도 하다(Kohlberg, 2000).

Kohlberg는 자신이 6단계의 경험적 연구를 통하여 밝힌 이러한 도덕발달 단계의 특성들로부터 도덕 교육적 합의를 도출해 냈다. 그는 이타주의로서의 '선'은 '공동체 의식'에 의해 계발되는데, '공동체 의식'은 집단 응집력의 느낌이나 연대감, 공유된 가치평가나 학교 공동체와 그 공동체 구성원에 대한 애착의 의미에서 생기며, 이러한 '공동체 의식'이 정의로운 공동체 학교에서 나타나는 도덕적 분위기의 의미라고 보았다. 따라서 1974년부터 자신의 정의로운 공동체 접근에 기초한 정의로운 공동체 학교인 'Cluster School'을 운영하였다. 교사와 학생들이 학교 자체가 정의로운 공동체가 되어 야 한다는 규범적 이상을 공유하게 되며, 그에 따라 실천할 것이라고 가정하였다. 'Cluster School'은 공동체 모임, 소그룹 모임, 상담집단, 훈련위원회, 스텝-학생-고문 단 모임 등의 제도로 구성되어 있다.

공동체 모임은 학교의 주요한 민주적인 제도가 되었을 뿐만 아니라 공동체의 중요한 상징으로 기능하고, 공동체 모임의 규칙적인 참여는 공동체 의식과 동질감을 발달시켜 나갈 수 있는 기회를 제공하였다는 데 의의가 있다.

Kohlberg는 학교에서의 정의로운 공동체 프로그램을 실시하였지만, 정의로운 공동 체 프로그램은 사회복지에서 그 영역을 좀 더 확장시킬 수 있다. 사회복지 현장의 다양 한 집단이 정의로운 공동체를 향한 발판이 될 수 있기 때문이다. 정의로운 공동체들이 모여 정의로운 사회에 다가가기 때문에 현재 학교사회사업 영역뿐 아니라, 청소년 수련 관, 노인복지관, 기업 등에서 정의로운 공동체를 만들기 위한 노력이 필요하다. 중요한 것은 사회복지사가 정의로운 사회를 만들기 위한 매개자라는 점이다. 사회복지에서 도 덕발달에 대한 논의가 필요한 것은 사회와 인간을 바라보는 관점에 의한 것도 있지만, 사회복지 연구자와 실천가의 올바른 인식이 필요하기 때문이다. 사회복지는 가치지향 학문이고, 사회복지사는 가치판단자다. 사회복지 실천 현장에서 부딪히는 수많은 상황 은 사회복지사의 가치판단으로부터 시작하는 경우가 많다. 따라서 가치판단자로서 올 바른 가치판단을 할 수 있도록 오랜 훈련을 받아야 한다.

Dewey는 모든 인간을 위한 민주교육의 목적은 '자유롭고 강력한 인격의 발달'이라 하였다. "민주교육이란 자유로운 사람들이 사회에서 불가피하게 직면하게 되는 사실적 인 도덕적 선택을 준비시키는 일 외에는 아무것도 아니다"(Dewey, 1916)라는 Dewey의 말은 정의로운 공동체를 위한 클라이언트의 교육뿐 아니라 민주교육의 대상이기도 한 사회복지사의 인격 발달에도 중요한 시사점을 던진다.

도덕발달이론은 이러한 훈련의 한 방법이다. 도덕발달이론 자체가 인지발달이론이 다. 사회복지사도 인지훈련을 통하여 도덕발달을 할 수 있고, 이런 의미에서 훈련은 중

요하다. 사회복지 현장에 있다 보면 다양한 클라이언트와 클라이언트가 가져오는 각양
각색의 상황을 직·간접적으로 직면하게 된다. 개인의 상황에 따라서 접근방법이 다양
하겠지만, 접근방법의 원리, 클라이언트를 대하는 원리는 항상 일반성과 보편성을 지녀
야 한다. 특히 클라이언트의 자기결정권과 비밀보장, 기관·사회복지사의 이익과 클라
이언트의 이익 등 깊이 생각해 보아야 할 윤리적 딜레마 상황에서 일반성과 보편성은
더없이 중요한 기준이 된다. 일관성이 없는 접근은 클라이언트에게 도움이 되기보다는
오히려 해가 될 수 있다. 따라서 여러 딜레마 상황을 바탕으로 한 도덕판단과 가치훈련,
사회복지사의 도덕발달수준은 그 무엇보다 중요하다.

이제 개인 차원의 사회복지 접근에서 나아가 공동체의 존엄과 정의로운 공동체를 만
들기 위하여 노력하는 것이 필요하다. 개인이 모인 '사회'에서 공동체의 존엄은 곧 개인
의 인간존엄이 되기 때문이다. 결국 Kohlberg는 도덕을 '도덕판단에 기초를 둔 의사결
정'이라 보았고, 이때 도덕판단은 사회적 선과 악에 대한 가치 규약적 양식이다. 그 특
성으로 첫째는 '사실'이 아닌 '가치'의 판단이며, 둘째는 '인간'을 대상으로 하는 사회
적 판단이며, 셋째는 '무엇을 더 좋아하는가'의 판단이라기보다는 당위성, 권리, 의무
등의 규범적인 판단을 말한다. 따라서 Kohlberg의 도덕발달이론은 가치지향적·인간
중심적·규범주의적 사회복지의 근간이 된다고 할 수 있다.

2. Kohlberg의 도덕발달이론으로 본 한국 대학생의 도덕발달

후기 청소년기에 해당하는 '대학생'은 인간발달 측면에서 보면 청소년기의 대표적
특성인 '질풍노도(Storm and Stress)'의 시기를 이제 막 지나왔거나, 또는 아직도 머무르
고 있는 18~22세에 해당하는 연령이며, 대학교에서 미래의 직업을 위해 전문교육을 받
고 있는 학생을 말한다.

신체적 발달은 생애발달 주기 중 최고 수준을 보이며, 인지적 발달 측면에서는 구체

적 조작기를 지나 형식적 조작기에 도달한다. 심리사회적 발달 측면에서는 부모로부터
의 독립이 요구되어 자율성 획득을 위한 직업에 대한 준비와 미래의 가족 구성을 위한
파트너의 선택(결혼), 각종 사회참여 및 정치활동에 있어 자신의 가치기준 확립과 같은
영속적인 선택을 해야 하는 시기를 말한다. 따라서 대학생들은(후기 청소년기) 인생과업
의 중요한 결정에 앞서 준비하는 최종적인 단계로 개인적인 정체감을 확립하는 시기에
있다.

대학생들의 지적발달 특성과 성향을 살펴보면, 우선 그들은 이전과는 달리(아동기에
서 전기 청소년기까지) 새로운 시각으로 자기에 대한 탐색과 고민을 하며, 판단을 필요로
할 때 중립적인 입장에 서고, 상대주의와 허무주의에 동조하는 반체제적이고 급진적인
특성을 보이기도 한다. 또한 그들은 자신이 소속한 어떤 테두리 안에서는 집단주의적
성향을 보이나 동시에 자신의 권리를 찾는 부분에 있어서는 상당히 개인주의적인 성향
을 보이기도 한다.

무엇보다 한국 대학생을 이해하기 위해서는 앞에서 밝힌 후기 청소년기의 일반적 특
성과 더불어 한국사회의 지배적인 가치관을 반드시 먼저 살펴보아야 한다.

비교문화연구가 Hofstede(1980)는 한국을 집합주의 특성을 지닌 사회라고 규정지었
다. 개인의 권리보다는 집단에 대한 의무가 강조되고 규범에 순응하면서 집단과의 조화
를 중요시하는 집단주의가 한국의 오랜 역사와 정치사적 배경, 특히 유교적 전통관으로
부터 '나' 보다는 '우리'를 강조하며 사회 전반에 깊은 영향을 끼치고 있다는 것이다. 그
러나 현대사회가 점차 산업화, 도시화되면서 핵가족화와 같은 생활양식의 변화로 집단
주의사회 가치관의 변화를 가져왔다. 집단의 목표보다는 개인의 목표를 달성하기 위해
창의성과 독립성을 요구하게 되었고, 사생활의 중요성을 인식하게 되었으며, 집단 속에
서도 나만의 독특성, 개인의 정체감을 찾으려는 개인주의적 사회의 특징들이 나타나기
시작하였다(Triandis, 1989). 이러한 가치관의 변화에도 불구하고 여전히 우리 대학생들
은 가정과 학교 또는 사회에서 이중적인 가치질서에 통제되어 있기 때문에 이들이 자신
의 가치관을 정립하는 데 어려움을 겪는 것은 당연한 이치일 것이다. 다시 말해, 한국 대
학생들은 전통적인(기성) 한국사회의 강한 집단주의 가치체계로 인해 제도화된 개인주

의의 이상을 가지고 있지 못하며, 변화된 사회구조 속에서 전통적인 집단주의적 가치에 의한 행동을 할 수도 없어 사회·문화적 맥락에서 볼 때 가치혼란은 당연하다는 것이다. 특히 치열한 입시경쟁 속에서 주입식 교육을 받아 온 한국 대학생들의 실정은 그들이 대학 진학 후 겪는 이러한 가치혼란을 더욱 가중시킨다.

대학생 시기의 이러한 가치혼란은 단순히 대학시절의 이기주의에만 그치지 않는다. 이 시기에 바로잡지 못한 가치혼란과 미성숙한 도덕성은 사회적 책임과 의무를 상실한 권리의 호소, 투기와 탈세, 공금 횡령 등 이 사회의 온갖 부정부패로 나타나게 되는 것이다. 계속해서 변화하는 사회의 건강한 존립을 위해서는 사회구성원의 보편적 도덕원리에 의한 정체감 형성이 필요하다.

바로 이 점에서 가치혼란 속의 대학생들이 올바른 정체성을 확립하여 도덕적인 사회구성원으로 자랄 수 있도록 해야 하며, 이를 위해 대학의 교육적 개입이 필요함을 알 수 있다. 보다 효과적이고 올바른 지도 방안의 마련을 위해 학생들을 이해하려는 대학의 노력은 한국 대학생에 대한 수많은 연구 보고서를 내놓았다. 그러나 선행연구의 상당부분이 학생들의 도덕의식을 조사하면서 대학생들의 보편적 도덕발달을 고려하지 않고, 그저 기존 한국 문화 속에 깔려 있는 인습의 도덕, 사회질서만을 강조하는 예의범절 문제를 도덕으로 정의하여 그들의 문제를 다뤘기 때문에 지적·윤리적으로 한층 고조되어 있는 대학생들을 자극하지 못하고 있다. 그래서 그들은 도덕, 가치 이야기만 나오면 그저 집안 어른들에게 듣는 지겨운 주제로 치부해 버리곤 한다. 이렇게 한국의 대학생들은 미흡한 도덕교육 과정과 전통사상인 유교의 인습도덕 강조로 어릴 때부터 도덕과 예절을 올바르게 구분하지 못하고 도덕보다 예절을 더 중시하거나, 예절을 곧 도덕으로 잘못 이해하게 되었다. 이로 인해 탈세와 투기를 저지르더라도 노약자에게 자리를 양보하면 도덕적이라고 말하는 웃지 못할 행태가 벌어지는 것이다.

Kohlberg는 또한 일부 대학생이 일시적으로 2~3년간 도구적 자기중심주의인 2단계로 '후퇴'하였다가 후에 인습적(4단계) 또는 원리화(5단계) 도덕성으로 되돌아오는 것을 보여 주는 증거를 제시한 바 있다(Kohlberg & Kramer, 1969). 이 같은 명백한 도덕의 퇴행과 도덕성에의 복귀를 발견하고 그는 논문에서 이 시기의 5단계와 6단계란 성인기의

새로운 단계가 아니라, 고교를 마칠 무렵 발달된 그리고 Erikson이 청년기의 속성으로
본 정체성 회의에 의해 동요된 것이라고 결론지었다(Kohlberg, 2000). 청년기는 이 같은
정체성 회의가 나타나는 유예기로, 4단계이든 5단계이든 그것에 회의하게 되며, 그 결
과 2단계의 도구적 상대주의에서 이기주의 정의와 유사한 상대주의적 이기주의로의
퇴행이 일어난다는 것이다. 따라서 대학시기의 이 같은 상대주의 문제는 자신의 정체
성 탐색에서 '자아에 충실함으로써' 빚어진 것으로 본다. 즉, 자신에게 맞는 정체성 모
델을 탐색하기 위한 가치중립적 성향을 보인다는 것이다. Perry(1970)는 그의 경험조사
연구를 통해 Kohlberg의 이론(4 1/2단계)을 더욱 뒷받침해 주고 있다. 그는 Harvard 대
학교 대학생들을 대상으로 많은 장기적 면접을 통하여 얻은 종단자료를 이용하여 지식
과 가치에 대한 학생의 태도를 기술하였다.

　이 시기 학생들은 철학적이며 언어적 기교가 가미된 허위반응과 윤리적 상대주의에
기초한 급진반응 중 어느 것이 더 먼저 일어나는지 규명하기 위해 그는 9개의 인식론적
입장을 설계하여 도표화하였다. 처음 세 개의 단계들은 '이원론적'이다. 그러나 4에서
6까지의 단계들은 '상대주의적'이며, 7에서 9까지의 단계들은 '책임을 목적으로 하는'
것으로서 특징지어진다. 모든 사람은 능동적으로 자신의 의미를 만들어 내는 '동화'와
새로운 경험들을 기존의 경험 틀에 맞추는 '조절'을 통해 인식론적 이행과정을 거치며,
앞의 단계적 발달을 하게 된다고 하였다. 특히 대학생 시기에 일종의 과도기를 맞이하는
데 이 시기에 그들은 누구나 자신의 견해에 대한 권리를 가지며(4단계), 모든 사고는 상
대적이지만 동등하게 타당한 것은 아니라고 설명한다(5단계). 이러한 상대론을 거치면
드디어 책임을 수용하는 6단계와 책임 형성의 7단계로 나아가게 된다. 즉, 후퇴와 탈출
이라는 전반부의 과정을 지나 상대론을 거쳐 책임성이라는 인식으로 나아가 자신의 원
리, 책임에 기초하는 생활양식을 이루는 단계로의 지속적 발달을 이루게 된다는 것이다
(송명자, 1997). 그리고 이러한 지속적인 발전 단계를 벗어날 경우 사람들은 '늦추기' '후
퇴' '회피' 등의 기제를 사용하여 정상적인 발달단계로 나아가지 못한다고 설명하였다.

　Kohlberg는 대학생들의 도덕발달의 특징인 상대주의와 일시적 퇴행을 과도기적 청
년기의 자아정체감 형성을 위한 탐색 과정으로 설명하고 있는데, 그것은 그 성취의 결

〈표 7-1〉 Perry의 인지발달 및 윤리발달 도식

	이원론적 변용 → 상대론의 재발견 → 상대론적 책무성의 전개								
	1	2	3	4a	4b	5	6	7	8	9
명칭	기본적 이원성	중다성 전적법성	중다성 종속성	중다성 대등성	상대론 종속성	상대론 일반화	책무성 예견	최초의 책무성	책무성 지향	책무성 진화

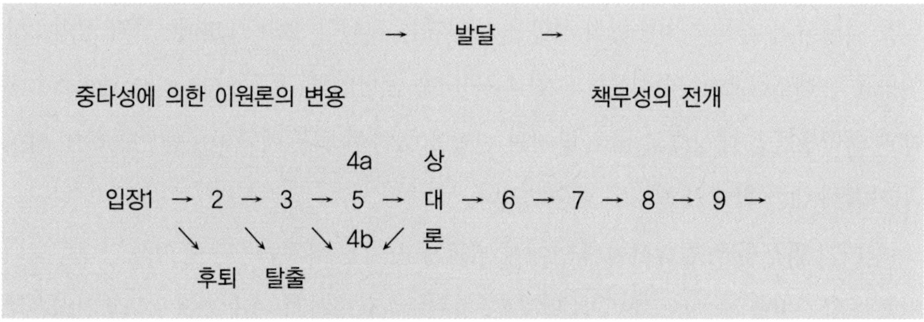

[그림 7-4] Perry의 발달 지도

과가 발달의 지속과 정체를 결정짓는다는 것을 증명하고 있기 때문이다(Garz, 1999).

청소년의 심리사회적 발달 과업을 '정체감과 정체감 혼미'로 설명했던 Erikson(1988) 은 자아정체감을 '나는 누구인가 또 이 사회 안에서 나의 위치는 어디인가'에 대한 느낌 을 확립하는 것으로(Crain, 1983) 자신의 자각 및 자신의 위치, 능력, 역할 및 책임에 대한 인식이라 했다. 또한 청소년들은 자신의 존재와 자신이 추구해 나갈 가치에 대한 확신 이 서지 않을 때 정체감 혼란을 겪게 된다고 하였다. 그 예로 우리나라 대학생들은 입시 준비라는 과제로 인하여 그동안 미루어 왔던 자아정체감 형성작업을 뒤늦게 해야 하는 데, 무엇을 향해서 어떻게 살아야 하는가를 정립하고 준비하는 과정에서 갑작스럽게 변 화된 새로운 분위기의 생활에 적응하지 못해 해결하기 어려운 개인적인 문제에 부딪히 게 된다. 따라서 청소년기의 안정된 자아정체감 형성으로 건전한 성격 발달을 이루기 위해서는 여러 가지 자아정체감의 탐색 시기인 정체감 위기의 단계를 거치는 것이 바람 직하다고 하였다.

Marcia(1966)는 Erikson이 자아정체감의 형성기를 직업적 또는 이념적 관여가 발달하는 시기라고 본 것에 근거하여 대학생을 대상으로 면접방법에 의해 직업 선택, 종교 및 정치이념에 대한 관여와 위기(crisis)의 유무, 개인적 서약(personal commitment) 유무의 경험여부를 조사하여 대학생의 정체감 수준을 정체감 성취, 정체감 유실, 정체감 유예 그리고 정체감 혼미의 4단계로 구분하였다(Kohlberg, 2000).

여기서 정체감 성취(identity achieved)는 자신의 삶의 여러 가지 선택에 있어 자신이 내적 투쟁의 결과로 얻은 자각과 가치를 추구하는 것이다. 이 수준은 이미 위기를 경험하고 비교적 강한 참여를 보이는 상태를 말한다. 정체감 유실(identity foreclosure)은 정체감 위기를 경험하지 않은 채 바로 부모나 기타 권위에 의해 주어진 대상의 가치관을 선택의 여지없이 그대로 받아들여 동조하는 상태를 말한다. 반면, 정체감 유예(identity moratorium)는 자신의 가치를 결정하기에 앞서 진정 옳은 것을 탐색하는 과정으로 여러 가지 대상에 적극적인 참여를 보이나, 참여의 안정성과 만족이 결핍되어 있으며, 대개는 위기를 경험하고 있는 상태다. 자아정체감의 가장 낮은 성취수준은 정체감 혼미(identity diffusion) 상태인데, 이에 속하는 사람은 직업계획이나 이념적인 세계관에 대해 적극적인 참여를 하지 않거나, 쉽게 중단해 버린다.

이와 같이 네 이론가의 이론을 비교 검토해 본 결과로 청소년 시기에 개인의 자아 정체감 확립은 인생의 적응기제를 이루고 그를 포함한 전 사회에 지속적인 영향을 끼치게 된다는 것을 알 수 있다. 이는 곧 대학 시기는 정체감 위기의 시기로 대표되며, 이 시기에 정체감의 형성이 얼마나 중요한가를 말해 준다. 이 시기의 정체성 성취는 개인의 판단 가치와 원리를 획득하게 한다. 이는 확실히 문화적 전수에 의한 인습적 도덕, 예의범절과는 구분된 더 이상 상대주의로 인해 혼란에 빠지지 않는 보편적 원리의 도덕이며 책임의 도덕이다.

앞에서 살펴본 것과 같이 대학생들은 Kohlberg의 도덕발달수준에 의하면 이제 막 인습수준의 도덕에서 후인습수준인 보편적 도덕원리로 발달하기 위해 노력의 단계인 과도기에 있다. 이러한 학생들을 5, 6단계로 발달할 수 있도록 이끌어 주고 자극해 줄 도덕교육 방안으로 Kohlberg가 제안한 '정의공동체(Just Community)'와 '공동체주의

(communitarianism)'를 대변하는 Etzioni의 인격교육 방안을 제시하였다. 비록 이 두 이론이 서구사회의 자유주의에 그 뿌리를 두고 있지만, 오늘날 한국사회도 공동체의 붕괴와 공동체적 가치의 상실로 인해 심각한 제반 문제를 겪고 있기 때문에 적용이 가능하다. 비록 한국사회가 집합주의의 특성을 지니고 있다고는 하지만, 현재의 대학생들은 지난 30년간 정치·경제·사회·문화의 커다란 변화 속에서 서구의 자유주의 가치관이 범람하던 시기에 어린 시절을 지내고, 이제 청년기를 맞이하고 있기에 개인중심의 이기주의가 그들의 가치관을 형성할 가능성이 어느 때보다 팽배하다. 따라서 그들에게 더불어 사는 삶의 아름다움을 인식시키고자 하는 차원에서 소개하고자 한다.

Kohlberg가 도덕발달을 위해 처음에는 도덕판단력에 주력하여 딜레마를 해결하는 훈련을 강조했으나, 나중에는 그저 교실에서의 토론이 아닌 실천(도덕행동)이 중요하다고 하며, 학교 공동체의 '도덕적 분위기'를 강조하였다. 따라서 참여의 정신을 살리려 했던 '정의공동체(Just Community)'와 개인의 권리뿐 아니라 개인이 국가 공동체에 대한 의무와 책임을 강조한 '도덕 재회복운동'인 '공동체주의(Communitarianism)' 이론을 그 지도방안으로 제시하고자 한다.

1) Kohlberg의 정의공동체

Kohlberg는 이스라엘 청소년들의 집단교육현장인 키브츠의 교육에서 얻은 바를 참고해서 교실 내의 언어적 토론보다는 실제생활을 통하여 더 효과적으로 도덕발달을 촉진할 수 있다는 새로운 도덕교육 이론을 구상하게 되었다.

Kohlberg는 일상적인 생활에서의 개인의 도덕적 판단은 거의 집단 규범과 판단방식의 맥락 안에서 이루어진다고 보았다. 월남 전쟁 당시 미라이 대학살처럼[2] 개인의 도덕

---

2) 미라이(Mỹ Lai) 대학살은 미국 군인들이 민간인 여자와 어린이를 학살한 사건이다. Kohlberg는 미국 군인들의 이러한 행위는 그들이 개인적으로 그러한 일이 옳은 일이라고 판단할 만큼 도덕적으로 미성숙해 있었거나 아니면 정신병자였기 때문이 아니며, 그것은 그들이 집단규범을 근거로 해서 일어나는 집단 행위에 참가했기 때문이라고 했다. 즉, 미라이 대학살은 그 당시 그 개인의 도덕적 발달 단계의 기능이라기보다 오히려 그때 그곳에 만연해 있는 집단의 '도덕적 분위기'의 기능이었다고 본다.

판단이라는 것은 그 집단의 분위기에 의해 묻힐 수 있다고 보았다. 비록 학생들이 도덕 문제에 대해 읽고 토론한다 하더라도 실제 상황에서 사회적·도덕적 문제에 관여하는 것보다 효과적이지 않기 때문에 학교생활에서 일어나는 도덕 문제에 학생들이 직접 관여하게 할 수 있는 '도덕적 분위기(moral atmosphere)'가 중요하다고 보았다. 사람들의 행동이 집단의 수준을 결정하며 이것이 집단 구성원에게 강한 영향을 주는 도덕적 분위기를 형성한다고 말하고, 이 도덕적인 분위기에 기여하는 핵심은 그 집단의 정의구조라고 생각하였다. Kohlberg는 정의를 위한 교육은 정의사회와 더불어 시작되어야 한다는 Platon의 견해를 수용하여 정의공동체(Just Community) 개념을 발달시켰다.

이러한 Kohlberg의 정의공동체 개념을 학교에 적용시킨 '정의공동체 학교'에서는 정의와 민주적인 시민의식에 대해서 가르치기보다는 학생들이 민주적인 절차에 의해 정의롭게 대하는 것을 더욱 중요시한다. 그 내용을 살펴보면 다음과 같다(Kohlberg, 1970).

정의공동체 학교는 첫째, 민주주의와 공정성에 의거해야 한다. 교사와 학생, 학생과 학생 간의 평등한 관계와 의사결정과정에 있어서의 공정성을 확보해야 한다는 의미다. 둘째, 학생들에게 많은 책임감이 강조되며 개인의 책임감에 덧붙여 집단의 책임감이 강조된다. 개인은 집단의 복지에 책임이 있고, 또한 집단은 개인에게 책임이 있어야 한다. 셋째, 신뢰의 분위기를 형성해야 한다. 넷째, 사회적 계약관계를 형성해야 한다. 어떤 문제를 해결하는 데 있어서 교사와 학생이 동의하는 원리와 규칙을 설정해야 한다. 다섯째, 교사와 학생은 그들 자신을 위한 공동의 목표를 공유해야 한다. 이로써 정의공동체 학교는 민주적인 교육의 부활을 요구하는 것이다.

이처럼 Kohlberg의 정의공동체 초점은 집단의 도덕수준을 높이려는 직접적 노력으로, 개인의 도덕판단의 진보를 자극하는 것 그리고 집단의 도덕수준을 높이는 것은 학생들의 현재 도덕행위 수준에 효과를 가진다는 가설을 가지고 있다. 그렇기 때문에 정의학습을 위해서 '정의공동체 학교'는 필수적이다. 비록 이것이 실제 교육현장에 얼마나 받아들여질 것인가 하는 불확실성과 학교의 사회구조적·역사적인 맥락을 충분히 고려하지 않은 한계를 가지고 있지만 도덕교육의 근본적인 물음을 제시하고 형식적 교육과정과 잠재적 교육과정의 일치를 이룩하고자 하였으며 무엇보다도 잠재적 교육과정이 도덕교육에 중요함을 인식하고 학생들의 도덕발달을 위해서 적극적으로 환경을 바꾸고자 노력했다는 점에서 중요하다.

특히 현대사회는 자기중심의 세대로 자기도취의 문화(The Culture of Narcissism)가 만연하면서 이러한 정의공동체에- '나'에 대한 관심에서 '타인과 사회'에 대한 관심으로의 확대-관심이 더욱 커졌으며, 공동체의 강조는 무엇보다 청소년 후기에 해당하는 대학생에게 집단 전체의 복지를 위한 배려와 열린 관계, 책임감 있는 태도를 증대시킬 것이다. 더욱이 우리나라처럼 학교가 대학입학을 위한 수단적 도구로 존재하고, 학생은 더욱 수동적 존재가 되어 가는 교육현실에서 학생 스스로가 공동체의 주체가 되어 민주적 토의를 통해 규칙을 정하고 반드시 지킨다는 정의공동체의 이념은 중요한 의미를 갖는다.

2) 공동체주의

1980년대 이후 영미 철학계에서 자유주의 사회의 한계를 극복하고자 했던 공동체주의(communitarianism)는 Aristoteles와 Hegel의 이론에 기초를 두고 Sandel, MacIntyre, Taylor, Walzer 등의 학자를 중심으로 발전한 철학이다. 그들은 공동체의 요구에 부응하기 위한 준비를 교육목적으로 제시하고, 개인에게 공동선에 기여할 근본적 의무가 있다고 강조하며, 연대성의 윤리의식의 고양을 그 목적으로 하고 있다(김선구, 1999).

미국사회에서는 공동체주의가 민간차원의 지역사회 회복운동으로 정치적인 측면에서부터 시작하고 발전하였다. 오랫동안 공적·사적 도덕성이 파괴되고 가족체계가 쇠퇴하며, 범죄와 정부의 부패 증가를 염려하던 미국인들이 일단의 행동적 조치를 내려야 함을 공감하고 헌법적 권리와 도덕적 전통을 지지하며 지역사회 회복운동을 시작한 것이다(Bellah, 1986). 이 공동체(communitarian)운동은 도덕적·사회적·정치적 환경의 개선을 위한 환경운동으로서, 우리의 후손에게 숨쉴 수 있는 공기, 물, 대지 등 살만한 환경을 남겨 주어야 하는 도덕적 의무를 시민에게 부여하였다. 다시 말해, 공동체주의는 시민이 지역사회에 대해 각 개인에 책임의식을 갖고 권리와 질서가 공존하는 사회의 도덕적 기반을 강화하기 위한 시민사회의 재구성을 목적으로 시작한 것이다.

이 운동의 본격화는 미국이 1990년대에 들어서 이라크와 전쟁을 치를 때 노골적으로 표출되었다. 강한 미국을 전 세계에 보이는 것은 환호하면서 정작 그들의 자식이 군인으로 참전하는 것을 반대하는 '시민 의무 기피증' 등 사회 전반적으로 권리와 책임 사이에 불균형이 계속해서 존재하였다. 이러한 미국사회의 책임감 결여에 문제를 제기한 15인의 철학가들이 Galston의 주재 하에 워싱턴에서 이에 대하여 사회문제 토론을 열고 공동체(communitarian)라는 이름을 채택하였다. 공동체주의(communitarianism)는 지역사회에 대한 개인의 책임감을 강조하면서 자유로운 개인, 정부로부터 제한받지 않는 지역사회 그리고 친족, 친구, 이웃, 다른 지역사회 성원의 도덕성 확장을 자극하는 지역사회를 주창하였다. 이로써 사회적 책임감의 회복과 '도덕의 재건축'을 이루고자 하였다.

이러한 사상을 기반으로 공동체주의 대변인 Etzioni(1994)는 도덕적 인격을 도야시키고, 도덕적 행동을 격려하며, 교실의 도덕적 분위기를 조성하려는 방법으로 인격교육을 '환경 혹은 여건조성 교육'임을 강조하였다. 그는 인격교육이란 용어 대신 인격형성이란 용어를 사용하여 인격형성의 중요한 요소가 교육과정 혹은 교수방법이 아니라 학교를 통한 경험이라고 주장하며 가정, 학교, 공동체 등의 '제도적 변화'를 중시하고 있다. 그리고 학생들에게는 공동체와의 연대성을 보다 더 갖게 하고, 그러한 경험을 쌓기 위한 '사회봉사'를 크게 강조하고 있다.

이 공동체주의자들 역시 Kohlberg가 주장한 것 같이 지역사회의 도덕적 분위기를 강조하였지만 그들의 공동체의식은 Kohlberg의 공동체 개념보다 훨씬 적극적인 실천을 강조한 것으로, 지역사회에 대한 사회봉사 의무의 정당성을 설명하고 있다. 또한 그들은 교육현장에만 머무르지 않고 정치적인 성향까지도 띠며 지역사회 도덕성을 회복하기에 앞장섰다.

지금까지 이 장에서는 Kohlberg와 Perry의 이론을 통해 대학생 시기의 과도기적 정체성 혼란과 퇴행 및 상대주의의 원인과 그 유형을 이해하고, Erikson과 Marcia의 이론으로부터 이 시기의 정체성 성취와 중요성을 재차 확인할 수 있었다. 이는 이 시기 학생들이 그들의 과도기를 성공적으로 극복하고 5, 6단계로 도약할 수 있도록 이끌어 줄 대학

도덕교육의 개입 당위성을 제시해 주고 있다.

 이를 위한 지도방안 제시에 있어 우리는 한국의 대학생들에 대해 다시 한 번 이해해야 한다. 대학과 대학생, 개인과 사회의 자율적 도덕성 회복을 위한 새로운 지도방안 앞에서 많은 한국의 대학생은 선행된 수동적 학습과정으로 인해 위기를 맞을 수 있다. 치열한 입시경쟁 속에서 살아남기 위해 주입식 교육과정에서 지적 과업만을 바쁘게 수행해 온 그들에게 자율성은 크게 약화되어 있기 때문이다. 그러나 우리는 자율성의 부분에 있어 그들에게 큰 잠재력이 숨어 있음을 발견할 수 있었다. 그것은 바로 2002년 월드컵에서 '붉은 악마'가 되어 보여 주었던 자유로운 함성과 공존하는 자율적 질서의 모습이었다. 전 세계를 감동시켰던 이들의 모습은 자율적인 질서와 도덕 그리고 아름다움으로 똘똘 뭉쳐 있었다. 그들은 더 이상 입시에 찌든 수동적인 학생이 아니었으며 자신의 권리만을 호소하는 이기주의자도 아니었다. 모두가 자신의 도덕적인 의무를 자율적으로 행하였으며 타인을 배려하고 그 안에서 기뻐하였다. 그렇다면 그들의 숨겨진 잠재적 가능성들을 자극한 것은 무엇이었는가?

 우리는 여기서 오늘날 대학이 나가야 할 길 그리고 대학이 학생들에게 주어야 할 것이 무엇인가를 알 수 있다. 그것은 바로 2002년 월드컵과 같이 학생 안에 잠재된 무한한 발달의 의지와 가능성을 자극하고 그들의 도전을 이끌어 낼 여건을 마련해 주는 것이다. 개인의 자아 정체감·도덕적 정체성 형성 시기, 그 위기의 선상에 선 학생들이 올바로 성장할 수 있도록 이끌어 주는 것이다. 학생들을 둘러싸야 하는 것은 더 이상 지식 전달을 위한 경쟁적인 체계만이 아니다. 지금 이 순간 그들에게 필요한 것은 Kohlberg가 제시한 '정의공동체'와 같이 그들이 자율적으로 옳은 것을 선택할 수 있도록 하는 학교의 '도덕적인 분위기'와 사회에 대한 책임감을 일깨워 주는 공동체주의의 이념이다. 그것이 곧 모두가 더불어 살아갈 수 있는 실천적 지도방안인 것이다.

 지금까지 대학은 진리추구의 성소로서 어느 사회체제보다 최고의 도덕성을 요구받았음에도 실용적이고 전문적인 지식전달에만 치우쳐 왔다. 이제 대학들은 기존의 권위적이고 획일적인 업적주의 풍토에서 벗어나 대학 지역사회의 도덕성과 윤리의식에 대해 성찰하고 학생들이 도덕적인 지식인으로 성장할 수 있는 장을 마련해 주어야 할 것이다. 그러기 위해서는 각 대학들이 스스로 도덕적 정체성을 가지고 학생들의 인격적 성숙과 지적 발달을 함께 이루어 갈 수 있는 전인적인 지도방안들을 개발해 나가야 할 것이다.

3. Gilligan의 돌봄의 도덕

Kohlberg는 '정의'의 원리를 도덕이라 규정하였는데, 그에 대한 대안적 관점으로 '돌봄'의 도덕을 주장한 Gilligan의 이론을 간략히 살펴보고자 한다. Kohlberg의 제자이며 동료였던 Gilligan은 Kohlberg의 도덕발달이론에서 적용하고 있는 가설적 딜레마가 일상생활과 관련이 없고 진실과 분리되어 있는 가상적 상황 조건에 지나지 않음을 비판하면서 사람들은 가설적 딜레마와 실제 딜레마에 아주 다르게 반응한다는 점을 지적하였다. 또한 인간의 정체감과 도덕발달에 대해 과거에 연구되어 온 이론이 여성들의 경험에 부합하지 않는다는 사실을 생각하게 되면서 주로 남성 중심으로 연구되어 왔던 전통적인 발달 개념을 비판하고 여성들의 발달 경험을 반영하는 대안적 관점을 제시하였다.

그녀는 '여성의 도덕적 의사결정 발달에 관한 연구'를 통해 반드시 성별로만 구분되는 것이 아닌 주제에 의해서 규정되어지는 정의(justice)와 돌봄(care)의 도덕에 관한 '다른 목소리(different voice)'의 발견을 낳았다. 그러나 평균적으로 여성들은 관계와 책임을 강조하는 돌봄의 도덕을 받아들이며, 남성들은 규칙과 권리를 강조하는 정의의 도덕을 받아들이는 경향이 있다고 설명하였으며(이혜정, 2002), 여성들은 남성들과 상이한 도덕적 추론을 하기 때문에 전통적인 남성적 가치를 강조하는 Kohlberg의 도덕발달단계에서는 여성들의 도덕적 수준이 주로 3단계에 머물러 남성에 비해 낮을 수밖에 없다고 주장하였다(장휘숙, 1999). 따라서 Gilligan은 전통적으로 여성의 선함으로 정의되어 왔던 타인의 요구에 대한 배려와 민감성이 도덕발달에 있어서 결함이 있는 것으로 판단되고 있는 사실에 대하여 유감을 나타내었으며, Kohlberg의 이론이 여성에 대한 편견을 가지고 있다[3]고 보았다(Gilligan, 1982).

이렇게 여성의 목소리로 주로 표현되는 돌봄의 도덕은 분리가 아닌 결합된 상호관계, 즉 친밀성과 상호의존성을 토대로 자아가 발달한다고 보는 입장이다. 이는 관계와 책임을 강조하고 포괄적인 시각을 통해 다른 사람을 그의 관점에서 이해하고자 한다. 또한 다른 사람의 요구에 깊은 관심을 갖는 보살핌의 의무를 중시한다(Gilligan, 1982). 이러한 개념을 토대로 Gilligan은 여성의 도덕발달은 자기중심적 입장에서 규범적 혹은 인습적 입장으로, 그리고 다시 자율적 혹은 반성적 입장으로 진보한다고 주장하였다(추병완 역, 1999에서 재인용).

그러나 이러한 Gilligan의 연구 역시 사례연구에만 의존하고 Kohlberg처럼 종단연구를 수행하지 않음으로써 여성의 도덕적 추론 발달 수준을 나타내는 시기나 연령 규준을 확인하지 못했고, 여성 연구 대상자만을 연구하여 남녀를 직접 비교하지 않았기 때문에 실제적인 딜레마 상황에서 남성들이 여성들과 다르게 추론한다는 결론을 내리기 어렵다는 점에서 비판을 받는다(장휘숙, 1999). 또한 돌봄의 도덕은 가부장적 현실 속에서 여성성에 대한 고정관념을 되풀이하게 된다는 면에서 여성주의 이론가들에 의해 비판을 받기도 하였다. 이후 많은 학자는 정의와 돌봄 간의 긴장 관계에 주목하면서 도덕적 결정과 행동에서 이들은 상호보완적일 수 있다는 점을 강조하였다. 또한 Kohlberg와 Gilligan의 이론이 통합될 때 도덕적인 인간의 모습을 '각 개인의 행복에 대한 배려적 관심을 유지하면서 정의와 같은 보편적인 도덕원리에 부합되는지를 합리적이고 사려 깊은 판단을 통해 도덕적으로 선택하는 사람'으로 정의할 수 있음에 대체로 합의하고 있다(정창우, 2004).

앞서 살펴본 Kohlberg의 '정의'를 기준으로 하는 도덕과 Gilligan의 '돌봄'을 기준으로 하는 도덕을 비교해 보면 〈표 7-2〉와 같다.

---

3) 실제로 Freud가 여성과 남성은 도덕 문제를 접근하는 방식이 다르고, 더 나아가 여성이 지나치게 감정적이고 남성보다 열등하다고 보았던 바와 같이 Piaget, Freud 등의 전통적인 심리 이론들은 남성의 모델 표본으로 삼고 여성의 도덕의식은 문제가 있는 것으로 간주하였다(이혜정, 2002). 그러나 Piaget나 Freud와 달리 Kohlberg는 자신은 여성들이 남성들보다 덜 발달된 정의감을 지니고 있다고 주장하지 않았다고 말하면서 오히려 여성들은 4단계와 5단계의 추론 발달에 필요한 필수적인 교육과 일에서의 기회를 필요로 하고 있다고 주장하였다(추병완 역, 1999).

〈표 7-2〉 **Kohlberg와 Gilligan의 이론 비교**

구분		Kohlberg의 '정의의 도덕'	Gilligan의 '돌봄의 도덕'
주요관점		절대적 도덕원리 이성, 평등, 자율성 등에 초점	상황의 맥락과 특수성 이해 배려, 보살핌, 책임 등에 초점
자아의 발달		타인에 대한 분리와 독립을 통해 발달	결합된 상호관계와 상호의존성을 토 대로 발달
도덕성의 발달		도덕적 추론 수준의 발달/ 도덕적 사고에 초점을 맞춤	도덕적 행동에 초점을 맞춤
도덕 발달 연구	조사 도구	가설적 딜레마	실제 딜레마
	연구 대상	남성을 대상으로 연구함	여성을 대상으로 연구함

　　Gilligan의 제자이며 동료인 Brown과 Tappan은 Gilligan의 이론을 평가할 수 있는 방법을 만들고자 하였으며, 두 가지 도덕목소리를 말하는 '자아'에 대한 관심을 더해 '자아' '돌봄' '정의'의 개념을 평가도구로 분석하는 평가방법인 '도덕목소리' 방법을 개발하게 되었다(이효선, 2005). '도덕목소리' 방법에 근거하여 비행청소년의 사고와 행위에 관하여 연구한 사례를 소개하면 다음과 같다.[4]

---

4) 이효선, 유연숙, 2011에서 발표된 내용을 요약함.

본 연구에서는 비행청소년들이 경험한 도덕적 갈등 상황과 그 상황에서 일어나는 행위의 선택과정을 탐색하고, 무엇이 그러한 선택을 만들었는지를 그들의 사고와 행위의 특성이 갖는 의미구조를 밝히고자 한다. 이를 위해 S시 보호관찰소에서 보호관찰 처분을 받고 있는 소년사범 6명을 대상으로 실제 경험한 도덕적 갈등 상황에서 어떠한 선택을 하는지 이야기하도록 하는 'Real Life Interview'를 실시하였으며, '도덕목소리' 방법의 읽기 지침과 작업 문서 작성을 통해 분석하였다. 또한 행위를 이해하고 숨겨진 의미구조를 파악하기 위해 Oevermann의 객관적 해석학을 통한 해석의 과정을 거쳤다.

그 결과를 요약하면 첫째, 비행청소년은 사회적 규범보다는 또래집단을 우선시하는 관계 중심적 태도를 가지고 있다. 청소년기는 또래집단에 참여함으로써 집단의 인정을 받고자 하는 경향이 강하게 나타나는 시기다. 또한 우리 문화는 집단의 가치와 규범에 순응하도록 하는 집합주의적 사고를 가지고 있어서 관계 중심적 태도를 더욱 강하게 만들고 있다. 이러한 태도는 결국 옳고 그름에 대한 사고 없이 집단행동을 받아들이도록 만들고 있어 비행에 영향을 미치게 되는 것이다.

둘째, 비행청소년은 자신의 감정과 욕구에 의해 충동적 선택을 하는 자아 중심적 태도를 가지고 있다. 이는 상대방의 입장을 고려하는 역할 전환과 감정이입이 안 되고 자신의 권리와 타인의 권리를 이해하는 사회적 자아의 형성이 이루어지지 않았기 때문이다. 이러한 경향은 연령이 어릴수록 더욱 강하게 나타났으며, 정의와 돌봄의 도덕목소리를 가지고 있다 하더라도 자신을 위한 형태로 나타나는 부정적인 자아의 목소리가 보였다.

셋째, 비행청소년은 도덕을 관계에 의해 정의하며 인습적 개념으로 받아들이고 있다. 이는 도덕을 예절이라는 사회적 덕목과 동일하게 이해하고 정의하는 것으로, 우리 사회는 유교적 전통사상의 영향으로 인해 옳고 그름에 대한 도덕의 원리가 마치 예의범절과 동일한 것으로 여기고 있다. 그러나 자율성을 추구하며 빠르게 변화하는 청소년의 가치와 생활양식은 자신의 상황이나 행위와 동떨어진 기존의 도덕개념과 가치갈등을 일으키며, 비행과 혼란을 야기하고 있다. 결국 도덕적 행위란 좋은 사고만을 통해 이루어지는 것이 아니며, 비행청소년들의 행위를 이해하기 위해서는 행위 결과가 아닌 행위에 영향을 미치는 다양한 요인을 볼 수 있어야 한다.

이 연구의 과정에서 돌봄 혹은 정의의 목소리가 나타나는데, 돌봄의 경우 자신만을 향한 돌봄의 목소리이거나, 타인에 대한 배려보다는 결과적으로 자신을 위한 관계의 유지라는 것에 초점이 맞춰진 목소리였다. 또한 정의의 목소리는 옳고 그름과 공정함에 대해 이야기하면서도 그 기준이 결국 자신에 의해 세워지거나 자신을 위한 형태로 나타면서 자기중심적인 돌봄과 정의의 목소리를 가지고 있음을 볼 수 있었다. 이러한 관점은 비행행동을 선택하는 데 직접적인 영향을 미치고 있다는 점에서 주목할 필요가 있다. 이것은 도덕을 '사고'의 과정만이 아닌 '실천'이라는 관점으로 보아야 하며, 어느 한 가지 도덕지향성이 '높다 혹은 낮다'라는 기준에 의해 도덕발달수준이 평가될 수 없음을 보여 준다. 예를 들어, 정의의 도덕지향성을 가지고 있어서 옳고 그름과 공정함에 대해 이야기한다고 해서 반드시 옳은 행동을 선택하는 것이 아니며, 타인에 대한 배려가 없을 때 오히려 도덕적이지 않은 행동을 선택할 수 있다. 반대로 생각해 보면 오히려 더불어 사는 삶을 고려한 돌봄의 도덕은 타인에게 해가 되지 않도록 하기 위해 도덕적 행동의 실천을 이끌 수 있다. 따라서 한 사람이 어떠한 도덕적 사고를 가지고 있는가 보다는, 즉 Kohlberg식 도덕적 추론 능력을 통해 판단되는 도덕발달단계가 아닌 실제적인 도덕적 상황에서 어떠한 영향을 받으며 어떻게 도덕적 사고가 표현되고 실천되느냐가 중요함을 보여 준다. 따라서 정의로움 속에는 반드시 타인에 대한 배려와 더불어 사는 삶에 대한 고려가 포함되어야 하며, 이는 정의의 원칙을 넘어서는 도덕적 행위를 낳을 수 있다. 또한 돌봄과 배려 안에는 옳고 그름에 대해 판단할 수 있는 정의로움 역시 포함하고 있어야 한다.

📖 연구문제

1. 사회복지사에게 도덕교육을 실시하는 근거를 Kohlberg의 도덕발달이론을 적용하여 설명하라.

2. 시민공동체사회 건설에 관하여 윤리이론을 적용하여 논하라.

제8장 사회복지사의 윤리적 의사결정 과정

    사회복지는 인간의 다양한 문제를 돕기 위한 사회적 수단이라 할 수 있다. 따라서 사회복지사가 현장에서 클라이언트의 문제에 접근하고 해결하기 위해서는 다양한 방법론과 이론 등이 동원된다. 그러나 사회복지사는 다양한 방법론과 이론을 동원하기 전에 '무엇이 최선의 선택인가?'에 대한 명확한 윤리적 가치기준을 가지고 있어야 한다. 사회복지는 '인간'과 관계된 일이라는 측면에서 전문직의 윤리적 가치기준을 따르는 실천이 전제되어야 하는 것이다. 윤리적 의사결정을 해야 하는 상황은 일상적으로 언제나 일어날 수 있지만, 특히 인간서비스를 담당하는 사회복지사에게는 실천의 전 과정에 걸쳐 윤리적 의사결정을 해야 하는 경우가 발생한다(오혜경, 2006). 실제로 그들은 사회복지 실천 현장에서 다양한 윤리적 딜레마에 직면하게 되는데, 이는 사회복지사가 수행하여야 할 클라이언트, 동료, 기관, 사회에 대한 다양한 의무가 대립될 때 발생한다. 이러한 상황들은 옳고 그름이 분명한 경우보다 비슷한 무게를 가진 가치 간에 갈등이 일어나는 경우가 많아 복잡한 갈등 양상을 띠게 된다. 이때 사회복지사는 바람직한 결정을 내리기 위해서 윤리적 판단을 할 수 있어야 한다. 사회복지사의 전문직 가치에 기반을 둔 윤리적 의사결정은 무엇보다 클라이언트의 안녕을 최우선의 가치로 삼는 실천을 우선순위에 두는 것이라고 할 수 있다. 사회복지사의 선택은 클라이언트의 삶의 질을 결정짓게 되므로 사회복지사는 반드시 옳은 의사결정을 내릴 수 있어야 한다. 이를 위해 사회복지사는 인간의 존엄성, 클라이언트의 자기결정권, 평등권 등과 같은 주요 사회복지 실천의 가치문제와 그 우선순위 및 의사결정 과정에 대한 명확한 지식과 경험을 갖추고 있어야 한다. 왜냐하면 윤리적 의사결정은 판단하고 선택하는 행위 당사자의 사고과정을 반영하는 것으로, 이를 이해하기 위해서는 다양한 가치체계가 의사결정에 어떻게 작용하고 있는지에 대한 고찰이 필요하기 때문이다. 또한 이러한 결정이 사회복지사자신의 가치와 사회적 가치 그리고 전문가적 가치에 상반되는 결정은 아닌지 항상 염두에 두어야 할 것이다. 즉, 사회복지사가 사회복지 전문직 가치에 부합하는 윤리적 의사결정을 내리기 위해서는 먼저 가치체계의 우선순위를 이해하고, 어떤 결정이 옳은가를 판단할 수 있어야 하며, 그에 따라 행동하는 것에 익숙해져야 한다. 그렇기 때문에 사회복지사를 양성하는 주요 교육과정에 윤리적 갈등 문제에 대한 가치결정 과정이 포함되는 것은 당연한 일이라 하겠다.

이러한 필요성에 의해 사회복지사의 윤리적 의사결정 과정을 이해하고, 실천 현장에서 무엇이 옳은 결정인가에 대한 지침을 제공할 것이다. 이를 위해, 먼저 윤리적 딜레마 상황에서 적용할 수 있는 여러 학자의 윤리적 결정 원칙과 분석 과정을 소개하고자 한다. 또한 사례를 적용하여 분석하는 과정을 제시할 뿐 아니라 실제로 학생들이 윤리적 갈등 상황에서 실수할 수 있는 예를 윤리와 사회복지 실천이론에 의해 설명하면서 독자의 이해를 돕고자 하였다.

1. 윤리적 의사결정의 이론적 토대와 의사결정 시 고려사항

사회복지 실천 현장에서 사회복지사의 윤리적 의사결정은 그 결정의 토대를 필요로 하며, 이는 현실 문제에 대한 일상의 의사결정과는 차이가 있다. 의사결정이란 상충되는 가치 사이에서의 선택을 의미하는데, 사회복지사의 윤리적 의사결정은 상이한 갈등 상황에서 무엇을 선택하는 것이 사회복지 가치에 부합하는지를 규정하는 전문직 윤리 기준에 따라야 한다. 즉, 사회복지사의 윤리적 의사결정은 사회복지 실천의 윤리문제를 다루며, 윤리적 갈등이 발생하는 상황에서 사회복지 가치에 의해 합의된 윤리기준에 따라 옳은 선택을 해야 한다는 것을 의미한다.

윤리적 의사결정을 위해 사회복지사는 사회복지 가치에 대한 인식뿐만 아니라 윤리적 갈등 상황에서 무엇이 옳은가를 결정하는 토대가 되는 윤리 이론에 대한 폭넓은 이해가 있어야 한다. 이를 위해 여러 학자(Reamer, 1999; Manning, 2003; Dolgoff et al., 2005)가 사회복지 실천에서 윤리적 의사결정의 원칙과 과정을 제안하고 있는데, 이들은 공통적으로 사회복지 가치와 윤리 이론에 대한 이해를 기반으로 하고 있다. 이에 이 장에서는 윤리적 의사결정을 위한 고려사항과 윤리적 의사결정 모델을 제시하기에 앞서, 그 이론적 토대로서 앞 장에서 서술된 윤리학 이론과 사회복지의 가치를 간략히 살펴보고자 한다.

윤리란 도덕에 관한 옳고 그름을 판단하고 연구하는 학문으로 가치에 대한 옳고 그름의 규범적 기준을 부여한다. 또한 옳은 행위가 무엇인가에 대한 탐구(이론)에만 그치지 않고 옳은 행위를 실천하도록 유도함으로써 윤리가 존재해야만 하는 당위에 대한 실천 철학이다. 따라서 철학은 윤리적 실천의 기반이 된다고 할 수 있다. 또한 윤리학의 과제는 우리가 살아가는 데 필요한 기본지침과 행위의 표준을 밝히는 것으로, 모든 인간은 자기의 이익에 따라 행위하려는 본성을 가지고 있다는 이기주의, 모든 인간에게 최대의 복지를 가져다주는 행위가 윤리적이라고 보는 공리주의, 도덕은 그 자체로 옳은 것이기 때문에 우리에게 의무 내지 명령으로 주어진다고 보는 의무론 등이 있다. 의무론에서는 인간은 절대적 가치를 가지며 그 자체로 존중되어야 한다고 주장하며, 이 가치는 당위의 의미로서 언제나 보편적으로 지켜야 할 절대적 의무로 여겨진다. 이기주의와 공리주의는 목적론으로, 인간의 본성을 정의하는 데에서 출발한다. 이기주의에서는 인간의 본성을 자기이익의 추구로 보고, 의무가 상충하게 되었을 때 자기의 이익을 최대화하는 것이 옳다고 보고 있으며, 공리주의에서는 이익의 최대 균형, 최대 다수의 최대 행복, 최대 선을 추구하는 행동을 옳은 행위로 규정하는 상대주의적인 논리를 갖는다.

사회복지사는 윤리적 의사결정의 기준으로 윤리 이론을 적용할 때 일반 윤리(general ethics)와 구분되는 전문직 윤리(professional ethics)에 근거하여 적용해야 한다. 일반 윤리가 인간의 사회적 관계에서 타인에게 행하고 지켜야 할 의무를 분명히 해 준다면, 전문직 윤리는 전문직에 종사하는 사람이 어떤 특정한 역할을 수행하는 데 지켜야 할 의무를 규정하는 것으로 전문 직업적 능력에 의해서 수행되도록 받아들여진 책임이다(황성철, 1996). 사회복지사는 전문직 가치와 윤리를 분명히 알고 있어야 하며 실천을 위한 구체적인 지침을 가지고 있어야 한다. 이에 Levy(1976)는 사회복지사가 윤리적 문제에 당면했을 때 문제를 해결할 수 있는 전문직 윤리의 기준으로써 사회복지 전문직 윤리강령이 필요함을 제기하였다. 전문직 윤리강령은 사회복지사들이 윤리적 갈등 상황에 부딪혔을 때 어떤 방향을 우선적으로 선택할 것인지 전문가의 실천에서 기대되는 윤리적 행동을 정의하고 설명한다(Brill, 2001).

우리나라 사회복지사 윤리강령 전문(한국사회복지사협회, 2001)에는 "사회복지사는 인본주의와 평등주의 사상에 기초하여 모든 인간의 존엄성과 가치를 존중하고 천부의 자유권과 생존권의 보장활동에 헌신한다. 특히, 사회적·경제적 약자들의 편에 서서 사회정의와 평등·자유와 민주주의 가치를 실현하는 데 앞장선다. 또한 도움을 필요로 하는 사람들의 사회적 지위와 기능을 향상시키기 위해 저들과 함께 일하며, 사회제도 개선과 관련된 제반 활동에 주도적으로 참여한다"라고 제시되어 있다. 이러한 사회복지사 윤리강령에 내포되어 있는 사회복지 실천의 핵심가치는 ① 인간의 존엄성의 존중, ② 자율성과 자기결정권의 존중, ③ 기회 균등의 원리(평등), ④ 사회통합의 원리라 할 수 있다. 사회복지 전문직 윤리는 사회복지가 추구하는 가치로부터 합위된 행위기준이 되어야 하며, 사회복지사의 윤리적 의사결정은 이러한 윤리기준에 의거한 윤리적 판단에 따라 이루어져야 한다.

또한 사회복지사가 올바른 윤리적 의사결정을 하기 위해서 미리 숙지하고 고려해야 할 사항은 다음과 같다.

① 인간존엄과 생명의 보호

인간은 선한 의지를 갖고 있는 이성적인 존재로서 그 자체로 존중받아야 할 권리가 있으며, 수단으로 취급되어서는 안 되고, 인간 그 자체로서 목적이 되어야 한다는 것이 인간존엄이다. 사회복지 실천가치에서 인간존엄의 의미는 모든 사람의 생명과 함께 인간으로서의 가치, 품위의 존엄을 포함하고 있는데, 인간의 존엄성을 인정한다는 것은 개인의 개별적 특성이나 욕구의 차이를 중시하며, 모든 사람의 잠재능력과 발전 가능성을 확신한다는 것이다. 따라서 인간은 존엄한 존재이고, 인간의 생명은 보호되어야 하며, 인간은 생명을 유지하기 위한 생존권 및 삶의 질을 추구할 권리를 갖는다.

② 클라이언트의 이익과 공공의 이익

사회복지사는 클라이언트의 이익을 최우선으로 옹호할 의무를 갖고 있다. 그러나 사회복지사가 클라이언트의 이익을 옹호해 주는 것이 사회의 이익에 반하게 된다면 사회복지사는 윤리적 문제에 직면하게 될 것이다. 클라이언트의 이익과 사회적 이익의 보호 중에서 어느 것을 우선시해야 할 것인지, 만약 클라이언트의 이익을 우선시해야 한다면 그 기준은 무엇인지에 대한 명확한 규정이 있어야 할 것이다.

③ 사회적 가치와 개인적 가치

사회적 가치란 대다수 사회구성원이 공통적으로 지지하는 가치, 즉 전체 사회체계 혹은 적어도 그 체계의 대표집단에 의해 인정된 가치를 말한다. 이러한 사회적 가치는 시대와 문화에 따라 변하는데, 클라이언트와의 원조 관계를 우선시해야 하는 사회복지사는 때로 사회적 가치와 규범에 반하는 행동을 해야 할 때가 있다. 또한 아무리 사회적으로 통용되는 가치라 할지라도 그것이 사회복지의 전문적 가치와 윤리에 언제나 부합되는 것이라고는 볼 수 없기 때문에 사회적 가치를 따르지 않는 것이 정당화될 때도 있다. 또한 사회복지사의 개인적 가치, 즉 개인의 문화적 · 인종적 · 종교적 · 정치적 신념은 윤리적 의사결정의 중요한 전제조건이 된다. 따라서 사회복지사는 자신의 이러한 신념 체계들을 객관적으로 명확히 규명해야 한다.

④ 효율성과 효과성

효율성은 투입 대 산출의 비율을 의미한다. 즉, 일정한 양을 투입했을 때 더 많은 산출량을 기대할 수 있다면 이는 효율성이 높은 것이다. 반면에 효과성은 목적의 결과에 대한 정도를 의미하는 것으로, 투입량에 관련 없이 보다 높은 결과가 예상이 될 때 가장 효과적인 대안이 되는 것이다. 사회복지 실천 현장에서는 효율적인 가치 선택이 덜 효과적이거나 효과적인 선택이 덜 효율적인 경우가 나타날 수 있다. 또한 가장 효율적이거나 효과적인 가치 선택이 윤리적으로는 용납될 수 없는 것들이 있을 수 있다. 그렇기 때문에 사회복지사는 효율성과 효과성의 가치를 판단하기 이전에 윤리적 측면을 항상 고려해야 한다.

⑤ 정의의 원리

정의는 사회구성원에게 권리와 의무를 공정하게 분배하는 것이다. 곧, 분배의 정의는 공정성과 관련되는 것으로, 평등과 불평등이라는 형평성을 포함한다. 동등한 여건 하에서 모든 구성원은 평등하게 대우받아야 하지만 동등하지 못한 여건에서는 그에 걸맞게 차이를 두어야 한다는 것이다. 예를 들어, 고용하는 데 있어서 차별을 두지 말라고 하는 것은 피고용자의 이익에 공정성을 확립하는 것이다. 또한 공적 부조와 같은 사회정책에서 소득과 재산에 따라 서비스의 수혜자를 선정하는 것은 능력의 불평등을 고려한 형평성에 관한 문제다.

⑥ 윤리적 원칙의 우선순위 원리

규범윤리학은 인간행동의 옳고 그름을 판단하는 것을 중요하게 여기고 있으므로 가치 우선순위에 관한 논의는 매우 중요하다. 예를 들어, 의무와 권리가 충동할 때 인간은 사회적 존재이기 때문에 의무가 우선시되어야 한다. 그런 반면에 의무 간에 갈등이 일어났을 때에는 그 선택에 어려움이 있기 때문에 그 의무들이 내포하고 있는 가치들을 서열화함으로써 그들의 행위를 결정할 수 있다. 그런 의미에서 가치의 내용을 먼저 자세히 살펴볼 필요가 있다.

우선 최고의 가치는 참된 선으로 선 그 자체로서 추구할 만한 가치가 있으며, 이는 영구적, 불변적, 불멸의 가치로 Kant는 이를 절대적 가치라 하였다. 그 다음 가치는 자연의 순리에 따른 삶에 필요한 부분들이 해당되는데, 이는 일시적, 가변적, 소멸적 가치로 Kant는 이를 인간이 소망하는 욕구의 대상인 제한적 가치라고 하였다. Scheler(1952)는 가치 우선의 서열관계는 이미 가치의 정의 안에 설정되어 있다고 보았다. 왜냐하면 그는 가치를 '높고 낮은 일정한 서열을 서로 가지고 있는 성질들'로 규정하였기 때문이다. 즉, 가치는 근본적으로 감정에 소요되는 것이며, 그것을 나타내고 있는 사물이나 사태의 특성과 관계없이 주어질 수 있다. 즉, 긍정적 가치에게는 부정적 가치가 대립해 있다는 것이다. Scheler는 또한 가치를 절대적 가치와 상대적 가치로 나누었는데, 절대적 가치는 그 자체로 우리들에게 절대적 가치의 특성을 제시해 주는 것이고, 상대적 가치는 사람마다 다르게 표현되는 가치로 어떤 특정한 사람만의 가치로서 여겨지는 것이라고 하였다. 그리고 이러한 가치 등급이 다음과 같이 네 가지의 주요 단계로 나타난다고 하였다. 첫 번째 단계는 유쾌함과 불편함에 관련된 가치들이고, 두 번째 단계는 활력의 가치들이다. 이러한 가치들에는 생명의 가치, 건강의 가치, 신선함의 가치, 생활력 충실의 가치 등의 긍정적 가치들이 있고, 부정적 가치들로는 생활의 몰락, 무기력, 질병, 생명의 소멸 등이 있다. 세 번째 단계는 정신적 가치들로 이루어진다. 이에 속하는 개별적 가치들은 진리와 진리인식의 가치, 정의와 부정의의 가치는 물론, 심미적 가치도 있다. 네 번째 최고 단계의 가치들은 궁극적으로 성스러운 가치와 성스럽지 못한 가치로 이루어진다. 한편 Reiner(1964)는 Scheler의 연구들을 토대로 가치를 즐거움을 주는 것으로 규정하고, 가치를 절대적 가치와 상대적 가치로 구분하였다. 절대적 가치는 그 성질과 실제를 그 자체로서 유쾌한 것으로 체험할 수 있는 불변하는 가치와 구성요소들이며, 상대적 가치는 그 성질과 실제가 때때로 어떤 사람만을 위하는 가치를 말하는 것으로 그것이 이른바 행위자 자신을 위하는 것 또는 타자의 욕구 충족을 위하는 것이든 간에 절대적 가치에 우선할 수 없다. 반면에 절대적 가치는 일반적으로 침해되어서는 안 되며, 같은 종류의 어떤 절대적인 가치와의 경쟁이 있을 때에만 포기될 수 있으나 자신의 상대적 가치를 위해서 포기될 수 없다. 또한 타자의 상대적 가치들과 절대적 가치들은 이른바 '객관적으로 중요한 가치'들로 요약할 수 있는데, 객관적으로 중요한 가치들은 주관적으로 중요한 가치들보다 우선시되어야 한다. 즉, 보편적 가치가 최우선이 되어야 하는 것이다.

2. 윤리적 의사결정 분석모델과 사례 적용

윤리적 갈등 문제에 대한 의사결정 문제는 지금까지 다양한 논의가 이루어져 왔다. 그러나 이 장에서는 이러한 다양한 논의 중에서 몇 가지만을 논의하고자 한다. 이들의 연구가 비교적 최근에 체계적으로 이루어졌으며, 의사결정 문제에 대한 접근에 있어서 가치와 결정과정을 분리하여 제시하였기 때문이다.

1) Reamer의 분석모델

Reamer는 사회복지 실천 현장에서 사회복지사들이 상충하는 의무들 중에서 하나를 선택하여야 할 때 도움을 줄 수 있는 6가지 지침을 제시하였다. 그의 윤리적 결정원칙은 규범윤리학과 Gewirth의 윤리적 결정 접근방법을 기초로 하고 있다(Reamer, 1995). 규범윤리학은 윤리적 이론과 원칙을 실제 윤리적 딜레마에 적용할 수 있도록 구성되었는데, 특히 사회복지사들이 업무를 수행함에 있어서 의무 사이에 갈등이 일어났을 때 유용하게 적용할 수 있다. Gewirth는 『이성과 도덕(Reason and Morality)』이라는 저서에서 상충하는 의무들의 서열화에 대한 사회복지사들의 생각을 적절한 논거로 제시하고 있다. 그는 사회복지 실천에서 자기결정권과 유사한 '자유와 복리'라는 기본적 권리와 인간이 가치를 두어야 하는 기본 재화, 공제할 수 없는 재화, 부가적 재화라는 세 가지 핵심 재화가 있다고 주장했다. 기본 재화는 생명, 건강, 식량, 집, 마음의 평정과 같이 모든 사람이 목적 있는 활동에 참여하는 데 필요한 재화이며, 공제할 수 없는 재화는 열악한 생활환경이나 힘든 노동, 강탈 그리고 사기에 의한 결과와 같이 이것이 없으면 자신의 목적을 추구할 능력이 저하하게 만드는 재화다. 그리고 부가적 재화는 지식, 자아존중감, 물질적인 부, 교육과 같이 인간의 목적을 추구할 능력을 향상시켜 주는 재화다. 종종 다양한 의무와 권리가 상충하여 그 중에서 선택을 하여야 할 때가 있는데, 상충하는 의무들은 그것이 포함하고 있는 재화에 근거하여 서열화할 수 있으며, 이러한 서열이 주어진다면 상충하는 의무들 사이에서 선택하는 데 도움을 줄 수 있는 원칙들을 끌어낼 수 있다고 주장했다(Gewirth, 1978a; Reamer, 1999).

Reamer는 Gewirth의 기본 재화에 대한 개념이 사회복지에서 인간의 기본 욕구라는 개념과 일치한다고 보았다. 또한 Gewirth의 가치, 재화, 의무의 서열화는 사회에서 가장 취약한 구성원의 욕구를 해결하기 위한 사회복지 실천의 수행을 지지한다는 점에서 사회복지의 윤리적 딜레마를 다루는 데 특히 도움이 된다고 하였다. 그는 Gewirth의 가치, 재화, 의무를 서열화한 윤리적 접근방법과 규범윤리학 이론의 장·단점에 대한 평가 작업을 통해 다음과 같은 윤리적 의사결정 원칙과 과정을 제시하였다.

(1) 윤리적 의사결정 원칙

Reamer의 윤리적 의사결정 원칙은 다음과 같다(Reamer, 1995).

1. 인간행동의 필수적 전제조건(생명, 건강, 음식, 주거, 정신적 평정)의 해악을 막는 기본적인 규정은 거짓말을 하거나, 비밀을 폭로하거나, 여가, 교육, 재산 등의 부가적인 것에 대한 위협과 같은 해악을 막는 규정보다 우선한다.

2. 기본적 복지권은 인간행동에 필수적인 재화를 포함하여 타인의 자기결정권보다 우선한다.

3. 개인의 자기결정권은 자신의 기본적 복지권보다 우선한다.

4. 자발적이며 자유롭게 동의한 법률, 규칙, 규정을 준수해야 하는 의무는 이러한 법률, 규칙, 규정과 상충하는 방식에 자발적이며 자유롭게 관계할 수 있는 권리보다 우선한다.

5. 개인의 복지에 대한 권리가 자발적인 협회의 법률, 규칙, 규정, 협정과 상충될 때에

는 개인의 복지권이 우선한다.

6. 기아와 같은 기본적인 해악을 방지하며, 주거, 교육, 공적 부조와 같은 공공재화를
조성하기 위한 의무가 재산에 대한 통제를 실시할 권리에 우선한다.

첫 번째 원칙은 개인을 폭력적인 해악으로부터 보호하는 것과 사생활을 보호하는 것
중에서 한 가지를 선택해야 한다면, 개인을 폭력적인 해악으로부터 보호하는 것을 우선
시하여야 한다는 것이다. 예를 들어, 클라이언트가 제3자의 생명을 위협할 경우, 사회복
지사는 제3자를 보호하기 위해 비밀을 폭로하는 것을 정당화시켜 준다. 또한 정부재정
을 부자와 가난한 사람에게 평등하게 지출하지 않고, 가난한 사람, 병든 사람, 교육을 받
지 못한 사람들과 같이 가장 취약한 구성원에게 정부재정을 더 많이 지출하는 것을 정
당화한다.

두 번째 원칙은 인간의 기본권을 위협하지만 않는다면, 개인은 자기결정권과 자신이
원하는 대로 행동할 권리가 있다는 것을 시사한다. 예를 들어, 사회복지사는 클라이언
트의 자녀 양육 방법이 자신의 방법과 다르다고 해도 클라이언트의 방법을 존중해야 하
며, 클라이언트의 양육 방법이 아이의 기본 복지권을 위협한다면 부모의 자기결정권을
간섭하기 위한 조치를 취해야 한다.

세 번째 원칙은 개인이 해당 환경에 대한 지식을 가지고 자발적인 결정을 했으며, 그
결과가 타인의 복지를 위협하지 않는다면 개인의 결정을 허용하여야 한다는 것이다. 자
신에게 기본적인 해악을 초래할 수 있다고 위협하는 사람과 실제로 하는 사람을 일시적
으로 방해하고 간섭하는 것은 자발적이며 심사숙고를 통한 선택이라는 조건에 부합하
는가를 판단하기 위한 것일 때에만 정당화된다. 그리고 이 조건에 부합한다면 이후의
간섭을 중단해야 한다. 하지만 사회복지사의 직관은 사람을 보호하는 것이기 때문에 이
러한 중단은 쉽지 않다. 그럼에도 사회복지사는 클라이언트의 자기 파괴적인 행위를 할
권리도 존중해야 한다.

네 번째 원칙은 예를 들어, 사회복지사가 근무하는 기관의 원칙이 클라이언트와 낙태
에 관해 논의하는 것을 금지하는 경우, 이러한 방침을 고의적으로 위반하는 것은 비윤

리적이라는 것이다. 만약 사회복지사가 기관의 방침을 따를 수 없다면 다른 일자리를 찾거나 기관의 방침을 바꾸려는 노력을 해야 한다. 다시 말해, 사회복지사가 민주적 절차를 거쳐서 입법화된 정책이나 혹은 속한 기관의 정책을 고의적으로 위반하는 것은 비윤리적이라는 것이다. 따라서 사회복지사는 법을 고치거나 기관의 정책을 바꾸는 노력을 해야 한다.

다섯 번째 원칙은 법률이나 규칙, 규정을 준수해야 하는 의무는 절대적인 것이 아니며 한계가 있다는 것이다. 클라이언트의 기본적 복리를 위협하는 등의 경우에 사회복지사가 법률이나 규칙을 위반하는 행위는 정당화된다. 또한 자발적으로 가입한 전문가 단체의 규칙이 만일 개인의 복리를 위협한다면 그러한 규칙을 따르지 않는 것이 당연하다.

여섯 번째 원칙은 빈곤한 사람들에게 원조를 제공하고, 기본적인 해악을 예방하기 위해 필요한 조세 및 강제조치들을 정당화해야 한다는 것이다. 예를 들어, 학대받는 아동이나 빈민, 집 없는 사람들, 의료혜택을 못 받는 사람들, 장애인 등에게 기본적인 서비스를 제공하기 위해서 세금을 부과하거나 공공 토지수용과 같은 조치들을 정당화시키는 것을 뜻한다.

(2) 윤리적 의사결정 과정

Reamer는 사회복지사가 윤리적 판단을 할 때 윤리적 딜레마의 모든 면을 검토할 필요가 있으며, 이를 위해서는 일련의 단계를 거쳐 체계적으로 접근하는 것이 중요하다고 하였다. 명확하게 공식화된 일련의 과정에 따라 사회복지사는 그들이 내리는 윤리적 결정의 질을 향상시킬 수 있으며, 이러한 과정은 윤리적 딜레마를 해결하는 데 있어 매우 유용하다. 그가 제시한 윤리적 의사결정 과정은 〈표 8-1〉과 같다(Reamer, 1995).

〈표 8-1〉 Reamer의 윤리적 의사결정 과정

연 번	내 용
1	갈등을 일으키는 사회복지 실천가치와 의무를 포함하여 윤리적 이슈를 규명한다.
2	윤리적 결정에 의하여 영향을 받을 가능성이 있는 개인이나 집단, 조직을 규명한다.
3	실행 가능한 모든 행동방침과 각각의 경우에 포함되는 참여자들 그리고 각 경우의 잠재적 이익과 위험을 잠정적으로 규명한다.

4	다음의 관련사항을 고려하여 각각의 행동방침에 찬성 또는 반대하는 이유와 그 근거를 철저하게 검토한다.
	    a. 윤리 이론, 원칙, 지침들(예를 들어, 의무론이나 목적론, 공리주의적 관점 그리고 이에 근거한 윤리적 지침들)
	    b. 윤리강령과 법적 원칙들
	    c. 사회복지 실천 이론과 원칙들
	    d. 개인적 가치들(종교적 · 문화적 · 인종적 가치와 정치적 이념 포함), 특히 자신의 가치와 갈등을 일으키는 가치들

5	동료나 적당한 전문가와 상담한다(예를 들어, 기관의 직원, 슈퍼바이저, 기관의 행정가, 변호사, 윤리학자 등).
6	결정을 내리고 의사결정 과정의 증빙서류를 첨부한다.
7	결정을 감시, 평가하고 결정에 관한 서류를 첨부한다.

참조: Reamer, 1999.

(3) 사례 적용

➡ 윤리적 딜레마 내용 요약

　지적장애 2급인 순희 씨는 남편과 3살 된 딸과 함께 살고 있다. 그러나 얼마 전 남편이 술자리에서 상대방을 폭행한 혐의로 교도소에 들어가게 되었다. 순희 씨는 혼자서 설거지나 청소, 빨래 등의 기본적인 집안일은 할 수 있으나 금전관리 능력과 상황에 대한 판단력이 부족하다. 또한 순희 씨는 자녀와의 애착형성과 의사소통에는 별다른 문제가 없지만 자녀에게 충분한 영양을 공급하고 적절한 자극을 제공하는 일에 어려움이 있다. 장애인생활시설인 ○○하우스의 사회복지사는 이들의 입소상담을 진행하면서 장애를 가진 순희 씨는 장애인생활시설에 입소가 가능하지만 장애인이 아닌 자녀는 아동보호시설로 가야 하는 규정이 있는 것을 알게 되었다. 그러나 순희 씨는 자녀와 분리되어 생활하기를 원하지 않으며, 자녀 또한 어머니의 돌봄을 필요로 한다. 이러한 상황에서 사회복지사는 클라이언트의 양육권을 존중하여 그들이 장애인생활시설에서 함께 생활할 수 있도록 도와야 하는지 혹은 기관의 원칙에 따라 그들을 각기 다른 시설에 입소할 수 있도록 해야 하는지에 관한 윤리적 딜레마 상황에 처해 있다.

➡ 사회복지사의 윤리적 딜레마

이 사례에서는 사회복지사의 두 가지 의무가 상충하고 있다. 첫째는 클라이언트가 자녀를 양육할 권리를 존중해야 하는 의무이며, 둘째는 직원으로서 고용된 기관의 원칙을 따라야 할 의무다. 이에 따라 사회복지사는 클라이언트의 양육권을 존중하여 순희 씨와 그의 어린 자녀가 한 시설에서 생활할 수 있도록 도울 것인지, 기관의 원칙을 준수하여 그들이 각기 다른 시설에 입소할 수 있도록 할 것인지를 결정해야 한다.

➡ Reamer의 모델에 의한 윤리적 의사결정 분석사례 적용

① 갈등을 일으키는 사회복지 실천가치와 의무를 포함하여 윤리적 이슈를 규명한다

첫 번째 단계에서 사회복지사는 사회복지 실천의 가치와 의무를 포함하여 윤리적 이슈를 규명해야 한다. 이러한 윤리적 이슈를 규명하기 위해서 먼저 갈등을 일으키는 사회복지 실천가치의 개념을 명확히 해야 한다. 이에 따라 사회복지사는 추상적으로 나열된 개념 차원의 가치를 일상에서 실천하기 위한 구체적인 지침으로 변환시킬 필요가 있다(Reamer, 1999). 가치는 행동할 때 선택의 기준과 같은 역할을 하는 것으로, 명확하고 충분히 개념화된 가치는 판단이나 선택의 기준이 되며(Williams, 1968; Reamer, 1999 재인용), 사회복지사가 이후 어떤 전문적 행위를 취해야 하는지 예측 가능하게 하므로 가치갈등 상황에서 사회복지사의 선택과 결정을 용이하게 한다.

그렇다면 무엇이 윤리적 이슈 및 딜레마가 될 가능성이 높은가? Reamer(1995)는 이러한 윤리적 문제를 세 가지로 설명하고 있다. 이는 첫째, 사회복지사의 클라이언트에 대한 원조의무가 클라이언트의 자유와 갈등할 때 발생하는 윤리적 문제로서 '권위에 관련된 문제', 둘째, 자신의 이익과 더불어 누구의 이익에 관심을 가져야 하는가 또한 그들과 어떠한 이익

과 자원을 분배해야 하는가의 '분배에 관한 갈등', 마지막으로 어떤 행동과 자원이 가치가 있고 어떤 이유로 누구를 위해 주어지게 되는가의 '실질적 문제'가 그것이다. 또한 클라이언트의 자기결정권과 비밀보장의 상충과 같은 '가치 상충적 상황'과 기관에 대한 의무와 클라이언트에 대한 의무의 상충과 같은 '의무 상충적 상황' 등의 갈등적 상황을 겪을 수 있다 (이효선 외, 2012).

앞의 사례는 사회복지 실천의 두 가지 핵심적 의무가 상충하고 있는 의무 상충적 상황으로, 사회복지사가 클라이언트의 양육권을 존중해야 하는 의무와 직원으로서 고용된 기관의 원칙을 준수해야 하는 의무가 충돌하고 있다.

② 윤리적 결정에 의하여 영향을 받을 가능성이 있는 개인이나 집단, 조직을 규명한다

두 번째 단계에서는 사회복지사의 윤리적 결정에 의하여 영향을 받을 가능성이 있는 개인이나 집단, 조직을 규명한다. 사회복지사가 어떤 결정을 하느냐에 따라 클라이언트를 비롯하여 문제에 관련된 모든 체계가 영향을 받게 되므로 이를 규명하는 작업이 필요하다. 이 사례에서는 사회복지사의 결정에 의해 클라이언트인 순희 씨와 그의 자녀, 담당 사회복지사 자신, 관련 기관인 장애인생활시설 및 아동보호시설 그리고 이러한 시설에서 생활하는 사람들이 영향을 받을 것이다.

③ 실행 가능한 모든 행동방침과 각각의 경우에 포함되는 참여자들 그리고 각 경우의 잠재적 이익과 위험을 잠정적으로 규명한다

윤리적 이론 및 사회복지 실천 관계 이론, 원칙, 지침에 근거한 결과의 분석을 용이하게 하기 위해서 모든 가능한 행동방침을 고려해 보는 것이 중요하다. 이런 분석을 통해서 사회복지사의 전문적 행위로 나타나는 잠재적 이익을 고려하고, 위험을 대비할 수 있으며, 사회복지사가 미처 생각하지 못했던 방법이나 행동방침이 도출될 수도 있다(Reamer, 1999).

앞서 다루었던 가치와 의무를 실천을 위한 행위로 구체화하면, 사회복지사가 클라이언트의 양육권을 우선시할 경우 클라이언트 모녀가 한 시설에서 함께 지낼 수 있도록 하는 대안 1과 기관의 원칙 준수를 우선시하여 그들이 각각 다른 시설에 입소할 수 있도록 돕는 대안 2를 고려할 수 있다.

대안 1: 클라이언트 모녀가 장애인생활시설에서 함께 지낼 수 있도록 돕는다.

대안 2: 클라이언트 모녀가 각각 장애인생활시설, 아동보호시설에 입소하여 지낼 수 있도록 돕는다.

□각 대안에 포함되는 참여자

대안 1	대안 2
클라이언트 모녀, 담당 사회복지사, 장애인생활시설, 장애인생활시설의 생활인들	클라이언트 모녀, 담당 사회복지사, 장애인생활시설, 아동보호시설, 장애인생활시설 및 아동보호시설의 생활인들

□대안에 따른 잠재적 이익과 잠재적 위험

	대안 1	대안 2
잠재적 이익	• 클라이언트의 양육권과 자기결정권을 존중할 수 있다. • 어머니와 자녀를 분리시키지 않아 보다 안정된 생활환경과 모녀관계를 유지할 수 있다. • 클라이언트와 그의 자녀가 기관의 생활인들과 관계를 맺으면서 사회적 지지를 제공받을 수 있다.	• 사회복지사와 기관은 법과 규칙을 어기는 행위를 하지 않아도 된다. • 지적장애를 가지고 있는 클라이언트는 장애인 기관에서, 자녀는 아동 기관에서 각 개인에게 적합한 서비스를 제공받을 수 있다.
잠재적 위험	• 법과 규칙을 따르지 않음으로써 담당 사회복지사와 기관이 법적 책임을 추궁받게 될 가능성이 있다. • 클라이언트가 어린 자녀와 함께 생활하는 것에 기존의 생활인들이 불편함을 느낄 수 있으며, 이에 대한 부정적 반응이 있을 수 있다. • 아동인 자녀가 적합한 서비스를 제공받기 어렵다.	• 클라이언트의 양육권과 자기결정권을 존중하지 못한다. • 어머니와 자녀가 분리됨으로써 안정된 생활환경을 제공하지 못한다. • 이에 따라 클라이언트와 그의 자녀가 불안감 및 그리움 등의 심리적 문제를 경험할 수 있으며, 불안정한 애착관계를 형성할 위험이 있다.

④다음의 관련사항을 고려하여 각각의 행동방침에 찬성 또는 반대하는 이유와 그 근거를 철저하게 검토한다

네 번째 단계에서 사회복지사는 앞서 고려한 두 가지 대안에 대한 근거와 정당성을 철저하게 검토한다. 어려운 윤리적 결정에 부딪힌 사회복지사는 윤리강령의 기준을 고려해야 할 뿐 아니라 관련된 법적 원칙들도 주의 깊게 검토해야 한다. 또한 사회복지사는 관련 윤리이론과 원칙, 지침들을 숙지해야 한다. 이러한 사항들은 사회복지사로 하여금 직업적 의무가 갈등을 일으키는 경우 윤리적 딜레마를 해결할 방법을 규명하는 데 도움을 준다(Reamer, 1999).

Ⓐ 적용 가능한 윤리강령 검토 (한국 사회복지사 윤리강령)

> Ⅰ.1.4) 사회복지사는 사회정의 실현과 클라이언트의 복지 증진에 헌신하며, 이를 위한 환경 조성을 국가와 사회에 요구해야 한다.
> Ⅱ.1.1) 사회복지사는 클라이언트의 권익옹호를 최우선의 가치로 삼고 행동한다.
> Ⅱ.1.3) 사회복지사는 클라이언트가 자기결정권을 최대한 행사할 수 있도록 도와야 하며, 그들의 이익을 최대한 대변해야 한다.
> Ⅱ.1.5) 사회복지사는 클라이언트가 받는 서비스의 범위와 내용에 대해, 정확하고 충분한 정보를 제공함으로써 알 권리를 인정하고 존중해야 한다.

ㄱ. 사회복지사는 사회정의 실현과 클라이언트의 복지 증진에 헌신하며, 이를 위한 환경 조성을 국가와 사회에 요구해야 한다

사회복지사는 클라이언트의 복지를 증진하기 위해 클라이언트를 위한 환경 조성을 기관 및 사회, 국가에 요구해야 한다. 이에 따라 사회복지사는 클라이언트가 자녀와 함께 생활할 수 있는 환경을 조성할 수 있도록 기관 및 사회, 국가에 요구해야 할 것이다.

ㄴ. 사회복지사는 클라이언트의 권익옹호를 최우선의 가치로 삼고 행동한다

사회복지사는 클라이언트의 권리와 그에 따르는 이익을 옹호하는 것을 최우선의 가치로 삼고 행동해야 한다. 클라이언트인 순희 씨는 자기결정을 할 수 있는 권리를 가지고 있으며, 어린 자녀 또한 어머니의 돌봄을 필요로 한다. 따라서 사회복지사는 클라이언트의 자기결

정권 및 양육권을 옹호하는 것을 최우선의 가치로 삼고 행동해야 한다.

ㄷ. 사회복지사는 클라이언트가 자기결정권을 최대한 행사할 수 있도록 도와야 하며, 그들의 이익을 최대한 대변해야 한다

사회복지사는 클라이언트가 자기결정권을 최대한 행사할 수 있도록 도와야 하며, 그들의 이익을 최대한 대변해야 한다. 사회복지 실천에서 자기결정권은 인간은 누구나 자기결정을 할 수 있는 능력이 있으며, 어떠한 경우에도 클라이언트의 자기결정에 대한 권리를 다른 사람이 대신할 수 없다는 것을 의미한다(이효선 외, 2012). 클라이언트는 지적장애를 가지고 있으나 남편이 돌아올 때까지 자신의 자녀와 분리되지 않고 생활하기를 원한다는 의사를 표현하였다. 따라서 사회복지사는 지적장애를 가지고 있는 클라이언트가 자기결정권을 최대한 행사할 수 있도록 도와야 하며, 그들의 이익을 최대한 대변해야 한다.

ㄹ. 사회복지사는 클라이언트가 받는 서비스의 범위와 내용에 대해, 정확하고 충분한 정보를 제공함으로써 알 권리를 인정하고 존중해야 한다

사회복지사는 문제에 대한 해결방안을 클라이언트와 함께 상의해야 하며, 검토한 대안에 따라 클라이언트 모녀가 제공받게 될 서비스의 범위, 내용에 대한 충분한 정보를 제공해야 한다. 이에 따라 사회복지사는 지적장애를 가지고 있는 순희 씨와 어린 자녀의 수준에 맞게 그들이 충분히 이해할 수 있도록 정보를 설명함으로써 그들의 알 권리를 인정하고 존중해야 한다.

ⓑ 관련 법적 원칙 검토

□ 「장애인복지법」

• 제1장 제57조

국가와 지방자치단체는 장애인이 제58조에 따른 장애인복지시설의 이용을 통하여 기능회복과 사회적 향상을 도모할 수 있도록 필요한 정책을 강구하여야 한다.

앞의 법률적 근거에 의하여 지적장애를 가지고 있는 순희 씨는 장애인복지시설에서 필요한 서비스를 제공받을 수 있다.

□ 「아동복지법」

• 제1장 제1조

이 법은 아동이 건강하게 출생하여 행복하고 안전하게 자랄 수 있도록 아동의 복지를 보
장하는 것을 목적으로 한다.

• 제1장 제2조

① 아동은 자신 또는 부모의 성별, 연령, 종교, 사회적 신분, 재산, 장애유무, 출생지역, 인
  종 등에 따른 어떠한 종류의 차별도 받지 아니하고 자라나야 한다.

② 완전하고 조화로운 인격발달을 위하여 안정된 가정환경에서 행복하게 자라나야 한다.

③ 아동에 관한 모든 활동에 있어서 아동의 이익이 최우선적으로 고려되어야 한다.

④ 아동의 권리보장과 복지증진을 위하여 이 법에 따른 보호와 지원을 받을 권리를 가
  진다.

이러한 법률에 근거하여 순희 씨의 자녀는 아동으로서 자신과 부모에 대한 어떠한 차별
도 받지 않아야 하며, 완전하고 조화로운 인격발달을 위하여 안정된 가정환경에서 자라나
야 하고, 아동에 관한 모든 활동에서 이익이 최우선적으로 고려되며, 법률의 보호와 지원을
받을 권리가 있다. 그러나 만약 어머니가 지적장애인이기 때문에 혹은 자녀가 아동이기 때
문에 부모-자녀가 함께 지내지 못하고 분리되어 생활할 수밖에 없다면 이는 부모의 장애
유무 혹은 아동임을 이유로 받게 되는 차별이 될 수 있으며, 아동의 이익을 최우선으로 고
려하는 것이 아닐 뿐더러 자녀가 안정된 가정환경에서 자랄 권리를 박탈하게 되는 일이 될
것이다.

• 제1장 제3조

'아동'이란 18세 미만인 사람을 말하며, '보호대상아동'이란 보호자가 없거나 보호자로
부터 이탈된 아동 또는 보호자가 아동을 학대하는 경우 등 그 보호자가 아동을 양육하기에
적당하지 아니하거나 양육할 능력이 없는 경우의 아동을 말한다.

• 제3장 제1절 제15조

① 시 · 도지사 또는 시장 · 군수 · 구청장은 그 관할 구역에서 보호대상아동을 발견하거

나 보호자의 의뢰를 받은 때에는 아동의 최상의 이익을 위하여 대통령령으로 정하는 바에 따라 다음 각 호에 해당하는 보호조치를 하여야 한다.

　4. 보호대상아동을 그 보호조치에 적합한 아동복지시설에 입소시키는 것

② 이 경우 가정위탁지원센터 또는 아동복지시설의 장은 해당 보호대상아동의 개별 보호·관리 계획을 세워 보호하여야 하며, 그 계획을 수립할 때 해당 보호대상아동의 보호자를 참여시킬 수 있다.

③ 시·도지사 또는 시장·군수·구청장은 제1항 제3호부터 제6호까지의 보호조치를 함에 있어서 해당 보호대상아동의 의사를 존중하여야 하며, 보호자가 있을 때에는 그 의견을 들어야 한다.

④ 시·도지사 또는 시장·군수·구청장은 제1항 제3호부터 제6호까지의 보호조치를 할 때까지 필요하면 제52조 제1항 제2호에 따른 아동일시보호시설에 보호대상아동을 입소시켜 보호하거나, 적당하다고 인정하는 자에게 일시 위탁하여 보호하게 할 수 있다.

앞의 법률에 근거하여 순희 씨의 자녀는 보호자인 어머니가 아동을 양육할 능력이 부족하므로 보호대상아동에 해당될 수 있으며, 보호조치에 적합한 아동복지시설에 입소하거나 공인된 가정에서 일시 위탁하여 지낼 수 있다. 그리고 「아동복지법」에서는 시설 입소 및 위탁 과정에서 해당 아동의 의사를 존중하여야 하며, 보호자가 있을 때에는 그 의견을 들어야 함을 명시하고 있다. 사회복지사가 대안 2를 선택할 경우 순희 씨의 자녀는 아버지가 돌아올 때까지 어머니와 분리되어 아동복지시설에서 지내게 될 것이다. 그러나 보호자인 어머니와 그 자녀가 분리를 원하지 않으므로 이러한 선택은 그들의 의사를 존중할 수 없는 선택이 된다.

◎ 적용 가능한 윤리이론 검토

ㄱ. 공리주의

공리주의는 최대 다수에게 최대의 이익 혹은 최소의 피해를 가져오는 선택이 옳다고 보는 견해다.

ㄱ) 행위공리주의

행위공리주의는 즉각적인 결과의 이익에 관심을 가지며, 행위 자체가 최대의 유용성을

산출하거나 다른 행위보다 더 많은 유용성을 산출하는 것을 옳은 행위라고 보는 입장이다. 행위공리주의자의 관점에서 클라이언트 모녀가 함께 입소하도록 하는 대안 1은 사회복지사와 기관, 기관에 거주하는 기존의 클라이언트 등 많은 사람에게 피해를 주는 선택이다. 반면, 그들을 각기 다른 기관으로 분리시켜 입소하도록 하는 대안 2는 순희 씨와 그의 자녀만 피해를 감수한다면 많은 사람이 이익을 보는 결정이다. 이때의 이익은 법과 규칙에 따라 처리함으로써 더 이상의 피해가 없는 것이다. 따라서 행위공리주의자는 클라이언트 모녀가 기관의 원칙대로 분리입소를 하도록 대안 2를 주장할 것이다.

ㄴ) 규칙공리주의

규칙공리주의는 해당 사례의 규칙이 일반화되었을 때의 장기적인 결과에 관심을 가진다. 즉, 행위 자체의 결과가 아니라 행위의 규칙이 일반화되었을 때의 결과에 의해 옳은 행위를 판단한다. 앞서 언급한 대안을 규칙공리주의자의 관점에서 살펴보면, 사회복지사가 대안 1을 선택할 경우 사회복지사의 판단에 의해서 장애가 없는 아동도 입소할 수 있게 되는 규칙이 만들어진다. 그리고 이러한 규칙이 일반화될 경우 기관의 원칙보다 사회복지사의 판단이 우선시되므로 클라이언트가 자신의 이익을 위해 사회복지사의 권위를 이용하게 되거나 기존의 원칙을 지키지 않는 결과가 나타날 수 있다. 반면, 사회복지사가 대안 2를 선택할 경우 장애인이 아닌 아동은 아동복지기관으로 가야 한다는 규칙이 생성된다. 그리고 이러한 규칙이 일반화되어도 클라이언트가 사회복지사의 권위를 악용하거나 원칙을 지키지 않는 위험이 발생하지 않으며, 클라이언트가 기관의 원칙을 따를 수 있게 된다. 결과적으로 사회복지사가 대안 1을 선택했을 때보다 대안 2를 선택했을 때의 사회적 유용성이 더 크기 때문에 규칙공리주의자들은 클라이언트 모녀를 분리시켜 입소하도록 하는 대안 2를 주장할 것이다.

ㄴ. 관련 윤리원칙과 지침

Reamer의 윤리적 의사결정의 다섯 번째 원칙은 '개인의 복지에 대한 권리가 자발적인 협회의 법률, 규칙, 규정, 협정과 상충될 때, 개인의 복지권이 우선한다'는 것이다. 이것은 법률이나 규칙, 규정을 준수해야 하는 의무는 절대적인 것이 아니라 한계가 있으며, 클라이언트의 기본적 복리를 위협하는 등의 경우에는 법률이나 규칙을 위반하는 행위는 정당화될 수 있다는 의미다. 따라서 순희 씨와 그 자녀를 분리시키는 것이 클라이언트의 복리를 위협한다면 이러한 법률이나 규칙은 따르지 않아도 된다.

⑤ 동료나 적당한 전문가와 상담한다
: 기관의 직원, 슈퍼바이저, 기관의 행정가, 변호사, 윤리학자 등
사회복지사가 윤리적 결정을 내려야 할 경우 비슷한 일에 종사하거나 이 문제를 이해할 만한 동료(슈퍼바이저, 기관 행정가, 변호사 등)와 상의를 해야 한다. 이러한 의논은 동료와의 일상적인 대화를 통해 비공식적으로 이루어지기도 하고, 어떤 때에는 기관의 윤리 위원회와 같은 보다 공식적인 수단을 통해서 이루어지기도 한다.

Reamer(1999)에 따르면 사회복지사가 다른 동료, 전문가와 상담을 하는 것에는 중요한 두 가지 이유가 있다. 첫 번째 이유는 경험이 많고 사려 깊은 상담자는 사례에 관해서 유용한 통찰을 제공해 줄 수 있고, 사회복지사가 미처 고려하지 못한 이슈를 제기할 수 있다는 것이다. 두 번째 이유는 이러한 상담이 자신이 내린 결정으로 인해 고소나 신고를 당했을 때 사회복지사가 자신을 방어하는 데 도움이 된다는 것이다.

이 사례의 경우 사회복지사는 슈퍼바이저를 포함한 동료 사회복지사, 기관 행정가, 변호사와의 상의를 통해 결정을 내려야 한다. 슈퍼바이저를 포함한 동료 사회복지사에게서는 미처 고려하지 못했던 부분에 대한 슈퍼비전을 받을 수 있으며, 기관 행정가에게는 사회복지사의 결정에 따라 예상되는 행정적 절차에 대한 설명을 들을 수 있다. 또한 변호사에게는 법을 따르지 않게 될 경우에 대한 법적 조언 및 절차를 논의할 수 있다.

⑥ 결정을 내리고 의사결정 과정의 증빙서류를 첨부한다
이러한 의사결정 과정의 절차를 통해 사회복지사는 어떤 전문적 행위를 할 것인지 결정을 내려야 한다. 어떤 경우 윤리적 이슈가 명확하여 사회복지사의 윤리적 의무가 분명한 경우가 있는가 하면, 다른 경우에는 이 모든 과정을 거치고도 여전히 어떤 결정을 내려야 할지 불확실할 때도 있다. 사회복지사가 많은 시간을 들여서 철저하고도 체계적으로 검토를 했음에도, 많은 윤리적 딜레마가 여전히 해결되지 않고 남아 있을 수 있다. Reamer(1999)에 의하면 그런 것이 바로 윤리적 딜레마의 본질이다.

일단 결정을 내리면 사회복지사는 의사결정 과정에 영향을 준 것들을 증거 서류로 입증

해야 한다. 윤리적 결정은 사회복지 실천의 중요한 부분이므로 기록으로 남겨야 한다 (Kagle, 1991; Reamer, 1999에서 재인용). 윤리적 의사결정에 대해 기록을 남기는 것은 담당 사회복지사뿐만 아니라 앞으로 이 사례에 관여할 수도 있는 다른 사회복지사를 위하는 일이 된다. 또한 해당 사례가 결정에 대한 항의나 법적 소송을 초래했을 때에도 이러한 기록을 준비하는 것이 중요하다. 기록을 남길 때 사회복지사는 불필요하게 클라이언트의 비밀을 노출시키는 일이 없이 서비스 전달을 용이하게 할 정도의 적당히 상세한 자료를 작성해야 한다(Kagle, 1991; Wilson, 1980: Reamer, 1999에서 재인용).

이 사례에서 사회복지사는 이러한 절차들을 통해 대안 1로 결정을 내리게 된다. 그리고 이러한 결정을 하게 된 것에 도움을 준 증빙서류를 첨부한다.

⑦ 결정을 감시, 평가하고 결정에 관한 서류를 첨부한다

윤리적 결정을 내리는 것이 과정의 끝은 아니다. 어떤 점에서는 문제해결 과정에서 새로운 단계의 시작이라고 할 수 있다. 사회복지사는 자신이 내린 결정의 결과를 항상 주목하고 평가해야 한다. 이것은 클라이언트나 기관, 자금 부담자에 대해 책임을 진다는 면에서 중요하며, 만일 항의나 소송을 당했을 경우에 증거 자료를 제공하기 위해서도 필요한 일이다. 이를 위해서는 일상을 관찰하고 기록하거나 실천가들이 활용 가능한 여러 가지 조사도구를 통해 포괄적인 평가를 내릴 수도 있다(Blythe & Tripodi 1989; Grinnell 1997; Reamer, 1998c; Rubin & Babbie 1997; Siegel 1984, 1988: Reamer, 1999에서 재인용).

체계적인 윤리적 의사결정이 항상 분명하고 확실한 결과를 낳지는 않는다. 이것은 윤리의 본질을 제대로 이해하지 못한 것이다. 사회복지사는 다양한 이론적 관점과 개인적 경험을 가지고 있으므로 서로 다른 관점을 가질 수 있다. 하지만 중요한 것은 실천가가 옳은 결정을 하기 위해 각자가 지지하는 견해의 장단점에 대해 공정한 토의를 하여 그 원칙이 누구에게나, 또 어디에서나 유용해야 하며, 합리적으로 이치에 맞게 적용되고 있는가를 묻는 것이다.

이 사례에서 사회복지사는 클라이언트에게 적합한 서비스를 제공하고 평가하기 위해 비공식적인 수단과 표준화된 도구들을 활용할 수 있다. 사회복지사는 클라이언트의 건강상태와 기능, 자기존중, 윤리적 의사결정 과정에서 사회복지사가 처리한 방식에 대한 느낌 등을 모니터링하고 평가할 수 있을 것이다. 이에 따라 지적장애를 가진 순희 씨의 장애정도와 기

능상태, 어린 자녀가 연령과 발달단계에 맞는 성장을 하고 있는가에 대한 검토가 요구된다. 또한 서비스에 대한 만족도 등을 평가할 수 있을 것이다.

🔸 결론: 사회복지사의 입장

이 사례에서 클라이언트는 지적장애를 가지고 있는 순희 씨와 그의 어린 자녀이며, 이들은 갑작스러운 남편 및 아버지의 부재로 인해 위기를 맞게 되었다. 이러한 상황에서 사회복지사는 순희 씨가 자녀를 양육할 권리에 따라 이들이 분리되지 않고 한 시설에서 생활할 수 있도록 도와야 하는지 혹은 기관의 원칙에 따라 각기 다른 시설에 입소할 수 있도록 해야 하는지에 관한 딜레마 상황에 처하게 되었다.

이 사례에서 사회복지사는 인간의 존엄성과 개별화의 가치를 바탕으로 순희 씨의 양육권과 자기결정권을 존중하여 클라이언트 모녀가 한 기관에서 함께 생활할 수 있도록 도와야 한다. 순희 씨와 그의 자녀는 서로 분리되지 않고 생활하기를 원하고 있으며, 이는 단기 및 장기적인 관점에서 클라이언트 가족의 유대에 긍정적인 영향을 미칠 것이다. 또한 기관의 원칙은 절대적인 것이 아니며, 그 원칙이 클라이언트의 기본적 복리를 위협할 때 제한될 수 있다. 따라서 사회복지사는 클라이언트의 권리와 이익을 존중하고 옹호하기 위해 클라이언트 모녀가 함께 생활할 수 있는 환경을 조성할 수 있도록 도와야 한다.

또한 사회복지사는 이러한 선택을 함으로써 발생할 수 있는 잠재적 위험에 대비해야 한다. 먼저 규정된 법과 규칙을 따르지 않음으로써 사회복지사와 그가 소속된 기관이 책임을 추궁받게 될 수 있다. 이 경우 사회복지사는 그가 내린 선택이 클라이언트의 양육권, 자기결정권 등의 권리와 복지를 증진시키는 옳은 선택이었다는 것을 증명할 필요가 있다. 또한 장애인생활시설에 거주하는 기존 생활인들이 순희 씨와 그의 자녀의 입소로 인해 불편함을 느끼지 않도록 이들이 입소하기 전부터 입소 사실을 미리 알려야 할 필요가 있다. 또한 이 경우 사회복지사는 기존의 생활인들과 클라이언트 모녀가 잘 어울리며 생활하는 데 불편함이 없는 환경을 조성하기 위해 노력해야 한다.

2) Dolgoff, Loewenberg, Harringtion의 분석모델

Dolgoff, Loewenberg, Harringtion의 의사결정 모델은 크게 세 부분으로 나누어 볼 수 있다. 윤리적 사정 심사(Ethical Assessment Screen), 윤리적 원칙의 순위에서 윤리적 규정 심사(Ethical Rules Screen: ERS)와 윤리적 원칙 심사(Ethical Principles Screen: EPS)가 그것이다. 윤리적 사정 심사는 사회복지 실천에서의 의사결정과 관련한 다양한 윤리적 측면을 밝히고 통합하여 사회복지사의 윤리적 의사결정을 도울 수 있다. 이 과정을 통해 충분한 윤리적 의사결정을 내릴 수 없다면 윤리적 원칙의 순위를 심사하는 윤리적 규정 심사와 윤리적 원칙 심사의 단계를 거친다. 이 모델은 복잡한 의사결정의 과정을 단계적으로 접근하게 하여 사회복지사가 현장에서 점진적으로 문제해결에 이를 수 있도록 하고 있다.

(1) 윤리적 사정 심사(Ethical Assessment Screen)

윤리적 사정 심사는 윤리적 의사결정을 위해 필요하다고 인정되는 다양한 윤리적 기준들로서 클라이언트의 권리(rights)와 복지의 보호, 사회적 관심(society's interest)의 보호, 최소한 해악의 원칙(the least harm principle) 그리고 효율성(efficiency)과 효과성(effectiveness)의 기준 등이다. Dolgoff, Loewenberg, Harringtion이 제시한 윤리적 사정 심사의 내용과 순서는 다음과 같다.

① 당신이 직면해 있는 윤리적 딜레마와 관련하여 자신의 개인적 가치들을 확인한다.
② 윤리적 결정에 관련된 사회적 가치들을 확인한다.
③ 윤리적 결정에 관련된 전문가 가치와 윤리를 확인한다.
④ 개인적·사회적·전문적 가치 간의 갈등을 최소화하기 위해 무엇을 할 수 있는가?
⑤ 윤리적 선택의 대안을 확인한다.
⑥ 어떤 윤리적 선택의 대안이 클라이언트와 다른 사람들의 권리와 복지를 최대한 보장하는가?

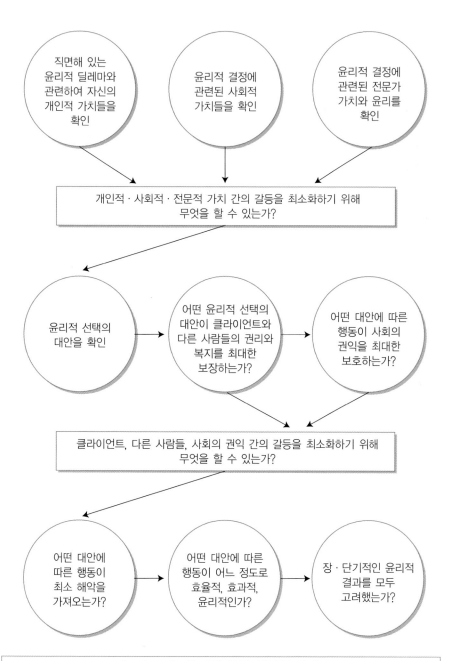

[그림 8-1] 윤리적 사정 심사의 단계

참조: Dolgoff, Loewenberg, & Harringtion, 2005.

⑦ 어떤 대안에 따른 행동이 사회의 권익을 최대한 보호하는가?

⑧ 클라이언트, 다른 사람들, 사회의 권익 간의 갈등을 최소화하기 위하여 무엇을 할 수 있는가?

⑨ 어떤 대안에 따른 행동이 최소 해악을 가져오는가?

⑩ 어떤 대안에 따른 행동이 어느 정도로 효율적, 효과적, 윤리적인가?

⑪ 장·단기적인 윤리적 결과를 모두 고려했는가?

(2) 윤리적 원칙의 순위(Rank-Ordering Ethical Principles)

윤리적 원칙의 순위의 단계는 윤리적 규정 심사(ERS)와 윤리적 원칙 심사(EPS)로 나누어진다. 윤리적 규정 심사의 단계에서 윤리강령에 적용할 수 없거나 상충될 경우 윤리적 원칙 심사(EPS)를 활용한다. 윤리적 규정 심사는 윤리적 원칙 심사보다 반드시 먼저 적용되어야 한다. 사회복지사는 윤리적 규정 심사에 따라 만족스러운 의사결정을 내릴 수 없는 경우에만 윤리적 원칙 심사를 사용해야 한다.

① 윤리적 규정 심사(Ethical Rules Screen: ERS)

윤리적 규정 심사에서는 윤리강령을 우선적으로 적용하도록 하였다. 어떠한 규정을

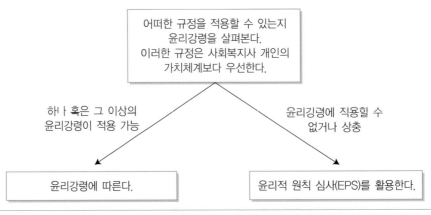

[그림 8-2] **윤리적 규정 심사의 단계**

참조: Dolgoff, Loewenberg, & Harringtion, 2005.

적용할 수 있는지 윤리강령을 살펴보며, 이러한 규정들이 사회복지사 개인의 가치체계보다 우선할 수 있도록 해야 한다. 윤리적 규정 심사의 단계는 다음과 같다.

첫째, 어떠한 규정을 적용할 수 있는지 윤리강령을 살펴본다. 이러한 규정은 사회복지사 개인의 가치체계보다 우선한다.

둘째, 하나 혹은 그 이상의 윤리강령이 적용 가능한 경우 윤리강령에 따른다.

셋째, 윤리강령에 적용할 수 없거나 상충될 경우 윤리적 원칙 사정을 활용한다.

② 윤리적 원칙 심사(Ethical Principles Screen: EPS)

윤리적 원칙 심사는 원칙을 적용하는 데 있어 우선순위를 명확히 하며 높은 순위의 원칙을 우선적으로 적용한다. 다시 말해 윤리적 원칙 심사는 윤리적 규정 심사로 만족스런 의사결정에 이르지 못할 경우에 사용하며, 높은 순위의 원칙을 우선적으로 적용한다. 그 내용을 간략히 설명하면, 먼저 생명보호(protection of life)의 원칙은 모든 권리 중에서 가장 기본적인 것으로 모든 윤리원칙에 우선하여 적용되며, 둘째, 평등(equality)과 불평등(inequality)의 원칙은 모든 사람은 평등하게 처우되어야 하지만, 만약 그 동등하지 않은 이유가 문제가 되고 있는 그 사안 자체에 있다면 그에 따라 다르게 처우되어야 한다는 것을 뜻한다. 셋째, 자율성(autonomy)과 자유(freedom)의 원칙은 사회복지사는 개인의 자율성과 독립성 그리고 자유를 신장시키는 실천적 결정의 의무가 있음을 나타내며, 넷째, 최소 해악의 원칙은 최소한의 영구적인 손상 혹은 가장 쉽게 회복 가능한 손실이 초래될 수 있는 대안의 선택을 의미한다. 다섯째, 삶의 질의 원칙은 개인과 지역사회 등 모든 사람의 삶의 질을 향상시키는 기회의 선택을 의미하며, 여섯째, 사생활 보호와 비밀보장의 원칙은 클라이언트의 비밀보장 등 사생활 보호의 실천적 결정을 의미한다. 마지막으로 진실성과 정보 개방의 원칙은 사회복지사가 클라이언트에게 관련된 모든 정보를 제공하고 진실을 이야기해야 함을 의미한다. 이들 윤리적 원칙 심사를 우선순위별로 정리하면 [그림 8-3]과 같다.

윤리적 원칙 심사는 무엇보다 그 우선순위가 명확하게 규정되어 있어 사회복지사업

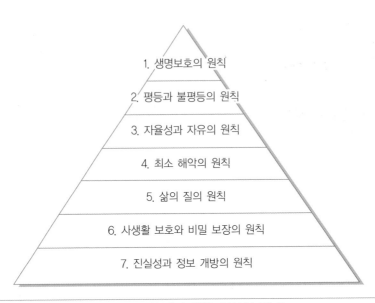

[그림 8-3] **윤리적 원칙 심사의 단계**

참조: Dolgoff, Loewenberg, & Harringtion, 2005.

실천 현장에서 유용하게 적용될 수 있을 것이다. 그러나 제1의 원칙인 생명보호의 원칙 등의 개념 규정이 명확하지 않기 때문에 과연 어디까지를 생명보호의 원칙으로 규정할 것인가에 대한 개념 규정이 필요하다. 즉, '생명'이라는 개념을 규정함에 있어 개인의 '삶의 질' 등을 어느 정도 포함시킬 것인가 하는 문제에 대해 보다 명확한 규정이 있어야 할 것이다.

(3) 사례 적용

➡ 윤리적 딜레마 내용 요약

고등학교 2학년에 재학 중인 영희(17세)는 학교사회복지사를 찾아와 자신이 임신 3개월이며 아이를 낳아 키우고 싶다는 사항을 의논하였다. 아이의 아빠는 같은 학교에 다녔던 남자친구인데, 2달 전에 온 가족이 브라질로 이민을 가서 임신 사실을 알지도 못하고 연락할 길도 없다고 한다. 6개월 전부터 교제를 했지만 영희에게 이민 간다는 사실을 말하지 않아서 모르고 있다가 출국일이 임박해서야 알게 되었다고 하였다. 영희의 아버지는 초등학교 6학 년 때 돌아가셨고, 어머니 혼자서 장사를 하며 삼 남매를 키웠다. 영희는 학교에 다니면서도 어머니 대신 살림을 맡아서 해 왔고, 동생들도 보살펴 왔으며, 부지런하고 명랑한 성격으로 친구관계가 원만하였다. 학교 성적도 중상위권으로 우수하였다. 임신 사실을 알게 된 영희의 어머니는 낙태를 권유하였으나, 영희는 학교 성교육 시간에 시청한 낙태 관련 동영상의 내 용을 떠올리며 아이를 낳아서 기르겠다고 주장하였다. 그래서 어머니는 낙태를 하지 않겠다 는 영희의 생각을 존중하여 아이를 낳는 것은 허락했으나, 영희의 미래를 위해 출산 후 입양 보낼 것을 강요하고 있으며 이것만큼은 절대 양보할 수 없다는 입장이다.

➜ 사회복지사의 윤리적 딜레마

이 사례에서 학교사회복지사는 아이를 낳아 키우겠다는 클라이언트 영희의 자기결정권 과 법정 대리인으로서 영희의 미래를 위해 아이를 입양 보내겠다는 어머니의 결정으로 인 해 딜레마에 빠졌다.

➜ Dolgoff, Loewenberg, Harringtion의 모델에 의한 윤리적 의사결정 적용

① 윤리적 사정 심사
② 윤리적 원칙의 순위
ㄱ. 윤리적 규정 심사(ERS)
ㄴ. 윤리적 원칙 심사(EPS)

① 윤리적 사정 심사 (Ethical Assessment Screen)

윤리적 사정 심사는 사회복지 실천에서의 의사결정과 관련한 다양한 윤리적 측면을 밝히 고 통합하여 사회복지사의 윤리적 의사결정을 도울 수 있다.

Ⓐ 당신이 직면해 있는 윤리적 딜레마와 관련하여 자신의 개인적 가치들을 확인한다

ㄱ. 어린 나이임에도 아이를 낳고 미혼모로서 아이를 양육하겠다는 영희의 결정에는 큰 용기가 필요했을 것이라 생각한다.

2
4

ㄴ. 아이를 양육하고자 하는 영희의 마음은 이해하지만 미혼모로 살아가는 삶이 순탄하지 않을 것이라 생각한다. 장기적으로 영희의 삶의 질을 생각한다면 아이를 입양시키고 학업을 지속하는 것이 영희를 위한 결정이 될 수 있다고 본다.

ㄷ. 한편으로는 영희가 아이를 입양시킨 후 심리적·정신적 고통을 받으며 살 수도 있기 때문에 입양 보내는 것이 반드시 영희에게 좋은 결정이 될 것이라고만 생각할 수 없다.

ㄹ. 아이의 입장에서는 입양 부모보다 친모의 양육환경이 바람직할 것이라 생각한다.

ㅁ. 다른 측면에서, 아이를 입양 보내게 되면 영희가 키우는 것보다 아이가 더 나은 환경에서 양육될 수 있을 가능성이 있다고 생각한다.

ㅂ. 자기결정권이 인정될 수 없는 미성년자라 하더라도 자신이 원하는 것을 표현할 수 있으며 그들의 의사는 최대한으로 존중되어야 한다고 생각한다.

Ⓑ 윤리적 결정에 관련된 사회적 가치들을 확인한다

ㄱ. 전통적인 유교 사상이 뿌리 깊은 우리나라에서는 미혼모에 대한 사회적 편견이 심하여 사회에서 가장 많은 차별을 경험하는 집단으로 나타나고 있다.

ㄴ. 미혼모에 대한 대표적인 부정적 시각과 낙인으로 미혼모는 판단력과 책임감이 부족한 사람이라고 생각하는 경향이 있다. 이러한 사회 분위기로 인하여 영희는 아이를 낳고 양육하는 과정에서 사회적 차별과 배제를 경험하게 될 것이다.

ㄷ. 현행 교육제도에서 임신 후 계속 학교를 다니거나 출산 후 학교로 복귀하는 것은 거의 불가능하다. 영희가 아이를 키우게 되면 학업을 중단해야만 하는 상황이 될 것이다.

ㄹ. 입양을 선택해도 사회는 아이를 포기하고 버린 엄마라는 죄의식을 부여하며, 만약 아이를 낳고 입양한 것이 알려질 경우에는 이후의 삶에서도 미혼모라는 꼬리표를 달고 살아야 한다.

ㅁ. 미혼모의 자녀들이 아동 방임이나 학대 상황에 더 많이 노출될 가능성이 있다는 보고가 있다.

ㅂ. 일반적으로 아동의 성숙성의 정도와 발달 과정은 부모가 가장 올바르게 파악하고 있고, 아동의 최선의 이익은 부모가 대변한다는 것을 전제로 아동 양육에 대한 부모의

권리(양육권, 친권)를 인정한다. 법률의 차원에서는 민법 제3절 이하에 친권에 관한
규정을 두고 있는데, 특히 제913조는 친권자에게 자녀를 보호하고 교양할 권리 의무
를 부과하고 있다. 따라서 우리나라에서는 부모의 양육권은 친권의 형태로 법률상 규
정되어 있다고 할 것이다(황성기, 1997). 그렇다면 영희의 어머니는 영희의 친권자로
서 영희의 양육에 대한 권리를 갖게 되며, 따라서 어머니의 의견은 존중되어야 한다.

ㅅ. 다른 한편, 청소년의 권리에 대한 사회적 가치로서 16세가 넘은 청소년의 경우 인생
의 중요한 결정은 본인이 하여야 한다고 믿는다(Congress, 2005). 영희는 현재 17세로
합리적이며 성숙한 판단이 가능한 나이라고 볼 수 있다.

ㅇ. 또한 헌법 제11조에 따르면 모든 국민은 법 앞에 평등하다. 헌법의 차원에서 본다면
모든 가족구성원의 존엄과 평등이 인정되어야 한다. 따라서 부모가 갖는 양육에 대한
권리 이전에 자녀는 존중받을 권리가 있으며 마땅히 영희의 의사는 존중되어야 한다.

◎ 윤리적 결정에 관련된 전문가 가치와 윤리를 확인한다

ㄱ. 클라이언트의 권익옹호

사회복지사 윤리강령 II. 1. 1)에 따르면 사회복지사는 클라이언트의 권익옹호를 최우선
의 가치로 삼고 행동해야 한다. 따라서 영희의 권익옹호를 위하여 영희의 선택을 지지하고
영희가 미혼모로서 살아가는 삶을 지원할 수 있는 방안을 찾아야 할 것이다.

한편, 영희의 선택을 지지하는 것만이 영희의 권익을 옹호하는 것인지 생각해 볼 필요가
있다. 영희 어머니의 의견처럼 영희가 미혼모로 살아가는 삶을 고려했을 때 무엇이 영희에
게 최선의 선택인지 고민해야 한다.

ㄴ. 클라이언트의 자기결정권 보장

사회복지사 윤리강령 II. 1. 3)에 따르면 사회복지사는 클라이언트가 자기결정권을 최대
한 행사할 수 있도록 도와야 하며, 저들의 이익을 최대한 대변해야 한다. 이에 따르면 사회
복지사는 영희의 결정을 지지하고, 어머니가 영희를 이해하고 영희의 선택을 존중할 수 있
도록 최대한 노력해야 할 것이다.

사회복지사 윤리강령 II. 1. 5)에 따르면 사회복지사는 클라이언트가 받는 서비스의 범위
와 내용에 대해 정확하고 충분한 정보를 제공함으로써 알 권리를 인정하고 존중해야 한다.

이에 따라 사회복지사는 영희가 선택 가능한 두 가지 대안과 관련한 모든 정보를 파악하고, 각각의 선택이 미칠 영향을 모두 고려하여 영희가 충분한 정보를 토대로 결정을 내릴 수 있도록 도와야 할 것이다. 또한 영희의 선택에 따라 그 이후 영희가 지원받을 수 있는 서비스에 대한 정보 역시 제공하여 영희의 자기결정권이 극대화될 수 있도록 지원해야 할 것이다.

그러나 영희가 미성년자라는 점에서 영희의 자기결정권을 온전히 인정할 수 있는가에 대한 문제가 남아 있다. 자기결정권은 성숙한 판단 능력을 전제로 한다. 따라서 미성숙한 판단을 할 가능성이 있는 미성년자의 자기결정권이 인정될 수 있는가의 문제를 안고 있다. 미성년자에게 간섭을 허용한 것은 그들이 자율적 결정의 능력이 없을 수 있으며, 이로운 결과를 보장할 만한 지식이나 경험이 부족할 수 있기 때문이다(Mill, 1980: 황경식, 1991 재인용).

그러나 법적 나이인 성인 나이에 도달하지 않아도 오늘날 사회적 · 가치적 측면에서 청소년의 권리에 대해 16세가 넘으면 인정하는 추세이고, 청소년도 충분한 판단 능력을 가지고 있을 수 있기 때문에 이러한 경우에는 미성년자에게도 자신의 사항에 관해서 스스로 결정할 수 있는 자기결정권을 인정해야 한다(황성기, 1997).

ㄷ. 규칙과 법의 준수

Reamer(1999)에 의하면 사회복지사는 일반적으로 규칙과 법을 준수해야 할 의무를 가지고 있다. 어떤 사회복지사는 합법적으로 제정된 규칙과 법은 반드시 지켜야 한다는 견해를 고수한다. 그렇다면 사회복지사는 법정대리인인 영희 어머니의 권리를 인정하고 어머니의 의사를 존중해야 할 의무가 있다고 볼 수 있다.

반면, 사회복지사는 때때로 규칙의 예외를 인정해야 하는 경우를 만난다. 만일 사회복지사가 심각한 위해로부터 누군가를 구해야 한다면 기관의 규칙과 정책을 위반하는 것이 정당화될 수 있다고 주장하기도 한다(Reamer, 1999). 법이 정하는 원칙에 의해 어머니의 의견을 따라야 한다고 결론 내리기 이전에 무엇이 영희를 위한 최선의 선택인지를 고민해야 할 것이다.

ㄹ. 인간관계의 중요성

Congress(2005)에 의하면 사회복지사는 인간관계의 중요성이라는 가치 역시 존중해야 한다. 따라서 영희와 어머니의 관계가 원만히 유지될 수 있도록 중재자의 역할을 담당할 책임이 있다.

◎ 개인적 · 사회적 · 전문적 가치 간의 갈등을 최소화하기 위해 무엇을 할 수 있는가?

전문적 가치와 개인적 가치는 다르다(Homer & Whitback, 1991; Congress, 2005 재인용). 개인적 · 사회적 · 전문적 가치가 상충될 수 있는데 이때 사회복지사는 전문적 가치를 극대화할 수 있는 선택을 해야 한다.

ㄱ. 영희의 선택을 존중했을 때 개인적 · 사회적 · 전문적 가치의 상충

개인적 가치로서 미혼모로 살아갈 영희의 삶에 대한 우려와 사회적 가치로서 미혼모에 대한 낙인과 부정적 인식에 대항하여 사회복지사는 전문가로서 이들을 옹호하고 대변하는 일을 주도해야 한다. 개인적 측면에서는 영희가 사회적 약자로서 부당한 대우를 받지 않고 건강하게 이후의 삶을 영위할 수 있도록 사회복지사는 다양한 지원책을 마련해야 할 것이다. 또한 사회적 측면에서는 미혼모가 차별 받지 않을 수 있는 사회 환경을 조성하기 위한 노력을 해야 할 것이다.

부모의 법적 권리를 존중해야 한다는 사회적 가치 및 법을 준수해야 할 전문가 가치와의 갈등도 겪게 된다. 이러한 갈등을 최소화하기 위한 최선의 방법은 어머니가 영희의 선택을 존중할 수 있도록 어머니의 변화를 이끄는 것이다. 무엇보다 영희의 의지와 의사를 충분히 전달한 후, 어머니가 우려하는 상황이 무엇인지 충분히 듣고 그 문제들을 어떻게 해결해 갈 수 있을지 함께 고민하여 해결책을 찾아가야 할 것이다.

ㄴ. 어머니의 선택을 지지했을 때 개인적 · 사회적 · 전문적 가치의 상충

어머니의 선택을 지지한다는 것은 어머니의 법적 권리에 대한 사회적 가치를 인정하고 법을 준수해야 한다는 전문적 가치를 따르는 것이다. 또한 영희와 아이의 삶의 질에 대하여 걱정하는 개인적 가치를 반영한 것이기도 하다. 이러한 결정은 클라이언트의 자기결정권을 보장해야 한다는 전문적 가치와의 갈등을 겪게 된다. 그런데 사회복지사 윤리강령에 따르면 사회복지사는 개인의 주체성과 자기결정권을 보장하는 데 최선을 다하고 어떠한 여건에서도 개인이 부당하게 희생되는 일이 없도록 해야 한다고 명시되어 있다. 클라이언트의 자기결정권은 함부로 무시될 수 없는 것인 만큼 사회복지사는 영희 스스로가 자신의 문제에 대하여 충분히 숙고하고 앞으로 벌어질 수 있는 여러 가능성에 대하여 객관적으로 평가할 수

있도록 충분한 정보를 제공함으로써 영희가 최선의 선택을 할 수 있도록 해야 할 것이다.

ⓔ 윤리적 선택의 대안을 확인한다.

대안 1. 클라이언트인 영희의 권익옹호와 자기결정권을 존중하여 아이를 직접 양육하도록 지원한다.

대안 2. 클라이언트인 영희의 삶의 질에 대한 고려와 함께 법을 준수해야 할 가치에 따라 어머니의 의사를 존중하여 아이를 입양한다.

ⓕ 어떤 윤리적 선택의 대안이 클라이언트와 다른 사람들의 권리와 복지를 최대한 보장하는가?

ㄱ. 대안 1의 선택(아이 양육)에 따른 영향

	긍정적 측면	부정적 측면
영희	자기결정권이 보장된다. : 원하는 대로 아이를 키우면서 자신의 선택에 책임지는 성인으로 성장 가능할 것이다.	이후 삶의 질을 보장할 수 없다. : 사회적 낙인, 경제적 어려움, 그로 인한 심리적 문제를 경험하게 될 가능성이 있다.
어머니	영희가 아이를 키우는 것을 반대하는 것은 영희가 앞으로 살아가야 할 삶에 대한 걱정 때문이다. 결과적으로 영희가 만족하는 삶을 산다면 어머니에게도 긍정적인 영향을 미칠 수 있다.	자녀에 대한 의사결정의 권리를 침해당하는 것이다. : 이후 영희와의 관계에서 갈등을 겪게 될 수 있으며, 영희의 사회적 · 경제적 · 심리적 문제를 함께 떠안아야 할 가능성이 있다.

ㄴ. 대안 2의 선택(아이 입양)에 따른 영향

	긍정적 측면	부정적 측면
영희	학업을 지속할 수 있으며 사회 · 경제적으로 보다 안정된 삶을 영위할 수 있을 것이다(그러나 안정된 삶을 보장하는 것은 아니다).	자기결정권을 보장받지 못하며 자녀 양육에 대한 권리를 박탈당한다. : 이후의 삶에서 아이에 대한 죄책감과 그리움 등으로 인한 심리적 문제를 경험할 가능성이 있으며, 입양을 하더라도 미혼모라는 사회적 낙인을 안고 살아갈 가능성이 있다.

어머니	자녀에 대한 의사결정의 권리를 보장받게 된다(그러나 어머니는 그 권리를 보장받는 것이 목적이 아니다. 영희가 안정된 삶을 살 수 있기를 바라는 것이다).	영희의 의사를 존중하지 않고 억지로 아이를 입양시켰다는 이유로 영희와의 관계에서 갈등과 원망이 발생할 수 있다. 또한 바람과 달리 영희가 안정되고 만족하는 삶을 살지 못하는 경우 그에 대한 죄책감 등 심리적 어려움을 겪게 될 수 있다.

대안 1(아이 양육)과 대안 2(아이 입양)를 비교해 본 결과, 대안 1을 선택하는 것이 영희와 어머니의 권리와 복지를 더 보장한다고 볼 수 있다. 영희의 어머니가 입양을 주장하는 것은 아이를 키우면서 살아가야 할 영희의 삶에 대한 염려 때문이다. 그런데 아이를 입양한다고 해서 영희의 삶의 질이 높아질 것이라는 보장은 없다. 오히려 영희는 아이를 입양한 자신의 선택으로 인해 고통 받으며 살 가능성이 있고, 그로 인해 어머니 또한 입양을 강요했던 사실을 후회할 수 있다. 반면, 아이를 키울 경우 클라이언트인 영희의 자기결정권과 아이를 양육할 수 있는 권리가 보장된다. 영희는 냉소적인 사회의 시선과 경제적 어려움이라는 현실의 문제와 부딪히겠지만 자신의 선택에 책임을 지기 위해 더욱 열심히 살 가능성이 있다. 그리고 영희가 자신의 삶에 만족하며 아이를 잘 양육하면서 살아간다면 영희의 어머니 역시 결과적으로는 만족할 것이다. 다만 영희가 겪게 될 여러 문제는 영희의 문제로 끝나지 않고 영희와 영희의 가족에게도 영향을 미칠 가능성이 있으므로 그에 대한 지속적이고 적극적인 지원과 관심이 있어야 하겠다.

ⓒ 어떤 대안에 따른 행동이 사회의 권익을 최대한 보호하는가?

ㄱ. 대안 1(아이 양육)에 따른 선택이 사회권익보호에 미치는 영향

긍정적 측면	부정적 측면
사회의 구성원이라면 누구나 동등한 권리를 가지며 존중받아야 한다는 사회적 가치를 보장한다. : 사회적 약자에 대한 차별이 금지될 것이다.	성숙한 판단을 내릴 수 없는 미성년자들의 의견에 대한 간섭과 존중 사이의 경계에 혼란을 가져올 수 있다.

ㄴ. 대안 2(아이 입양)에 따른 선택이 사회권익보호에 미치는 영향

긍정적 측면	부정적 측면
사회의 구성원이라면 누구나 법을 준수해야 할 의무가 있다는 사회적 가치를 보장한다(그러나 법은 최소한의 것이지 최대한이 아니다).	아이를 입양해야 한다는 결정은 사회가 갖는 미혼모에 대한 부정적 인식에서 비롯된 것으로 그러한 사회적 가치를 더욱 확고히 하는 결정이다.

대안 1(아이 양육)과 대안 2(아이 입양)의 선택을 비교해 본 결과, 두 가지 선택 모두 사회적 권익의 보호에 대한 긍정적 측면과 부정적 측면을 가지고 있다. 사회적 측면에서 보았을 때 어떠한 기준을 두고 그 경중을 가늠할 것인지 결정하기 어렵다. 따라서 이후의 문항을 통해 더 살펴볼 필요가 있다.

ⓗ 클라이언트, 다른 사람들, 사회의 권익 간 갈등을 최소화하기 위하여 무엇을 할 수 있는가?

ⓕ와 ⓖ를 통해 살펴본 결과, 대안 1(아이 양육)의 선택이 영희, 엄마, 사회의 권익 간 갈등을 최소화할 수 있다고 사료된다.

대안 2(아이 입양)의 선택, 즉 아이를 입양하는 것이 곧 영희가 더 나은 삶을 살게 될 것임을 의미하지 않으며, 영희 어머니가 아이 입양을 주장하는 것은 영희의 삶의 질에 대한 고려인 만큼 입양을 한다는 결정이 두 사람의 권익을 보호하고 긍정적인 결과를 가져올 것임을 보장할 수 없기 때문이다. 또한 사회적 측면에서도 친권을 보장하는 것이 법을 준수하는 방법이 될 수는 있으나 그것이 우선순위가 될 수 있을지에 대한 고민이 필요하다.

반면, 대안 1에 따라 아이를 키우기로 선택하는 경우 먼저 클라이언트의 자기결정권을 보장하게 된다. 그리고 그 선택을 지지하기 위하여 미혼모로서 아이를 양육할 수 있는 심리적·사회적 지원이 수반된다면, 영희와 영희 아이의 삶의 질을 충분히 보장할 수 있을 뿐만 아니라 어머니와의 갈등도 해결될 가능성이 있다. 또한 사회적 차별을 금지하고 사회적 약자를 보호해야 한다는 사회적 가치에 따르는 것은 사회복지의 전문적 가치에도 상응하는 결정이라고 볼 수 있다.

① 어떤 대안에 따른 행동이 최소 해악을 가져오는가?

최소 해악(least harm)이란 사회복지는 항상 최소한의 해악, 즉 영구적인 손상을 가장 최소화하는 방법 혹은 가장 쉽게 회복될 수 있는 방향으로의 개입을 선택해야 한다는 것을 의미한다.

ㄱ. 대안 1(아이 양육)이 가져올 수 있는 예상되는 문제

첫째, 아이 양육에 따른 경제적 어려움

경제적인 자립을 할 수 있는 준비가 되지 않은 상태에서 아이를 출산하고 양육하게 되면 먼저 경제적 어려움에 직면할 가능성이 있다. 무엇보다 영희가 아이를 양육하기 위하여 학업을 중단하게 되면 영희는 직업 선택에서도 제한이 있을 수 있다. 이것은 이후 영희의 삶의 질을 결정하는 문제이기도 하다. 그러나 미혼모를 위한 취업 지원 서비스 등이 있어 본인의 의지가 있다면 사회적 지원을 통해 해결 가능한 문제다.

둘째, 아이가 열악한 양육 환경에 노출될 가능성

영희가 심리적·경제적으로 준비되지 않은 상태에서 아이를 출산, 양육하게 되면 안정된 환경에서 아이가 자라지 못할 가능성이 있다. 이것은 아이의 건강한 성장과 발달을 저해할 수 있다. 또한 그로 인한 영희의 심리적 갈등이 있을 수 있다.

셋째, 미혼모에 대한 사회적 낙인을 감당해야 하는 문제

영희가 아이를 양육하게 되면 평생 미혼모라는 꼬리표를 달고 살아야 할 것이다. 사회의 비판적 시선은 영희뿐만 아니라 영희의 아이, 영희의 원가족에게도 향할 수 있다. 그러나 미혼모들은 누구보다 아이의 생명을 존중하여 아이를 낳기로 결정한 사람들인 만큼 보다 적극적인 사회적 지원과 지지가 뒷받침되어야 할 것이다.

ㄴ. 대안 2(아이 입양)가 가져올 수 있는 예상되는 문제

첫째, 영희의 심리적 갈등

영희는 자신이 아이를 입양 보냈다는 사실로 인해 죄책감과 그리움 등으로 인한 심리적 갈등을 겪게 될 수 있다. 다만 친모의 양육 환경이 반드시 더 좋다고 볼 수 없으며, 입양 후 아이가 더 좋은 환경에서 성장할 수도 있음을 간과할 수 없다.

둘째, 사회의 부정적 시선으로부터의 부자유

아이를 입양하더라도 미혼모라는 사회적 낙인으로부터 완전히 자유로울 수 있다고 보기 어렵다.

대안 1(아이 양육)과 대안 2(아이 입양)를 비교해 봤을 때, 대안 2가 비교적 적은 해악을 가져올 것이라고 생각할 수 있다. 대안 1을 선택했을 때에는 영희가 이후의 삶에서 안고 가야 할 위험(risk)이 비교적 크다. 그러나 이러한 문제 상황은 발생할 가능성이 있음을 의미할 뿐 반드시 그 문제가 발생할 것이라고 단정할 수 없다. 또한 아이 양육을 선택함으로써 발생하는 문제는 사회적 지원이 충분히 뒷받침된다면 얼마든지 회복이 가능한 문제이기도 하다. 그러나 아이를 입양하는 경우 영희가 겪게 될 문제는 정서적 측면이 강한 만큼 이후 쉽게 회복되기 어려울 수 있다. 또한 자녀 양육에 대한 권리는 부모에게 있음에도 영희의 의사와 관계없이 아이를 입양 보내는 것은 영희의 권리를 침해하는 일이기도 하다. 충분히 합리적 판단이 가능함에도 미성년자이기 때문에 의견이 존중될 수 없다면 결국 우리 사회는 아동과 미성년자의 권리를 적극적으로 보장하고 있다고 볼 수 없다. 결론적으로 아이를 양육하기로 결정했을 때 발생 가능한 위험이 더 많아 보이긴 하나, 실상 회복 가능한가의 측면에서 생각해 보았을 때 아이를 양육함으로써 발생하는 문제는 사회적 지원을 통해 회복 가능하다고 볼 수 있다. 반면, 아이를 입양 보내기로 결정했을 때 발생하는 문제는 영희의 정서적 측면과 사회적 인식이라는 측면에서 쉽게 회복되거나 변화되기 어려운 문제일 수 있다.

ⓙ 어떤 대안에 따른 행동이 어느 정도 효율적, 효과적, 윤리적[1] 인가?

ㄱ. 효율적 측면

영희의 입장에서 봤을 때 아이를 입양 보내는 것이 효율적일 수 있다. 미성년자로서 아이를 키우는 데에는 많은 노력이 필요하며, 앞에서 살펴본 것과 같은 여러 위험도 예상된다. 또한 영희와 영희의 아이를 지원하는 데 따르는 사회적 비용의 증가도 예측할 수 있다. 반면, 아이를 입양 보내게 되면 그에 따른 영희의 심리적 갈등이 문제될 수 있지만 이를 잘 극복하는 경우 영희가 미혼모로서 살아가면서 겪어야 할 심리적 · 사회적 위험으로부터 벗어

---

1) [사전적 의미]

효율적: 들인 노력에 비하여 얻는 결과가 큰 것

효과적: 어떤 목적을 지닌 행위에 의하여 보람이나 좋은 결과가 드러나는 것

윤리적: 윤리에 관련되거나 윤리에 따르는 것

날 수 있을 것이다.

ㄴ. 효과적 측면

어떤 선택의 결과가 더 효과적일 것인지 판단하는 것은 현재의 상황에서 쉽지 않은 문제다. 반드시 비교를 해야 한다면, 영희가 아이를 양육하는 것이 더 보람 있고 좋은 결과를 가져올 가능성이 있기에 보다 효과적이라고 할 수 있다. 미성년자이며 미혼모로 아이를 출산하고 양육하는 과정에는 분명 감당해야 할 여러 위기와 위험이 도사리고 있다. 그럼에도 영희는 아이 양육을 원하고 있으며 그 위험을 감당하고자 하는 마음의 준비도 되어 있을 것이다. 그렇다면 원치 않음에도 아이를 입양 보낸 이후 겪게 될 문제보다는 자신의 의지대로 선택하였을 때 발생하는 문제들에 대하여 더 긍정적이고 적극적으로 해결해 갈 수 있을 것이다. 한편 입양되는 아이의 입장에서 보았을 때 어떠한 결정이 더 효과적일 것인가는 현재로서는 판단할 수 없는 문제다. 반드시 친모와 함께 자라는 것이 아이의 발달에 더 긍정적일 것이라 단정할 수 없으며, 입양 부모의 양육 환경이 아이에게 더 좋은 결과를 가져올 수도, 그렇지 않을 수도 있는 모든 가능성을 가지고 있기 때문이다.

ㄷ. 윤리적 측면

영희의 권리를 존중하고 자기결정권을 보장한다는 측면에서 아이를 양육하도록 하는 것이 보다 윤리적이라고 할 수 있다. 영희 어머니의 자녀에 대한 의사결정 권한을 존중하고, 영희 어머니가 우려하는 것과 같이 영희의 삶의 질과 잠재적 이익을 고려했을 때에는 아이를 입양 보내는 것이 더 좋은 선택이 될 수 있을 것이다. 그러나 사회복지사의 전문적 가치 측면에서 클라이언트의 자기결정권을 존중하는 것이 우선되어야 할 것이다. 클라이언트의 자기결정권은 사회복지에서 생명보호 다음으로 중요한 가치다. 따라서 모든 사람은 인간의 존엄성과 자율성에 입각하여 하나의 독립된 개체로서 자유를 가지며, 자신의 욕구가 무엇인지 그리고 그것을 어떻게 충족시킬 것인지 자유로운 분위기에서 스스로 결정할 권리가 있다.

Ⓚ 장 · 단기적인 윤리적 결과를 모두 고려했는가?

장 · 단기적인 윤리적 결과를 모두 고려해 보았을 때 영희의 의사를 존중하는 것이 가장 윤리적인 선택이라고 볼 수 있다. 모든 인간은 차별받지 않을 권리를 가지고 있다. 또한 UN아동권리협약에서 아동의 의사존중은 주요 원칙 중 하나이기도 하다. 따라서 합리적인 판단이 가능함에도 미성년자라는 이유로 자기결정의 권리를 박탈당해서는 안 될 것이다. 또한 인간은 누구나 자신의 삶에 대해 행복을 추구할 권리를 가지고 있다. 영희가 원하는 것이 아이를 출산하고 스스로 양육하는 것이라면 영희가 원하는 행복이 보장될 수 있도록 해야 할 것이다.

　다만 사회복지사가 아무런 대안이나 선택의 결과에 대한 고려 없이 선택의 모든 책임을 클라이언트에게 부과해서는 안 된다. 사회복지사는 클라이언트의 자기결정권을 존중하기 위해서는 여러 가지 대안과 정보를 제공하고, 클라이언트의 의사결정 기회를 극대화하는 노력을 해야 한다(조휘일 외, 2008). 따라서 사회복지사는 영희가 아이를 양육할 때 발생하는 여러 문제점과 또 입양을 선택했을 때 발생하는 여러 문제점에 대하여 충분히 알려 주고 영희가 최선의 선택을 할 수 있도록 도와야 할 것이다. 그리고 사회복지사는 영희가 어떠한 선택을 하든지 그 선택으로 발생할 수 있는 문제에 대처할 수 있도록 도와야 하는데, 자신과 지역사회의 이용 가능하고 적절한 자원을 발견하고 활용하여 스스로 힘을 발휘하고 실천할 수 있게 도와야 한다(조휘일 외, 2008).

　② 윤리적 원칙의 순위 (Rank-Ordering Ethical Principles)

　Ⓐ 윤리적 규정 심사 (Ethical Rules Screen: ERS)
　ㄱ. 윤리강령[2])에서 어떠한 규정을 적용할 수 있는지 살펴본다. 이 규정들은 사회복지사 개인의 가치체계보다 우선한다.

　□ 적용 가능한 윤리강령 검토 (한국 사회복지사 윤리강령)

> II. 1. 1) 사회복지사는 클라이언트의 권익옹호를 최우선의 가치로 삼고 행동한다.
> II. 1. 3) 사회복지사는 클라이언트가 자기결정권을 최대한 행사할 수 있도록 도와야 하며, 그들의 이익을 최대한 대변해야 한다.

---

2) Loewenberg와 Dolgoff 모델에서는 NASW 윤리강령을 적용하도록 제시되어 있지만, 본 교재에서는 한국의 사회복지 실천에 부합하도록 한국 사회복지사 윤리강령을 적용함.

- 사회복지사는 영희의 권익옹호를 최우선의 가치로 삼고 행동해야 한다.

여기에는 두 가지 측면이 상충하는데 하나는 영희는 엄마로서 아이를 낳고 키울 권리가 있다는 점이고, 다른 하나는 영희의 잠재적 이익에 대한 고려가 있어야 한다는 점이다. 영희의 선택에 따라 앞으로의 삶에서 벌어질 수 있는 상황들에 대한 다양한 가능성을 고려하여 어떠한 선택이 영희에게 더 이로운지 살펴보아야 한다.

- 사회복지사는 영희가 자기결정권을 최대한 행사할 수 있도록 도와야 하며, 영희의 이 익을 최대한 대변해야 한다.

영희는 아이를 낳고 자신이 키우고자 한다. 그렇다면 클라이언트의 자기결정권을 행사하기 위해서는 아이를 낳고 키울 수 있도록 도와야 할 것이다. 그런데 이 사례에서의 문제는 영희의 법정대리인인 어머니가 아이를 입양 보낼 것을 주장하고 있는 부분이다. 영희는 17세로 합리적으로 판단하고 자신의 문제를 충분히 결정할 수 있는 나이이지만 법적으로는 아직 미성년자다. 따라서 엄마의 결정이 전혀 무시될 수 없는 상황이다. 또한 엄마가 아이를 입양 보내고자 하는 이유는 영희의 삶의 질을 고려하였을 때 그것이 영희에게 보다 이로운 일이라고 판단했기 때문이다.

ㄴ. 윤리강령에 적용할 수 없거나 상충될 경우에는 윤리적 원칙 심사(EPS)를 활용한다. ERS는 EPS보다 반드시 먼저 적용되어야 한다. 사회복지사는 ERS에 따라 만족스러운 의사결정을 내릴 수 없는 경우에만 EPS를 사용해야 한다.

ㅁ 적용 가능한 윤리강령을 살펴본 결과 상충되는 윤리규정은 다음과 같다. 따라서 다음 단계인 윤리적 원칙 심사(EPS)를 통해 살펴볼 것이다.

A. 아이를 양육한다	B. 아이를 입양 보낸다
A-1. 영희의 자기결정권 존중 A-2. 영희의 행복을 추구할 권리 존중	B-1. 법적 의무에 우선(법정대리인의 의사결정) B-2. 영희를 예측되는 위험으로부터 보호해야 할 의무(영희의 잠재적 이익에 대한 고려)

ⓑ 윤리적 원칙 심사(Ethical Principles Screen: EPS)

원칙	내용	적용
윤리원칙 1	생명보호의 원칙	
윤리원칙 2	평등과 불평등의 원칙	
윤리원칙 3	자율성과 자유의 원칙	A-1 자기결정권
윤리원칙 4	최소 해악의 원칙	B-2 위험으로부터의 보호
윤리원칙 5	삶의 질의 원칙	A-2 행복추구권 B-2 잠재적 이익의 고려
윤리원칙 6	사생활 보호와 비밀보장의 원칙	
윤리원칙 7	진실성과 정보 개방의 원칙	

* B-1의 규정은 윤리적 원칙 심사 (EPS)에 해당하는 항목이 없음.

　　윤리적 원칙 심사(EPS)에 따르면 이 사례에서 상충되는 윤리 규정들 중에서 가장 우선시되어야 하는 것은 자기결정을 존중해야 한다는 원칙이다(윤리원칙 3. 자율성과 자유의 원칙에 의함). 그렇다면 이 사례에서 사회복지사는 영희의 자기결정권을 존중하기 위해 아이를 낳고 기르겠다는 영희의 결정을 존중하고 지지해야 한다.

　　그런데 결정에 앞서 생각해야 할 문제가 남아 있다. 앞서 논의한 상충되는 윤리 규정들 중 B-1 법적 의무에 우선해야 한다는 것은 윤리적 원칙 심사의 항목에 해당하지 않아 사정단계에 해당되지 않는다는 점이다. 여기서 사회복지사의 법적 의무란 법에서 규정된 것을 따라야 할 의무에 해당하며, 구체적으로는 영희의 친권자이자 법정대리인인 어머니의 의사결정을 따라야 하는 의무라고 할 수 있다. 영희는 미성년자로 자기결정권이 인정되지 않을 수 있다. 자기결정권은 모든 사람에게 인정되는 것이 아니라 성숙한 판단 능력이 있는 사람에게만 인정된다. 따라서 미성숙한 판단 능력을 가지고 있을 수 있는 미성년자에게 자기결정권이 인정될 수 있는가의 문제는 논의의 여지가 있다(황성기, 1997). 미성년자의 경우 그들이 자율적 결정의 능력이 없을 뿐 아니라 이로운 결과를 보장할 만한 지식이나 경험이 없다고 판단하기 때문이다(황경식, 1991).

　　결과적으로 사회복지사는 미성년자인 영희의 자기결정권을 지지할 수 있을 것인지 아니면 법정대리인인 어머니의 의사결정을 우선할 것인지의 문제를 안고 있다. 이 문제를 좀 더 고려해 보기 위하여 다시 한 번 사회복지사 윤리강령을 살펴보자. 한국 사회복지사 윤리강령 Ⅰ. 1. 2)에 따르면 사회복지사는 클라이언트의 종교, 인종, 성, 연령, 국적, 결혼상태, 성취향, 경제적 지위, 정치적 신념, 정신적 · 신체적 장애, 기타 개인적 선호, 특징, 조건, 지위를 이유로 차별대우를 하지 않는다고 명시되어 있다. 그렇다면 클라이언트는 연령으로 인해 자기결정의 권리를 침해받아서는 안 된다는 점을 생각해 볼 수 있다. 물론 클라이언트의 나이가 너무 어리거나 분별력 있는 의사결정을 내릴 능력이 없는 경우 부모 혹은 전문가가 결정을 대신하기도 한다. 하지만 단순히 연령에 의하여 자기결정권이 제한되어야 한다고 볼 수 없다. 왜냐하면 성인에 이르지 않은 미성년이라 해도 일정한 사항에 관해서 충분한 판단 능력을 가지고 있는 경우가 있을 수 있기 때문이다. 이러한 경우에는 미성년자에게도 자신의 사항에 관해서 스스로 결정할 수 있는 자기결정권을 인정하여야 한다(황성기, 1997).

그렇다면 이 사례에서 영희의 나이는 17세로 법적으로는 미성년이지만 자신의 문제에 대한 합리적이고 성숙한 판단이 가능한 나이라고 볼 수 있다. 따라서 성인이 아니라는 이유만으로 영희의 자기결정권이 함부로 침해되어서는 안 될 것이다. 만 18세 미만의 경우 보호자의 동의가 반드시 필요하지만 그들의 자녀양육권리를 침해할 수는 없다. 따라서 사회복지사는 윤리적 원칙 심사의 결과에 따라 어머니의 압력으로부터 영희의 권리를 옹호하며, 현실적인 다양한 정보의 제공과 대안 제시를 통해 어머니와의 갈등을 중재할 수 있어야 할 것이다. 또한 영희에게도 자신의 선택이 가져올 수 있는 결과에 대하여 충분히 탐색하고 자신의 선택에 따른 책임을 질 수 있도록 충분한 사회복지적 지원을 제공해야 할 것이다.

결론: 사회복지사의 입장

사회복지는 인간의 다양한 문제를 돕기 위한 사회적 수단이기 때문에 사회복지사가 현장에서 클라이언트의 문제에 접근하고 해결하기 위해서는 다양한 방법론과 이론 등이 동원될 수 있다. 그러나 그 이전에 항상 윤리적인 문제, 즉 '무엇이 최선의 선택인가?'에 대한 명확한 윤리적 가치기준을 갖추고 있어야 한다. 이를 위해 인간의 존엄성, 클라이언트의 자기결정권, 평등권 등과 같은 주요 사회복지의 가치문제에서 그 우선순위와 결정 과정에 대한 명확한 지식과 경험을 갖추고 있어야 할 것이다. 또한 이러한 결정이 사회복지사 자신의 가치와 사회적 가치 그리고 전문적 가치에 상반되는 결정이 아닌지 항상 염두에 두어야 할 것이다. 따라서 사회복지사는 실천 현장에서 딜레마에 대해 사회 관습과 규범이 아닌 보편적 도덕원리에 따라 '옳은' 판단을 내릴 수 있도록 훈련해야 할 것이다(이효선, 정푸름, 2012).

이 사례에서 클라이언트는 남자 친구가 이민을 간다는 사실을 모르고 교제를 하다가 남자 친구가 떠난 뒤에 임신 사실을 알게 되었으며, 클라이언트 자신은 아이를 낳아서 기르겠다고 결정한 상황이다. 그러나 법정대리인인 어머니는 딸의 장래 삶의 질에 대한 염려로 아이를 입양 보낼 것을 주장하고 있어 사회복지사가 딜레마에 빠지게 되었다.

이 사례에서 사회복지사는 먼저 클라이언트의 정신적 충격과 심리적 안정을 위해 상담과 산부인과의 진료를 주선해 주어야 할 것이다. 또한 아이를 낳아서 키우겠다는 클라이언트의 생명존중의 태도와 자신의 행동에 대한 책임과 의무를 다하고자 하는 태도를 지지해 준다. 그리고 아이를 낳아서 키울 때 발생하는 여러 가지 문제점과 대안에 대한 설명 및 자세한 정보를 제공하여 클라이언트의 자기결정을 도와주어야 할 것이다. 또 어머니와도 만나서 클라이언트의 의사를 전달하고, 클라이언트의 선택에 따른 문제와 대안에 대한 충분한 정보를 제공하여 두 사람의 의견을 중재하는 역할을 해야 한다.

어린 나이에 미혼모로서 아이를 키우려면 양육에 대한 지식을 습득해야 하는 것뿐만 아니라 경제적으로 자립하여 살아갈 수 있는 기술과 능력을 길러야 할 것이다. 그리고 미혼모에 대한 사회적 낙인으로 인한 상처도 감안해야 할 것이다. 예를 들어, 아이가 자라서 학교생활을 할 때 아빠 없는 아이로 놀림 받는 것과 경제적으로 넉넉하지 못한 환경에 대한 불만 등이 있을 수도 있다. 따라서 사회복지사는 클라이언트의 먼 미래에 일어날 일들까지도 신중하게 고려해 볼 수 있는 기회를 제공해야 한다.

한편, 입양에 대한 정보도 충분히 제공하여야 한다. 개정된 「입양특례법」에서는 출생 후 7일 간 숙려기간을 두는 입양숙려제(친생모)와 가정법원에 입양허가를 신청하는 입양허가제(양부모)를 도입하였으며, 교육 이수 증명서를 제출하는 등 양부모의 자격기준을 강화하고, 입양허가제로 인하여 친생부모의 입양허가 신청 시 출생신고를 의무화함에 따라 아동이 친생부모를 알 권리를 존중하게 되었다. 이 법안으로 입양 건수가 현저히 줄어들었지만, 후에 아이가 성장해서 친부모를 만날 수 있는 길이 열릴 수 있게 되었다. 엄격한 심사를 통해 양부모를 선정하는 만큼 안심하고 아이를 맡길 수 있게 되었으므로 입양 역시 부정적으로 생각할 문제는 아니다. 물론 자식을 낳아서 다른 곳으로 보낸다는 아픔은 말할 수 없이 크고, 부모는 늘 그 아이를 생각하고 그리워하겠지만, 입양은 현실적으로 클라이언트의 삶의 질을 고려하여 생각해 보아야 할 문제다. 그러므로 사회복지사는 클라이언트가 선택할 수 있는 여러 상황에 대한 충분한 정보를 제공하고, 클라이언트가 감정에 치우치지 않고 현명한 선택을 할 수 있도록 도우며, 클라이언트의 자기결정을 지지하기 위한 노력을 해야 할 것이다.

3) Manning의 분석모델

윤리적 딜레마에서 올바른 선택을 하기 위해서는 도덕적 이성 과정의 다원적인 요소를 조직화하기 위한 구조가 필요한데, 그것이 바로 윤리적 결정 체제다. 윤리적 결정 체제는 윤리적 딜레마에서 올바른 선택을 하기 위한 사고의 지침을 제공하며, 상황을 확인하는 데 도움을 줄 수 있다. Manning(2003)은 윤리적 결정 체제의 구성요소로 인지, 감정, 사고, 행동을 포함하는 도덕적 시민의식을 언급하면서 이를 포함한 윤리적 의사결정 체제를 다음과 같이 제시하고 있다. 그의 윤리적 의사결정 체제의 의미는 윤리적 결정 과정에서 구성요소로서 인지와 사고 외에 감정과 행동을 포함하고 있으며, 사회복지사가 직면하는 윤리적 딜레마의 해결을 위해 다방면적이고 포괄적인 모델을 제시하고 있다. 이러한 윤리적 의사결정을 위한 과정은 처음에는 번거롭고 소모적인 일처럼 보일 수 있다. 그러나 약간의 연습과 훈련이 더해지면 대부분의 주제와 질문들은 보다 자연스러워지고, 사회복지사로 하여금 윤리적 문제에 부딪혔을 때 그 문제들을 다루는 것이 내면화되고 일상적으로 생각나는 단계에 이르도록 할 것이다.

Manning의 윤리적 결정 과정을 살펴보면 〈표 8-2〉와 같다.

〈표 8-2〉 Manning에 의한 윤리적 의사결정의 과정

단계	내용
인식	도덕문제의 인식 • 무엇인가 개인적, 상호적, 조직적 혹은 사회적으로 직원, 소비자, 공동체 시민이나 다른 사람들에게 옳지 않은 것이 있는가? 동물, 환경, 조직 혹은 사회에? • 동물, 환경, 조직 혹은 사회와 같이 앞서 언급한 구성원에 이익이 될 수 있는 것에 대한 누락이 있는가? • 그 문제가 법적, 조직적 관심보다 깊은가? 존엄, 권리 그리고 보다 나은 미래를 위한 희망을 가진 사람으로서 무엇이 사람을 위한 함축인가? • 당신은 그 문제를 명확하게 정의하였는가? 다른 가장자리에 당신이 서 있다면 무엇이겠는가? • 이런 상황이 처음 어떻게 발생하였는가?
감정	영향 받을 사람에 대한 보호 • 어떤 개인과 조직이 결과의 중요한 몫을 차지하는가? 무엇이 각각의 몫인가? 누군가(예를 들어, 가난하거나 소외된 사람)가 특수한 욕구를 갖고 있기 때문에 혹은 우리가 그것에 특별한 의무가 있기 때문에 누군가 더 많은 몫을 가진 사람이 있는가? 직접적으로 연관된 사람 외에 다른 중요한 수혜자가 있는가? 그들을 위한 몫은 무엇인가? • 어떤 가치와 관점이 이러한 개인과 조직을 통해 표현되는가? 어떤 문화적 전통, 기준 그리고 믿음이 이러한 제3자에게 중요한가? 문제를 바라보는 그들의 선택과 실천은 무엇인가? • 문제를 바라보는 그들의 개인적 경험은 무엇인가? 그들의 경험이 당신에게 어떠한 정보를 주는가? • 그 문제에 대한 당신의 가치는 무엇인가? 당신의 가치가 당신이 문제를 생각하는 방법에 어떻게 영향을 미치는가? • 그러한 결정에 대한 당신의 의도는 무엇인가? 당신의 의도가 예상되는 결과와 어떻게 비교되는가? • 당신의 도덕적 관점, 근거 그리고 전문적 목적의 개념에서 그 문제가 표현하는 것은 무엇인가?
사고	그것을 사용하기 위한 요소와 지혜 • 문제와 연관되는 요소는 무엇인가? 필요한 정보는 무엇인가? 그러한 정보는 누구에게서 얻을 수 있는가? • 당신은 누구에게 의무가 있는가? 당신이 충성을 해야 하는 사람은 누구인가? (고용자, 클라이언트, 기관 등)

	• 만약 이해된다면 당신 행동의 상징적인 잠재성은 무엇인가? 만약 이해되지 않는다면? • 당신이 지침을 위해 변경시킬 수 있는 자원은 무엇인가? (윤리강령, 윤리적 이론과 원칙, 전문성, 상담가, 동료, 구성원) • 행동을 위한 선택사항과 대안은 무엇인가? • 다른 사람들과 그 문제를 논의하였는가? 도덕적 문제에 대한 그들의 관점은 무엇인가? 관련된 모든 사람 및 조직과 상담하였는가? 만약 당신이 존중하는 누군가에게 당신의 선택 목록을 제시하였다면, 그 사람은 무엇을 이야기하였겠는가? • 윤리강령이 전문적 의무와 관련하여 당신을 어떻게 안내하였는가?
대안에 대한 평가	• 어떤 선택이 최선의 이익을 생산하고 최소의 손해를 가져오는가? • 어떤 선택이 모든 제3자의 존엄과 권리를 존중하는가? 비록 모든 사람이 그들이 원하는 것을 얻지 못한다고 할지라도, 그 선택이 모든 사람에게 공정하게 취급될 것인가? • 어떤 선택이 사회로서, 공동체로서, 조직적으로서 혹은 가족으로서 우리가 공유하는 이익에서 공동의 이익을 증진시키고 모든 관련자를 좀 더 총체적으로 돕는가? • 어떠한 선택이 우리가 개인적으로 가치를 매기는 미덕이나 성격 특성을 발전시키고 깊게 할 수 있는가? (전문가, 고용자, 공동체 사회) • 어떤 선택이 관계를 존중하고 강화하는가? • 어떤 선택이 공동체의 보호를 구성하는가? • 어떤 선택이 강압에 대항하는 행동을 취하는가? • 어떠한 선택이 장래에 유효한가?
행위	결정하고 이행하기 • 이러한 관점을 고려하면 어떠한 선택이 옳은가? • 만약 당신이 당신이 존중하는 누군가에게 당신이 왜 그 선택을 하였는지 이야기하였다면, 그 사람은 뭐라고 말했겠는가? • 당신은 주저하지 않고 숨김없이 당신의 결정이나 행동을 상사, 최고경영자, 관리자, 가족 혹은 사회에 개방할 수 있는가?
결정과 행동에 대한 반성	• 결정이 모든 관련자에게 어떻게 밝혀지는가? 만약 당신이 결정을 다시 하여야 한다면 다르게 하겠는가? • 무엇이 결정의 예상치 못한 결과인가? 결과적으로 어떤 다른 도덕적이고 윤리적인 문제들이 확인되었는가? • 당신이 이러한 문제에 대한 응답으로부터 얻은 새로운 지식과 이해는 무엇인가? • 그 결과는 당신에게 정책의 요구와 실천의 요구에 대하여 조직 안에서 어떻게 정보를 제공하는가?

참조: Manning, 2003.

(1) Manning의 모델에 의한 윤리적 의사결정 분석사례 적용

➡ 윤리적 딜레마 내용 요약

10년 전, 어머니로부터 방임된 아동 민수(당시 6세)가 ○○시 아동보호전문기관에 의뢰되었다. 그의 어머니는 심한 알코올중독과 우울증을 앓고 있어 자녀를 돌볼 능력이 없었다. 그후 민수는 10년 동안 총 세 곳의 위탁가정에 보내져 위탁부모들의 보살핌을 받았고, 현재 세번째 위탁가정에서 생활하고 있다. 이곳의 위탁부모는 민수에게 지속적인 관심과 애정을 보여 주었으며, 그를 입양하고자 하는 의사를 표명하였다. 하지만 민수는 현 위탁가정에 적응하지 못하고 자신의 친모와 외할머니를 그리워하고 있다. 한편, 클라이언트의 외할머니는 얼마 전 처음 기관과 연락이 닿아 최근에서야 민수의 상황을 알게 되었다. 그녀는 손자와 함께 생활하기를 희망하고 있으며, 이 사실을 알게 된 민수 또한 위탁부모가 아닌 외할머니와 지내는 것을 원하고 있다. 현재 민수의 외할머니는 임대아파트에서 홀로 생활하고 있으며, 기초생활수급비와 폐지를 팔아 얻는 수입으로 생계를 유지하고 있다.

민수의 가정위탁기간이 끝나감에 따라 사회복지사는 클라이언트에게 풍족한 환경을 제공해 줄 수 있는 위탁부모와 클라이언트가 함께 생활하기를 원하는 외할머니 중 누가 그를 보호하고 양육하는 것이 바람직한가에 관한 윤리적 딜레마 상황에 처하게 되었다.

➡ 사회복지사의 윤리적 딜레마

앞의 사례에서는 클라이언트에게 안전한 환경을 제공해야 할 사회복지사의 의무와 클라이언트의 자기결정권 및 행복추구권이 상충되고 있다. 이에 따라 사회복지사는 현 위탁가정의 부모와 외할머니 중 누가 클라이언트를 보호하고 양육하는 것이 바람직한가에 관한 윤리적 딜레마 상황에 놓여 있다.

➡ Manning의 모델에 의한 윤리적 의사결정 분석사례 적용

① 인식: 도덕문제의 인식

인식 단계의 질문들은 도덕과 윤리적 이슈(무엇 그리고 왜)를 인식하고 확인하며, 이러한 이슈의 윤리적인 측면들에 대한 상세한 설명을 이끌어 낸다.

Ⓐ 이런 상황이 처음 어떻게 발생하였는가?

클라이언트는 10년 전 어머니의 방임으로 인해 ○○아동보호시설에 의뢰되었다. 그는 9년 동안 세 가정에서 위탁을 받아 지내왔으며, 현재 세 번째 위탁가정에서 생활하고 있다. 어느덧 클라이언트의 위탁기간이 끝나감에 따라 사회복지사는 클라이언트를 보호할 새로운 양육자 및 양육 환경을 모색하고 결정해야 한다. 이 경우 누가 클라이언트를 보호하고 양육할 것인가에 대한 윤리적 이슈가 있다.

이러한 윤리적 이슈에 대해 첫 번째 상황은 현 위탁가정의 부모가 클라이언트를 입양하고자 하는 의사를 표명한 것이다. 위탁가정의 부모는 위탁 및 입양의 자격요건을 충족하여 공식적으로 인정된 사람들이다. 따라서 클라이언트가 현 위탁가정에 입양될 경우 비교적 풍족한 환경에서 위탁부모의 보살핌을 받을 수 있을 것으로 예상된다. 하지만 위탁부모가 평소 클라이언트를 배려하며 그에게 관심과 애정을 표하고 있음에도 클라이언트는 어머니와 외할머니에 대한 그리움으로 인해 위탁부모에게 마음을 열지 못하고 있으며, 위탁부모가 아닌 외할머니와 함께 생활하기를 바라고 있다. 이러한 클라이언트의 의사에 따라 사회복지사는 현 위탁부모가 클라이언트를 책임지는 것이 그의 장래를 위한 최선의 선택이 아닐 수도 있다고 본다.

두 번째 상황은 외할머니가 클라이언트를 양육하고자 하는 것이다. 클라이언트는 어린 시절 어머니를 대신해 자신을 돌봐 주었던 외할머니에 대한 애정을 가지고 있으며, 연세가 있는 외할머니와 함께 생활하면서 그녀에게 도움을 주고 싶어 한다. 하지만 그의 외할머니는 현재 저소득층을 위한 임대아파트에서 살고 있으며, 기초생활수급비와 폐지를 팔아 얻는 수입으로 근근이 생계를 유지하고 있는 상황이다. 이에 따라 사회복지사는 클라이언트의 자기결정권과 행복추구권을 존중하여 그가 외할머니와 함께 생활하게 될 경우, 환경적 · 경제적 어려움으로 인해 제대로 된 보호와 지원을 받지 못할 수 있음을 염려하고 있다.

Ⓑ 그 문제가 법적, 조직적 관심보다 깊은가? 존엄, 권리 그리고 보다 나은 미래를 위한 희망을 가진 사람으로서 무엇이 사람을 위한 함축인가?

「아동복지법」 제2조에 의하면 "아동"은 18세 미만의 사람을 말하며, "보호를 필요로 하는 아동"이라 함은 보호자가 없거나 보호자로부터 이탈된 아동 또는 보호자가 아동을 학대하는 경우 등 그 보호자가 아동을 양육하기에 부적당하거나 양육할 능력이 없는 경우의 아동을 말한다. 그리고 이러한 "보호를 필요로 하는 아동"을 보호하기에 적합한 가정에 일정 기간 위탁하는 것을 "가정위탁"이라 한다. 아동을 가정위탁 하려는 자의 조건은 다음과 같다.

□「아동복지법」시행규칙 제2조
1. 위탁된 보호대상아동(이하 "위탁아동"이라 한다)을 양육하기에 적합한 수준의 소득이 있어야 한다.
2. 위탁아동에 대하여 종교의 자유를 인정하고 건전한 사회 구성원으로 자랄 수 있도록 양육과 교육을 할 수 있을 것
3. 가정위탁보호를 하려는 사람은 25세 이상(부부인 경우, 부부 모두 25세 이상)으로서 위탁아동과의 나이 차이가 60세 미만일 것
4. 자녀가 없거나 자녀(18세 이상인 자녀는 제외한다)의 수가 위탁아동을 포함하여 4명 이내일 것
5. 가정에 성범죄, 가정폭력, 아동학대, 정신질환 등의 전력이 있는 사람이 없을 것

「아동복지법」에 의하면 클라이언트는 "보호를 필요로 하는 아동"에 해당하며, 위탁가정의 부모는 가정위탁의 조건을 모두 충족하고 있어 클라이언트를 보호하기에 적합한 가정으로 평가된다. 따라서 클라이언트가 현 위탁가정에 입양될 경우 비교적 풍족한 가정환경에서 위탁부모의 보살핌을 받을 수 있을 것으로 예상된다. 그러나 사회복지사는 클라이언트가 현 위탁가정에서 적지 않은 기간 동안 지냈음에도 위탁부모에게 마음을 열지 못하고 외할머니와 함께 생활하기를 원한다는 사실에 주목해야 한다. 사회복지사는 클라이언트에게 안전한 환경을 제공해야 할 의무가 있는 동시에 클라이언트의 자기결정권 및 행복추구권 또한 존중해야 한다. 이에 따라 기존 위탁가정에의 입양이라는 선택은 클라이언트의 자기결정권과 행복추구권을 고려하지 못하며, 정서적 불편으로부터 클라이언트를 보호하지 못하는 결정일 수 있다.

◎ 미성년자의 자기결정권을 인정할 수 있는가?
클라이언트는 가정위탁 기간의 만료 후 '누가 자신을 보호하고 양육할 것인가'라는 문제에 대해 외할머니가 자신의 양육자가 되기를 바라고 있다. 이 경우 미성년자인 클라이언트

의 자기결정권을 인정할 수 있는가에 대한 이슈가 있다. 그러나 모든 클라이언트가 자기결정이 가능한 것은 아니며, 클라이언트가 너무 어리거나 정신적으로 무능력할 때, 자신 혹은 타인에 위험을 가하는 경우에는 자기결정권이 제한될 수 있다(이효선 외, 2012).

일반적으로 우리 사회에서 자기결정권은 성인 연령(만 19세)을 기준으로 주어진다. 따라서 미성년자는 자율적 결정 능력이나 지식과 경험이 부족하다는 이유로 성숙한 판단 능력을 지니지 못한다고 간주되기도 한다. 그러나 최윤진(2005)에 따르면 이러한 연령 기준은 타당성과 공정성을 담보하지 못하며, 청소년의 개인적 발달 수준과 능력에 따라 미성년자라 하더라도 그들의 자기결정권을 인정해야 함을 설명하고 있다. 우리나라는 민법 제807조에 의해 만 18세 이상 청소년의 결혼을 허용하고 있다. 비록 이러한 결정에는 보호자의 동의가 전제되어 있으나 이것은 우리 사회가 미성년자라 하더라도 청소년의 자기결정권을 인정하고 있다는 하나의 사례로 볼 수 있다. 이 사례의 클라이언트는 현재 16세로서 자신의 앞날에 대한 충분한 판단 능력을 가지고 있으므로 사회복지사는 클라이언트의 자기결정권을 인정하여야 한다.

② 감정: 영향 받을 사람에 대한 보호

감정을 고려한 질문들은 당신의 결정과 행위에 의해 영향받을 수 있는 개인들과 집단의 안녕(well-being)에 주의를 기울이게 한다.

Ⓐ 문제를 바라보는 그들의 개인적 경험은 무엇인가? 그들의 경험이 당신에게 어떤 정보를 주는가?

클라이언트는 현재 위탁부모의 보살핌 아래 물질적으로 부족함 없는 삶을 살고 있다. 그러나 그는 어머니와 분리되고 위탁가정으로 오게 될 당시 담당 사회복지사와 여러 위탁부모에게 자신의 상황에 대한 충분한 설명을 듣지 못하였고, 잦은 생활환경의 변화, 어머니와 외할머니에 대한 그리움으로 인해 상당한 불안감과 스트레스를 가지고 있다. 또한 클라이언트는 자신의 친모에게 버려졌다는 생각을 가지고 있어 슬픔과 외로움, 죄책감, 두려움 등의 부정적 감정을 가지고 있다.

Ⓑ 그 문제에 대한 당신의 가치는 무엇인가?

사회복지사는 가정은 개인에게 안전과 안락함을 제공해 주어야 한다고 생각하며, 이에 따라 클라이언트가 직접적·잠재적 위험으로부터 안전하고 안락한 환경에서 성장하고 발달할 수 있도록 돕는 것에 중점을 두고 있다. 이에 따라 사회복지사는 클라이언트가 적절한 물질적·정서적인 지원을 제공받을 수 있는 위탁부모에게서 성장하기를 바라고 있다. 또한 사회복지사는 클라이언트의 자기결정권과 행복추구권이 침해되어서는 안 된다고 생각하며 그가 원하는 대로 외할머니와 함께 생활하는 방안을 고려하기도 한다.

③ 사고: 그것을 사용하기 위한 요소와 지혜

사고의 과정은 윤리적인 추론을 하도록 돕는다. 이러한 질문들은 포괄적이고 종합적으로 생각하고 타인과 협력할 수 있는 형식을 제공한다.

Ⓐ 행동을 위한 선택사항과 대안은 무엇인가?

첫 번째 선택사항은 현 위탁가정의 부모가 클라이언트를 입양하여 보호하고 양육하는 것이다. 그러나 클라이언트는 어머니와 외할머니에 대한 그리움으로 위탁부모에게 마음을 열지 못하고 있으며, 이 가정에서의 생활에 적응하지 못하고 있다. 이러한 상황에서 사회복지사가 클라이언트의 적응을 위해 가장 관심을 가져야 할 부분은 그의 정서적 문제다. 사회복지사는 클라이언트의 어머니, 외할머니에 대한 그리움과 불안한 감정을 다뤄 주어야 하며, 클라이언트가 처한 상황에 대해 그가 충분히 이해할 수 있도록 설명해야 한다. 이를 위해 사회복지사는 현 위탁부모와 외할머니와 협력하여 클라이언트가 새로운 가정에 잘 적응할 수 있도록 도와야 할 것이다. 이러한 선택의 경우 클라이언트 및 위탁가정에 대한 지속적인 모니터링과 사후관리가 요구된다.

두 번째 선택사항은 친척인 외할머니가 클라이언트를 보호하고 양육하는 것이다. 클라이언트는 평소 외할머니를 만날 수 있기를 희망해 왔으며, 위탁부모가 아닌 외할머니와 함께 생활하고자 하는 의사를 표현하였다. 이에 따라 사회복지사는 클라이언트가 스스로 자신과 관련된 문제 상황에서 좋은 결정을 할 수 있는 능력과 행복을 추구할 권리가 있다는 것을 인정하고, 최대한 그의 의사를 반영할 수 있도록 노력해야 할 것이다. 그러나 이 경우 경제적·환경적으로 열악한 외할머니의 상황으로 인해 클라이언트가 성장하는 데 있어 적절한 지원을 받지 못할 수 있음을 고려해야 한다. 이에 따라 사회복지사는 현존하는 지역사회 자원을 동원하여 클라이언트와 외할머니에게 생활에 필요한 물품 및 서비스를 제공해야 할 것이다. 이 선택의 경우에도 클라이언트와 외할머니에 대한 지속적인 모니터링과 사후관리가 요구된다.

ⓑ 윤리강령이 전문적 의무와 관련하여 당신을 어떻게 안내하는가? (한국 사회복지사 윤리강령)

> Ⅱ. 1. 1) 사회복지사는 클라이언트의 권익옹호를 최우선의 가치로 삼고 행동한다.
> Ⅱ. 1. 3) 사회복지사는 클라이언트가 자기결정권을 최대한 행사할 수 있도록 도와야
> 하며, 그들의 이익을 최대한 대변해야 한다.
> Ⅱ. 1. 5) 사회복지사는 클라이언트가 받는 서비스의 범위와 내용에 대해 정확하고 충
> 분한 정보를 제공함으로써 알 권리를 인정하고 존중해야 한다.

ㄱ. 사회복지사는 클라이언트의 권익옹호를 최우선의 가치로 삼고 행동한다.

사회복지사는 클라이언트가 인간으로서의 존엄성을 누릴 수 있도록 그의 권익을 옹호하고 대변해야 한다. 따라서 현 위탁부모와 외할머니 중 어떠한 선택이 클라이언트의 권리와 이익을 가장 옹호하는 대안이 될 수 있을 것인지를 고려해야 한다.

ㄴ. 사회복지사는 클라이언트가 자기결정권을 최대한 행사할 수 있도록 도와야 하며, 그들의 이익을 최대한 대변해야 한다.

사회복지사는 클라이언트가 자기결정권을 최대한 행사할 수 있도록 도와야 한다. 이러한 조항에 따라 사회복지사는 클라이언트의 자기결정권을 존중하여 현재 위탁가정으로의 입양과 외할머니에 의한 입양이라는 두 가지 사항에 대하여 그가 어떤 의견을 가지고 있는지 충분히 들어본 후 최종 결정을 내릴 때에도 그의 의사를 존중해야 한다.

ㄷ. 사회복지사는 클라이언트가 받는 서비스의 범위와 내용에 대해 정확하고 충분한 정보를 제공함으로써 알 권리를 인정하고 존중해야 한다.

사회복지사는 위탁부모 혹은 외할머니에 의한 입양이라는 두 가지 선택사항에 대해 클라이언트에게 충분한 정보를 제공함으로써 그의 알 권리를 인정하고 존중해야 한다. 또한 위탁가정의 부모와 외할머니에게도 클라이언트의 거취와 양육을 결정하는 데 권리가 있다는 것을 인정하며, 그 누구보다 클라이언트에게 관심을 가지는 만큼 결정을 내리기까지의 과정을 그들과 함께 의논하여야 한다. 또한 사회복지사는 위탁부모 혹은 외할머니가 클라이

언트를 양육하게 될 경우 따라야 할 입양절차와 입양을 함으로써 발생하는 그들의 의무, 제공되는 서비스와 혜택에 대한 정보를 제공해야 한다.

ⓒ 다른 사람들과 그 문제를 논의하였는가?

사회복지사는 윤리적 딜레마를 처리하는 과정에서 슈퍼바이저를 포함한 동료 전문가들에게 조언을 구하거나 그들과 함께 논의할 수 있다. 이때 사회복지사마다 관점과 의견이 다를 수 있으니 함께 논의하고 토론하여 가장 바람직한 결정에 도달할 수 있도록 노력한다.

④ 대안에 대한 평가

이러한 질문들은 윤리이론과 원칙, 철학의 관점으로부터 여러 가지 대안의 도덕적 함의를 고려하도록 한다.

Ⓐ 어떤 선택이 최선의 이익을 생산하고 최소의 손해를 가져오는가?

	대안 1(현 위탁가정에의 입양)	대안 2(외할머니의 양육)
최선의 이익	• 클라이언트가 비교적 풍족한 경제적 · 물질적 환경에서 생활할 수 있다.	• 클라이언트의 자기결정권과 행복추구권을 존중할 수 있다. • 외할머니와의 유대가 강화될 수 있다.
최소의 손해	• 클라이언트의 자기결정권과 행복추구권을 존중할 수 없다. • 클라이언트가 정서적 안정감을 제공받지 못함으로 인해 그의 성장과 발달에 부정적인 영향을 미칠 수 있다.	• 클라이언트가 생활하기에 열악한 환경으로 적절한 경제적 · 물질적 지원을 받지 못할 수 있다.

Ⓑ 어떤 선택이 모든 제3자의 존엄과 권리를 존중하는가?

대안 1(현 위탁가정에의 입양)	대안 2(외할머니의 양육)
• 위탁부모의 의사를 존중할 수 있다. • 클라이언트의 자기결정권과 행복추구권을 존중할 수 없다. • 클라이언트가 경제적 · 물질적 어려움이 없는 환경에서 적절한 생활수준을 누릴 권리를 존중받을 수 있다.	• 외할머니의 의사를 존중할 수 있다. • 클라이언트의 자기결정권과 행복추구권을 존중할 수 있다. • 클라이언트의 성장 및 발달에 적합한 환경에서 생활할 권리를 존중받지 못한다.

ⓒ 어떤 선택이 공동의 이익을 증진시키고 모든 관련자를 돕는가?

대안 1(현 위탁가정에의 입양)	대안 2(외할머니의 양육)
• 클라이언트가 현 위탁가정에 잘 적응할 경우 클라이언트와 위탁부모의 이익을 증진시킬 수 있다. • 바람직한 입양 사례가 됨으로써 사회복지사, 기관의 이익을 증진시킬 수 있다.	• 클라이언트와 외할머니의 이익을 증진시킬 수 있다. • 클라이언트가 적절한 지원을 받지 못함으로 인해 문제가 발생할 수 있다.

ⓓ 어떤 선택이 관계를 존중하고 강화하는가?

대안 1(현 위탁가정에의 입양)	대안 2(외할머니의 양육)
• 위탁부모와 클라이언트의 부모-자녀 관계를 존중하고 강화할 수 있다. • 클라이언트와 외할머니와의 관계를 존중하거나 강화하지 못한다. • 사회복지사 및 기관과 위탁부모의 관계가 강화된다.	• 클라이언트와 외할머니의 관계를 존중하고 강화할 수 있다. • 클라이언트와 위탁부모의 관계를 존중하거나 강화하지 못한다. • 사회복지사 및 기관과 외할머니의 관계가 강화된다.

ⓔ 어떠한 선택이 장래에 유효한가?

클라이언트가 건강하고 행복한 생활을 누릴 수 있도록 사회복지사는 클라이언트에게 안전하고 안락한 환경을 제공할 의무가 있다. 이를 위해서 클라이언트가 생활하게 될 가정은 클라이언트를 지원하는 일에 경제적으로 어려움이 없어야 하며, 정서적 안정을 도모하고 충분한 지지를 제공할 수 있는 곳이어야 한다. 이러한 조건에 의하여 현재의 위탁부모가 클라이언트를 입양하여 양육하는 것이 클라이언트의 장래에 유효한 선택이라고 판단되었다. 그리고 외할머니를 그리워하는 클라이언트를 위해 그가 현 위탁가정에서 생활하면서 외할머니와의 관계를 강화시킬 수 있는 방안을 마련하는 것이 바람직한 방안이라 여겨졌다.

⑤ 행위: 결정하고 이행하기

행위와 관련된 질문들을 고려하고 나면 결정하고 이행할 수 있다.

ⓐ 이러한 관점을 고려하면 어떠한 선택이 옳은가?

지금까지 Manning의 의사결정 모델을 적용하여 윤리적 이슈에 대한 인식, 감정, 사고, 대안에 대한 평가단계를 살펴보았다. 이러한 절차에 따른 두 가지 선택사항에 대한 관점들을 살펴보았을 때 각 선택사항마다 장단점이 존재하는 것을 알 수 있었다. 이를 고려하여 사회복지사는 기존의 위탁부모가 클라이언트를 입양하여 양육하는 것이 옳은 선택이라고 판단하였다. 또한 위탁부모가 민수를 책임지되, 외할머니를 그리워하는 클라이언트가 주기적으로 외할머니와 만날 수 있도록 하는 보완적인 방안을 고려하였다. 사회복지사는 이러한 결정과 행위에 대해 상사, 동료, 가족, 사회에 숨김없이 개방할 수 있다.

⑥ 결정과 행동에 대한 반성

이 부분은 결정과 행위, 결정 이행의 평가를 촉진시키며, 더 나아가 당신과 기관을 위한 배움을 제공한다. 반성의 결과는 정책과 실천을 향상시키기 위한 기초가 될 수 있다.

Ⓐ 무엇이 결정의 예상치 못한 결과인가?

현 위탁부모에의 입양이라는 선택에 대해 예상하지 못한 결과로는 클라이언트와 외할머니의 반대를 들 수 있다. 이러한 경우에 대비하여 사회복지사는 클라이언트의 입양에 관한 결정을 내리기 전, 이들에게 결정의 타당함을 설명하며 충분한 이해 및 설득, 동의를 구할 수 있어야 한다.

다음은 외할머니와 함께 살고 싶다는 클라이언트의 의사가 존중되지 않아 클라이언트가 좌절을 경험할 수 있다는 점이다. 이에 따라 사회복지사는 클라이언트가 불안감이나 절망감을 느끼지 않도록 그의 감정을 이해하고 다루어 주어야 하며, 위탁부모의 협조 하에 클라이언트가 주기적으로 외할머니를 만날 수 있는 기회를 마련해야 할 것이다.

➡ 결론: 사회복지사의 입장

앞의 사례는 어머니의 방임으로 인해 장기 위탁된 청소년을 누가 보호하고 양육하는 것이 옳은가에 대한 윤리적 딜레마다. 클라이언트는 10년 동안 세 위탁가정을 전전한 청소년이며, 그는 친어머니와 외할머니에 대한 그리움과 빈번한 생활환경의 변화로 인해 불안함을 느끼고 있다. 이러한 상황에서 사회복지사는 클라이언트를 입양하기를 원하는 현 위탁부모와 클라이언트가 함께 생활하기를 원하는 외할머니 중 누가 클라이언트를 양육하는 것이 옳은가에 대해 갈등하고 있다.

이와 같은 딜레마 상황에서 사회복지사는 클라이언트가 안전하고 안락한 환경에서 생활할 수 있도록 돕는 방안에 중점을 두어 현 위탁가정의 부모가 클라이언트를 입양하는 선택이 바람직하다고 판단하였다. 이러한 결정은 클라이언트의 자기결정권과 행복추구권을 존중하지 못할 수 있으나, 청소년인 클라이언트가 성장하는 데 있어 필요한 물질적·정서적 지원을 제공받으며 적절한 생활수준을 누릴 권리와 이익을 추구하는 선택으로 여겨진다. 그러나 이처럼 사회복지사의 전문적 판단에 의해 클라이언트의 자기결정권 및 행복추구권을 존중하지 못하는 경우에도 사회복지사는 각각의 선택사항에 대해 클라이언트의 의사를 묻고 상의하여 클라이언트의 권리를 최대한 반영하기 위해 노력해야 한다.

한편 이러한 선택의 결과 클라이언트가 외할머니와 함께 생활하지 못함으로 인해 실망하거나 좌절할 수 있으므로 사회복지사는 이러한 클라이언트의 감정을 다뤄 주며, 동시에 결정의 타당성에 대해 충분히 이해하고 납득할 수 있도록 설명해주어야 할 것이다. 그리고 평소 클라이언트가 가지고 있는 외할머니에 대한 그리움과 잦은 생활환경의 변화로 생긴 불안한 감정에 대한 개입이 속히 이루어져야 한다. 외할머니를 그리워하는 클라이언트를 위해 사회복지사는 위탁부모와 협력 하에 클라이언트와 외할머니가 주기적으로 만날 수 있는 기회를 마련해야 할 것이다. 마지막으로 사회복지사는 입양 이후에도 클라이언트와 입양가정에 지속적인 관심을 기울이고, 그가 성장하는 과정에서 위탁부모 및 외할머니와 협력하여 클라이언트가 건강하고 행복한 삶을 영위할 수 있도록 도와야 할 것이다.

3. 올바른 윤리적 의사결정을 방해하는 장애요소와 실제 사례

사회복지 실천에 있어서 사회복지사는 다양한 윤리적 딜레마에 직면하게 된다. 사회복지사는 클라이언트의 삶에 개입하며, 그 선택은 클라이언트의 삶의 질을 결정짓게 되므로 다른 여타 직업군보다 옳은 판단과 의사결정을 할 수 있어야 한다. 앞에서 Reamer, Dolgoff, Loewenberg, Harringtion 그리고 Manning의 의사결정 모델을 통해 윤리적 갈등 상황에서 의사결정의 준거로서 윤리적 의사결정의 원칙과 과정을 살펴보았다.

이 장에서는 윤리적 갈등 상황에서 의사결정을 하는 데 흔히 발생하는 실수들을 살펴보고자 한다. 저자는 15년 이상 '사회복지 윤리와 철학'을 강의하면서 사회복지사와 학생들에게 윤리적 의사결정을 이해시키기 위해 윤리적 딜레마를 설정하고, 사회복지 윤리이론과 원칙을 적용하여 어떻게 옳은 선택을 내릴 것인가를 결정하는 연습과 훈련을 실시하였다. 그런데 이 과정에서 많은 사회복지사와 학생들이 윤리적 딜레마가 무엇인지 제대로 이해하지 못하거나, 사회복지 실천 지식이나 윤리이론에 대한 이해가 부족하여 윤리적 문제에 직면했을 때 어려움을 겪는 것을 볼 수 있었다. 이에 사회복지사와 학생들이 윤리적 갈등과 의사결정 상황에서 자주 범하는 실수의 예를 살펴봄으로써 윤리적 의사결정 과정에 대한 이해를 돕고자 한다.

1) 윤리적 딜레마를 잘못 이해한 경우

딜레마(dilemma)는 고대 그리스어에서 유래하여 둘(two)을 뜻하는 디(di)와 가정(assumption)을 뜻하는 레마(lemma)가 합쳐져서 만들어진 용어로 하나의 상황 안에 두 가지의 가정이 있음을 의미한다. 즉, 딜레마란 비슷한 비중의 가치를 지닌 두 가지 행동양식 중에서 하나를 선택해야 하는 어려움 내지 곤경에 처한 상태를 의미한다. 윤리적 딜레마는 "사회복지사가 두 가지 이상의 윤리적 의무를 갖고 있지만 한 가지를 위반하지 않고는 다른 것을 지키거나 따를 수 없는 상황에서 필연적으로 발생하며, 한 측에게 피해 혹은 고통을 야기시키는 상황"이다(서울대학교 사회복지실천연구회, 1998). 어떤 상황이 딜레마가 되기 위해서는 두 개의 대안이 서로 충돌해야 하고, 각 대안의 정당성을 주장하는 상충적인 가치가 존재해야 하며, 각 대안을 지지하는 행위자(그것이 개인이든 혹은 집단이든)가 갈등 상황에 놓여 있어야 한다(윤견수 외, 2000). 만일 한 방법이 명백히 옳고 다른 방법이 명백히 틀리다면 윤리적 딜레마는 발생하지 않을 것이다.

사회복지사와 학생들이 윤리적 딜레마를 설정하는 데 있어 가장 실수하는 부분은 윤리적 갈등을 일상의 갈등으로 이해하는 데 있다. 즉, '전문가로서의 갈등'을 개인의 '일상적 갈등'과 혼동하거나 같은 선상에서 생각하는 것이다. 사회복지 실천에서의 윤리적 딜레마는 전문직의 가치가 상충하여 발생하는 것이다. 그러나 이를 제대로 이해하지 못한 경우 전문직 가치가 상충하는 갈등이 아닌 자신들이 해결하기 어려운 일상생활의 갈등을 윤리적 딜레마로 간주하게 된다. 이러한 갈등은 일상적으로 습관화된 개인의 갈등이며, 자신의 사적 이해관계가 반영된 의사결정을 낳을 우려가 있다.

실제 학생들이 윤리적 딜레마를 다루고 연습하는 과정에서 윤리적 딜레마를 잘못 이해한 사례를 살펴보면 다음과 같다.

사 례

클라이언트 A는 ○○시 자살예방센터에 전화 상담을 요청하였다. A는 이전에 한 번 자살시도를 했던 경험이 있음을 밝히며, 사회복지사에게 상담을 받았다. 사회복지사는 A의 집 주소, 전화번호와 같은 기본 신상 명세를 알아둔 후 그와 상담을 진행하였다. 그런데 A는 몇 차례의 상담을 진행하던 중 사회복지사에게 그동안 고마웠다며 더 이상 상담을 받지 않겠다고 하였다. A는 평소와 달리 평안한 모습을 보였고, 사회복지사는 이 점이 자살 징후일 가능성이 있다고 생각했다. 원칙대로라면 사회복지사는 개입을 원하지 않는 클라이언트에게 계속해서 상담을 받으라고 강요할 수 없다. 모든 상담 및 개입과정에는 클라이언트의 동의가 필요하기 때문이다. 그러나 A는 충분한 상담을 받지 못했으며, 자살을 준비하는 사람에게 나타나는 증상들을 보였다. 이때 사회복지사는 개입 중단을 요청한 A의 자기결정권을 존중하여 개인정보를 파기하고 개입을 중단해야 할까? 아니면 수집된 정보를 통해 A를 찾아가 그가 자살하려는 것을 막기 위해 개입해야 할까?

학생들은 앞의 사례를 클라이언트의 생명보호와 자기결정권의 가치가 상충하는 상황으로 설정하였다. 이에 따라 사회복지사가 자살 징후를 보이는 클라이언트에게 개입해야 하는지 아니면 클라이언트의 자기결정권을 존중하여 더 이상의 개입을 중단해야 하는지를 두고 갈등하고 있다. 그러나 이 사례는 생명보호와 자기결정권 존중이라는 가치의 무게가 맞지 않아 윤리적 딜레마가 성립될 수 없다. 생명이 위협받는 상황에서는 생명보호의 원칙이 극대화되고 자기결정권은 거부되어야 한다. 생명보호의 원칙은 자기결정권에 언제나 우선하며, 따라서 자살이나 타인의 생명을 위협하는 행위 등에서는 자기결정권이 인정될 수 없는 것이다. 비슷한 비중을 지닌 가치가 상충하는 상황이 딜레마라면, 앞의 상황에서는 당연히 생명보호를 위한 선택을 우선해야 하기 때문에 딜레마라고 볼 수 없는 것이다. 이처럼 윤리적 딜레마가 성립되지 않는 상황을 윤리적 딜레마 상황이라고 생각하는 예는 빈번하게 나타난다. 사회복지 실천에서의 윤리적 딜레마는 '전문직 가치와 원칙'에 근거해서 이해되어야 하며 '일상적으로 고민되는 상황'을 모두 딜레마라고 생각해서는 안 될 것이다.

2) 사회복지 실천 지식과 윤리이론에 대한 이해가 부족한 경우

(1) 사회복지 실천 지식을 잘못 이해한 경우

윤리적 딜레마 상황에서 의사결정을 할 때 사회복지 실천 지식을 잘못 이해한 경우 역시 윤리적 의사결정을 어렵게 한다. 특히 사회복지사와 학생들의 사례에서 보면 주로 자기결정권과 비밀보장의 의미 혹은 그 한계를 이해하지 못하거나, 전문직 가치와 개인적 가치를 혼동하는 데서 실수가 발생하였다. 실제 사례는 다음과 같다.

① 자기결정권에 대한 잘못된 이해

클라이언트의 자기결정은 사회복지 실천의 개입 과정에서 클라이언트가 자신의 삶에 대해 스스로 선택하고 결정할 수 있는 권리와 욕구가 있다는 것에 기초한다. 그러나 모든 클라이언트가 자기결정이 가능한 것은 아니다. 클라이언트의 자기결정은 지적·신체적 능력 또는 사회제도나 법률, 윤리적인 규범, 기관의 기능 등에 의해서 제한되기도 한다(조휘일 외, 2008). 예를 들어, 클라이언트가 너무 어리거나 정신적으로 무능력할 때, 자살과 같이 되돌릴 수 없는 행동을 막을 수 있을 때 또는 클라이언트의 결정이나 행동에 개입하는 것이 중대한 범죄를 막는 등의 다른 자유를 보장하는 경우에는 자기결정권을 제한할 수 있다. 이 경우 사회복지사는 클라이언트의 수준에 맞는 대안을 제시하고 클라이언트의 자기결정권이 최소한으로 침해될 수 있도록 도와야 한다(이효선 외, 2012).

자기결정권은 '자의성(willingness)'과 구분되어야 한다. 자기결정권은 스스로 결정할 수 있는 권한으로 자율성이라고 부르기도 한다. Kant(1785)에 의하면 인간은 스스로 결정하고 판단하며, 그로 인해 모두에게 존중되어야 하는 존재다. 따라서 자율성은 이성적 능력을 발휘할 수 있는 중요한 조건이며 핵심가치다. 또한 Kant의 자율성은 이미 객관적 도덕원칙을 전제하고 있다. 개인이 이성적으로 자율적인 판단을 하기 위해서는 그가 속한 공동체의 객관적 도덕원칙을 잘 이해해야 한다는 것이다. 즉, 이성원칙으로서의 자율성은 근본적으로 객관적 도덕원칙과의 일치가 요구된다. 반면, 자율성과 유사한 개념인 자의성은 주관적인 태도에 따라 자유롭게 판단하는 것을 말하는 것으로, 객관적 준칙에 의해 형성되는 것이 아니라 순수한 주체의 심리적 결단을 의미한다. 즉, 자의성에 의한 결정은 객관적인 이성준칙을 따르지 않는 주관적-심리적 상태를 의미하는 것이다. 이처럼 전문가로서 사회복지사는 자율성과 자의성을 혼동해서는 안 되며, 클라이언트의 자의성이 아닌 자율성을 최대한 증진시킬 수 있는 실천을 해야 할 것이다.

자기결정권의 개념과 한계를 제대로 알지 못하는 경우에도 윤리적 의사결정 과정에서 클라이언트의 자기결정권이 적절한 적용점에서 발현되지 않을 수 있다. 예를 들어, 클라이언트의 지적능력이 낮거나 어린 아이의 경우 그들의 자기결정권이 제한될 수 있음에도 사회복지사가 자기결정권의 한계를 제대로 알고 있지 못하면 클라이언트의 자기결정권을 인정하지 못하는 문제로 고민하거나 이러한 상황을 윤리적 딜레마라고 보는 경우가 있다. 결국 '자기결정권'이라는 전문 용어에는 익숙하지만 실제 자기결정권이 어떻게 적용되어야 하는지 혹은 어떤 경우에 제한되어야 하는지 이해하지 못함으로써 윤리적 갈등을 겪는 것이다.

사 례

지체장애 1급(하반신 마비)인 류○○(남) 씨와 지적장애 3급 및 조현병을 앓고 있는 이□□(여) 씨 사이에는 6살 된 딸 류△△ 양이 있다. 클라이언트(류△△ 양)는 어머니의 조현병 증상으로 인해 폭력에 시달리고 있으며, 이는 아버지조차도 제어할 수 없는 상태다. 아버지는 클라이언트가 안전한 환경에서 성장할 수 있기를 희망하여 사회복지사를 통해 클라이언트의 위탁을 의뢰하였다. 그 후 클라이언트는 위탁가정에서 생활하게 되었으나 계속해서 아버지를 그리워하고 불안한 모습을 보였으며, 위탁가정에서 적응하지 못하고 기관으로 돌아오게 되었다. 현재 아버지는 또다시 클라이언트의 위탁을 의뢰하고자 하며, 클라이언트는 아버지와 떨어지는 것에 불안을 느끼고 집에서 지내고 싶어 하는 상황이다. 사회복지사는 부모와 함께 살기를 원하는 클라이언트의 자기결정권을 우선해야 하는지 혹은 클라이언트가 안전한 환경에서 성장할 수 있도록 가정위탁을 지원해야 하는지에 대한 고민에 빠졌다.

학생들은 앞의 사례를 6세 류 양의 자기결정권과 클라이언트에게 안전한 환경을 제공해야 할 사회복지사의 의무가 상충하는 상황으로 보았으며, 이에 대한 행동방침으로 류 양이 자신의 집에서 생활하거나 가정위탁을 받는 방안을 고려하였다. 그러나 이 사례에서 학생들은 '6세 아동의 자기결정권이 인정될 수 있는가'라는 측면을 간과하였다. 자기결정권은 합리적 선택 능력을 전제로 주어지는 것이며, 어린 아이는 합리적 선택 능력과 자율적 결정 능력이 없기 때문에 자기결정권이 제한될 수 있다. 만약 류 양이 합리적이고 이성적인 판단이 가능하다고 볼 수 있는 연령(10대 후반 이상)이라면, 클라이언트의 자기결정권과 클라이언트에게 안전한 환경을 제공해야 하는 사회복지사의 의무가 윤리적 딜레마로 작용할 수 있을 것이다. 그러나 앞의 사례는 미성숙한 아이의 자기결정권을 존중하는 문제와 사회복지사의 의무가 상충하는 윤리적 딜레마 상황으로 적절하다고 볼 수 없다. 자기결정권이 인정되지 않는 예외 상황에 대한 이해가 부족할 때 나이가 어린 클라이언트의 자기결정권을 인정해야 한다고 주장하는 실수를 범하게 되는 것처럼, 사회복지 지식이 준비되지 않은 경우 윤리적 갈등 상황에서 가치를 평가하고 윤리원칙을 적용하는 데 어려움을 겪을 수 있다. 따라서 사회복지사는 올바른 결정을 위해 사회복지가 추구하는 가치에 대한 명확한 이해와 적용이 가능하도록 해야 할 것이다.

② 비밀보장 원칙에 대한 잘못된 이해

비밀보장은 전문적 관계의 중요한 원칙으로, 클라이언트에 관한 정보를 누출시키지 않아야 할 윤리적 책임과 관련된다. 사회복지사는 클라이언트의 사생활을 존중하고, 효과적인 서비스 제공 목적으로만 정보를 취합하며 클라이언트의 동의 하에서만 정보를 공개해야 한다. 그러나 비밀보장이 제한되는 경우가 있는데, 이는 슈퍼비전과 상담이 필요할 때, 클라이언트가 비밀보장을 포기할 때, 클라이언트가 자신과 다른 사람에게 위험을 가할 때, 아동이나 노인학대가 의심되어 보고할 때, 비밀보장 특권, 소환장을 발부할 때 등이 있다. 예를 들어, 클라이언트가 누군가를 해칠 의도 및 계획을 가지고 있음을 사회복지사가 알게 되는 경우 타인이 해를 입지 않도록 이러한 사실을 알리고 그들을 보호해야 한다. 그러나 자기결정권에서와 마찬가지로 많은 사회복지사와 학생들은 비밀보장의 한계를 명확히 이해하지 못함으로 인해 윤리적 갈등을 잘못 설정하거나 윤리적 의사결정을 제대로 하지 못하고 있다.

클라이언트 A는 16세 아들 B를 홀로 키우는 싱글맘으로, 식당 종업원으로 벌어들이는 수입과 기초생활수급비로 근근이 생계를 꾸려 나가고 있다. 그러던 어느 날 아들 B가 갑작스럽게 수술을 하게 되어 큰돈이 필요하게 되었다. A는 기초생활수급자로서 긴급의료 지원을 받아 300만 원을 마련하였지만 수술비와 입원비, 약값 등이 너무 많이 나와 지원액과 수중의 돈만으로는 경제적 부담을 감당할 수 없었다. 이에 A는 자신이 하는 일을 유지하면서 다른 부업을 찾아 수입을 늘리는 방법을 택하였으며, 이러한 방법이 부정수급에 해당하는 것을 알지만 이를 신고하지 않고 있다. 한부모 가족지원센터에서 A의 상담을 진행하던 사회복지사는 이러한 사실에 대해 알게 되었으며, 평소 부정수급의 심각성에 대해 강조하던 슈퍼바이저를 떠올리고는 클라이언트의 수급자격을 재심사하도록 해야 하는지, 비밀보장의 원칙을 지켜 A의 상황을 묵인해야 하는지 고민에 빠지게 되었다.

학생들은 앞의 사례를 클라이언트에 대한 비밀보장의 원칙을 지켜야 할 사회복지사의 의무와 사회정의를 실현하기 위해 사회구성원의 권리와 의무를 공정하게 분배해야 할 의무가 상충하는 상황으로 제시하였다. 여기서 사회복지사는 클라이언트의 병원비 마련을 위해 부정수급을 묵인할 것인지 혹은 클라이언트의 부정수급을 관련기관에 알려 재심사를 받게 해야 할 것인지를 고민하고 있다. 이 사례에서는 딜레마 자체의 이해에 대한 문제보다는 의사결정 과정에서 비밀보장의 의미와 그 한계를 잘못 이해함으로 인해 결론으로 제시한 사회복지사의 선택이 적절하지 않음을 볼 수 있었다. 학생들은 의사결정의 결과로써 A의 행위가 정당하지 않기 때문에 사회복지사는 담당 공무원에게 보고해야 한다는 의견을 제시하였다. 그 근거는 사회복지 실천에서 비밀보장의 원칙은 절대적인 것이 아니며, 클라이언트가 위법행위를 한 앞의 사례의 경우 제3자의 이익을 보호하기 위해 개인의 동의 없이 정보를 공개하는 행위가 허용될 수 있다는 것이다.

물론 앞서 논의한 것과 같이 타인에 대한 위험이 도사리고 있는 경우처럼 사회복지 실천에서 비밀보장의 원칙이 제한되는 상황이 있음은 분명하다. 그러나 학생들의 결론은 사회복지사가 클라이언트를 존중해야 하며, 그에 따라 클라이언트의 기밀 정보를 신중히 다루어야 한다는 점을 간과하고 있다. 따라서 학생들이 비밀보장 원칙의 출발이 인간존엄에서 시작된다는 것 그리고 비밀보장이 어느 선까지 지켜져야 하는지 그 한계를 제대로 알지 못하고 있다는 것을 보여 준다. 앞의 사례가 취할 수 있는 대안으로 사회복지사는 오히려 A와 함께 그녀의 행동에 따른 결과에 대하여 논의하고 최종 결정은 A가 스스로 내릴 수 있도록 인식시키는 일을 해야 할 것이다. 이것은 클라이언트의 자기결정권을 극대화하면서 비밀보장의 원칙을 지키는 방법이 될 수 있다.

(2) 윤리이론을 잘못 이해한 사례

전문성을 갖는다는 것은 전문적인 이론과 높은 수준의 가치를 지닌 지식을 기초로 합법적 자율성과 권리를 갖게 된다는 것을 뜻한다. 이러한 전문성의 정의에 근거하여 사회복지사의 전문적 실천을 위해서는 이론을 습득하는 과정이 우선시하여야 함을 생각해 볼 수 있다. 그리고 습득된 이론이 실천으로 통합되기 위해서는 무엇보다 사회복지사가 그 이론을 제대로 이해하고 있는가의 여부가 중요한 요소로 작용한다.

따라서 사회복지사가 윤리적 의사결정을 통한 옳은 실천을 하기 위해서는 어떤 선택이 옳고 그른가를 가려낼 수 있는 윤리이론에 대한 명확한 이해가 전제되어야 할 것이다. 윤리는 무엇이 옳고 그른가를 판단하는 기능이 있으며, 윤리이론은 옳고 그름을 판단하기 위한 수단으로 활용된다. 그러나 사회복지사와 학생들이 다룬 윤리적 딜레마 사례들을 살펴보면 윤리이론을 제대로 알지 못하거나 사회복지 서비스를 결정하는 데 적절한 윤리이론을 활용하지 못해 결과적으로 옳은 의사결정이 되지 못하는 것을 볼 수 있다.

사 례

○○시 A동 소재 지역사회복지관의 사회복지사는 A동의 주민자치위원으로 활동하고 있다. 얼마 전 ○○시는 A동에 보호관찰소를 이전하여 건립하겠다고 공표하였다. 이러한 시의 결정에 A동의 지역주민을 대표하는 주민자치위원회에서는 '보호관찰소 건립 반대 추진위원회'를 결성하고 학교 운영위원장들과 연대하여 적극적으로 반대 의견을 제기하였다. 주민자치위원회는 지역주민들로부터 받은 반대서명 3만 부를 시청에 제출하였고, 삭발집회 및 집단시위를 하는 등 조직적인 반대 운동을 펼쳤다. 또한 주민자치위원회는 현재 많은 지역주민이 복지관을 이용하고 있는 만큼 지역주민의 권리를 옹호하는 차원에서 사회복지사와 해당 복지관이 반대 운동을 지지해 줄 것을 요청하였다. 지역주민 대다수가 적극적인 반대 입장을 표명하며 보호관찰소 건립을 반대하는 상황에서 사회복지사는 어떻게 대처해야 하는지 딜레마에 빠졌다.

학생들은 앞의 상황에서 사회복지사가 어떠한 선택을 해야 하는가를 결정하는 데 있어 공리주의 이론을 적용하여 그 결과를 제시하였다. 학생들은 보호관찰소 건립을 반대하는 것이 지역주민을 잠재적 위험으로부터 보호할 수 있으며, 불안을 감소시킴으로써 지역주민의 이익과 권리를 극대화하는 방법이라고 보았다. 따라서 공리주의 이론을 적용하여 사회복지사는 다수의 이익을 위한 결정이라는 측면에서 지역주민의 반대 입장을 지지해야 한다는 결론을 내렸다. 그러나 이러한 학생들의 논의는 윤리적 의사결정 과정에서 공리주의 이론을 잘못 적용하고 있는 대표적인 예에 해당한다.

공리주의는 '어떠한 행위가 전체적으로 더 커다란 인간의 복지를 산출하는가'에 초점을 두며, 모든 사람의 복지를 동등하게 고려하는 관점이다(Harris, 1986). 공리주의에서는 그 행위가 영향을 미치는 관련된 모든 사람의 이익을 고려하여 이들에게 최선의 결과를 가져오는 행위가 옳다고 본다. 그렇다면 공리주의 입장에서의 논의를 전개하기 위해서는 앞의 사례에서 보호관찰소 건립을 반대하는 지역주민뿐만 아니라 보호관찰소 건립을 찬성하는 사람 혹은 보호관찰소를 이용하는 사람 등 보호관찰소 건립에 영향을 받는 모든 사람을 고려하여 어떠한 결정이 더 많은 이익을 가져오는지를 판단해야 한다. 그러나 앞의 사례에서는 반대의 입장에 있는 지역주민에 대한 논의만이 제시되고 있으며, 학생들은 보호관찰소를 반대하는 지역주민의 입장만을 고려하여 그들이 '다수'라는 이유만으로 공리주의 이론이 적용 가능하다고 보고 있다. 이것은 관련된 모든 사람에 대한 고려가 아닌, 특정 지역주민들의 이익과 권리만을 추구하는 것으로 공리주의 이론을 제대로 적용한 것이라고 볼 수 없다. A동 주민들의 집단 반대행위는 자칫 자신의 이익이 아닌 지역사회의 이익을 위하는 것처럼 보일 수 있다. 그러나 이러한 행위는 자신의 이익을 증진시킬 의도에서 먼저 타인의 이익에 공헌하는 집합적 이기주의의 유형으로서 실제적으로 개인의 이익을 추구하는 행위인 것이다. 따라서 앞의 사례는 '모든 사람의 복지를 동등하게 고려하는' 공리주의의 관점이 아닌 '모든 사람이 자신의 이익을 추구해야 한다는' 이기주의의 이론이 적용되어야 한다.

이기주의 이론에 근거하여 지역주민들이 보호관찰소 이전 건립을 반대하는 행위는 심리적 이기주의에 기인한다고 볼 수 있다. 보호관찰소 설치에 따라 부동산 가치가 하락하고, 범죄자들이 자주 드나들게 됨에 따라 안전에 위협을 받을 수 있다는 측면에서 이것은 즉각적이고 단기적인 자기이익만을 고려한 결과다. 그러나 장기적인 관점에서 살펴보면 보호관찰소의 설치는 개인과 사회 모두에게 이익을 가져올 수 있다. 보호관찰소를 설치함으로써 보호관찰대상자들이 사회구성원으로서 교화과정을 거쳐 사회로 복귀할 수 있고, 이들의 교화를 통해 범죄를 예방할 수 있는 것이다. 결과적으로 지역사회가 안전해질 수 있다는 측면에서 개인적·사회적 이익을 함께 누릴 수 있다는 윤리적 이기주의 차원에서의 논의가 가능하다. 따라서 앞의 사례의 사회복지사는 윤리적 이기주의의 관점에서 지역주민의 장기적인 권익을 추구하기 위해 보호관찰소 건립을 반대하는 지역주민의 입장을 옹호하기보다 그들의 심리적 이기주의가 윤리적 이기주의로 전환될 수 있도록 하는 노력을 해야 할 것이다. 사회복지사는 지역주민들에게 보호관찰소가 혐오 시설이 아닌 장기적 안목에서 지역사회의 안전과 발전을 도모하게 될 것이라는 점을 인식시키고, 지역자치위원으로서 그들이 우려하는 문제들을 상세히 파악하여 반대가 아닌 그 문제를 어떻게 해결해 나갈 것인가의 대안적인 차원에서의 지역주민의 권리를 옹호하는 역할을 할 수 있을 것이다.

(3) 전문직 가치와 개인적 가치의 혼동

인간서비스 분야의 전문직 종사자로서 사회복지사는 의사결정 시 전문직 가치에 근거한 실천을 하여야 하지만, 사회복지사 자신의 개인적인 생각이나 특성 등의 개인적인 가치가 영향을 미치는 것을 피할 수 없다(오혜경, 2006). 그러나 사회복지사는 전문직 가치와 개인적 가치의 경계를 이해하고 전문가로서 개인의 가치와 성향이 아닌 사회복지의 전문직 가치에 의한 의사결정을 해야 한다. 개인적 가치에 의한 의사결정은 자칫 기준 없는 실천을 낳을 우려가 있기 때문이다.

사회복지 실천의 전문직 가치는 사회복지사가 전문가로서 사회복지의 목적과 방향에 맞게 추구해야 하는 가치이며, 대표적인 전문직 가치로는 '개인의 가치와 존엄성' '개인에 대한 존중' '개인의 변화가능성에 대한 가치' '클라이언트의 자기결정권' '비밀보장과 사생활 보호' '적절한 자원과 서비스의 제공' '클라이언트의 역량강화' '동등한 기회보장' '비차별성' 및 '다양성 존중' 등을 들 수 있다(NASW, 1995: 894; 김상균 외, 2002 재인용). 이러한 전문직 가치는 사회복지사가 도덕적으로 옳은 선택이 무엇인지를 판단하고 결정하는 데 중요한 기준이 된다.

그러나 사회복지사가 자신의 개인적 가치를 민감하게 점검하지 않을 경우 의식하지 못한 채 자신에게 익숙하고 습관화된 개인적 가치에 의한 실천을 할 우려가 있다. 의사결정에 있어 개인적 가치의 영향을 완전히 배제할 수는 없으나 사회복지사가 전문가로서의 선택을 할 경우 자신의 개인적 경험과 일상적인 행위 습관에 대한 경계를 분명히 유지해야 한다(유연숙, 2015). 이를 위해서 사회복지사는 전문직 가치와 개인적 가치를 정확히 이해하고 구분해야 하며, 자신이 전문직 가치에 근거한 실천을 하였는지, 자신의 결정에 개인적 가치가 어떠한 영향을 미쳤는지와 같이 자신의 가치와 행동에 대한 평가와 성찰이 요구된다.

사 례

A 입양기관은 5월 22일 '가정위탁의 날'을 맞아 민간단체에서 사랑의 쌀 100포대를 지원받았다. 이에 따라 A기관은 보호대상아동을 가정위탁하고 있는 이들의 신청을 받아 50가구를 선정하여 쌀을 지급하기로 하였다. 사회복지사가 최종 선정된 가구들에 연락을 취하기 전날, A기관에서 쌀을 지원한다는 것을 알게 된 B는 본인도 쌀을 지원받고 싶다며 기관을 찾아왔다. B는 65세의 여성으로 아이들을 두고 집을 나간 아들 부부를 대신하여 손자, 손녀를 홀로 양육하고 있으며, 사회복지사에게 생활비의 부족으로 인해 손자녀의 끼니조차 제대로 챙기지 못하는 상황임을 토로하였다. 또한 현재 자신은 아이들을 대리 양육을 하는 것이나 마찬가지이니 쌀을 받을 수 있는 자격에 해당되지 않느냐며 간절히 호소하였다. 사회복지사는 클라이언트의 안타까운 상황을 듣고 B를 지원 대상에 추가하고 싶은 마음이 커졌다. 이러한 상황에서 사회복지사는 쌀 지원이 절실한 B를 지원대상자 목록에 추가하여 쌀을 제공받을 수 있도록 해야 하는지 혹은 원칙에 따라 지원대상에 해당하지 않으며, 이미 선정된 대상자들이 있는 만큼 지원을 거부해야 하는지에 대한 딜레마에 빠지게 되었다.

앞의 사례에서 학생들은 B와 그의 손자가 생계를 유지할 수 있도록 이미 대상자 선정이 마감된 쌀 지원대상에 B를 포함시켜야 하는지 혹은 원칙에 따라 앞서 선정된 대상자들에게만 쌀을 지원해야 하는지를 고민하고 있다. 앞 사례의 사회복지사는 전문직 가치와 윤리원칙보다 클라이언트에 대한 안타까움과 동정심이라는 사적 감정, 즉 개인적 가치가 우선하여 갈등이 발생한 것이다. 따라서 이 사례는 전문직 가치가 우선되어야 하는 사회복지사에게 적절한 윤리적 갈등이라고 볼 수 없다. 학생들이 이러한 사례를 윤리적 딜레마로 설정하고 고민하는 이유는 전문직 가치와 개인적 가치를 제대로 이해하지 못하는 것에서 기인한다. 사회복지사가 전문직 가치와 개인적 가치 간의 혼란을 경험하지 않고 전문직 가치에 따른 실천을 하기 위해서는 무엇보다 인간의 존엄성, 클라이언트의 자기결정권, 평등권 등과 같은 주요 사회복지 가치에 대해 그 우선순위와 결정 과정에 대한 명확한 지식과 경험을 갖추고 있어야 한다. 또한 사회복지사의 결정이 개인의 가치나 사회적 가치에 어떻게 영향을 받고 있는지 혹은 전문적 가치에 상반되는 결정은 아닌지를 항상 염두에 두어야 한다.

3) 가치 혹은 윤리원칙의 상충이 일어나는 주요 상황과 의사결정의 우선순위

사회복지 실천 과정에서 가치와 윤리원칙 간의 우선순위를 잘 알지 못하는 경우 또한 윤리적 의사결정을 어렵게 한다. 사회복지사가 사회복지 서비스를 제공하는 데 있어 옳은 결정을 내리기 위해서는 서로 다른 가치와 윤리원칙에 대한 상대적 중요성과 우선순위를 이해해야 한다. 사회복지에 핵심이 되는 전문직 가치와 주류사상은 여러 가지가 존재할 뿐만 아니라 경우에 따라서는 2개 이상의 가치가 상충할 수도 있기 때문이다. 이러한 가치와 윤리원칙의 우선순위는 윤리적 딜레마 상황에서 사회복지사가 결정을 내리는 기준이 된다.

앞서 제시한 사회복지사와 학생들의 사례에서는 주로 권리 상충 상황, 의무 상충 상황, 권리와 의무의 상충 상황에서 어떤 전문적 가치를 우선순위로 두어야 하는지 혼동하는 데에서 발생하는 실수들을 볼 수 있었다. 이에 따라 권리와 권리가 상충될 때, 의무와 의무가 상충될 때, 권리와 의무가 상충할 때 어떤 가치와 원칙이 우선되는지 다음과 같이 살펴보고자 한다.

(1) 권리와 권리의 상충
① 생명보호 대 자기결정권

윤리적 의사결정 과정에서 생명보호의 원칙과 자기결정권의 원칙이 부딪히게 되는 경우에는 생명보호의 원칙이 선행되어야 한다. 예를 들어, 자살을 하겠다고 한 클라이언트의 자기결정권과 생명보호의 문제를 들 수 있다. 이런 상황에서 사회복지사는 생명을 보호하기 위한 행위를 우선하는 것이 옳다. 생명보호는 인간존엄이라는 가치에서 출발하는 사회복지 실천의 제1원칙으로서 어떠한 상황에서도 인간의 생명은 가장 우선적으로 보호되어야 한다. 자기결정권은 클라이언트가 자신의 삶에 대해 스스로 선택하고 결정을 내릴 수 있는 권리로 사회복지 실천의 주요 원칙 중 하나다. 그러나 자기결정권은 모든 상황에 적용되지 않으며, 클라이언트가 자신 또는 타인에게 신체적 · 정서적 해를 끼치거나 직접적 혹은 잠재적으로 생명을 위협하는 조건들이 있을 때에는 허용되지 않는 한계를 갖는다. 따라서 클라이언트의 생명보호와 자기결정권이 상충할 경우 생명보호가 우선되어야 하며, 자기결정권은 제한될 수 있다.

② 폭력적인 해악으로부터 보호받을 권리 대 비밀보장권

인간행동의 필수적 전제조건(생명, 건강, 음식, 주거, 정신적 안정)에 대한 해악으로부터 보호받을 권리와 비밀을 보장받을 권리가 부딪힐 경우 해악으로부터 보호받을 권리가 우선되어야 한다(Reamer, 1999). 이것은 인간이 삶을 영위하는 데 필요한 기본적 권리와 관련되므로 보호되고 지켜져야 한다. 예를 들어, 클라이언트가 타인의 생명에 해를 가할 위험이 있는 경우, 사회복지사는 그 정보를 공개하고 적극적인 조치를 취함으로써 타인의 생명을 보호할 수 있도록 해야 한다. 비밀보장은 전문적 관계의 중요한 원칙으로, 일반적으로 사회복지사는 클라이언트에 관한 정보를 누출시키지 않아야 할 의무가 있다. 그러나 클라이언트가 자신이나 타인에게 위험을 가할 경우 클라이언트와 제3자를 보호하기 위해 비밀보장의 권리는 존중되지 않는다. 이처럼 클라이언트 자신이나 타인에 대한 심각하고 예측 가능하며 즉각적인 위해를 방지하기 위해 정보공개가 필요할 때에는 비밀보장의 원칙을 따르지 않을 수 있다.

③ 기본적 복지권 대 타인의 자기결정권

인간행동에 필수적인 재화를 포함한 개인의 기본적 복지권과 타인의 자기결정권이 상충할 경우 개인의 기본적 복지권이 우선한다. 이 지침은 클라이언트의 자기결정권에 대한 사회복지 실천의 오랜 신념과 맥락을 같이하는 것으로, 타인의 복리를 위협하지만 않는다면 클라이언트의 자기결정권은 최대한 허용되어야 한다는 것이다(Reamer, 1999). 예를 들어, 사회복지사는 클라이언트의 자녀 양육방법이 자신이 믿는 방법과 다르다고 해도 클라이언트의 방법을 존중해야 한다. 그러나 만약 클라이언트의 양육방법이 아동의 기본적 복지권과 행복을 위협한다면 부모의 자기결정권에 제재를 가하는 조치를 취해야 한다.

④ 자기결정권 대 기본적 복지권

개인의 자기결정권과 기본적 복지권이 상충할 경우, 자기결정권을 우선시한다. 이 지침은 어떤 사람이 충분한 정보를 제공받고 관련된 상황을 잘 알고 있는 상태에서 자발적으로 자기 파괴적인 행동을 선택했으며, 그 행동의 결과가 타인의 복리를 위협하지 않는다면 그렇게 하도록 허용되어야 한다고 제안한다(Reamer, 1999). 따라서 클라이언트의 결정이 자발적이고 충분한 정보에 근거한 것이며, 자신의 생명과 다른 사람들의 기본적 복리를 위협하지 않는다는 사실이 확인되면 사회복지사는 클라이언트의 결정에 대한 간섭을 중단하고 그의 자기결정권을 존중해야 한다. 그러나 인간의 보호를 최우선의 가치로 하는 사회복지사에게 이러한 중단은 쉽지 않다. 그럼에도 사회복지사는 자기 파괴적인 행동을 할 클라이언트의 권리도 존중해야 한다. 예를 들어, 알콜 중독자인 노숙자가 자신의 건강과 생명을 해칠 수 있다는 것을 충분히 알면서도 여전히 술을 마신다면 그 행동이 타인을 위협하지 않는 한 허용되어야 한다는 것이다(우국희 외, 2013).

⑤ 알 권리 대 비밀보장권

알 권리와 비밀보장을 받을 권리가 상충하는 경우, 알 권리 또는 비밀보장 권리는 상황에 따라 부분적으로 제한을 받을 수 있다.

먼저 타인 및 제3자의 기본적인 복리를 위협하는 경우에는 클라이언트의 비밀보장의 권리보다 알 권리가 우선시된다. 사회복지 실천에서 알 권리는 클라이언트에게만 해당되는 것은 아니며, 클라이언트 및 제3자의 경우에도 자신의 일생에 중요한 영향을 미칠 수 있는 정보에 대해 알 권리가 있다. 예를 들어, 클라이언트가 누군가를 해칠 의도 및 계획을 가지고 있음을 알게 된 사회복지사는 클라이언트의 비밀을 보장하기보다 타인이 해를 입지 않도록 이러한 사실을 알리고 보호해야 한다. 이처럼 클라이언트의 비밀보장권은 절대적인 것이 아니며, 이것이 제3자의 기본권을 침해하는 경우에는 제3자의 알 권리가 우선되어야 한다.

한편, 알 권리와 비밀보장 권리가 상충되는 경우 법적인 한계 및 절차 등을 고려하여 결정을 내려야 한다. 예를 들어, 해외에서 자란 클라이언트가 자신의 친부모를 찾기 위해 입양기관의 사회복지사에게 친부모에 대한 정보를 알려 달라고 부탁하는 경우, 「입양특례법」에 근거하여 입양기관에서는 친부모의 동의 여부를 확인하고 친부모가 동의할 경우 정보를 공개하며, 동의하지 않는 경우 친부모의 인적사항을 제외한 정보를 제공해야 함을 규정하였다. 또한 친부모가 사망하거나 그 밖의 사유로 동의할 수 없는 경우, 의료 상 목적 등 특별한 사유가 없는 경우에는 친부모의 동의 여부와 관계없이 입양 정보를 공개할 수 있다고 명시되어 있다. 그러나 이 경우에도 입양인의 알 권리가 절대적으로 보장되는 것은 아니며, 친부모의 동의나 의료적 목적 등에 따라 제한받을 수 있으므로 사회복지사는 이러한 법적 절차와 범위에 대해 숙지해야 한다.

의료적 상황에서 알 권리와 비밀보장이 충돌하는 경우 알 권리가 비밀보장권에 우선한다. 클라이언트는 자신의 질병에 대해 알 권리가 있으며, 사회복지사는 클라이언트에게 진실을 말해야 하는 의무가 있다(Loewenberg & Dolgoff, 1995). 따라서 사회복지사는 클라이언트의 알 권리를 존중하여 클라이언트와 다른 사람들에게 진실을 이야기하고 모든 관련 정보를 충분히 개방할 윤리적 의무가 있다. 그러나 클라이언트를 위하여 혹은 부정적인 결과를 피하기 위하여 사회복지사가 알고 있는 정보의 제공을 유보하거나 또는 선의의 거짓말을 해야 하는 것이 필요한 경우도 발생한다(김기덕, 최소연, 권자영, 2012). 이러한 경우 사회복지사는 이해 당사자 및 관련된 사람들의 권리와 복지를 객관적으로 평가한 후에 클라이언트의 알 권리를 제한하는 결정을 내릴 수 있다(Reamer, 1999).

(2) 의무와 의무의 상충

① 클라이언트의 권익옹호 대 고용된 기관의 원칙을 준수해야 할 의무

사회복지사는 일반적으로 고용된 기관의 원칙을 준수해야 할 의무가 있다. 그러나 클라이언트의 권익을 옹호해야 할 의무와 고용된 기관의 원칙을 준수해야 할 의무가 상충될 경우 클라이언트의 권익을 옹호해야 할 의무가 우선시된다. 사회복지사의 일차적 책임은 클라이언트의 권익을 추구하는 것이며, 기관의 원칙이 클라이언트의 기본적 복지권을 보호하지 못하는 경우 클라이언트의 권익을 보호하고 욕구를 충족할 수 있도록 기관의 정책에 이의를 제기할 수 있다. 원칙적으로 기관의 정책에 동의하지 않는 사회복지사는 고용기관의 정책과 절차 및 서비스를 개선하기 위해 이러한 정책에 도전하고 이를 바꾸기 위해 노력할 책임이 있다(Reamer, 1999).

② 클라이언트의 권익옹호 대 법을 준수할 의무

사회복지사는 일반적으로 법을 준수해야 해며, 법이 정하는 한도 내에서 실천을 하여야 한다. 그러나 클라이언트 개인 및 집단의 권리가 심각하게 위협받을 경우 클라이언트의 권익을 옹호하기 위해 법을 위반하는 것이 정당화될 수 있다고 여겨지기도 한다. 이 경우 사회복지사는 먼저 관련법들을 검토하여 합법적인 범위 내에서 클라이언트를 도울 수 있도록 해야 하며, 법률의 내용이 가지고 있는 문제점을 공론화하여 법률 및 제도의 개정을 위해 노력해야 한다. 사회복지사는 부정에 항의하거나 더 높은 선을 이루기 위해서 법과 규칙을 위반하는 일이 정당화되기도 한다. 이러한 사례는 입법 청문회에서 빈곤층의 어려운 입장에 대해 주의를 끌 수 있도록 데모하는 것, 인종차별에 대항하기 위해서 「인종 격리법」을 위반하는 것 등에서 찾을 수 있다(Reamer, 1999).

③ 법적 명령에 따를 의무 대 클라이언트의 비밀보장 의무

클라이언트의 비밀을 보장해야 할 사회복지사의 의무와 클라이언트의 정보공개를 요구하는 법원의 명령 간에 갈등이 있을 경우 사회복지사는 클라이언트의 비밀보장에 대한 의무를 우선해야 한다. 사회복지사는 증언 거부권을 가질 수 있으며, 법적 절차의 진행 중 법률이 허용하는 한도 내에서 클라이언트의 비밀보장을 위해 정보의 공개를 거부할 수 있다. 전문가 집단에게 클라이언트와 관련된 특정한 정보의 일부 혹은 전부를 공개하도록 요구하는 법적인 의무에서 면제되는 특권을 비밀유지 특권(privileged communication)이라고 한다(Promislo, 1979; 김기덕, 2002). 이러한 비밀유지 특권이 법에 따라 보장되기도 하지만 부분적이고 상황에 따라 달라질 수 있으므로 사회복지사는 소송의 종류와 사회복지사가 증언거부권을 행사할 수 있는 법적 근거를 고려하여 신중하게 판단해야 한다.

정보를 공개할 때에도 사회복지사는 자신의 결정이 클라이언트와 클라이언트의 삶에 관련된 사람들에게 어떠한 영향을 미칠지를 고려해야 한다. 예를 들어, 사회복지사가 아동양육권 분쟁, 이혼소송 등으로 법원의 정보공개 명령을 받을 경우 자신의 역할과 잠재적인 이익 갈등에 대해 명확히 하여 이익 갈등이 최소화되도록 적절한 행동을 취해야 한다(Remamer, 1999).

(3) 권리와 의무가 상충될 때
① 클라이언트의 개인적 복지권 대 기관의 원칙을 준수해야 할 의무

사회복지사는 일반적으로 고용주와 고용기관에 대한 서약에 충실해야 할 의무가 있다. 그러나 기관의 원칙에 따라야 하는 의무는 절대적인 것이 아니고 한계가 있으며, 클라이언트의 기본적 복리를 위협하는 경우 필요하다면 기관의 원칙 및 규칙을 위반하는 행동이 정당화될 수 있다(Reamer, 1999). 따라서 사회복지사는 클라이언트의 기본적 복지권과 기관의 원칙을 준수해야 할 의무가 상충될 경우 클라이언트의 복지권을 우선시해야 한다. 한국 사회복지사 윤리강령에 따르면 사회복지사는 클라이언트의 복지 증진에 헌신하고 이를 위한 환경 조성을 국가와 사회에 요구해야 하며, 전문적 가치와 판단에 따라 업무를 수행함에 있어 기관 내외로부터 부당한 간섭이나 압력을 받지 않아야 함을 명시하고 있다. 또한 기관의 원칙이나 정책이 클라이언트의 권리를 침해하는 경우 사회복지사는 기관의 정책에 이의를 제기하고 이를 변화시키기 위해 노력해야 한다.

② 자발적으로 법률과 규칙을 위반할 권리 대 자발적으로 동의한 법률과 규칙을 준수할
  의무

자발적이며 자유의사에 따라 동의한 법률과 규칙을 준수해야 하는 의무는 이러한 법
률과 규칙을 위반할 권리에 우선한다. 이 지침은 사회복지사가 민주적 절차를 거쳐서
입법화된 법률과 규칙을 지켜야 하는 의무를 강조하고 있다. 이에 따라 사회복지사가
고의적으로 법률과 규칙을 위반하는 것은 비윤리적이며, 이에 반대할 경우 법률을 개정
하거나 기관의 정책을 변화시키는 노력을 해야 한다. 예를 들어, 고용된 기관이 클라이
언트와 낙태에 관해 논의하는 것을 금지한다면, 사회복지사는 이러한 기관의 방침을 의
도적으로 위반해서는 안 되며, 만일 이러한 방침에 동의하지 않는다면 다른 직장을 구
하거나 기관의 정책을 바꾸기 위해 노력해야 한다(Reamer, 1999).

③ 클라이언트의 자기결정권 대 서비스를 제공해야 할 의무

사회복지 실천에서 클라이언트의 자기결정권과 클라이언트에게 서비스를 제공해야
할 사회복지사의 의무가 상충되면서 윤리적 갈등이 발생하기도 한다. 이러한 경우는
실제 현장에서 빈번히 발생하며, 클라이언트를 위한 결정이라는 이유로 사회복지사는
클라이언트의 자기결정권을 제한하는 경우가 많다. 예를 들어, 자기 파괴적인 행동을
하는 클라이언트를 제재하거나 클라이언트가 원하지 않는 서비스들을 받도록 강요하
고, 클라이언트에게 제한된 정보만을 제공하는 경우를 들 수 있다(우국희 외, 2013). 이러
한 행위는 클라이언트의 자기결정 능력과 기회에 대한 보장이 전제되어야 하며, 클라
이언트가 스스로 결정할 수 있는 자율성을 상실한 경우에 한하여 정당화될 수 있다(유
연숙, 2015).

한편, 모든 사회복지사가 이러한 강제적인 개입이 정당화되는 상황에 동의하는 것은
아니다(Reamer, 1983). 일부 사회복지사는 클라이언트의 자기결정권을 존중하여 클라이
언트 자신에게 해가 되더라도 원하는 행동을 선택하고, 그에 따르는 위험을 감수할 권
리가 있다고 믿는다. 이러한 상황에서 결정을 내리게 되는 경우 사회복지사는 끊임없이
'클라이언트를 위한 최선의 결정'인가를 자문해야 하며, 슈퍼비전과 자문을 통해 자신

의 임의적인 결정이 되지 않도록 유의해야 한다(우국회 외, 2013).

> **연구문제**
>
> 1. 자살을 계획하고 있는 클라이언트의 비밀보장과 자기결정권은 생명보호 원칙
>   보다 우선될 수 있는가? 윤리적 의사결정 과정을 적용하여 논하라.
> 2. 자녀를 학대하는 클라이언트를 고발하여야 하는가? 이 문제해결을 위해 적
>   용할 수 있는 윤리적 원칙과 과정에 대해 설명하라.

제9장 사회복지사 윤리강령의 재해석

1915년 미국의 의사인 Flexner는 「Is Social work a profession?」이라는 논문에서 사회복지의 전문성에 관한 문제를 제기한 이후로 사회복지 분야에서 전문성을 확보하려는 자구적인 노력이 계속되어 왔다. 이러한 노력은 인간을 대상으로 한, 특히 심리사회적으로 취약한 계층의 사람들을 돕는 사회복지 실천의 특수성 때문에 실천기술의 전문성과 함께 전문 윤리의식의 가치체계가 더욱 강조되어 왔다. 사회복지사는 다양한 상황속에서 각기 다른 개인적 속성을 가진 클라이언트를 원조하는 과정에서 전문가로서의 윤리적 결정을 내려야 할 때가 많다. 이때의 윤리적 결정은 어느 것 하나 포기하기 힘든 상황에서 윤리적 우선순위를 바탕으로 풀어야 하는 윤리적 딜레마를 어떤 관점과 가치, 윤리적 원칙에 의해 선택하고 결정해야 하는지를 포함한다. 이 과정에서 클라이언트에게 주어지는 현실은 모두에게 좋은 이상적 결론이 도출된다기보다는 반드시 그 중 하나를 선택해야 하는 기로에 마주하게 된다는 것이다. 때문에 무엇을 결정하고 선택할 것인가의 기준은 클라이언트를 돕는 사회복지사에게 절대적으로 필요하며, 그 기준은 클라이언트의 욕구에 대한 고려뿐 아니라 윤리적 타당성에 기반되어야 한다.

사회복지의 본질적 측면에서 바라볼 때, 사회복지 실천에서 가장 중요한 가치는 인간의 존엄성이며 어떠한 가치도 이를 앞설 수는 없다. 그러나 실천 현장에서 일하는 사회복지사는 예상보다 자주 기관과 클라이언트 사이의 이익 문제, 인간의 존엄성 논의와 공리 등의 가치 사이에서 어느 한 쪽을 선택해야만 하는 기로에 놓이게 되며, 이러한 상황에서 현실과 이상 사이의 결정 간격은 오롯이 사회복지사의 몫이 된다. 무엇이 옳은지 알지 못해 발생할 수 있는 결정의 오류로부터 옳고 그름을 인식하더라도 그것을 행할 수 없는 사회복지사의 현실적 고뇌는 결정의 윤리성을 쉽게 흔들 수 있다. 또한 사회복지사의 독단, 경험에 의존한 결정, 선험적 지식이나 직관의 무게에 기준을 둔 결정은 인간존엄성을 존중해야 한다는 사회복지의 본질적 가치를 배제한 채 전문가의 권위로만 딜레마를 풀어 내는 비전문가적 개입이 될 수 있다. 이와 같은 윤리결정의 어려움을 해결하기 위한 기준이 되는 것이 사회복지사 윤리강령이다. 윤리강령은 사회복지 전문직으로서의 전문성을 확보하고 업무상 발생하는 윤리적 판단 상황의 기준을 마련하기 위해 만들어졌다. 우리나라에서는 1970년대부터 사회복지사 윤리강령 제정의 필요성에 대한 논의가 본격화되었으며, 1988년에 윤리강령이 채택, 공포되었다. 이후 1992년에 개정을 거쳐 2001년 12월 15일에 다시 개정되어 현재까지 사용되고 있다.

이러한 노력에도 사회복지사에게 윤리적 결정이 여전히 어려운 문제로 남아 있는 이유는 윤리강령은 단순히 문서화된 지침에 불과하기 때문이다. 실천 현장에서 수많은 변수를 다뤄 가며 업무를 진행해야 하는 사회복지사들에게 윤리강령은 거시적 기준은 제시할 수 있을 것이다. 그러나 다양한 상황 속에서 어떻게 적용해야 하는가에 대한 세심한 고민을 담아내기에는 역부족이다. 왜냐하면 윤리적 딜레마 상황에서 커다란 옳고 그름의 문제는 비교적 쉽게 찾아내어 감안할 수 있지만, 미묘한 선택의 차이가 그 커다란 옳고 그름의 기준을 흔들 때가 많기 때문이다. 이러한 이유로 이 장에서는 사회복지사 윤리강령을 실제 사회복지 실천 현장에서 어떻게 적용할 수 있는지를 고민해 보고자 한다. 이는 단순히 항목을 하나씩 나열하는 수준이 아니라 그 항목 안에 내포되어 있는 가치가 무엇이며, 그것이 어떻게 인간존엄을 존중해야 하는 사회복지 철학과 연관되는지를 해석해 볼 것이다. 또한 해석의 과정과 결과는 옳고 그름을 가려내는 해석학적 논쟁 속에서 어떻게 사회복지사들이 윤리강령 항목으로 자신들의 업무에 적용할 수 있는지의 흐름도 포함하고 있다. 해석과정은 윤리적 지식을 알고 있음에서 윤리적 지식을 실천하는 힘으로의 전환을 만들어 낼 수 있는 논쟁을 의미한다. 일방적으로 읽고 이해하는 지식적 윤리가 아니라 해석과정에서 벌어지는 정반합의 논쟁 속에서 사회복지사는 실제 실천 현장에서의 결정의 순간에 벌어질 수 있는 혼란을 체험할 수 있을 것이다. 또한 그 혼란이 어떻게 정렬되는지의 해석과정의 체험은 지식으로서의 윤리가 아니라 행동할 수 있는 윤리의식과 기준을 제공할 것이다.

윤리적 결정의 기준이 될 윤리강령의 해석은 각 항목의 윤리적 가치를 심도 깊게 이해하는 과정과 함께, 어떻게 윤리적 딜레마를 해석하고 풀어낼 것인가의 해석학적 방법론의 과정도 동반된다. 해석학적 방법론은 합리적이고 과학적 의사결정을 바탕으로 한것으로, 전문가적 권위와 사회복지사의 주관적 판단으로부터 멀어져 윤리적 사안을 통찰할 수 있는 훈련의 과정을 동반한다. 이 방법론은 지나친 실증주의에 빠져 진리를 오로지 객관적 관찰을 통해서만 얻으려 하고, 사회과학의 대상을 자연과학에서처럼 물리적인 증명이 가능한 검증을 통한 설명으로만 접근하려는 것에 대한 문제의식에서 출발하고 발전하였다. 사회과학에서는 인간이 만들어 낸 정신적 산물들을 대상으로 하며 이는 인간의 내적 경험에서 비롯된 것이므로 그 영역에 대한 연구의 방법론은 자연과학적 방법론과 차별화되어야 한다고 보았다. 즉, 인간과 사회에 관한 현상을 설명이 아닌 이해의 관점으로 해석해야 한다는 논의가 활발하게 이루어졌으며, 철학자이자 역사가인 Dilthey의 역사이해에 대한 해석학적 접근은 사회과학의 한 방법론으로서의 가능성을 보여 주었다. 그의 해석학에서의 주관적·경험적 세계로의 진입과 재구조화의 개념은 오늘날 사회과학적 해석학의 기초를 마련하였다. 그 역사는 Dilthey의 철학적 기초로부터 그 계보를 잇는 Gadamer 그리고 철학적 해석학을 사회과학에서의 한 연구방법으로 정착시킨 Habermas와 최근 25년간 사회과학분야에서 객관적 해석학이라는 질적 연구방법론을 구축한 Oevermann에 의해 발전되어 왔다.

인간이해를 기본으로 하는 사회복지에서 해석학적 방법론은 그 의미가 매우 크다. 특히 윤리적 딜레마 상황에서 어떤 기준을 적용해야 하는지를 고심하는 실천가에게 해석학 방법론은 클라이언트의 문제를 명확하게 파악하고 문제해결을 위한 최선의 선택기준을 채택하는 데 실천적 방법을 제시할 수 있을 것이다. 해석학에서는 해석하는 대상이 갖고 있는 표면적 현상을 보는 것이 아니라 그 현상 이면에 숨어 있는 규칙과 구조를 발견하여 재구성하는 과정을 포함하고 있다. 때문에 실천가는 해석학 방법을 통해 복잡한 윤리적 결정상황 속에서 무엇이 문제를 일으키는 근원이고 얽혀 있는 실타래인지를 과학적 방법으로 풀어 낼 수 있는 방법론적 접근을 배울 수 있게 된다. 이러한 이유로 이 장에서는 사회복지사의 실천지침인 사회복지사 윤리강령을 해석학의 핵심인 재구조화를 통해 통합적 이해를 시도해 보고, 이를 통해 사회복지 실천에서의 해석학의 필요성과 그 예를 들어보고자 한다.

1. 사회복지사 윤리강령 분석에서 객관적 해석학의 필요성

Newton의 만유인력 발견 이후 철학의 세계에서 과학의 분리가 확연해졌으며, 자연에서의 법칙의 발견과 검증이 자연과학이라는 맥락에서처럼, 사회과학에서도 사회의 법칙의 발견과 검증이 사회과학이라는 관점이 지배하게 되어, 그 이후 철학의 역사에서는 관념론과 유물론의 대립이 계속되어 왔다.

자연과학에서의 "객관적 분석을 통한 법칙의 발견 그리고 그 법칙에 의한 '설명'이 진리다"라는 관점은 사회과학에도 영향을 미치게 되었으며, 사회과학에서 또한 인간과 사회라는 대상에 자연과학적 방법을 변형시킨(주로 수치화와 통계분석 등) 양적 연구방법으로 인간과 사회 속에서의 법칙성을 설명하려는 노력이 한동안 계속되었다.

하지만 이후 인간과 사회는 결코 자연과학의 연구대상이 될 수 없으며, 인간이 만들어 낸 정신적 산물들은 인간의 내적인 경험에서 비롯된 것이기에 그 영역의 연구에 대한 방법론의 측면에서 자연과학적 방법론과는 차별화된 방법론이 제기되었다. 즉, 사회과학에서의 진리탐구의 목적은 설명이 아닌 이해라는 관점에서의 방법론의 필요성이 제기되었던 것이다.

이러한 인간과 사회의 이해를 위한 질적 연구방법의 하나는 Dilthey에 의해 철학적 기초를 마련하고, Habermas와 Oevermann에 의해 갈고 닦인 해석학이다. 흔히 Dilthey 로부터 Gadamer까지를 철학적 해석학으로, Habermas의 인식으로부터 시작되어 실천으로 연결하여 질적 연구방법론을 개발한 Oevermann의 객관적 해석학을 사회과학적 해석학이라 명한다. 본래 Dilthey의 역사 이해로의 해석학적 접근은 사람이 살았던 주관적·경험적 세계로 들어가는 것과 재구성하는 것을 강조하였고, 역사적 사건을 기록하였다.

Dilthey가 논한 해석학은 '인간경험의 기록된 표현'을 이해하기 위한 가장 적합한 방법이다. 달리 말하면 그것은 가장 전형적으로 인간 구절의 의미를 드러내는 해설 혹은 해석의 연습과 기술이다. 이러한 해석학의 역사 속에서 우리는 접근방법에서 사회복지사가 의미하는 '감정이입'이라든가, '클라이언트가 있는 곳에서의 시작'이라는 사회복지 실천의 기본적 개념의 유사성을 찾을 수 있다. 또한 이러한 해석학적 접근은 인간경험의 의미를 이해하는 것과 광범위하게 연관되어 있어 인간경험의 의미를 이해하려는 시도들은 우리로 하여금 지식구축의 전통적·과학적 영역을 넘어서도록 한다. 즉, 우리에게 실험실에서 나와서 사람들이 실제로 살고 있는 일상의 생활로 들어가 그들을 이해하고 돕도록 요구한다. 따라서 사회복지 실천에서 해석학이 차지하는 의미는 매우 크다 하겠다.

하지만 사회과학적 해석학의 기본가정은 인간의 해석능력과 연습을 통해 습득할 수 있는 것으로서 그것은 책(이론)이나 사고 하나만으로 얻어지는 것이 아니라, 이론과 병행한 케이스를 정확하게 이해하는 훈련(실천)을 통해 배울 수 있다는 점을 강조하고자 한다. 다시 말하면, 사회복지사는 의사와 변호사가 대학에서 연습(훈련)과 실습을 통하여 전문인의 소양을 쌓는 것처럼 그들의 전문적 실천을 정확하고 빠르게 이해할 수 있는 숙련가가 되어야 한다는 것이다. 사회복지사는 주사를 놓거나 법 조항으로 클라이언트를 도와주는 것이 아니라 클라이언트가 어떤 문제를 가지고 있는가, 어떻게 이 문제를 좋게 해결할 수 있는가에 대답해야 할 사회복지사의 의무를 행하기 위해 이론의 습득은 물론 해석학 세미나를 통해 이해의 능력을 키워야 한다. 그래야 현장에 나가서 전문가로서 일하는 데 어려움이 없을 것이다.

따라서 이 장에서는 사회복지의 윤리강령을 해석학에 의해 재해석(재구조화)함으로써 윤리강령의 의미를 되짚어 보고, 윤리강령 속에 드러난 사회적 · 역사적 의미를 찾아보고자 한다. 동시에 사회복지 실천가의 사고의 틀로써 해석학을 하나의 가능성으로 제시하고자 하며, 이러한 작업을 통해 사회복지사로서의 바람직한 사고의 틀을 가질 수 있는, 즉 케이스를 보는 눈을 기를 수 있는 훈련에 한걸음 다가설 수 있길 바란다.

2. 사회복지사 윤리강령의 재해석

이 장에서 1992년 한국 사회복지사 윤리강령과 2001년 개정된 윤리강령으로 나누어 분석하고자 한다. 먼저 1992년 한국 사회복지사 윤리강령은 각 항목에서 다루고 있는 개념, 특성과 이에 관련한 사회복지사의 가치와 역할을 중심으로 분석하였다. 이 분석 과정은 해석학적 분석을 중심으로 한 것이 아니라, 각 항목을 통해 사회복지 학생과 실천가들이 고무해야 하고, 실천에서 중요시해야 하는 가치와 사회복지사의 책무를 중심으로 다루었다. 이는 뒤에 따르는 해석학적 분석 과정을 숙지하기 전에 사회복지 실천 현장에서 필요한 개념과 가치기준을 먼저 이해함으로써 기본에 충실하기 위함이다. 왜 나하면 사회복지 실천가치와 개념에 대한 풍부한 이해는 2001년 개정된 윤리강령을 분석하는 데 풍부한 지식의 풀—이는 선지식과는 다른 것으로, 많은 개념을 이해하고 있어야 해석 과정에서 연구자가 내용(content)이 아닌 구조(structure)를 파악할 수 있게 돕는 연구자의 자원이 될 수 있다—을 제공할 수 있기 때문이다. 때문에 이 장에서는 먼저 1992년 윤리강령에서 포함하고 있는 개념과 가치를 풀어내고, 이어서 2001년 개정된 윤리강령을 객관적 해석학을 통해 분석하였다. 2001년 개정된 윤리강령의 해석의 일부는 책의 구성을 고려하여 연속분석, 확장적 의미해석과 구조가설을 중심으로 그 과정을 다루었다. 1992년과 2001년 두 가지 버전의 윤리강령의 분석은 각 항목이 다루고 있는 사회복지의 전문성 가치와 실천가로서의 역할을 이해함으로써 윤리강령 자체에 대한 이해를 높이고, 이를 바탕으로 해석학 과정을 통해 어떻게 실천가치와 개념이 구조화되어 사회복지 실천지침으로서의 의미를 갖는가에 주목하였다. 그 구체적인 분석 내용은 다음과 같다.

1) 1992년 한국 사회복지사 윤리강령 분석

사회복지 이념은 사회의 안정과 번영을 위하여 정의, 평등, 자유, 민주의 가치를 바탕으로 모든 사회성원이 인간의 존엄성을 유지하면서 자기실현을 할 수 있도록 사회 전체가 공동으로 책임을 진다는 철학을 기본으로 한다.

위의 이념을 구현하기 위하여 사회복지사는 개인, 가족, 집단, 조직, 지역과 같은 복지대상과 직접 일하거나 사회 제도적 개선과 관련된 제반 활동에 적극 개입하거나, 위의 사명을 다하기 위하여 다음의 윤리강령을 준수한다.

Ⅰ. 사회복지사는 전문가로서 품위와 자질을 유지하고, 관장하는 업무에 대하여 책임을 진다.

Ⅱ. 사회복지사는 전문직의 가치를 견지하면서 관련 지식과 기술을 습득, 개발, 전달하는 데 최선의 노력을 다한다.

Ⅲ. 사회복지사는 업무 수행 과정에서 어떠한 압력에도 타협하지 않으며, 전문적인 관계를 이용하여 부당한 영리를 취하지 않는다.

Ⅳ. 사회복지사는 복지 대상자의 권익을 최우선으로 생각한다.

Ⅴ. 사회복지사는 복지 대상자가 자기결정권을 최대한 행사할 수 있도록 돕는다.

Ⅵ. 사회복지사는 복지 대상자의 사상, 종교, 인종, 성별, 연령, 지위, 계층에 따른 차별을 하지 않는다.

Ⅶ. 사회복지사는 복지 대상자의 사생활을 존중하고, 직무상 취득한 정보를 전문적 업무 외에는 공개하지 않는다.

Ⅷ. 사회복지사는 동료 간에 존중과 신뢰로써 대하며, 동료 간에 전문적 지위와 인격을 훼손하는 언행을 하지 않는다.

IX. 사회복지사는 동료나 사회복지 기관 또는 단체의 비윤리적 행위에 대하여 공식
    적인 절차를 통하여 대처한다.
 X. 사회복지사는 소속기관과 전문 단체 활동에 적극 참여하여 성장·발전과 권익
    옹호에 힘쓰며, 기타 유관기관과는 협조적 관계를 유지한다.

(1992. 10. 22.)

앞의 한국 사회복지사 윤리강령은 내용상 3개의 묶음으로 분류할 수 있다. 첫째는
'전문가로서의 사회복지사'로 1, 2, 3항이 포함되며, 두 번째는 '복지대상자에 대한 의
무'로 4, 5, 6, 7항이, 세 번째는 '동료 및 기관과의 관계'로 8, 9, 10항이 포함된다. 이에
따라 다음의 분석은 '전문가로서의 사회복지사' '복지대상자에 대한 의무'와 '동료 및
기관과의 관계'라는 세 가지 주제로 분류하여 살펴보았다. 세 가지 주제는 다시 각 항목
으로 세분화하여 항목에서 명시하고 있는 추상적 내용들을 사회복지 실천에 적용할 수
있는 가치와 역할로 구성하였으며, 실천 현장에서 의미 있게 다루어져야 하는 내용을
중심으로 항목의 주제에 맞는 사회복지 실천가치와 역할을 구체적으로 분석하였다.

(1) 전문가로서의 사회복지사

 I. 사회복지사는 전문가로서 품위와 자질을 유지하고, 관장하는 업무에 대하여 책임
    을 진다.
 II. 사회복지사는 전문직의 가치를 견지하면서 관련 지식과 기술을 습득, 개발, 전달하
    는 데 최선의 노력을 다한다.
 III. 사회복지사는 업무 수행 과정에서 어떠한 압력에도 타협하지 않으며, 전문적인 관
    계를 이용하여 부당한 영리를 취하지 않는다.

- 제1항 : 사회복지사는 전문가로서의 품위와 자질을 유지하고, 관장하는 업무에 대하여 책임을 진다.

클라이언트와 환경이 어떻게 상호관련되고 있는지를 이해해야 하는 사회복지사는 옹호자, 치료자, 상담원, 영적 지도자, 사례관리자, 집단지도자, 지역사회 조직가, 변화 매개자, 프로그램 개발자 그리고 평가자 등으로서의 역할을 하는 전문가이며, 이러한 전문가로서 사회복지사는 외적으로는 전문가로서의 지위에 합당한 행동과 좋은 이미지를 갖추어야 하고, 내적으로는 전문가가 지니는 특수한 성품과 소질을 가지고 자신이 맡은 일을 수행하여야 한다. 또한 관장하는 업무에 대한 역할 책임, 법적 책임, 인과적 책임을 포함한 윤리적 책임을 져야 한다.

- 제2항 : 사회복지사는 전문직의 가치를 견지하면서 관련 지식과 기술을 습득, 개발, 전달하는 데 최선을 노력을 다한다.

사회복지사는 인본주의·평등주의 사상에 기초하여 모든 인간의 존엄성과 가치를 존중하고, 천부의 자유권과 생존권 보장활동에 헌신하며, 클라이언트에게 최상의 서비스를 제공하기 위해 지식과 기술을 개발하는 데 최선을 다하여 이를 활용하고 전파할 책임이 있다.

- 제3항 : 사회복지사는 업무 수행 과정에서 어떠한 압력에도 타협하지 않으며, 전문적인 관계를 이용하여 부당한 영리를 취하지 않는다.

사회복지사는 전문직이 갖는 고도의 성실성과 공정성의 기준에 따라서 활동하여야 하며, 전문직 기능의 수행에 필요한 전문가로서의 재량을 발휘하고 공정한 판단을 방해하는 압력에 민첩하게 대처하여야 한다. 그리고 사회복지사는 개인적인 이득을 위하여 전문적 관계를 악용하면 안 된다.

① 전문직의 개념

전문직은 보통 전문가와 동일한 용어로 사용하고 있으나 좀 더 구체적으로 말하면 전

문가가 배치되어 직무를 수행하여야 된다는 것이 사회적으로나 제도적으로 인정되고
있는 직무를 전문직이라 할 수 있다.

직업의 전문직을 판단하는 기준에 대한 논의는 수없이 많지만, 그 속성을 특성으로
살펴보면 다음과 같다.

ㄱ. 전문직이 되기 위해서는 전문직이 수행하는 기술의 바탕이 되는 체계적인 이론을
   갖추어야 한다.
ㄴ. 전문적 권위가 있어야 한다.
ㄷ. 전문직은 사회로부터 일정한 권한과 특권을 인정받는다.
ㄹ. 전문직은 전문직 자체의 윤리강령을 갖고 있다.
ㅁ. 전문직은 전문직 고유의 문화가 존재한다.

한편, Flexner는 「Is Social work a profession?」이라는 논문을 통해 전문직의 준거 틀
을 다음과 같이 밝히고 있다.

ㄱ. 전문직은 지적인 과정에 관계하는 것으로서 강한 개인적 책임을 수반한다.
ㄴ. 소재를 과학과 학문으로부터 도출한 것으로 전통이나 일상경험에 의거하지 않
   는다.
ㄷ. 이러한 과학적 자료는 실질적 목적달성을 위해 적용되어야 한다.
ㄹ. 공식적 교육·훈련체계를 통해 타인에게 이 내용과 기술을 전달할 수 있어야 한다.
ㅁ. 과학적 자료의 체계와 이것에 대한 비판적이고 분석적인 문헌을 발달시킨다.
ㅂ. 상호단결을 이룩하여 전문적 이익을 향상시키기 위해 구체화된 전문적인 결사체
   를 갖는다.
ㅅ. 전문단체는 공공의 이해에 관련된 문제에 의해 영향을 받는다는 것을 자각한다.

② 사회복지사의 전문적 행동의 특성

전문가는 원하지 않을 때에도 해야 할 필요가 있는 것을 행하는 사람이다. 즉, 전문가는 해야 할 것을 알아야 하고, 그것을 하는 데 신뢰받을 수 있어야 하며, 개인의 편의 혹은 감정 문제가 업무 수행에 방해되지 않도록 하는 사람을 의미한다. 따라서 전문가는 자신의 업무 수행을 지속적으로 검토하고 자신의 행동이 전문적인 특성을 갖는가를 확인하는 것이 중요하다.

전문적 행동에는 다음과 같은 기준이 있어야 한다.

ㄱ. 주로 공식적 교육과 훈련 과정을 통해 학습된 지식체계에 기반하여 결정하고 행동한다.

ㄴ. 어떤 압력에 관계없이 바른 실천의 원칙을 지킨다.

ㄷ. 객관성을 채택하고 상황의 사실에 근거하여 결정을 내린다.

ㄹ. 윤리적 이슈를 확인하고 해결하는 데 전문적 가치, 원칙 그리고 윤리강령을 사용한다.

ㅁ. 클라이언트에 대한 서비스를 향상시키기 위해 지속적으로 지식과 기술을 개발한다.

ㅂ. 클라이언트와의 관계에 목적이 있고 목적 지향적이며 시간 제한적이다.

ㅅ. 클라이언트의 안녕과 욕구가 우선 관심사다.

ㅇ. 동료들이 업무수행에 대해 비평해 주기를 기대하고 요청한다.

ㅈ. 자기규율에 따라 의사를 결정하고 행동한다. 화를 내는 클라이언트를 대할 때에는 감정적 반응을 통제한다.

ㅊ. 클라이언트의 부정적 감정표현을 개인적인 것으로 간주하지 않는다. 클라이언트의 좌절과 분노의 이면을 이해하고자 한다.

ㅋ. 결정과 행동에 대해 정확하고 완전한 기록을 유지한다.

ㅌ. 새로운 지식과 정보를 찾고 그것을 동료와 공유할 책임을 갖는다.

ㅍ. 제공된 서비스의 질을 검토하고 클라이언트에 대한 서비스를 향상시키기 위한

기관, 프로그램 혹은 정책의 변화를 위해 노력하는 것을 개인적 책임으로 간주
한다.

ㅎ. 사회복지를 평생 동안 헌신할 직업으로 간주한다. 직업과 업무를 소명으로 한다.

③ 전문가로서의 품위와 자질

품위와 자질을 사전적 의미로 살펴보면, 품위란 직품이나 직위를 아울러 이르는 말로
서 사람이나 물건이 지닌 고상하고 격이 높은 인상을 의미한다. 자질이란 타고난 성품
이나 소질 또는 자기가 맡아 하는 일에 관한 실력의 정도를 의미한다. 따라서 사회복지
사가 전문가의 품위와 자질을 유지한다는 것은 외적으로는 전문가로서의 지위에 합당
한 바른 행동과 좋은 이미지를 갖추고, 내적으로는 전문가가 지니는 특수한 성품과 소
질을 가지고 자신이 맡은 일을 수행하는 것을 의미한다고 할 수 있다.

사회복지사의 전문 직업인으로서의 자질은 훈련과 교육을 통하여 다음과 같은 면이
확립되어야 한다. 첫째, 지식과 객관성을 갖춘 '과학성', 둘째 지식과 수련 및 감수성을
포괄하는 '기술성', 셋째 자아 성숙을 이룬 '인격성', 넷째 전문직의 실천행동에 있어서
가장 중요한 '가치의 명확성'이다.

④ 사회복지사의 역할

사회복지의 목적은 사회정의에 합당한 수준에서 클라이언트(클라이언트는 개인, 가족,
지역사회나 다른 문화적 실체 등이 될 수 있다)와 그가 속한 체계와의 적응을 강화하는 것이
다. 개인의 문제와 공공의 이슈는 모두 적응상의 어려움을 반영한다. 다른 학문 분야의
전문가들도 종종 같은 문제에 관심을 보이기는 하지만, 그들 전문직 목적의 핵심은 사
회복지의 목적과는 다르다(이팔환, 2001; Meyer, 1993). 사회복지사는 그 목적의 핵심을 상
황 내 개인에 둔다. 따라서 사회복지사는 개인과 환경 또 그것들이 어떻게 상호관련되
고 있는지를 이해하여야 한다. 클라이언트의 감정 상태, 가족의 영향(특히 가족 역동성의
영향), 인종적·문화적 요소의 영향 등은 결코 분리하여 취급할 수 없는 요소다.

결국 전문적인 사회복지사는 다양한 역할에 능숙해야만 하며, 여러 가지 업무를 수행

하도록 요구받는다. 이것들을 요약하면 다음과 같다.

ㄱ. 중개인으로서 사회복지사—클라이언트를 적절한 인간서비스와 자원에 연결한다.

ㄴ. 옹호자로서 사회복지사—클라이언트가 자원과 서비스를 받을 권리를 유지하도록 돕거나 클라이언트나 클라이언트 집단에게 부정적 효과를 주는 프로그램이나 정책을 변화시키는 운동을 적극적으로 지지한다.

ㄷ. 교사로서 사회복지사—클라이언트가 문제를 예방하거나 사회적 기능을 향상시키는 데 필요한 지식과 기술을 갖추도록 준비한다.

ㄹ. 상담가 혹은 임상가로서 사회복지사—클라이언트가 자신의 감정을 보다 잘 이해하고, 행동을 수정하며, 문제 상황에 대처하기 위해 학습하도록 도움으로써 그들이 사회적 기능 수행능력을 향상시키도록 돕는다.

ㅁ. 사례관리자로서 사회복지사—클라이언트를 적합한 서비스에 연결하고, 그런 서비스를 활용하도록 조정하는 과정에서 개인과 가족에게 서비스를 지속적으로 제공한다.

ㅂ. 업무량 관리자로서 사회복지사—클라이언트에게 가장 효율적으로 서비스를 제공하고, 고용된 조직에 책임을 지기 위해 업무량을 관리한다.

ㅅ. 직원 개발자로서 사회복지사—훈련, 슈퍼비전 그리고 인사관리를 통해 기관 직원의 전문적 개발을 촉진시킨다.

ㅇ. 행정가로서 사회복지사—인간서비스 조직에서 정책·서비스·프로그램을 계획하고, 개발하며, 수행한다.

ㅈ. 사회변화 대행자로서 사회복지사—지역사회 프로그램과 삶의 질을 향상시키는 영역을 확인하고, 변화나 새로운 자원 획득을 옹호하기 위해 이익집단을 동원하는 데 참여한다.

ㅊ. 전문가로서 사회복지사—유능하고 윤리적인 사회복지 실천에 참여하고 사회복지 전문직의 발전에 기여한다.

⑤ 사회복지사의 업무에 대한 책임

비단 사회복지사뿐만 아니라 모든 사람은 사회 내에서 자신이 처한 위치에 상응하는 책임을 다하며 살아갈 것이 기대된다. 일반적으로는 역할 책임, 법적 책임, 인과적 책임 등의 유형이 있다.

ㄱ. 역할 책임: 자신의 지위가 요구하는 다양한 역할을 수행하는 책임
ㄴ. 법적 책임: 사회생활의 다양한 국면을 규제하고 있는 관련법을 숙지하고 위반하지 않을 것 그리고 만약 위반하였을 경우에는 그에 상응하는 처벌을 받아야 함.
ㄷ. 인과적 책임: 자신이 과거에 한 행동으로 인한 결과에 대하여 책임을 짐

사회복지사가 수행하여야 하는 일반적인 책임을 살펴보면 먼저, 사회복지사라는 전문직을 가지고 있음으로 기대되는 역할 책임이 있다. 즉, 클라이언트를 찾아내고, 그의 문제를 사정하며, 적합한 서비스를 제공하는 일 그리고 후임 사회복지사나 사회복지전문직의 발전을 위하여 자신이 수행한 업무에 대한 기록을 남기는 일 등이 그것이다. 그리고 「사회복지사업법」 혹은 사회복지업무를 수행하기 위하여 필요한 「아동복지법」 「국민연금법」 「생활보호법」 「의료보험법」 등의 관련법을 잘 알고, 그 법을 충분히 활용하며, 법적인 한계를 벗어나지 않는 등의 법적 책임이 요구되며, 사회복지사로 행한 과거의 활동에서 초래된 결과에 대하여 책임을 질 것 또한 기대된다.

그러나 이런 종류의 책임보다 더욱 중요한 것은 윤리적 책임의 문제다. 윤리는 사람들에게 그들이 추구하는 가치가 일관되게 행동하도록 지시하는 행동규범을 뜻한다. 이것은 외적으로 드러나는 객관적 행동에 대한 책임이 아니라 사회복지사로서 행한 그 행동의 잘못이나 옳고 그름의 차원을 포함하는 책임을 의미한다. 즉, 자신의 결정이나 행동이 클라이언트에게 미칠 영향을 가장 중요한 요인으로 고려해야 하며, 클라이언트를 자신이나 자신이 속한 조직의 목적을 달성하기 위한 수단으로 보아서는 안 되고, 클라이언트의 삶을 존중하며, 그들의 요구와 이해관계를 우선하여야 할 책임을 의미한다.

⑥ 사회복지사의 전문직으로서의 가치

사회복지사에게는 지적·경험적 요건 외에도 또 다른 차원에서 전문가적 실천을 위해 요구되는 점이 있는데, 전문가 행동의 영원한 지침으로서 내재되어야 하는 윤리와 가치의 준거 틀이 바로 그것이다.

가치관은 태도와 더불어 개인의 사회적 행동을 중개하는 매개변수로서 개인의 사회적 행동을 규정한다는 점에서 매우 중시되어 온 개념이다. 특히 사회복지는 그 대상인 클라이언트와 밀접한 관련을 맺고 있기 때문에 전문직으로서의 사회복지는 역할 수행에 필요한 가치의 기초가 확립되어야 하며, 그것과 관련해서 종사자들의 행위를 평가할 수 있는 합리적이고도 목적적인 기준이 필요하다. 이때 사회복지 가치는 사회복지사가 주어진 환경 아래서 앞으로의 행위를 예측하는 기초가 되며, 예측된 행위의 찬반이나 이탈여부를 평가하는 기준이 된다.

사회복지 전문직의 중심 가치를 살펴보면 다음과 같다.

ㄱ. 사회복지사의 전문적 관계는 개인존중과 인간존엄에 바탕을 두고 구축되며, 클라이언트의 참여, 클라이언트의 자기존중 및 수용, 비밀보장, 정직성, 갈등을 다루는 책임성 등의 가치에 의해 전문적 관계가 증진된다.

ㄴ. 사회복지사는 사람들의 선택의 권리, 서비스 계약을 할 권리, 돕는 과정에 참여할 권리를 존중한다.

ㄷ. 사회복지사는 사회제도가 보다 인본주의적이며 인간의 요구에 반응하는 제도가 되도록 기여한다.

ㄹ. 사회복지사는 다양한 인구집단이 가진 고유한 특성을 존중하고 수용하는 데 솔선한다.

ㅁ. 사회복지사는 질 높은 실천을 위해서 전문적 지식과 기술을 끊임없이 배우고 유지하며, 자신의 윤리적 행동에 책임을 진다.

⑦ 사회복지사의 지식과 기술의 습득, 개발, 전달 노력

사회복지 실천을 전문직으로 하는 사회복지사가 갖추어야 할 기본적인 지식 및 방법론에 대한 공통의 요소는 다음과 같다.

ㄱ. 사회에서 받아들여지는 규범적 행동으로부터 벗어난 행동에 관한 지식

ㄴ. 인간관계 규범의 활용도

ㄷ. 클라이언트 사회력의 중요성

ㄹ. 클라이언트 치료를 위한 방법론

ㅁ. 사회치료에 지역사회 자원 활용

ㅂ. 개별사회사업이 요구하는 과학적 지식과 경험 적용

ㅅ. 개별사회사업의 목적, 윤리, 의무를 결정하는 철학적 배경 이해

ㅇ. 이상 모든 것을 사회치료에 융합

각 사례에 대한 특별한 요청에 따라 사회복지사로서의 역할을 유연하게 맡아 낼 수 있는 능력과 사회복지사로서 그 역할들을 통합할 수 있는 능력은 타고나는 것이 아니다. 따라서 사회복지사는 일상에 있어서 다음과 같이 연구자로서의 노력을 아끼지 말아야 한다.

ㄱ. 사람들의 사회적 기능을 나타내는 자료들을 수집하고, 조직화하며, 분석한다.

ㄴ. 새로운 기법과 실천영역을 만들고 새로운 프로그램을 만들기 위해 관찰, 경험, 공식적 연구를 한다.

ㄷ. 사회복지 개입을 안내하는 계획과 개념적 준거 틀을 세우기 위해 기초자료를 활용한다.

ㄹ. 개입과 개입이 사람들의 사회적 기능수행에 미치는 영향을 객관적으로 검토한다.

ㅁ. 전문직에서 다른 사람들이 설명하는 아이디어, 연구, 실천을 교환하고 비평적으로 평가한다.

⑧ 사회복지사로서의 정의

미국사회사업가협의회 사회복지사 윤리강령에 의하면, 사회복지 전문직은 인간의 존엄성과 가치존중, 사회정의, 봉사, 인간관계의 중요성, 통합, 능력이라는 몇 가지의 핵심적인 가치에 기초하고 있음을 선언하였다.

김융일(1991) 또한 사회복지사의 윤리강령에는 정의, 평등, 인권의 존중 같은 것이 기본적 가치 바탕을 이루고 있으나 더 구체적으로 그 가치를 운용할 수 있는 지침들이 포함되어 있다고 하였다. 사회복지사의 전문적 책임, 정직성, 비밀보장, 서비스 기회 균등, 시민의 사회참여 등이 바로 그것이며, 이러한 구체적 윤리강령은 곧 바로 사회복지사업의 윤리적 원칙이 된다는 것이다.

윤리강령 3번은 사회복지사의 윤리적 책임에 관한 내용이며, 특히 이상에서 언급한 기본가치 중 '정의'를 운용하는 지침이라 할 수 있다.

일반적으로 정의는 세 가지로 나눌 수 있다.

ㄱ. 절차상의 정의 – 법률에서 정한 합법적인 절차
ㄴ. 질적 정의 – 분배적 정의
ㄷ. 능동적 과정으로서의 정의 – 불의한 현상을 예방하고 치료하는 사회적 과정

사회복지사는 사회적으로 취약한 위치에 있는 사람들을 위하여 그들과 함께 활동하고 사회적 변화를 추구한다. 사회복지사가 사회를 변화시키려는 노력은 빈곤, 실업, 차별, 기타 사회적 불의의 문제에 초점을 둔다. 사회복지사는 모든 사람에게 의사결정 과정에서의 의미 있는 참여, 필요한 정보, 서비스 또는 자원에의 접근, 기회의 균등을 보장하기 위하여 노력한다.

또한 사회복지사는 전문직의 사명, 가치와 윤리적 기준을 인식하고 이에 부합하는 실천을 수행한다. 사회복지사는 정직하고 책임 있게 행동하며, 자신이 소속한 조직의 입장에서 윤리적 실천을 증진시킨다.

(2) 복지대상자에 대한 의무

> IV. 사회복지사는 복지 대상자의 권익을 최우선으로 생각한다.
>
> V. 사회복지사는 복지 대상자가 자기결정권을 최대한 행사할 수 있도록 돕는다.
>
> VI. 사회복지사는 복지 대상자의 사상, 종교, 인종, 성별, 연령, 지위, 계층에 따른 차별을 하지 않는다.
>
> VII. 사회복지사는 복지 대상자의 사생활을 존중하고, 직무상 취득한 정보를 전문적 업무 외에는 공개하지 않는다.

• 제4항 : 사회복지사는 복지 대상자의 권익을 최우선으로 생각한다.

권리와 특권에 대한 정의는 시대마다 그리고 사회적 특성마다 다르기 때문에 윤리적 문제의 선택에 있어 그 답은 다양할 수 있다. 따라서 클라이언트의 결정을 도울 때 효과성과 효율성에 앞서 클라이언트의 권익을 최우선으로 삼아야 한다.

• 제5항 : 사회복지사는 복지 대상자가 자기결정권을 최대한 행사할 수 있도록 돕는다.

인간의 존엄이라는 가치에 의해 클라이언트의 자기결정은 최대한 보장되어야 하지만, 클라이언트는 그 선택에 대한 책임을 갖기 때문에 사회복지사는 이들의 균형을 유지할 수 있도록 하여야 한다. 그러나 사회복지사는 클라이언트로부터의 소극적 책임회피가 아닌 클라이언트를 적극적으로 보호하여야 하는 의무를 가져야 한다.

• 제6항 : 사회복지사는 복지 대상자의 사상, 종교, 인종, 성별, 연령, 지위, 계층에 따른 차별을 하지 않는다.

클라이언트는 매우 다양한 계층에 존재하고 있기 때문에 사회복지사는 인간에 대한 어떠한 편견이나 선입견에 의해 클라이언트를 특정한 그룹으로 유형화시키지 말고, 그들 개개인의 독특성을 인정하며, 평등한 자원의 수혜를 받도록 해 주어야 한다. 또한 평등이라는 의미도 모두가 똑같은 정도를 말하는 것이 아닌, 같은 위치에 설 수 있는 적극적 의미의 평등이어야 할 것이다.

• 제7항 : 사회복지사는 복지 대상자의 사생활을 존중하고, 직무상 취득한 정보를 전문적 업무 외에는 공개하지 않는다.

비밀보장은 클라이언트와의 관계에서 기본적인 윤리이기 때문에 클라이언트의 동의 없이는 클라이언트의 정보를 누설할 수 없다. 다만, 전문직의 수행 상 불가피한 경우에는 그 정보를 공유하여야 하는데, 그러한 경우 정보공개의 목적과 정도 그리고 그 경로를 파악하고 있어야 하며, 이에 관한 모든 사항을 클라이언트에게 통지하여야 할 의무가 있으며, 클라이언트가 원할 경우 공식적인 사회복지 기록을 허용할 의무가 있다. 또한 클라이언트가 사회복지 기록의 열람을 원하는 경우 클라이언트의 기록과 관련된 또다른 사람의 비밀보장에도 주의를 기울여야 한다.

① 사회복지 대상자

사회복지의 대상은 일반적으로 불행한 자나 낙오자를 생각하기 때문에 사회복지라고 하면 고아, 미망인, 장애자, 빈민 등이 사회복지의 주요한 대상인 것으로 생각하였다(김영모, 2000). 그러나 광의의 사회복지 측면에서는 요보호 대상자뿐만 아니라 모든 국민이 복지대상자가 될 수 있다.

일반적으로 사회복지 대상은 그 접근방법에 따라 규정하는 범위도 다르다. 미우라 후미오는 니드(need)라는 개념을 도입하였다. 그는 정책적 니드를 추상화하기 위해 개별적 니드에 공통된 사회적 요보호성이란 관점에서 "사회적 니드라고 하는 것은 어떤 상태가 일정한 목표나 기준에서 괴리의 상태에 있고, 그래서 그 상태의 회복, 개선 등을 행할 필요가 있다고 사회적으로 인정된 것이다"라고 주장하였다. 여기에는 두 가지 중요한 요소가 전제되고 있다. 하나는 사회적 니드의 기초가 되는 요보호성 또는 의존성은 개인, 집단, 지역사회의 사회복지 대상의 양태와 그것이 놓여 있는 사회의 사회적 · 경제적 상태 그리고 질병구조나 지리적 · 물리적 환경에 의해 크게 영향을 받는다는 것이고, 다른 하나는 요보호성이나 의존적인 상태는 어떤 종류의 목표나 일정한 기준으로 측정되는 것이기 때문에 사회적 가치체계에 좌우되는 것이라는 점이다. 따라서 사회적 니드라는 것은 의존적 상태가 회복, 개선되어야 할 필요가 있다는 사회적 판단이 없게 되면 그 의존적 상태는 사회적 니드로서 전환되지 않는다는 관점이 내재된 것이라고 볼 수 있다.

사회복지의 니드를 최종적으로 명확히 하는 것은 그 해결 또는 개선을 필요로 하는 사회적 개념이라고 할 수 있다. 사회복지의 대상에게 막연하게 빈곤, 질병, 비행이라는 표시가 있는 것은 아니다. 무엇이 빈곤이고 비행인가를 판단하기 위해서는 먼저 그 판단의 기준이 있어야 한다. 즉, 사회복지의 대상은 주어지는 것이 아니고 일정한 문제의식 내지 관점에서 구성하는 것이라고 볼 수 있다.

② 클라이언트의 권익

권리가 있다는 것은 사람이 어떤 환경에서 어떠한 방식으로 행동할 수 있는 기회가 부여되어 있다는 것이고, 이것은 권리를 가진 사람에 관해 다른 사람의 행동과 관계된 기대감을 정의하는 것이다. 권리란 개인에게 어떤 일을 하도록 부여하거나 그 권리를 침해하는 다른 사람들을 비난하는 근거로 작용한다. 어떤 사람이 권리를 가졌다는 것은 다른 사람이 개인의 권리 실행을 방해하지 않을 의무가 있다는 것이다.

클라이언트도 모든 인간과 마찬가지로 자기 자신의 선택과 권리로써 자기의 생활을 영위할 권리와 자유를 원하고 있다. 즉, 자유 주체성의 요구다. 그런데 어떠한 사회적·심리적 상황으로 이 주체의 통합력이 저하될 수 있으며, 저하된 통합력의 회복과 인격의 발전을 목적으로 사회복지사에게 원조를 바라게 된다. 따라서 클라이언트의 요구는 주체성 회복의 원조이며, 주체성 그 자체의 양도는 아닌 것이다. 즉, 클라이언트가 원조를 바라는 것은 그 주체성을 회복하기 위함이며 그것을 포기하기 위한 것은 아니다. 또한 클라이언트의 인격의 발전은 사람이 그 선택과 결정의 자유를 주체적으로 행사함으로써 가능해진다.

③ 클라이언트의 자기결정권

클라이언트의 자기결정권은 인간의 천부적인 존엄성에 대한 신념으로부터 유래한다. 만약 인간이 천부적인 존엄성을 갖고 있다면 가능한 한 자신의 생활유형을 결정하여 자신이 원하는 존재가 되도록 허용되어야 한다. 클라이언트의 자기결정권에 대한 신념은 사람이 자기 스스로 결정을 하도록 허용되어야 한다는 점을 시사한다.

사회복지사의 임무는 클라이언트가 지역사회와 자신의 잠재된 능력을 활용할 수 있는 적당한 자원을 발견·활용할 수 있도록 원조하는 것으로, 스스로 자기가 나갈 방향을 결정하려는 클라이언트의 결정을 존중하며 그 욕구를 결정하는 잠재적 힘을 자극하여 활동할 수 있도록 도와주는 것이다. 그러나 클라이언트의 자기결정의 권리는 적극적·건설적 결정을 내릴 수 있는 클라이언트의 능력 및 법률이나 도덕의 테두리 또는 사회기관의 기능의 테두리에 따라 제한 받게 된다. 따라서 클라이언트의 자기결정과 관련하여 유의하여야 할 요소가 있다.

자기결정에는 여러 가지 대안이 있어야 한다. 대안 없이는 자기결정의 기회도 없다.

사회복지사의 주요한 책임은 의사결정을 위한 클라이언트의 기회를 극대화하는 것이다. 사회복지사는 클라이언트를 위하여 최선의 것이 무엇인가를 결정해 주는 전문가는 아니며, 따라서 클라이언트를 대신하여 결정을 내리는 것은 피해야 한다. 오히려 사회사업가는 공동의 의사결정 과정에서 클라이언트를 도와주는 전문가다.

사회복지사는 클라이언트에게 자신의 견해를 제공할 의무를 갖는다. 사회복지사의 견해는 클라이언트가 고려할 수 있는 대안과 투입으로서 제공되며 해답은 아니다.

클라이언트의 가치가 목표달성을 위한 클라이언트의 노력을 방해하거나 다른 사람의 복지를 침해하여 사회복지사가 클라이언트의 그러한 가치를 변화시키는 노력에 클라이언트가 동의한다면, 클라이언트가 가치를 수정하려는 노력은 자기결정의 개념과 반드시 일치하지 않는 것은 아니다.

클라이언트의 자기결정과 사회복지사의 자기결정은 구별되어야 한다. 전문적인 책임을 맡을 때, 사회복지사는 자신의 결정을 제한한다. 그리고 클라이언트의 이익과 기회를 극대화할 수 있도록 행동할 책임을 갖는다.

④ 사회복지의 가치

사회복지를 뒷받침하고 있는 가장 기본적인 가치는 인간에 대한 확고한 신념이며 신뢰다. 모든 인간을 가치적 존재로서 인정하는 데에서 사회복지의 실천 서비스가 제공된다.

사회복지는 개인의 복리에 대한 직접적 관심으로 특징지어졌으며 이를 위한 가치전제로서 수용과 자기결정을 설정하고 있다. 특히 사회복지 전문직은 인간에 대한 긍정적 가치를 내면화시켜야 한다. 인간이 생존해 나가기 위해서는 생존에 물리적·정신적·사회적 제 환경이나 상황이 갖추어져야 하는 것이다. 이것은 사회복지가 인간을 가치적 존재로 받아들여야 하는 타당성을 확신케 한다.

사회복지 실천에는 두 가지 본질적인 가치전제가 깔려 있다. 하나는 개인의 존엄과 독특성에 대한 존중, 다른 하나는 클라이언트의 자기결정에 대한 신념이다.

개인의 존엄성과 독특성에 대한 존중은 사회복지 전문직에 의하여 일관성 있게 수용되고 지지되는 중심적인 가치전제들 중의 하나로서, 각 사람은 존중해야 할 본래적인 존엄성을 지닌 독특한 개인이며 사람은 충분한 목적 그 자체이고 다른 목적을 위한 수단으로 취급되어서는 절대 안 된다.

이러한 가치전제의 조작화에 유용한 다섯 가지 지침은 다음과 같다.

ㄱ. 클라이언트의 존엄성에 관하여 의사소통하는 내용을 민감하게 인식할 것
ㄴ. 클라이언트를 정형화시키지 말 것
ㄷ. 클라이언트가 그들의 장점을 발견하여 활용하도록 도와줄 것
ㄹ. 문제해결에 클라이언트의 참여를 기대할 것
ㅁ. 클라이언트의 요구보다 욕구에 초점을 둘 것

한편, 사회복지의 가치에는 평등, 자유, 민주, 정의, 사회통합, 이타주의가 있다.

ㄱ. 평등: 사회적 자원의 재분배를 통하여 사회구성원의 삶의 질을 골고루 향상시키

고자 하는 가치다. 평등의 개념에는 논란이 많으나 크게 수량적 평등(모든 사람을
똑같이 취급하며, 욕구나 능력의 차이에 상관없이 사회적 자원을 분배하는 개념으로 가장
적극적인 평등 개념), 비례적 평등(개인의 욕구, 능력, 기여 정도에 따라 사회적 자원을
다르게 분배하는 개념), 기회의 평등(결과는 무시하고 과정상의 기회만 똑같이 주는 개
념)이 있다.

그 중 수량적 평등이 복지국가의 형성과 확대에 기초가 되었다. 복지국가의 평등
전략은 보편주의 원칙에 입각하여 모든 국민에게 사회적 권리로서 보편적으로 제
공하는 사회복지 급여와 서비스를 통하여 일정한 수준의 기본적인 삶을 보장하고
사회적 불평등을 감소시키고자 하였다.

ㄴ. 자유: 자유의 개념은 이념적 입장의 차이에 따라 다르게 사용된다. 복지에 대한
국가의 개입여부에 따라 개입을 반대하는 반집합주의 입장의 이념에서는 소극적
의미의 자유를 사용하고, 개입을 찬성하는 집합주의 입장의 이념에서는 적극적
의미의 자유를 사용한다.

ㄷ. 민주: 민주적 정신과 과정에 대한 신념은 사회복지의 기본원리다. 모든 인간은 자
기를 표현하고, 사생활을 유지하며, 자기에게 영향을 미치는 결정에 참여해야 한
다. 모든 인간이 타인과 함께 공동체를 구성하여 건설적으로 살아갈 수 있다는 기
본적 가치는 사회복지 실천에 영향을 미친다.

ㄹ. 정의: 정의(justice)의 개념은 법률에서 정한 합법적인 절차를 강조하는 '절차상의
정의(procedural justice)', 결과로서의 분배를 강조하는 '실질적 정의(substantive
justice)', 불의한 현상을 예방하고 치료하는 사회적 과정을 강조하는 '능동적 과정
으로서의 정의(justice as active process)' 등이 사용되고 있다. 사회복지에서는 특히
실질적 정의를 강조하며, 사회적으로 취약한 계층이나 불우한 위치에 있는 사람
들에게 보다 나은 처우와 권한 및 자원의 배분이 이루어지도록 노력한다.

ㅁ. 사회통합: 사회통합(social integration)이라는 개념은 일정한 사회단위 내의 구성원
상호 간 또는 구성원이 사회에 대하여 갖는 연대감이나 애착의 감정(attachment)을
의미한다.

ㅂ. 이타주의: 사회통합에 수반되는 원조행위의 기초는 이타주의(altruism)로서 이타
주의적 복지제공의 형태를 다른 형태의 사회행위와 구분하려는 노력이 다수의 학
자들에 의하여 제시되었다. 사회복지는 상대방으로 대가를 요구하지 않는 이타주
의에 기초하고 있다.

⑤ 클라이언트의 사생활과 비밀보장

비밀보장과 사생활 보호(존중)는 차이가 있는데, 사생활 보호는 개인의 생각, 지식, 행위, 재산 등이 침해받지 않을 권리를 뜻한다. 또한 혼자 있을 권리의 보호다. 비밀보장 권리는 상대방(사회복지사)은 얘기를 한 사람(클라이언트)의 중요한 욕구에 대해서만 사적인 정보를 활용하고, 클라이언트의 동의 없이는 제3자가 접근할 수 없도록 해야 한다는 것이며, 명백한 혹은 암묵적인 상호이해를 필요로 한다(Reamer, 1994: 정선욱, 2000에서 재인용).

비밀보장은 모든 클라이언트의 근본적 요구이므로 사회복지사는 이러한 요구에 응해 클라이언트의 비밀을 지켜 줄 의무가 있다. 이 의무가 지켜지지 않는다면 사회복지에서 인간관계는 성립될 수 없다(장인협, 1998). 따라서 비밀보장은 치료적 관계의 기초를 이룬다. 비밀보장에 대한 신뢰가 없다면 치료적 관계가 이뤄질 수 없다. 효과적인 원조관계에서 가장 중요한 것은 사회복지사와 클라이언트 간의 신뢰로, 이것은 사회복지사가 사생활(비밀)을 보장하는가에 달려 있다. 즉, 치료에서 클라이언트가 자신의 생활에서 개인적인 부분을 얘기하려는 의지는 사회복지사가 이러한 정보를 다른 사람과 공유하지 않을 것이라는 믿음에 달려 있다(정선욱, 2000).

그러나 사회복지사는 클라이언트와의 관계에 있어서 얻은 정보를 절대적으로 비밀보장할 수 없는 딜레마에 빠지는 경우가 있고, 또한 비밀보장이 절대적일 수 없음을 인정하고 있다. 즉, 비밀보장에는 분명히 한계가 있다.

ㄱ. 비밀보장은 사회복지사와 클라이언트만을 포함하는 아주 단순화된 실천모형에 기초한 것이기 때문에 특히 많은 문제를 제기하는 이슈다. 대부분의 사회복지 행

동체계에는 많은 사람(다른 사회복지사, 다른 전공분야의 동료, 행정적 기록, 보험회사, 경찰, 가족, 클라이언트 자신 등)이 관여되어 있고, 그 사람들 각자가 비밀보장과 관련하여 상반된 요구를 하기 때문에 현실은 많은 딜레마가 발생한다. 일반적으로 개입과정 초기에 이러한 한계를 클라이언트에게 설명할 것을 권하고 있지만, 그 한계를 지나치게 강조하면 사회복지사와의 관계에 오히려 해로울 수도 있다(서미경, 김영란, 박미은, 2000).

ㄴ. 제3자의 보호와 관련되어 광범위하게 수용되는 예외가 있는데, 아동학대 혹은 방임의 강제적인 보고 역할에 있어서는 비밀정보를 유출하게 되어 있다. 그래서 클라이언트는 상대적(對 절대적) 비밀보장 권리를 갖는다.

ㄷ. 법적인 측면에서 보자면, 미국의 경우 비밀보장의 위반은 사생활 침해, 명문화된 성문법 위반 혹은 암묵적으로 인정되는 성문법 위반, 암묵적인 계약 위반, 신뢰 관계의 위반 등의 차원에서 판결된다. 우리나라의 경우도 비밀보장과 관련하여 「사회복지사업법」에 제47조 비밀누설의 금지 조항이 있으며, 이를 위반한 경우 1년 이하의 징역 또는 300만 원 이하의 벌금에 처하도록 되어 있다.

이상으로 사회복지사의 클라이언트에 대한 의무를 정리하면 다음과 같다.

사회복지 전문직은 인간의 기본적 욕구를 충족하고 인간의 잠재능력과 개성을 존중하는 민주주의의 원리에 입각하여 사회복지를 실천한다. 따라서 사회복지사는 인간의 천부적 존엄성과 가치를 존중함으로 각 사람의 가치(worth)를 존중하고 개인적 차이와 문화적 · 인종적 차이를 존중한다.

하지만 특권과 관련된 법이 없는 상황에서 클라이언트로부터 얻은 비밀정보에 대해 법정에서 증언할 것을 강요받으며, 이에 사회복지사는 이중 구속(비밀 누설에 관한 고소 대 증언거부로 인한 법정모독)에 직면하게 된다. 그러나 정보에 대한 비밀유지 특권은 법적인 것이지 윤리적인 개념이 아니다. 따라서 비밀유지 특권에 관한 문제들은 법적 자문을 요구하고, 비밀보장과 관련된 문제들은 윤리적인 해결을 요구하지만 이 두 영역이 모호하다는 문제도 있다.

(3) 동료 및 기관과의 관계

> Ⅷ. 사회복지사는 동료 간에 존중과 신뢰로써 대하며, 동료 간에 전문적 지위와 인격을
> 훼손하는 언행을 하지 않는다.
> Ⅸ. 사회복지사는 동료나 사회복지 기관 또는 단체의 비윤리적 행위에 대하여 공식적
> 인 절차를 통하여 대처한다.
> Ⅹ. 사회복지사는 소속기관과 전문 단체 활동에 적극 참여하여 성장·발전과 권익옹호
> 에 힘쓰며, 기타 유관기관과는 협조적 관계를 유지한다.

• 제8항 : 사회복지사는 동료 간에 존중과 신뢰로써 대하며, 동료 간의 전문적 지위
와 인격을 훼손하는 언행을 하지 않는다.

사회복지사는 동료를 존경으로 대하고, 이들의 자격과 견해, 수행결과에 대해 명확
하고 공정한 의견을 제시하여야 하며, 이러한 것들에 대한 판단을 표현하기 위해 적절
한 방법을 사용하여야 한다.

• 제9항 : 사회복지사는 동료나 사회복지 기관 또는 단체의 비윤리적 행위에 대하여
공식적인 절차를 통하여 대처한다.

사회복지 기관은 사회복지사를 고용하고 있는 단체이지만, 그 운영의 원칙에 있어 사
회복지사 윤리강령에 준하는 가치를 갖고 운영되어야 한다. 즉, 사회복지사와 사회복지
기관의 이념과 정책은 같은 방향으로 나아가야 한다. 따라서 사회복지사는 사회복지 기
관이나 단체의 비윤리적 행위에 대하여 스스로 책임의식을 가지고, 이러한 경우 공식적
인 절차를 통해 대처한다.

• 제10항 : 사회복지사는 소속기관과 전문단체활동에 적극 참여하여 성장·발전과
권익옹호에 힘쓰며, 기타 유관기관과는 협조적 관계를 유지한다.

사회복지사는 클라이언트에게 올바른 도움을 주기 위해 다양한 시각과 지식으로 클

라이언트의 문제에 접근하여야 하기 때문에 문제를 해결하기 위해 직접적·간접적으로 도움을 줄 수 있는 유관기관과 지역사회단체와 긴밀한 관계를 유지하여야 하며, 소속기관과 전문단체의 발전을 위해 이들의 활동에 적극 참여하여야 한다.

① 사회복지사와 동료와의 관계

동료집단은 사회복지사들이 자신의 업무에 관련된 관심사에 대하여 의논하는 1차적인 자원이다. 대부분 사회복지사는 비슷한 문제를 경험한다. 자신의 업무에 관해서 대화가 필요하다고 느끼는 사회복지사와 공통의 경험 그리고 공통의 준거 틀을 공유하는 능력을 갖춘 동료집단 사이에는 감정이입적 이해의 가능성이 증가한다.

동료집단은 사회적 거리감이 가장 적고 심리적으로 접근 가능할 뿐 아니라 물리적으로도 가용성이 높은 장점이 있다. 하지만 동료를 존중한다는 것은 무조건적으로 그의 편이 되는 것이 아니다. 전문가로서 동료를 존중한다는 것은 다음과 같은 윤리적 책임을 진다는 것이다.

- 존경: 사회복지사는 동료를 존경으로 대하며, 동료의 자격이나 의견 등을 정확하고 공정하게 대변한다. 그리고 클라이언트나 다른 전문가와의 의사소통에서 동료에 대한 부정적인 비판을 금해야 한다.
- 비밀보장: 사회복지사는 전문적 관계의 과정에서 동료와 나눈 비밀의 정보를 존중하여야 한다.
- 다학문적 협력: 다학문적 팀의 구성원인 사회복지사는 사회복지 전문직의 관점, 가치, 경험에 기초하여 클라이언트의 복지에 영향을 주는 결정에 참여하고 기여하여야 한다.
- 자문: 사회복지사는 클라이언트의 최대 이익을 위하여 동료의 자문이나 조언을 구할 수 있다.
- 서비스의 의뢰: 사회복지사는 다른 전문가의 특별한 지식이나 경험이 필요한 경우, 다른 전문가에게 클라이언트를 의뢰하여야 한다.

② 사회복지사와 기관과의 관계

사회복지사는 사회기관이나 민간기관에 고용되어 있기 때문에 그 조직의 프로그램과 절차를 수행할 책임을 가지고 있다. 더욱이 기관은 대중에게 책임을 지고, 조직이 그 명성, 자금을 유지하며, 궁극적으로는 제공되는 서비스의 질에 따라 성공여부가 달려 있으므로 그 조직에 대한 책임도 중요하다.

하지만 사회복지사는 자신이 일하는 기관에 대한 의무와 클라이언트에 대한 의무 사이에서 갈등 상황에 놓일 수 있다. 따라서 사회복지 정책을 집행하는 기관과의 의사교류는 기준과 목표에 대한 명백한 의사를 바탕으로 협조체계를 조장할 수 있는 것이어야 한다. 의사교류를 잘못하면 의사가 왜곡되는 경향이 있기 때문에 정책결정자의 진의가 전달될 수 있어야 한다.

③ 동료나 기관의 비윤리적 행위에 대한 대처

대부분의 사회복지 업무는 대규모 조직 내에서 존재하기 때문에 많은 사회복지사가 관료제의 일부분이 되는 것을 피할 수 없다. 모든 유형의 기관에서 일하는 사회복지사는 다양한 정도의 관료주의가 있을 수 있다는 것과 양질의 서비스 제공을 촉진하기 위해서 관리와 사회복지사 양 측면의 균형을 이루는 적절한 적용이 가능하다는 사실을 알아두는 것이 좋다. 하지만 기관의 구조가 클라이언트에 대한 서비스를 가로막는다는 판단이 서면 사회복지사는 구조적 변화를 주장해야 한다.

동료나 기관의 비윤리적 행위에 대해 공식적 절차를 통하여 대처하여야 할 때, 다음과 같은 고려요인들이 있다.

- 필요한 변화와 그 이유를 가능한 한 정확하게 확보하고 연구한다. 법과 규칙, 행정, 인사 지침서, 다른 기관과의 합의와 규약 그리고 이렇게 도출한 정보에서 가능한 변화는 무엇인지, 변화 과정을 어떻게 진행할 것인지, 변화를 지지하는 사람과 승인하지 않는 사람이 누구인지를 어느 정도 알 수 있다.
- 변화에 대한 조직의 준비를 사정한다. 변화를 수용하기 이전의 경험을 검토한다.

만약 이전의 변화 노력이 잘못되었거나 비효율적이거나 좌절되었다면 그 조직의 사람들은 변화에 저항할 것이다. 이와 달리 변화 노력을 인도하는 사람을 신뢰한다면 제안된 변화가 필요하고 가능하다고 믿을 것이며, 제안이 자신의 문제, 관심사, 변화에 대한 두려움을 다루고 있을 때 사람들은 변화를 수용할 것이다.

- 변화를 위한 욕구가 다양한 수준, 부서, 조직단위에 걸쳐 공유되고 있는지를 결정한다. 제안된 변화의 영향을 가장 직접적으로 받을 사람들에게 특별한 관심을 가진다.
- 변화가 기관의 임무, 전통, 현재 목적과 양립할 수 있는 정도를 사정한다. 상급관리자와 이사장이 변화를 지지하는 정도를 결정한다.
- 변화를 선호하는 혹은 이를 반대하는 조직의 하부체계와 사람들의 상대적인 힘을 사정하고 규명한다.
- 현존관계의 유형 파괴를 최소화하기 위하여 가능하다면 현재의 구조와 절차에 변화를 통합시킨다(사회복지실천협의회, 2000).

(4) 사회복지사 전문단체의 발전과 권익옹호

성장 · 발전과 권익옹호에 힘쓰기 위해서 소속기관과 전문단체활동에 적극 참여해야 함을 윤리강령에서는 마지막으로 말하고 있다.

사회복지사 윤리강령 2번에서 볼 수 있듯이 사회복지사는 전문직의 가치를 견지하면서 관련 지식과 기술을 습득, 개발, 전달하는 데 최선의 노력을 기울여야 한다. 이를 위한 가장 기본적인 장은 사회복지사 자신이 소속되어 있는 기관일 것이다. 현장은 사회복지사 자신이 습득한 지식과 기술을 펼치는 곳이며, 동시에 새로운 기술을 개발하여 자신을 성장하고 발전시킬 수 있는 가장 좋은 장이다. 또한 사회복지협회 등 전문단체에서의 활동 또한 대단히 중요한 장이라고 볼 수 있다. 공식적인 전문단체뿐만 아니라 비공식적으로 필요에 의해서 만들어진 학술단체나 학교 연구그룹 등도 자신을 성장 · 발전시키는 중요한 장이다.

사회복지사의 역할 중에 '전문가로서 사회복지사'라는 역할이 있다. 사회복지사에게 기대하는 것은 고도로 전문화된 기준을 반영하는 태도로 실천을 하는 것이다. 사회복지사는 꾸준히 자신의 지식과 기술을 개발해야 하며 실천의 질을 검토하고 증진시키기 위한 노력을 해야 한다. 사회복지사는 전문성의 향상과 강화를 위한 활동에 능동적으로 참여해야 한다. 지역, 지방 그리고 전국적 수준에서 전문가 협회에 능동적으로 참여하는 것은 전문가 역할의 중요한 요소다. 사회복지사는 그들의 실천이나 연구로부터 획득한 지식을 회의 때 발표를 통하거나 전문가 문헌에 게재함으로써 동료에게 전달해야 한다(김혜란, 2000).

(5) 기타 유관기관과의 관계

사회복지사는 클라이언트를 적절한 인간서비스와 자원에 연결하기 위해서 기타 유관기관과의 관계를 유지해야 한다. 이는 사회복지사도 인간이라는 점에 기인한다. 사회복지사도 인간이기 때문에 능력에 한계가 있고 클라이언트에게 모든 서비스를 제공할 수는 없다. 때문에 클라이언트에게 가장 적절한 서비스를 제공해 주기 위해서는 유관기관과의 관계를 유지하는 것이 중요하다.

원조전문직 중 사회복지에서 특히 강조하는 것은 환경과 관련해서 사람들을 돕는 것이다. 전문가의 위치에 있는 사회복지사는 대개 클라이언트와 지역사회 자원의 연결을 촉진한다. 인간서비스의 중개자로서 사회복지사는 다양한 서비스와 활용 가능한 프로그램에 관한 지식이 있어야 하고, 각 개인의 강점과 약점에 관한 사정을 해야 하며, 그런 자원에 접근하는 절차를 이해하고 있어야 한다. 이런 자원들은 돈, 음식, 의복 그리고 주택과 같은 사회적 급부 혹은 상담, 치료, 집단 상호작용 경험 그리고 재활서비스와 같은 사회적 서비스들이 포함된다.

중개를 하려면 사회복지사가 서비스 전달체계의 다양한 부분과 지속적인 상호작용을 촉진하는 것이 필요하다. 기관, 프로그램 그리고 전문가 간의 연결을 강화하기 위해서 사회복지사는 의사소통 통로를 만드는 자원 연결망에 참여하고, 자원을 공유하도록 협상하며, 기관과의 상호계획과 정보교환, 조정활동에 참여한다(김혜란, 2000).

2) 2001년 개정된 한국 사회복지사 윤리강령 해석

사회복지사 윤리강령(2001년 개정)

전 문

사회복지사는 인본주의·평등주의 사상에 기초하여, 모든 인간의 존엄성과 가치를 존중하고 천부의 자유권과 생존권의 보장활동에 헌신한다. 특히 사회적·경제적 약자들의 편에 서서 사회정의와 평등·자유와 민주주의 가치를 실현하는 데 앞장선다. 또한 도움을 필요로 하는 사람들의 사회적 지위와 기능을 향상시키기 위해 저들과 함께 일하며, 사회제도 개선과 관련된 제반 활동에 주도적으로 참여한다.

사회복지사는 개인의 주체성과 자기결정권을 보장하는 데 최선을 다하고, 어떠한 여건에서도 개인이 부당하게 희생되는 일이 없도록 한다. 이러한 사명을 실천하기 위하여 전문적 지식과 기술을 개발하고, 사회적 가치를 실현하는 전문가로서의 능력과 품위를 유지하기 위해 노력한다.

이에 우리는 클라이언트·동료·기관 그리고 지역사회 및 전체 사회와 관련된 사회복지사의 행위와 활동을 판단·평가하며 인도하는 윤리기준을 다음과 같이 선언하고 이를 준수할 것을 다짐한다.

윤리기준

I. 사회복지사의 기본적 윤리기준

1. 전문가로서의 자세

1) 사회복지사는 전문가로서의 품위와 자질을 유지하고, 자신이 맡고 있는 업무에 대해 책임을 진다.

2) 사회복지사는 클라이언트의 종교·인종·성·연령·국적·결혼상태·성 취향·경제적 지위·정치적 신념·정신, 신체적 장애·기타 개인적 선호, 특징, 조건, 지위를 이유로 차별 대우를 하지 않는다.

3) 사회복지사는 전문가로서 성실하고 공정하게 업무를 수행하며, 이 과정에서 어떠한 부당한 압력에도 타협하지 않는다.

4) 사회복지사는 사회정의 실현과 클라이언트의 복지 증진에 헌신하며, 이를 위한 환경 조성을 국가와 사회에 요구해야 한다.

5) 사회복지사는 전문적 가치와 판단에 따라 업무를 수행함에 있어, 기관 내외로부터 부당한 간섭이나 압력을 받지 않는다.

6) 사회복지사는 자신의 이익을 위해 사회복지 전문직의 가치와 권위를 훼손해서는 안 된다.

7) 사회복지사는 한국사회복지사협회 등 전문가단체 활동에 적극 참여하여, 사회정의 실현과 사회복지사의 권익옹호를 위해 노력해야 한다.

2. 전문성 개발을 위한 노력

1) 사회복지사는 클라이언트에게 최상의 서비스를 제공하기 위해, 지식과 기술을 개발하는 데 최선을 다하며 이를 활용하고 전파할 책임이 있다.

2) 클라이언트를 대상으로 연구하는 사회복지사는 저들의 권리를 보장하기 위해, 자발적이고 고지된 동의를 얻어야 한다.

3) 연구과정에서 얻은 정보는 비밀보장의 원칙에서 다루어져야 하고, 이 과정에서 클라이언트는 신체적·정신적 불편이나 위험·위해 등으로부터 보호되어야 한다.

4) 사회복지사는 전문성을 개발하기 위해 노력하되, 이를 이유로 서비스의 제공을 소홀히 해서는 안 된다.

5) 사회복지사는 한국사회복지사협회 등이 실시하는 제반교육에 적극 참여하여야 한다.

3. 경제적 이득에 대한 태도

1) 사회복지사는 클라이언트의 지불능력에 상관없이 서비스를 제공해야 하며, 이를 이유로 차별대우를 해서는 안 된다.

2) 사회복지사는 필요한 경우에 제공된 서비스에 대해, 공정하고 합리적으로 이용료

를 책정해야 한다.

3) 사회복지사는 업무와 관련하여 정당하지 않은 방법으로 경제적 이득을 취하여서
   는 안 된다.

Ⅱ. 사회복지사의 클라이언트에 대한 윤리기준

1. 클라이언트와의 관계

1) 사회복지사는 클라이언트의 권익옹호를 최우선의 가치로 삼고 행동한다.

2) 사회복지사는 클라이언트에 대하여 인간으로서의 존엄성을 존중해야 하며, 전문
   적 기술과 능력을 최대한 발휘한다.

3) 사회복지사는 클라이언트가 자기결정권을 최대한 행사할 수 있도록 도와야 하며,
   저들의 이익을 최대한 대변해야 한다.

4) 사회복지사는 클라이언트의 사생활을 존중하고 보호하며, 직무 수행과정에서 얻
   은 정보에 대해 철저하게 비밀을 유지해야 한다.

5) 사회복지사는 클라이언트가 받는 서비스의 범위와 내용에 대해, 정확하고 충분한
   정보를 제공함으로써 알 권리를 인정하고 존중해야 한다.

6) 사회복지사는 문서·사진·컴퓨터 파일 등의 형태로 된 클라이언트의 정보에 대
   해 비밀보장의 한계와 정보를 얻어야 하는 목적 및 활용에 대해 구체적으로 알려
   야 하며, 정보 공개시에는 동의를 얻어야 한다.

7) 사회복지사는 개인적 이익을 위해 클라이언트와의 전문적 관계를 이용하여서는
   안 된다.

8) 사회복지사는 어떠한 상황에서도 클라이언트와 부적절한 성적 관계를 가져서는
   안 된다.

9) 사회복지사는 사회복지 증진을 위한 환경조성에 클라이언트를 동반자로 인정하
   고 함께 일해야 한다.

2. 동료의 클라이언트와의 관계

1) 사회복지사는 적법하고도 적절한 논의 없이 동료 혹은 다른 기관의 클라이언트와

전문적 관계를 맺어서는 안 된다.

2) 사회복지사는 긴급한 사정으로 인해 동료의 클라이언트를 맡게 된 경우, 자신의
의뢰인처럼 관심을 갖고 서비스를 제공한다.

Ⅲ. 사회복지사의 동료에 대한 윤리기준

1. 동료

1) 사회복지사는 존중과 신뢰로써 동료를 대하며, 전문가로서의 지위와 인격을 훼손
하는 언행을 하지 않는다.

2) 사회복지사는 사회복지 전문직의 이익과 권익을 증진시키기 위해 동료와 협력해
야 한다.

3) 사회복지사는 동료의 윤리적이고 전문적인 행위를 촉진시켜야 하며, 이에 반하는
경우에는 제반 법률규정이나 윤리기준에 따라 대처해야 한다.

4) 사회복지사가 전문적인 판단과 실천이 미흡하여 문제를 야기했을 때에는, 적절한
조치를 취하여 클라이언트의 이익을 보호해야 한다.

5) 사회복지사는 전문직 내 다른 구성원이 행한 비윤리적 행위에 대해, 제반 법률규
정이나 윤리기준에 따라 조치를 취해야 한다.

6) 사회복지사는 동료 및 타 전문직 동료의 직무 가치와 내용을 인정·이해하며, 상
호간에 민주적인 직무관계를 이루도록 노력해야 한다.

2. 슈퍼바이저

1) 슈퍼바이저는 개인적인 이익의 추구를 위해 자신의 지위를 이용해서는 안 된다.

2) 슈퍼바이저는 전문적 기준에 의해 공정하게 책임을 수행하며, 사회복지사, 수련
생 및 실습생에 대한 평가는 저들과 공유해야 한다.

3) 사회복지사는 슈퍼바이저의 전문적 지도와 조언을 존중해야 하며, 슈퍼바이저는
사회복지사의 전문적 업무수행을 도와야 한다.

4) 슈퍼바이저는 사회복지사·수련생 및 실습생에 대해 인격적·성적으로 수치심을

주는 행위를 해서는 안 된다.

Ⅳ. 사회복지사의 사회에 대한 윤리기준

1. 사회복지사는 인권존중과 인간평등을 위해 헌신해야 하며, 사회적 약자를 옹호하고 대변하는 일을 주도해야 한다.
2. 사회복지사는 필요한 사회서비스를 개발하기 위한 사회정책의 수립 · 발전 · 입법 · 집행에 적극적으로 참여하고 지원해야 한다.
3. 사회복지사는 사회환경을 개선하고 사회정의를 증진시키기 위한 사회정책의 수립 · 발전 · 입법 · 집행을 요구하고 옹호해야 한다.
4. 사회복지사는 자신이 일하는 지역사회의 문제를 이해하고, 그것을 해결하는 일에 적극적으로 참여해야 한다.

Ⅴ. 사회복지사의 기관에 대한 윤리기준

1. 사회복지사는 기관의 정책과 사업 목표의 달성, 서비스의 효율성과 효과성의 증진을 위해 노력함으로써, 클라이언트에게 이익이 되도록 해야 한다.
2. 사회복지사는 기관의 부당한 정책이나 요구에 대하여, 전문직의 가치와 지식을 근거로 이에 대응하고 즉시 사회복지윤리위원회에 보고해야 한다.
3. 사회복지사는 소속기관 활동에 적극 참여함으로써, 기관의 성장발전을 위해 노력해야 한다.

Ⅵ. 사회복지윤리위원회의 구성과 운영

1. 한국사회복지사협회는 사회복지윤리위원회를 구성하여, 사회복지윤리실천의 질적인 향상을 도모하여야 한다.
2. 사회복지윤리위원회는 윤리강령을 위배하거나 침해하는 행위를 접수받아, 공식적인 절차를 통해 대처하여야 한다.
3. 사회복지사는 한국사회복지사협회의 윤리적 권고와 결정을 존중하여야 한다.

　　해석학적 관점에서 보면 그 시대의 문헌은 그 시대의 시대적·사회문화적 상황을 반영하고 있기 때문에 한국 사회복지사 윤리강령은 그것이 제정된 때의 시대적·사회문화적 상황을 반영하고 있을 수밖에 없다. 따라서 한국의 시대적·사회문화적 환경의 변화는 한국 사회복지사 윤리강령의 변화에 대한 필요성을 제기하였고, 개정을 가져왔다. 지금까지 살펴본 윤리강령은 1992년에 제정될 당시의 내용이며, 다음의 내용은 2001년에 개정된 한국 사회복지사 윤리강령의 변화된 내용과 해석학을 통한 그 변화의 의미를 분석한 것이다. 이 장에서는 특히 사회복지사와 클라이언트의 관계를 다루어 사회복지 실천의 핵심이라고 할 수 있는 'II. 사회복지사의 클라이언트에 대한 윤리기준'을 중심으로 그 분석 내용을 보여 주고자 한다. 왜냐하면 사회복지사와 클라이언트 간의 관계는 실천 현장에서 윤리적 딜레마 상황이 가장 많이 재연될 수 있는 요소이기도 하고, 사회복지 실천 전달의 근본을 이루는 관계이기 때문이다. 다음의 분석은 '클라이언트와의 관계'에 속한 세부사항 9항목 중 몇 항목을 선정해 연속분석과 확장적 의미해석을 포함한 해석과정을 중심으로 하였다.

(1) 연속분석

> II. 사회복지사의 클라이언트에 대한 윤리기준

　　이 항목은 두 번째에 해당하는 로마식 숫자표기 뒤로 주제 혹은 제목처럼 보이는 문구가 나열되어 있다. 보통의 경우 로마식 숫자표기는 큰 제목을 나타낼 때 사용되는 것으로, 해당 문장은 하위항목이나 구체적 내용을 동반할 수 있는 제목이나 커다란 주제가 될 수 있을 것이다. 그렇다면 여기서는 두 가지 사항에 주목할 수 있다. 먼저 'II'이 나타내는 것처럼 그 전에는 'I'이 존재할 것이고, 이는 내용상, 의미상 혹은 중요도의 정도에 의해 그 순서가 정해졌음을 시사하며 여러 개 중 두 번째로 다루어진 이유가 있을 것이다. 따라서 이 분석에서는 생략된 'I'에 대한 간단한 설명이 필요할 것이다. 첫 항목은 'I. 사회복지사의 기본적 윤리기준'이라는 제목으로 '1. 전문가로서의 자세'

'2. 전문성 개발을 위한 노력' '3. 경제적 이득에 대한 태도'를 다루고 있다. 제목에서 살펴볼 수 있는 것처럼, 첫 번째 항목과 그 세부항목들은 전문가로서의 사회복지사의 훈련 정도 그리고 지속적인 전문적 지식 고양의 노력 및 사회복지사로서의 기본가치를 포함하고 있다. 이는 실제 실천 현장에 나가기 전에 수양되어야 하는 혹은 실천가로서 지속적으로 개인의 전문성을 발전시키기 위한 사회복지사의 노력에 무게를 두는 조항이라고 할 수 있겠다. 이러한 노력과 훈련을 바탕으로 사회복지사는 다음 항목인 'II. 사회복지사의 클라이언트에 대한 윤리기준', 즉 클라이언트와의 만남에 준비되어야 하는 것이다. 때문에 'II'는 전문가로서의 개인적 소양이 충분히 훈련된 사회복지사라는 'I'의 전제 뒤에 따르게 되는 것이다.

두 번째 주목할 만한 사항은 제목 혹은 주제가 포함하고 있는 내용이다. '사회복지사의 클라이언트에 대한 윤리기준'은 '누가' '누구에게'라는 관계의 구조가 전제되어 있는 것으로 보인다. 이 문장의 관계를 거꾸로 표기한다면 '클라이언트의 사회복지사에 대한 윤리기준'이 될 것이다. 이 두 가지 다른 표현은 '누가' '누구에게'라는 관계의 구조가 상반된 것으로, 윤리기준이라는 명제를 어떻게 적용할 것인가라는 문제와 직결된다고 볼 수 있다. 즉, 원 제목대로 '사회복지사의 클라이언트에 대한 윤리기준'에서는 클라이언트라는 대상에 대한 사회복지사의 윤리기준이 어떻게 적용될 수 있는가에 그 중심이 있을 것이다. 반면, 그 관계를 거꾸로 표기했을 때에는 클라이언트가 사회복지사를 대할 때 고려해야 하는 윤리기준이라는 상반된 결과를 가져온다. 그렇다면 '누가' '누구에게'라는 관계의 구조는 윤리기준이 적용되는 대상과 그 윤리기준을 이행해야 하는 주체의 관계라고 볼 수 있을 것이다. 다시 말해 이 제목은 클라이언트를 위해 윤리기준을 적용해서 관계를 맺어야 하는 사회복지사의 의무(obligation)로 이해될 수 있을 것이다.

클라이언트의 의무가 아닌 사회복지사의 의무를 그 두 번째 윤리강령의 순서로 보았다는 것은 사회복지사 전문가로서의 기본적 자질과 가치 다음으로 중요한 실천지침이 클라이언트에 대한 사회복지사의 의무라는 것으로 이해될 수 있다. 물론 사회복지 서비스를 제공해야 하는 사회복지사에게 클라이언트와의 관계에서 윤리적 책무를 따지는

것은 당연한 부분으로 받아들여질 수 있다. 그렇지만 그 안에 숨어 있는 또 다른 전제는
그 윤리기준을 적절하게 적용하지 않았을 때 생길 수 있는 여파와 관계의 구조가 언제
든지 전도될 수 있다는 서비스 실천의 위험요소가 내포되어 있음도 짐작해 볼 수 있다.
일반 소비자와 수요자의 경우와 다르게 사회복지 실천에서 클라이언트와 사회복지사
의 관계는 수직적 관계에 놓일 수 있는 가능성이 높다. 사회복지 실천의 대상이 되는 클
라이언트는 스스로 자신의 문제를 해결할 수 없는 취약한 상황에 놓여 있거나 단기적으
로 또는 영구적으로 스스로를 돕지 못하는 신체적 · 정신적 · 사회적 어려움을 갖고 있
는 경우가 대부분이다. 더 많은 도움과 보호가 필요한 만큼 클라이언트는 관계의 힘의
균형에서 상대적으로 약한 위치에 처할 수 있는 위험이 높은 대상이 된다. 실제 사회복
지 현장에서 클라이언트는 전문가에게 필요한 협조를 제공하며, 도움을 위한 자신의 요
구(needs)를 표현하며, 규명해 준 문제를 의문 없이 받아들여야 하는(McLaughlin, 2009) 상
황에 놓이게 되는 경우들이 빈번하게 발생한다. 때문에 클라이언트는 사회복지사와의
관계에서 수평적 관계형성을 위한 도움과 보호를 받아야 할 가능성이 더 높은 대상으로
그들을 돕는 위치의 사회복지사는 항상 이러한 문제에 민감해야 하며, 그 관계형성의
기준이 윤리에 기준을 두어야 함을 강조하고 있는 요소가 내포되어 있음으로 추론된다.

1. 클라이언트와의 관계

앞에서 추론한 것과 같이 다음 소제목으로는 '클라이언트와의 관계'가 뒤따르고 있
다. 관계를 맺는다는 것은 그 목적이 개인적 친분으로부터 사회적 필요에 의한 것까지
광범위할 것이다. 특히 사회복지 실천 현장에서 클라이언트와의 관계는 도움이 필요한
사람과 도움을 줄 수 있는 사람, 문제 상황에 직면한 사람과 그 문제를 함께 해결할 수
있는 전문적 지식과 사회적 자원을 가지고 있는 사람 간의 교류를 바탕으로 하게 될 것
이다. 개인적인 관계보다는 전문적이고 사회적인 관계가 되어야 하며, 때문에 서로를
알아가는 과정에서 사적 관계보다 더 조심하고 배려하며 서로를 존중하는 자세가 바탕
이 되어야 할 것이다. 그렇지 않을 경우 관계는 쉽게 단절될 수 있으며, 이런 경험은 문

제를 겪고 있는 클라이언트에게 특히 더 많은 심리적·사회적 부담을 초래할 수 있다. 이러한 클라이언트의 특성과 사회복지 실천에서의 관계의 속성 때문에 사회복지사는 사적 관계 혹은 경제적 관계에서 오갈 수 있는 교류의 특성이 아니라 보다 세심하고 사려 깊은 자세로 관계형성에 임해야 할 것이다. 또한 전문적 관계라는 점에서 개인의 성향이나 친절함에 기대는 것이 아니라 상호존중(mutual respect)과 지속적인 의사소통을 통해 관계의 개별성과 공공성을 함께 성취하는 것이 중요할 것이다. 때문에 관계를 맺을 때 사회복지사에게 윤리적 기준은 자칫 사적 영역으로 기울어질 수 있는 것을 전문적 관계로 발전시킬 수 있는 지침이 될 것이다.

---

1) 사회복지사는 클라이언트의 권익옹호를 최우선의 가치로 삼고 행동한다.
R1) 클라이언트의 권익을 옹호하는 것이 사회복지사의 첫 번째 사명이다.
R2) 클라이언트는 자신의 권리와 이익을 찾기 위한 심리적·사회적·경제적·정치적 힘이 취약한 대상으로서 그것이 사회복지사의 가장 중요한 윤리기준은 아닐지라도 그만큼 중요하게 다루어야 하는 주제다.

첫 번째 지침으로 나온 사회복지사의 클라이언트에 대한 권익옹호 의무는 상당히 강조되고 있다. 처음으로 나왔다는 순서상의 의미는 물론, '최우선의'라는 수식어는 이 항목이 암시하는 중요성을 더욱 도드라지게 한다. 강조가 된다는 것은 일상적 개념이나 평균적 수준을 넘어 무엇이 중요할 때, 그것을 작성한 사람의 강한 의도가 포함되어 있는 것이다. 그렇다면 권익옹호의 의무가 이토록 강조된 것은 R1에서처럼 이것 자체가 중요한 이유인지 혹은 R2에서처럼 주제 자체도 중요하지만 그것이 제대로 지켜지지 않는 클라이언트의 개인적·환경적 요인 때문인지 고민해 볼 필요가 있다.

권익(權益)이란 '권리와 그에 따른 이익'이란 사전적 의미를 지닌다. 풀어서 설명하자면 개인이 합당히 누려야 하는 권리와 그 권리를 행사하면서 얻는 이익을 취할 수 있는 것을 권익이라 하겠다. 사회복지 실천에서 권익옹호는 클라이언트의 심리사회적 욕구를 확인하고, 그것을 해결하기 위한 사회복지사의 요구와 활동을 포함하며, 관계자에게 영향력을 행사하는 의도적이며 계획된 활동으로, 이 옹호활동이 아닌 다른 방법으로는 클라이언트의 요구가 해결되지 못하는 시점에서 시작하는 활동이다. 즉, 인간으로서 혹은 사회의 구성원으로서 누려야 하는 권리와 그에 부합하는 이익을 취하기 어려운 클라이언트를 위해 클라이언트의 권익을 보장해 주는 것을 목적으로, 다양한 활동을 통해 클라이언트에게 개입하는 것이 이 항목에서 사회복지사에게 요구되는 주된 가치다. 한 개인이 그들에게 부여된 권리를 행사할 수 있다는 것은 사회구성원으로 인정받고, 법적·윤리적으로 체계에 수용되고 그 존재가 존중받는 것을 의미한다. 이는 심리사회적·경제적·정치적 안녕과 직결된 것으로 권익이 보장되었을 때만이 개인은 사회 속에서 안정된 생활을 영위할 수 있게 된다. 그렇지만 사회복지 실천 현장에서의 클라이언트는 대부분 자신의 권익을 찾을 수 있는 내적 능력 혹은 외적 자원이 부족하거나, 체계와 구조의 문제에 의해 권익을 주장할 수 없는 상황에 처해 있을 가능성이 높다. 때문에 그들의 권익을 옹호해야 하는 사회복지사의 윤리적 책무는 앞의 항목에서 보여 주는 것처럼 최우선의 조항이 될 수 있을 것이다. 또한 단순히 가치로만 인식하는 것이 아니라 그 가치를 실천해야 하는 행위의 중요성도 강조되고 있다.

이러한 시점에서 여전히 의문점으로 남는 것은 클라이언트의 권익옹호의 최우선의 가치가 다른 가치와 상충되지는 않는가 하는 점이다. 그리고 그 상충되는 가치들 속에서 그 권익의 옹호를 위해 어떤 우선순위를 정해야 하는지에 대한 결정기준이 애매하다는 것을 문제점으로 지적할 수 있다. 양옥경(1993)은 사회적 윤리와 전문적 윤리 모두 평등의 원칙을 강조하지만 전문적 윤리는 클라이언트의 이익을 모든 사람의 이익에 우선한다고 명명하였다. 이러한 기준을 제시하는 학자들이 있다고 하여도 실제 실천 현장에서 문제 상황을 맞닥뜨리는 사회복지사에게는 여전히 명확하지 않은 윤리기준이 될 것이다. 그 권익옹호가 거대한 구조 속에서 일어나는 불평등 혹은 소외의 경우라면 사회복지사는 갈등 없이 클라이언트의 문제를 해결하기 위한 옹호활동을 펼칠 수 있을 것이다. 그렇지만 클라이언트의 권익이 타인의 권익과 상충될 때, 물론 사회복지사는 자신의 클라이언트의 편에서 권익을 옹호해야겠지만 여전히 내적인 윤리적 갈등은 풀리지 않을 것이다. 근대화된 현재의 사회에서 권익의 정의는 인간의 기본가치에서부터 법적 · 경제적 · 사회적 영역에서 다양하게 해석될 수 있다. 미시적 개념의 사회복지적 접근이라면 인간의 기본권과 안전이라는 협의의 개념의 권리를 다룰 수 있겠지만 거시적 개념의 삶의 안녕이라는 목표를 가지는 현대의 사회복지 가치에서는 개인의 권리를 바라보는 관점이 복잡해진다. 이는 인간의 보편적 권리를 상대화시키려는 의도와는 다른 것으로 해석되어야 한다. 왜냐하면 삶의 형태, 관계의 복잡성과 단절성, 사회 계층 및 정치경제적 변화는 과거 60년 전에 비해 현대사회가 더 많은 경우의 수를 가지며, 이 과정에서 개인의 권익을 어떻게 해석할 것인지에 대한 논의와 갈등이 가열되고 있는 것이 현실이기 때문이다. 따라서 이상적으로는 옳다고 생각한 클라이언트의 권익이 현실사회에서는 법적 · 사회적으로 인정되지 않거나, 복합적인 관계 속에서 타인의 권익과 상충되는 상황이 발생할 수 있다. 따라서 보다 구체적인 권익에 대한 정의가 없다면 실천현장에서 사회복지사는 R1처럼 어떤 경우에도 클라이언트의 권익만을 옹호해야 하는지 혹은 R2처럼 클라이언트가 갖는 심리사회적 취약성 때문에 행사하지 못한 그들의 권리를 위해 여러 상황을 조율하면서 최선의 방법을 찾는 것이 옳은지 명확하게 답할 수 없을 것이다.

> 2) 사회복지사는 클라이언트에 대하여 인간으로서의 존엄성을 존중해야 하며, 전문적 기술과 능력을 최대한 발휘한다.

두 번째 항목에서는 사회복지사의 윤리가치와 전문가로서 최선을 다해야 하는 의무를 명시하고 있다. 첫 번째 요소는 사회복지 실천의 가장 근본이 되는 윤리가치로서 클라이언트 각 개인의 고유성을 존중하고, 클라이언트가 한 인간으로서 자신의 삶을 자율적으로 결정할 수 있게 원조하며, 클라이언트와 지속적인 상호 의사소통을 통해 그들의 요구와 변화가능성에 민감해야 함을 포함한다(장인협, 1989; 이효선 외, 2012). 두 번째 요소는 사회복지사는 이미 전문가라는 전제하에 그 전문성을 최선을 다해 실무에 적용해야 함을 설명하고 있다. 특히 인간존엄에 대한 주제는 보다 강한 의무를 내포하는 '반드시 해야 한다'의 문어체로 표현되어 있으며, 이 표현방식은 첫 번째 항목보다 훨씬 강하게 서술되고 있다는 점이 두드러진다. 첫 번째 항목에서 '가치로 삼고 행동한다'나 두 번째 항목에서 '최대한 발휘한다'는 지침이나 기준에 가까운 형식을 띠고 있는 반면, 인간존엄에 관한 내용은 마땅히 혹은 반드시 해야 하는 명제로서 타협의 여지없이 어떤 상황에서든 반드시 실천되어야 하는 것으로 강조되고 있다. 이에 반해 두 번째 요소인 '전문적 기술과 능력의 발휘'는 해야 하는 것임에는 틀림이 없지만, '어떻게' 혹은 '얼마나' 해야 하는 것인지에 대한 기준이 모호하다. '최대한'이란 수식어는 최선과 자신의 능력에서의 최고치로 개인별 차이가 있을 수 있고, 그 최선의 기준을 이해하는 폭이 사회복지사마다 다를 수 있기 때문이다. 이러한 논리에서 본다면 첫 번째 요소인 윤리 가치는 반드시 이행되어야 하는 보편적 필요충분조건이며, 그 뒤에 따라오는 두 번째 요소는 사회복지사 개인의 능력과 기준에 따라 상대적으로 이해될 수 있는 최대한의 폭으로 정리될 수 있다. 즉, 하나는 보편적 명제로서 마땅히 지켜져야 하는 것이 전제됨을 의미하며, 다른 하나는 그 명제를 공유하면서 사회복지사 개인의 역량 속에서의 최선을 끌어냄을 의미한다고 할 수 있다.

그러나 이 보편적 명제와 상대적으로 평가될 수 있는 사회복지사 능력의 최선치를 실천하는 것 사이의 연관관계를 찾는 것이 쉽지 않다.

> R1) 사회복지사는 인간존엄에 대한 존중이라는 윤리적 가치를 바탕으로 모든 전문적 기술을 활용해야 한다.
> R2) 사회복지사는 인간존엄성을 존중하고 자신의 역량을 최대한 끌어내어 클라이언트를 도와야 한다.

R1과 R2는 비슷해 보이지만 서로 다른 전제를 가지고 있다. R1의 경우는 인간존엄이라는 윤리적 가치가 전제된 실천을 의미하고, R2는 인간은 존엄한 존재이고, '사회복지사는 전문성의 최선의 책무를 다해야 한다'라는 두 가지 주제를 갖게 된다. 다시 말하면

R1은 인간존엄과 전문성 실천이 서로 조건절과 주절이 되어 하나의 조건이 반드시 전제가 되어야 주절의 행위가 실천될 수 있는 것을 의미한다. 이에 반해 R2는 병렬로 나열된 구조로 인간존엄과 전문성 실천이 각기 독립된 주제로 단순히 한 문장에 '그리고'로 엮여 표현된 경우일 뿐이다. R1이든 R2이든 두 가지 경우 모두 인간존엄에 대한 중요성과 전문가로서의 최선의 노력이라는 내용의 본질이 사회복지사 윤리기준에 포함되어 있음은 틀림없다. 그러나 인간존엄을 철저히 이해하고 이를 바탕으로 하는 실천이라는 견지에서 R1은 서로 다른 두 가지 요소가 한 문장에서 자연스럽게 연결될 수 있는 여지를 가질 수 있다. 이와는 다르게 R2는 윤리가치와 실천지침이라는 서로 다른 요소가 단순히 나열된 형태를 띠기 때문에 그 명확한 뜻을 이해하는 데 혼란을 초래할 수 있다. 때문에 이 두 가지 주제가 사회복지사 실천행위에서 윤리적 전제와 실천적 지침 사이에 어떤 연관관계를 갖는지를 명확하게 해 둘 필요가 있다.

> 3) 사회복지사는 클라이언트가 자기결정권을 최대한 행사할 수 있도록 도와야 하며, 저들의 이익을 최대한 대변해야 한다.

이 항목은 사회복지사가 돕는 클라이언트가 어떤 특성을 갖는 대상인지 반영하고 있다. 먼저 클라이언트의 자기결정권 존중과 이들의 이익을 대변해야 하는 사회복지사의 윤리적 책무는 역으로 클라이언트의 취약성을 나타내고 있다고 볼 수 있다. 클라이언트는 평소에 자기결정권과 자신의 이익을 위해 스스로 항변할 능력 혹은 상황에 어려움을 겪고 있을 수 있다. 또는 사회복지사와의 관계에서 전문가의 권위 등에 의해 클라이언트 스스로 결정할 수 있는 범위를 제한 받을 수도 있다. 이러한 클라이언트의 특성을 고려했을 때, 사회복지사는 클라이언트가 스스로 결정권을 행사할 수 있다고 의식하고, 클라이언트가 자신의 이익을 주장할 수 있도록 지지자 혹은 대변자로서의 역할과 윤리적 책무를 다해야 함을 의미하는 것이다. 그러나 이 항목에서는 서로 다른 사회복지사의 역할이 대립할 수 있는 여지를 보여 주고 있다. 먼저 클라이언트가 자기결정권을 최대한 행사할 수 있도록 돕는 행위는 클라이언트 스스로 문제를 해결하는 힘과 권위를 존중하고 이것이 가능할 수 있는 여건을 조성해 주는 일이 포함된다. 즉, 클라이언트가 변화할 수 있다는 신뢰를 바탕으로 충분한 심리사회적 지지를 제공하며, 더불어 클라이언트의 결정이 가능할 수 있는 자원을 연결해야 함을 의미한다. 이러한 맥락에서 '저들의 이익을 최대한 대변해야 한다'는 이들의 자기결정권을 발현할 수 있는 환경을 조성하는 일환으로 이해될 수 있다. 그러나 저들의 이익을 누구에게, 무엇을 위해서 대변해야 하는지가 명시되어 있지 않아 클라이언트를 설득하기 위한 대변인지 혹은 클라이언트 조력을 위해 외부 세계를 향한 대변인지 모호하다.

클라이언트가 자기결정권을 최대한 행사할 수 있도록 돕는 일은 클라이언트에게 어떤 결정이 자신의 문제를 해결하기 위해 적절한 것인지를 이해할 수 있게 돕는 것을 포함한다. 그렇다면 자기결정권을 행사할 수 있도록 돕는 사회복지사의 행위는 클라이언트의 이익을 직접 대변하는 것보다 클라이언트 스스로 자신의 결정과 그에 따른 이익을 인식하고 말할 수 있게 원조해야 하는 역할이 더 연관성이 있지 않을까? 예를 들어, 세 번째 항목이

> 사회복지사는 클라이언트가 자기결정권을 최대한 행사하도록 도와야 하며, 저들이 스스로 자신의 이익을 대변하는 것을 돕거나, 혹은 저들이 할 수 없을 때 사회복지사가 저들의 이익을 최대한 대변해야 한다.

이처럼 바뀔 경우, 사회복지사는 클라이언트의 자기결정권 자체에 대한 존중과 함께 문제를 해결하는 과정에서 클라이언트의 직접적 참여를 조력하는 원조자로서의 역할이 부각될 것이다. 물론 클라이언트 개인차에 의해 어떤 경우에는 자신의 이익을 대변할 수 있는 능력을 갖추지 못할 수도 있다. 그러나 그 첫 번째 '클라이언트가 자기결정권을 최대한 행사'를 위한 업무는 결국 클라이언트 스스로 자신의 문제를 이해하고 결정할 수 있는 권한을 행사할 수 있도록 돕는 것을 의미한다. 이러한 맥락에서라면 결정만 클라이언트의 주체성을 포함하고 그 결정에 따르는 행위에서는 사회복지사가 주체가 된다고

볼 수 있다. 자신의 문제해결을 위한 결정의 능력이 있다면 그에 따르는 권익의 주장에서도 클라이언트의 참여에 의미를 두고, 이를 위해 사회복지사는 조력자로서의 역할을 멈추어서는 안 된다. 또한 클라이언트가 스스로 할 수 없는 경우가 비일비재한 실천 현장에서 사회복지사는 그들을 위한 이익을 대변할 준비가 되어야 한다. 단순히 조력자와 대변자로서의 역할을 나열하는 기준보다는 조력자로서 사회복지사의 윤리적 의무를 각 주제에 맞게 일관성을 가지고 논의할 필요성이 있으며, 조력으로 되지 않을 경우 클라이언트를 위한 대변자로서의 역할을 연계해야 함이 강조되어야 한다고 보인다.

(2) 구조가설

윤리적 가치와 행위는 명시되어 있으나 구체적 윤리기준이나 가치와 행위 간의 관계가 모호하게 기술되어 있다.

각 항목은 예를 들어, '권익옹호' '인간의 존엄성 존중' '클라이언트의 자기결정권' 등에 관한 윤리적 가치와 이를 옹호하고 보호해야 하는 사회복지사의 행위의 당위성을 강조하고 있다. 또한 가치와 행위 사이에서 윤리강령의 항목들은 사회복지사의 클라이언트에 대한 윤리적 의무와 실천가로서의 역할을 명시하고 있다. 그러나 명시된 윤리적 가치와 행위들이 어떻게 혹은 무엇에 대해 적용되고 실천되어야 하는지 모호하게 기술되어 있고, 한 항목에 나열된 내용들이 서로 연관성이 떨어져 그 가치와 행위 사이에서 사회복지사의 책무와 역할이 명확하지 않다는 문제점을 가지고 있다.

1992년 개정된 윤리강령의 내용이 실천가가 직면한 윤리적 문제해결을 위한 구체적인 윤리기준과 지침이 결여되어 있다는 문제점이 지적되면서(이효선 외, 2012), 2001년 12월에 윤리강령은 다시 한 번 수정된 내용을 제시하였다. 그러나 앞에서 분석한 것과 같이 수정된 새로운 윤리강령도 여전히 그 구체적 윤리기준과 지침이 결여되어 있다는 문제를 지니고 있다. 이는 구체적인 사례 혹은 모든 윤리적 경우의 수가 기술되어야 한다는 주장과는 다르다. 수백 혹은 수천만의 다양한 사례와 실천적 문제 속에서 사회복지사는 당연히 아주 구체적인 상황에 대한 윤리적 기준과 행위의 가이드라인을 얻을 수는 없을 것이다. 하지만 매뉴얼과 같은 세세한 분류로서의 윤리기준이 아닌 어떤 경우에서도 반영되고 고려될 수 있는 옳음의 가치가 적용된 윤리기준과 지침은 실천가들의 목마름을 해결할 수 있는 키가 될 것이다. 현재 수정된 내용의 윤리강령에서는 당위적 명령과도 같은 인간에 대한 존엄과 클라이언트의 주체성을 강조한 자기결정권, 사생활 보장, 권익옹호 등의 사회복지사의 윤리적 책무를 포함하고 있다. 이러한 보편적 인간 존엄성과 클라이언트에 대한 존중은 당연히 지켜져야 하는 명제와도 같다. 그렇지만 그것이 서술된 항목은 가치와 행위를 설명하면서 전문가로서의 의무는 분리되어 설명되고 있으며, 클라이언트의 주체성을 강조하면서 클라이언트의 주체성을 고려하지 않은 실천덕목을 함께 나열하고 있다. 각각의 항목은 모두 실천가에게 중요한 지침이 될 수 있지만, 그것이 구성된 형식은 내용 혹은 가치의 연관성을 고려하지 않고, 마치 해야 하는 숙제들을 열거해 놓은 것과 같다. 클라이언트의 주체성과 자기결정권을 존중하는 윤리적 가치가 선행절에서 설명되었다면 다음 따라오는 내용도 그것과 연관성이 있는 윤리기준 혹은 행위기준이 제시되어야만 했다.

이는 기존의 비판과는 조금 다른 내용을 포함한다. 기존의 비판은 윤리적 딜레마 상황에서 현재의 윤리강령 항목이 구체적 기준을 제시하지 못해 실천에 도움을 주는 데 한계가 있다는 지적이라면, 이 장에서 분석한 결과에서는 각 항목 안에서 벌어지는 논리의 내용이 일관성이 없고, 무엇을 대상으로 하는지 모호하며, '어떻게'라는 목적어(대상)와 방법도 모호하다는 것을 문제로 보고 있다는 점이 차이점이다. 클라이언트의 자기결정권을 존중하는 사회복지사가 이들의 이익을 대변하는 데 무엇을 대상으로 대변할 것인지, 클라이언트의 권익옹호가 타인의 권익을 보호하는 것, 사회정의를 실현하는 것과 어떤 연관 속에서 실천되어야 하는지 등에 대한 구체적인 내용이 결여되어 있는 것이 구체적 세부항목의 명시보다 중요하게 해결되어야 하는 문제로 보인다. 이렇게 명확하지 않은 윤리기준과 행위는 결국 사회복지사의 의무와 역할을 규정하는 데 혼란을 가져올 수 있다. 어떠한 가치를 두고 행위할 것인가는 예를 들면, 클라이언트를 조력자로서 도울 것인지, 대변가로서 도울 것인지 혹은 두 가지 역할을 상황에 따라 유동적으

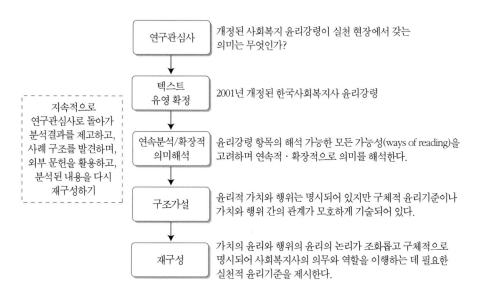

| 연구관심사 | 개정된 사회복지 윤리강령이 실천 현장에서 갖는 의미는 무엇인가? |

[그림 9-1] 사회복지사 윤리강령 해석의 연구 흐름도

로 적용하여 도울 것인지를 정하는 중요한 윤리적 기준이 될 것이다. 안타깝게도 현재의 윤리강령은 윤리문제를 해결할 수 있는 구체적 상황 속에서의 세부항목이 주어지지 않았다는 기존의 지적보다 조금 더 심각한 문제에 직면하고 있음을 보여 주고 있다. 각 항목은 윤리적 기준과 원칙에 따라 내용과 논리의 상관성을 제고해야 할 것이며, 그에 따른 윤리적 가치와 사회복지사의 의무를 일관성 있게 기술해야 할 것이다. 또한 다양한 윤리적 문제 상황에서 기준이 될 수 있는 윤리기준을 구체적으로 제시하는 작업도 함께해야 할 것이다.

3) 한국 사회복지사 윤리강령의 형식적 변화

개정 사회복지사 윤리강령은 기존의 10개의 항목에서 46개의 항목으로 확대, 구체화되었다. 형식적인 변화를 보면 기존의 종합적인 10개의 항목을 I. 사회복지사의 기본적 윤리기준, II. 사회복지사의 클라이언트에 대한 윤리기준, III. 사회복지사의 동료에

대한 윤리기준, Ⅳ. 사회복지사의 사회에 대한 윤리기준, Ⅴ. 사회복지사의 기관에 대한 윤리기준, Ⅵ. 사회복지윤리위원회의 구성과 운영의 6개의 영역으로 구분하였다. 이는 개정 이전의 사회복지사 윤리강령이 내용상 1. 전문가로서의 사회복지사, 2. 클라이언트에 대한 의무, 3. 동료 및 기관과의 관계로 분류되었던 것을 형식적으로 분류한 것과 함께 사회에 대한 윤리기준, 기관에 대한 윤리기준, 사회복지윤리위원회의 구성과 운영이라는 내용을 새롭게 추가한 것이다.

셋째, 이러한 6개의 영역에는 각기 세부적 항목이 있다. 먼저, Ⅰ. 사회복지사의 기본적 윤리기준에는 1. 전문가로서의 자세로서 7개의 항목을 포함하고 있으며, 2. 전문성 개발을 위한 노력에 5개의 항목을, 3. 경제적 이득에 대한 태도에 3개의 항목을 포함하고 있다. 그리고 Ⅱ. 사회복지사의 클라이언트에 대한 윤리기준에는 1. 클라이언트와의 관계에 9개의 항목을, 2. 동료의 클라이언트와의 관계에 2개의 항목을 포함하고 있으며, Ⅲ. 사회복지사의 동료에 대한 윤리기준에는 1. 동료에 6개의 항목이, 2. 슈퍼바이저에 4개의 항목을 포함하고 있다. 또한 Ⅳ. 사회복지사의 사회에 대한 윤리기준에는 4개의 항목이 포함되어 있으며, Ⅴ. 사회복지사의 기관에 대한 윤리기준에 3개의 항목, Ⅵ. 사회복지윤리위원회의 구성과 운영에 역시 3개의 항목을 포함하고 있다.

4) 한국 사회복지사 윤리강령의 내용적 변화

(1) 전문가로서의 자세

전문가로서의 자세는 기존의 항목에 'Ⅰ. 1. 3)항. 사회복지사는 전문가로서 성실하고 공정하게 업무를 수행하며…'라는 문항을 추가하였다. 이는 성실성과 공정성이라는 개념을 포함한 것이다. 그리고 Ⅰ. 1. 4)항에 사회복지사의 사회정의 실현과 클라이언트의 복지 증진에의 헌신을 언급하고 있으며, Ⅰ. 1. 7)항에 사회복지사의 권익옹호를 위해 노력할 것을 포함시켰다.

(2) 전문성 개발을 위한 노력

개정된 사회복지사 윤리강령에는 전문성 개발을 위한 항목에서 한국사회복지사협회 등이 실시하는 제반 교육에 적극 참여해야 한다는 규정을 포함하고 있어 사회복지사 스스로 전문적 지식과 기술을 위해 노력하는 것 이외에 한국사회복지사협의회의 교육의 제공을 포함한 것이라 할 수 있다.

(3) 클라이언트와의 관계

클라이언트와의 관계에서 개정된 윤리강령은 클라이언트의 알 권리에 대한 존중을 규정하고 있으며, II. 1. 6)항에 클라이언트의 정보에 대한 비밀보장의 한계에 대한 명시 그리고 정보공개 시 클라이언트의 동의를 규정하고 있다. 그리고 II. 1. 9)항에는 사회복지 증진을 위한 환경 조성에 클라이언트를 동반자로 인식하고 함께 하여야 한다는 내용을 포함하고 있다.

(4) 동료의 클라이언트와의 관계

개정된 윤리강령에는 자신의 클라이언트뿐 아니라 동료의 클라이언트에 대한 관심과 의무를 새롭게 포함하고 있다.

(5) 동료

동료에 대한 관계에서는 기존의 강령에서 동료의 인격존중과 비윤리적 행위에 대한 대처 이외에 동료의 윤리적이고 전문적인 행위를 촉진시켜야 한다는 조항을 두고 있어 좀 더 적극적인 내용을 띠고 있으며, 동료의 비윤리적 행위에 대한 조치를 통하여 클라이언트를 보호해야 한다는 규정을 두고 있다. 또한 직무가치라는 개념을 포함하고 있다.

(6) 슈퍼바이저

새 윤리강령에는 슈퍼바이저에 대한 윤리강령을 새롭게 포함하고 있다. 슈퍼바이저의 개인적인 이익의 추구에 대한 금지와 슈퍼바이저와 실습생 및 수련생과의 관계와 의무에 대하여 언급하고 있다.

(7) 사회에 대한 윤리기준

개정된 윤리강령에 새롭게 포함된 내용인 사회에 대한 윤리기준은 사회서비스를 개발하기 위한 사회정책의 수립, 발전, 입법, 집행에의 사회복지사의 적극적인 참여와 요구의 권리를 규정하고 있으며, 지역사회 문제에 대한 이해와 해결에 대한 내용을 포함하고 있다.

(8) 사회복지윤리위원회의 구성과 운영

개정된 윤리강령에는 사회복지윤리위원회의 구성과 운영이라는 항목을 포함하고 있어 사회복지사가 전문직으로서 활동할 수 있는 제도적·인식적 기반의 정착을 위한 노력을 포함하고 있다.

3. 사회복지사 윤리강령의 변화의 의미 그리고 미래에의 전망

지금까지 살펴본 바와 같이, 한국 사회복지사 윤리강령은 한국 사회의 변화에 부응하여 형식과 내용에서 변화가 있었다. 그렇다면 이러한 변화는 어떠한 의미를 갖는가? 그 의미('왜')는 우리가 한국 사회복지사 윤리강령을 재해석하고자 하는 의미가 될 것이다. 또한 이를 통해 사회복지사 윤리강령의 미래의 전망을 가늠해 볼 수 있는 연결고리가 될 것이다.

사회복지 실천의 현장에서 사회복지사는 매일같이 윤리적 선택의 순간에 접할 수 있다. 이러한 윤리적 딜레마에서 올바른(타당한) 선택은 서비스의 질과 클라이언트의 이익에 결정적이다. 따라서 앞서 언급한 바와 같이, 사회복지사 윤리강령은 사회복지사의 선택에 윤리적 기준을 제시한다.

하지만 기존의 한국 사회복지사 윤리강령은 전문과 10개 항의 단순한 윤리기준만을 제시하고 있고, 1988년에 공식 채택되었다가 1992년에 개정된 이후 그 형식과 내용에서 사회사업 실천 현장에서 나타나는 윤리적 문제에 사회복지사가 참조할 수 있는 구체적인 윤리기준과 지침이 결여되어 있다는 점이 지적되어 왔다(김상균 외, 2002).

이러한 필요성에 의해 2001년 12월 개정된 새로운 한국 사회복지사 윤리강령은 앞에서 살펴본 바와 같이, 사회복지 기본이념의 선언 외에도 '윤리기준'이라는 명확한 용어를 사용하여 기존의 선언적 윤리강령에서 탈피하여 실천적 행동강령으로서의 역할을 할 수 있도록 개정되었다.

또한 개정된 윤리강령에는 사회복지사가 갖추어야 할 성향으로서 헌신성, 전문성, 운동성 등을 강조하고 있으며, 문제의 해결을 위한 다소 구체적인 전문직으로서의 책임, 전문성 개발을 위한 노력, 경제적 이득에 대한 태도 등 사회복지사의 기본적 의무와 권리를 비롯하여 사회복지사와 클라이언트와의 관계, 동료와의 관계를 설정했으며, 사회복지사의 사회적 책임 등을 강조했다. 그리고 협회 안에 사회복지윤리위원회를 구성해 사회복지 윤리실천의 제고와 향상을 도모하고, 비윤리적인 행위를 접수받아 공식 절차를 통해 대처하는 내용들도 포함되어 있다. 이 밖에도 사회복지사 자격증을 취득하고, 일을 시작하기 전 사회복지사로서의 의무와 책임을 다하고 윤리강령을 준수할 것을 맹세하는 사회복지사 선서문도 제정되었다.

그러나 이러한 개정의 많은 부분이 국제사회복지사협회(International Federation of Social Workers: IFSW)의 윤리강령을 그대로 표방하고 있다는 한계가 있다. 이러한 특성으로 우리나라의 사회복지사 윤리강령은 주로 책임과 의무에 비중을 두고 있기 때문에 윤리적 딜레마에서 고려해야 할 다양한 문제들을 사정하고, 해결책을 제시하는 데에는 총체적 · 직접적 도움을 주기 어렵다. 또한 이렇게 표방된 윤리강령은 각 항목 안에서 서로 다른 내용이 상호보완적으로 설명되어 있지 않고, 논리적 개연성이 구체적이지 못해 사회복지사의 윤리적 기준과 행위 사이에서 그들의 의무와 역할이 애매하게 그려져 있다는 문제와 연결된다.

한편, 사회복지사 윤리강령을 최초로 채택한 미국의 사회복지사 윤리강령은 윤리원칙 이외에도 구체적이고 세부적인 윤리기준을 제시하고 있다. 물론, 우리나라의 사회복지와 미국의 사회복지는 그 배경과 역사 그리고 환경에 큰 차이가 있고, 미국의 사회복지사 윤리강령이 가장 모범적인 윤리강령이라 할 수는 없으므로 우리나라의 사회복지사 윤리강령이 미국의 그것을 받아들여야 한다고는 말할 수 없다. 그러나 구체적이고 세부적인 윤리기준에는 일상적으로 윤리적 딜레마와 마주치는 사회복지사의 사고와 행동의 기준으로써 좀 더 명확한 방침을 제시하고 있다고 볼 수 있다.

미국의 사회복지사 윤리강령의 윤리기준에는 1. 사회복지사로서의 행위와 처신의 항에 A. 적정성(3개항), B. 능력과 전문적 발달(4개항), C. 서비스(2개항), D. 공정성(2개항), E. 학문과 조사(6개항)가 포함되어 있고, 2. 클라이언트에 대한 윤리적 책임의 항에 F. 클라이언트의 이익 우선(11개항), G. 클라이언트의 권리와 특권(3개항), H. 비밀보장과 프라이버시(5개항), I. 수수료(1개항)가 포함되었으며, 3. 동료에 대한 책임의 항에 J. 존경, 공평, 예의(13개항), K. 동료의 클라이언트 처우(2개항)가 포함되었고, 4. 고용자와 고용조직에 대한 윤리적 책임의 항에 L. 고용조직에 대한 헌신(4개항)이, 5. 사회사업전문직에 대한 윤리적 책임의 항에 M. 전문직의 통합성(4개항), N. 지역사회서비스(2개항), O. 지식개발(3개항)이, 6. 사회에 대한 윤리적 책임의 항에 P. 일반복지의 증진(7개항)이 포함되어 있는 등 총 72개항의 구체적인 행동지침을 규정하고 있다.

특히 클라이언트에 대한 윤리적 책임에 관한 항만 보더라도, 개정된 한국 사회복지사 윤리강령의 2개항에 포함된 9가지의 세부항목은 주로 클라이언트에 대한 의무와 책임을 강조하고 있는 데 반해, 미국의 사회복지사 윤리강령은 한국 사회복지사 윤리강령에서 규정하고 있는 의무와 책임 외에도 사정과정에서의 사용 언어(1-12항), 서비스 비용의 지불(1-13항), 서비스 과정의 중단과 종료(1-15, 16항) 등의 구체적 지침을 포함하고 있다.

이토록 사회복지사 윤리강령은 윤리적 쟁점이 빚어질 때 의사결정과 행위를 이끌어 줄 일련의 가치원칙 기준을 제공한다. 그러나 모든 환경에서 사회복지사의 행위에 관한 일련의 규정이 제공되는 것은 아니다. 강령을 적용할 때에는 강령이 고려되는 환경과 강령의 가치원칙 기준 사이에 상충될 가능성을 함께 고려하여야 한다. 상충되는 가치,

윤리기준, 윤리원칙의 우선순위에 대해서는 사회복지사 간에 상당한 의견의 차이가 발생한다. 어떤 상황에서 윤리적 의사결정을 하는 데에는 사회복지사 각각의 타당한 결정이 반영되어야 하며, 전문직의 윤리기준을 적용하는 동료의 검토과정에서 이러한 쟁점이 어떻게 결정될 것인가 하는 것도 고려되어야 한다.

윤리적 의사결정은 하나의 과정이다. 단순한 해결책만으로는 복잡한 윤리적 쟁점을 해결할 수 없는 수많은 사회복지 사례가 존재한다. 사회복지사는 윤리적 판단이 보장되도록 모든 상황에 적합한 이 강령에 모든 가치, 원칙, 기준을 고려하여야 한다. 또한 사회복지사의 판단과 조치는 이 강령의 규정뿐만 아니라 정신에도 일관되어야 한다.

Manning(2003)은 윤리적 딜레마에 관한 그의 책에서 윤리적 결정체제를 언급하였다. 윤리적 결정체제는 체계적인 방식으로 인지, 감정, 사고 그리고 행동을 고무시키기 위한 구조를 제공하는 것으로, 앞의 각 요소(인지, 감정, 사고, 행동)와 관련된 질문들을 제시하고 있다. 이러한 질문들은 사회복지사가 윤리적 딜레마와 마주쳤을 때 고려하여야 할 사항을 명확히 한다.

따라서 한국 사회복지사의 윤리적 기준을 제시하는 한국 사회복지사 윤리강령에는 변화하는 사회문화적 환경에서 이와 같은 다양한 관련요소에 기인하는 다양하고 실질적인 지침들을 포함하여야 할 필요성이 있다. 이를 통해 한국 사회복지사 윤리강령은 진정으로 사회복지사가 윤리적 결정을 할 수 있게 하는 인지, 감정, 사고, 행동의 틀을 제공하여야 할 것이다.

4. 결론

이상으로 사회복지사 윤리강령을 재해석해 보았다. Dilthey의 철학적 해석학과 그 계보를 잇는 사회과학적 해석학의 공통적인 전제는 인간이 만들어 낸 모든 문헌은 해석이 가능하다는 점과 그것은 역사 속에서 사회문화적 배경을 반영하고 있다는 것이다.

사회복지사 윤리강령 또한 개정 이후 사회문화적 변화에 따라 개정되었다. 앞에서 열거한 개정된 내용과 형식을 통해 사회복지 환경의 변화의 의미와 현주소 그리고 또다시 미래에의 변화의 방향을 전망해 본다면, 우리가 3장에서 시도하려 했던 것이 무엇인지 확연히 알 수 있다.

3장에서 그렇게 지루하고 꼼꼼하게 풀어 보았던 객관적 정의를 위한 개념해석의 노력은 재해석의 과정에서 명료성과 쉬운 이해를 위한 기초를 제공하며, 재해석에 의한 개념 정의는 사회문화적 · 역사적 환경의 변화에 따라 '발전'된 문서에서 그 변화에 대한 증거를 찾을 수 있다.

그것은 해석학 과정의 핵심 요소인 이론(지루하고 꼼꼼하게 풀어 보았던 객관적 정의) 그리고 실천(개념해석을 위한 노력)을 통해 이해에 도달할 수 있다는 명제에의 접근이라 할 수 있으며, 본문에서는 그 검증(개정된 사회복지사 윤리강령의 내용)과 역사적 연관성의 의미(미래에의 전망)의 맛까지도 볼 수 있었던 것이라 할 수 있다.

앞에서 언급하였듯이, 사회과학에서 또 사회복지 실천에서 인간과 사회의 이해를 위해 진보된 방법론으로서 제기한 질적 연구방법의 하나인 해석학은 사회복지사의 인식론적 구조의 틀에 대한 숙련의 기준을 제시해 주며, 해석의 과정을 통해 사회복지사는 클라이언트와 지역사회의 문제에 접근할 수 있는 다양한 방향성과 '제대로 된' 접근방법의 숙련을 동시에 경험할 수 있다.

따라서 다시 한 번 사회복지 실천에서의 인식의 틀로서, 연구방법으로서 해석학의 중요성을 주장하는 바이며, 이러한 해석능력, 즉 사회복지 실천에서 사례를 볼 수 있는 힘은 사회복지사의 수많은 훈련을 통해서만 이루어질 수 있다는 점을 강조한다.

제**2**부

윤리적 딜레마의 사례

사회복지사는 사회복지 실천 현장에서 클라이언트의 사례 또는 지역사회 문제에 대처함에 있어 종종 윤리적 딜레마에 마주치게 된다. 놓여진 딜레마 상황을 어떻게 풀어 나갈 것인가? 어떻게 풀어 나가는 것이 가장 '옳은' 결정인가? 이 문제를 해결함에 있어 사회복지사의 가치, 즉 사회복지사의 윤리적 판단기준은 클라이언트를 비롯해 문제에 관련된 모든 체계에 큰 영향을 미치게 된다. 그러므로 딜레마 상황에서 사회복지사의 판단은 매우 중요하다. 실천하면서 무수히 부딪히는 딜레마 상황에서 원리에 따른 도덕적 판단을 내릴 수 있기 위해서는 그에 대한 일련의 훈련 과정이 필요하다. 꾸준한 훈련과 연습의 과정을 통해서만이 사회복지사 스스로 다양한 딜레마 상황에서 도덕적 판단을 내릴 수 있는 가치판단의 기준과 원리를 습득할 수 있기 때문이다. 따라서 실천 현장의 사회복지사는 이러한 딜레마에 있어 사회관습과 규범에 따른 것이 아닌 보편적 도덕원리에 따른 '옳은' 판단을 내릴 수 있도록 훈련을 해야 하는 것이다.

2부는 사회복지사의 '옳은' 판단을 위한 훈련의 장이 될 것이다. 즉, 앞의 이론들이 현실 문제에 어떻게 적용될 수 있으며, 다양한 개인적 딜레마 상황과 사회적 이슈에 대해 어떻게 판단하고 행동해야 할지에 대한 연습의 장이 될 것이다. 그러나 이성 여부가 문제가 되어 판단의 기준이 되는 도덕은 실증적이고 기술적인 것이 아니라 규범적이며 가치 판단적인 속성을 가진다. 그렇기 때문에 '자기이익'에 좋고 합당한 이유들에 의하여 뒷받침될 수 있는 공정한 토의를 필요로 한다. 이러한 공정한 토의를 잘하기 위하여 우리는 다음과 같은 절차를 밟아야 한다.

첫째, 도덕적 결론은 그 사실이 무엇인가에 크게 의존하고 있기 때문에 우선 놓인 문제의 사실을 정확히 파악하여야 한다.

둘째, 사실이 확인되면 도덕적 원칙을 적용하여 무엇이 옳은지의 공정함을 따져 보아야 한다.

마지막으로, 그 원칙이 누구에게나, 어디에서나 그리고 합리적으로 이치에 맞게 적용되고 있는가를 물어야 한다.

사회복지사가 직면할 수 있는 딜레마 상황에 대한 구체적인 사례들을 통해 규칙공리주의와 행위공리주의, 절대론적 윤리와 상대론적 윤리를 바탕으로 원리에 따른 결정을 내리는 사고와 훈련의 기회를 제공할 것이다.

이를 위해 다양한 딜레마 사례로, 사회적 이슈로서의 딜레마로 끊임없이 찬반논란이 이루어지고 있는 '사형제도의 존폐여부' '인간복제' '뇌사자의 장기이식' '성폭행으로 인한 임신의 중절' '베이스 박스' '대기업의 골목상권 진입' 그리고 '영화 속의 윤리적 딜레마'에 대해 다룰 것이다. 이 이슈들에 대한 딜레마를 풀어 가는 과정은 사회복지 실천 현장에서 사회복지사의 가치판단을 돕는 훈련이 될 것이다. 이렇게 사회적으로 이슈화되고 있는 딜레마들은 개인에 대한 이해 외에도 개인과 끊임없이 상호작용하고 있는 사회에 대한 이해의 측면에서도 중요하다. 또한 이러한 사회적 이슈들은 실천 현장에서 보다 구체화된 클라이언트의 사례가 될 수 있다는 점에서 그 논의의 가치를 더한다.

사례1

사형제도에 관한 딜레마

사형제도에 관한 딜레마는 인간을 목적적 존재로서 대하기 위해 사형을 존속시키느냐, 혹은 인간을 사회의 이익이 되는 유용성의 원리에 의해 사형을 폐지하느냐의 상황을 중심으로 다루고 있다.

사형존치론자는 ① 사회계약상의 이유, ② 현재 사회상태가 사형폐지에 부적합한 상황, ③ 국민 대다수의 흉악범 처벌에 대한 요구, ④ 응보이론에 의한 이유로, 사형폐지론자는 ① 인간(국가)이 박탈할 수 없는 생명의 존엄성, ② 사형의 자기모순성, ③ 사형과 범죄 발생률의 무관성, ④ 오판에 의한 생명의 회복 불가능성, ⑤ 정치적 목적에 의한 악용, ⑥ 사형집행관의 인권 고려, ⑦ 사형폐지의 세계적 추세, ⑧ 응보가 아닌 재사회화로서의 형벌, ⑨ 종신형 등의 이유로 논쟁점에서 각각의 윤리이론을 바탕삼아 그들 나름대로의 주장을 하고 있다.

윤리이론으로서 목적론, 의무론, 동기주의, 결과주의, 공리주의, Kant의 의무론 등을 소개하며, 현대의 구체적 실천적 상황에서의 행위기준을 다루는 응용윤리학을 바탕으로 사형제도 폐지에 대한 찬반 토론을 통해 각각의 의견의 윤리적 지침을 살펴보고, 사형제도에 대해서 어떻게 생각하는지를 묻고자 한다.

1. 이론적 배경

1) 사형존치론

사형이 '응보'라는 형벌의 목적에 의하여 정당화되며, 일반의 법의식에 의하여 명백하고도 필요한 형벌로 인정되어야 한다고 주장하는 입장이다. 개별적 사형 존치론의 논거에 대해 알아보면 다음과 같다.

(1) 사회계약상의 이유

인간은 사회적 동물로서 자유롭고 평화로운 공동체 생활을 영위하기 위하여 자신의 자유와 권리를 확보하여 법규범과 국가를 형성하였으며, 계약 당사자는 대등한 인격자로서 사회계약에 참여하게 된다고 한다. Rousseau는 사회계약론에서 우리는 살인자에 의해 희생될 수 없기에 자신이 살인을 할 경우 자신 또한 죽임을 당하는 것에 동의한 것이라고 본다. 따라서 시민은 국가에 생명박탈의 권리를 양도했기에 국가는 시민을 사형에 처할 권리가 있다고 한다. Kant는 법의 기초인 절대적 정의와 근대법적인 정의 및 평등이념에 입각하여 사형의 존치론을 인정한다.

(2) 사회 상태를 이유로 하는 존치론

사형의 존폐문제는 해당 국가의 정치적 · 사회적 · 문화적 제기반과 결부시켜서 상대적으로 논의되어야 한다고 보고 있다. 이는 원칙적으로 사형은 폐지되어야 하나 현재의 사회 상태가 사형을 폐지할 단계가 아니라는 견해로서 중도론 또는 점진적 폐지론이라고 불린다.

우리나라의 경우, 국제적으로는 남북한의 문제와 국내적으로는 경제 성장의 과도기적 단계에 놓여 있는 만큼 사회통제 수단으로서 사형제도의 폐지는 시기상조라고 볼 수 있다. 다만 사형제도의 모순을 극복하기 위해 그 판결 과정에서 보다 신중한 단계 구축을 통하여 오판 가능성을 최소화할 수 있도록 제도를 개선해야 한다.

(3) 국민 감정을 이유로 하는 존치론

사형의 사실적 근거는 국민 일반이 가지는 응보의 관념 또는 정의의 확신으로 해당국의 국민 대다수가 흉악범에게 사형의 형벌을 요청할 때 사형을 집행하는 것은 형법상의 정의관에 합치한다고 볼 수 있다.

이것은 국민 일반이 가지고 있는 법적 확신이다. 살인죄에 대한 형벌로서 사형은 당연한 시대적 요청이며, 현재의 사회상태로 사형은 존재해야 한다.

(4) 응보이론에 의한 존치론

사형은 잔악한 범죄에 대한 당연한 처벌이며, 응보로 대처해야 한다고 보는 입장이다. 범죄 행위로 사회적 · 국가적 물의를 일으킨 것에 대한 도덕적 분노의 표현으로서 사형은 정당한 처벌이다. 응보의 이념에 바탕을 둔 처벌로서 타인의 생명과 사회적 안녕에 위협이 되는 자는 사형으로 응분의 대가를 받아야 하며, 이는 일반 국민의 정의관에도 부합하는 것으로 보고 있다.

2) 사형폐지론

사형에 관한 문제를 본격적으로 철학적인 관점에서 다루기 시작한 것은 중세 이후다. 중세시대에 Saint Thomas Aquinas는 『신학전서(*Summa Theologiae*)』라는 저서에서 사형을 야수를 죽이는 일에 빗대었고, Luther는 사형을 신에 대한 봉사로 여겨 신의 이름으로 사형을 긍정하였다. 이러한 중세기적 사상은 근세에 이르러 이성이 신을 대신한 사형의 근거가 되었다. 이는 Montesquieu, Kant, Rousseau(사회계약론) 등에 의해 뒷받침되었다. 그러나 Rousseau와는 달리 Beccaria에 의해 사회계약 이론이 사형폐지의 근거가 되었다. Beccaria는 1764년 그의 저서인 『범죄와 형벌(*On Crimes and Punishments*)』에서 사형폐지를 주장하였다. 그에 의하면 생명이란 개개인이 가지고 있는 가치 중 최대의 것이므로 이것은 사회계약에 제공될 수 없는 요소라고 하였다. 뿐만 아니라 인간은 자살에 의해 자기 생명을 자유롭게 처분할 권리를 가지지 못하기 때문에 사회계약에서도 자기 생명을 자유롭게 처분할 권리를 양도하는 것은 위법이라고 보았다. 따라서 사회계약에 의해 성립된 주권 중에는 사형이 포함되는 것으로 볼 수 없다고 하여 사형제도를 부정하였다. Beccaria 이후로도 사형제도의 폐지에 대하여 많은 논란이 있었다. 이에 대하여 다음에서 몇 가지 논점들로 함축하고자 한다.

(1) 인도주의적 입장에서의 폐지론

인간의 생명은 무한대의 가치를 지닌다. 이러한 인간에게 생명을 부여할 수 없는 국가 또는 인간이 인간을 심판하여 그 생명을 박탈하는 것은 야만적이고 잔혹하여 인도주의적 견지에서 허용될 수 없다. 우리나라 헌법 제10조는 "모든 국민은 인간으로서의 존엄과 가치를 가지며, 행복을 추구할 권리를 가진다. 국가는 개인이 가지는 불가침의 기본적 인권을 확인하고 이를 보장할 의무를 진다"라고 규정하고 있다. 이것은 범죄인의 죄질의 경중에 우선하는 인간존엄성과 가치를 존중하며, 이러한 맥락에서 사형은 재고되어야 하는 형벌로 보는 것이다.

(2) 오판 가능성에 대한 폐지론

재판은 인간이 행하는 제도로서 오판의 가능성이 항상 존재한다. 이것은 일반형에도 존재할 수 있으나 사형에서의 오판과는 다르다. 왜냐하면 일반형의 경우 오판이 판명되면 보상할 수 있는 시간과 대상이 있으나 사형은 오판 사실이 입증된다 하더라도 이미 죽임을 당한 이후이기 때문에 오판을 되돌릴 수 있는 방법은 존재하지 않는다. 이렇듯 오판에 의한 사형의 집행은 영원히 구제될 수 없는 결과를 초래할 수 있으므로 사형은 폐지되어야 한다.

(3) 위하력에 대한 비판

사형제도는 그 내용에 비해 범죄 억지력, 즉 위하력이 부족하다. 통계적으로도 입증되듯이 사형과 같은 중형은 흉악범의 예방에 영향을 미칠 정도로 위력을 가지지 못하고 있다. 흉악 범죄를 저지르는 범죄자들은 범행 당시 마취상태 등의 책임 무능력 상태이거나, 흥분에 못 이겨 우발적으로 범행하는 경우가 많기 때문에 그 위하력의 효과성이 입증되지 못하고 있다.

(4) 형벌의 본질적 측면에서의 폐지론

범죄인도 국민이고, 인간으로서 존엄성을 보장받을 권리가 있으며, 국가는 범죄인이 선량한 사회의 일원으로 복귀할 수 있도록 교육·개선해야 할 의무를 지닌다. 사형은 국가 스스로가 이러한 의무를 포기하는 것으로 형벌의 개선적 기능과 교육적 기능을 전혀 갖지 못한다. 따라서 형벌의 본질적 의미인 범죄의 예방과 교화, 사회적 안녕의 증진을 고려하여 사형은 폐지되어야 한다고 본다.

2. 사형제도에 대한 찬반론

사형제도 반대	사형제도 찬성
• 국제연합이 사형제도 폐지의 해로 정한 1989년 당시 사형제도를 폐지한 국가는 전 세계 180개 국가 중에서 79개국에 불과하였지만 10년이 지난 1999년에는 106개국으로 늘어났다. 반면에 존속한 국가는 89개국으로 줄어들었으며, 폐지한 국가가 전체의 54%에 해당하여 처음으로 과반수를 넘어섰다. 이것은 인간의 존엄이 인간다운 생활을 가능하게 하기 위한 최후의 보루로서 인정한 가치이기에 생명을 보호해야 한다는 것을 점점 더 많은 국가들이 인지하기 시작했다는 것이다. 사형존치 국가는 아시아나 중동지방의 국가들로서 대부분이 후진국이나 개발도상국이다. 따라서 우리나라도 사형제도를 폐지해야 한다.	• 사형제도 반대에서 두 가지 이유를 들어 합당하지 않다고 생각한다. 선진국, 후진국 운운하는 것은 문화 절대론적 사고방식을 나타내는 것 같다. 다시 말해 세계의 모든 문화는 모두 동일한 하나의 과정을 거쳐서 발전한다고 생각하고, 모든 문화의 차이는 단순히 발달 정도의 차이로 간주하는 태도다. 우리가 선진국, 후진국 등의 표현을 쓸 때, 스스로 의식하지 못하는 가운데 그런 관점을 전제로 삼는 것이다. 따라서 사형을 존치시키는 것은 후진국이라는 것처럼 들린다. 그리고 이런 태도는 사형제도 존속의 의견이 활발한 토론으로 전개되는 것을 막고 있다. 이는 사형존치를 주장하면 비인도적이라는 소리를 듣게 하거나 퇴행적 사고의 소유자라는

- 한 생명을 살려서 사회에 적응할 수 있도록 재사회화하는 것과 인간의 생명을 보호한다는 것보다 사형이 범죄 발생률과 무관함에도 형벌의 응보론을 내세워 정당한 대가를 받게 하는 것이 더 이익이라고 본다는 것인가? 한 인간의 생명은 생명 자체로서 존중을 받아야 한다. 이것은 살인을 하지 말라는 도덕규칙에도 부합되는 것이다. 어떻게 한 인간의 생명을 인간이 박탈할 수 있는가? 인간의 생명은 서로 존중받고 지켜주어야 할 가치를 지닌 것이다. 물론 죄인이 남을 죽였다고는 하나, 그 이유 하나만으로 다시는 돌이킬 수 없는 생명을 앗아가는 것은 같은 인간으로서 할 수 있는 일이 아니다. 비록 살인죄를 지었지만, 재사회화시키는 것이 인간의 존엄성을 살리는 길이다. 보복이나 응보에 의해서 또 하나의 생명을 없앤다면 이것은 보복일 뿐이며, 사형의 자기모순을 드러낼 뿐이다. 응보의 형벌보다는 재사회화의 형벌로 바꿈으로써 그 사람에게 사회에 복귀할 기회를 주며, 범죄에 대한 보복이 아닌 범죄 예방의 패러다임으로 바꾸어야 한다. 이것이 우리 모두에게 이익을 가져다주는 것이며, 생명가치를 실현하는 길이자 도덕적으로 옳은 일인 것이다.

비판을 듣게 하여 사형존폐에 대한 활발한 토론을 할 수 없게 하는 요소라고 생각한다.

두 번째는 폐지론의 세계적 추세를 근거로 주장하는데, 여론을 들어 말하면 우리나라 국민들은 67%가 사형제도에 찬성을 하고 있다. 그리고 현재도 사형제도는 합헌이라는 판결이 나 있는 상태다. 이것은 종신형의 사람을 처형하자는 것이 아니라, 사형선고를 받아 범죄에 대한 정당한 대가를 치러야 한다는 것이며, 종신형으로 바꾸어서 굳이 불필요한 경비를 지출할 필요가 있느냐 하는 것이다.

- 사형제도 찬성자도 사람을 인간으로서 존중할 줄 알고, 인간의 존엄성이 무엇인지도 안다. 인도주의적 견해에서 말하자면 그들은 고귀한 생명을 그들 자신의 인위적인 행위에 의해 빼앗은 파렴치한 사람들이다. 지존파 사건이나 박나리 양 유괴사건, 부유층을 납치해 돈을 빼앗고 생매장해 충격을 던진 '막가파' 등의 사건이 그 예인데, 과연 사형이 폐지된다면 국가의 질서는 어떻게 되겠는가? 사형이 없어지면 죄를 두려워하지 않는 이들이 생겨날 것이고 강력한 범죄가 더더욱 날뛸 것이다. 종신형을 주장하는 것은 사형이 보복행위라고 생각하기 때문인데, 보복행위란 것은 말도 안 된다. 이것은 그들이 저지른 범죄행위에 대해 마땅한 형벌을 주는 것일 뿐이다. 인도주의는 죄에 대한 대가를 주는 상황에서 우리가 그에게 해 줄 수 있는 최선의 선택이란 뜻이며, 이는 사형수가 가장 고통 없이 갈 수 있도록 종교를 믿게 하고 사형 직전에 죄에 대한 용서를 빌면서 죄에 대한 모든 것을 죽음으로서 사한다는 거룩한 뜻이 담겨 있는 것이다. 사형이라는 벌을 받는 인간에게 해 줄 수 있는 최선의 배려, 그것이 인도주의란 것이다. 무조건적인 용서를 바탕에 둔 인도주의는 다시 악의 싹을 돋우는 것일 뿐이다.

3. 윤리이론에 의한 해석

윤리적 상대주의-목적론적	윤리적 절대주의-의무론적
• 목적론적 윤리설(teleological ethics)은 좋음에 우선성을 두고 옳음을 규정한다. 즉, 목적론적 윤리설은 옳음과 상관없이 좋음을 정의 내린 다음, 좋음을 극대화하는 것으로 보는 입장이다. 이것은 목적이 수단을 정당화시킨다고 할 때, 그 행위나 제도가 산출하는 좋은 결과를 그 근거로 제시하는 것을 말한다. 사형제도에 있어서 목적론적 입장에서는 사회적 안녕 상태의 유지 및 사회통제의 목적으로 사형이란 제도를 이용하고 있는 것이다. 사형제도는 강력한 사회통제를 기대하고, 범죄로부터 국민을 보호하고자 하는 것을 기반으로 한다. 여기서는 생명 존중, 인간존엄성의 근본적 옳음의 문제보다 사회적 안녕, 다수의 행복을 좋음으로 보고 그 좋음을 위해서 수단적 방법으로 사형을 선택한다.	• 의무론적 윤리설(deontological ethics)은 필연성을 지닌 인과법칙, 인위적 실정법 또는 보편적 도덕법에 따라 행위의 옳고 그름을 판단하는 법칙주의다. 인생이 힘써 도달해야 할 목적이 따로 주어져 있다는 것을 믿지 않는 대신, 옳은 행위와 그른 행위를 분간함에 표준의 구실을 할 수 있는 도덕의 법칙이 주어져 있다고 믿으며, 그 법칙은 어느 시대, 어느 장소에서나 타당한 절대적 권위를 가졌다고 믿는다. 여기서의 절대적 권위로 '인간 존엄성' '생명 존중'을 들 수 있다. 어느 시대나, 어느 장소에서나 인간의 존엄성 자체가 변질되는 것은 아니다. 죄를 지은 사람이든, 수도자이든, 장사꾼이든 그들이 인간이란 본질적 문제와 인간으로서 유일무이의 존재이며, 그로 인해 당연히 존중받아야 하는 사실엔 변함이 없다. 이런 본질적 입장에서 고찰한다면 사형제도는 가장 근본적인 문제를 간과한 비도덕적 행위인 것이다.

4. 사회복지사의 입장

사회복지 기본가치 전제에서 인간존엄성의 원리는 모든 사람은 생명의 귀중함뿐 아니라 인간으로서의 가치, 품위 그리고 존엄을 가지고 있는 것을 의미한다. 즉, '인간을 목적 그 자체로 대우하는 것'으로 이성을 존중하는 것이다. 사형제도에 대한 사회복지학적 관점은 '인간존엄'에 근거한다. 따라서 사형제도에 관한 찬성과 반대 입장은 모두 인간존엄에 기초한다. 사형제도 존치론자는 목적론적 윤리적 상대주의에 의해, 사형제도 폐지론자는 의무론적 윤리적 절대주의에 입각하여 각자의 입장을 주장한다. 그러나 무엇이 인간존엄의 실현에 더욱 가까운 것인가?

범죄에 대한 처벌의 의미는 범죄로 인해 발생된 사회적 손상과 문제에 대한 책임과 자기반성의 계기를 갖게 하며, 사회통제의 수단으로서의 의미를 지닌다. 또한 처벌을 통해 재활(재사회화)할 수 있는 기회를 주어 재범률을 낮추는 역할도 기대할 수 있다. 그러나 수단이 목적을 위배하는 목적위배 상황이 벌어졌을 때 발생하는 위험이 사형제도를 통해 나타날 수 있다. 과거 '막가파'나 '지존파' 또는 패륜아들과 같이 기존의 사회적 통념으로 이해할 수 없는 범죄행위에 대해 그 피해 가족 또는 일반 시민은 범죄인에 대한 분노, 죄에 대한 응징의 대가를 치러야 함을 느낄 것이다. 그러나 범죄에 대한 응징이 그들의 생사를 좌우할 수 있을 정도로 정당성을 갖는가? 꼭 그들을 사형이라는 죽음으로 몰아야만 죄 값을 모두 치렀다고 볼 수 있는가? 범죄자로부터 사회적 안녕을 보호하기 위해 그 죗값에 대한 보복으로 인간의 생명을 담보로 하는 행위는 우리가 결정할 수 있는 문제는 아니다. 죄를 저지른 사람과 그렇지 않은 사람의 존엄성의 본질이 그 행위로 변환되는 것이 아니기 때문이다. 이것은 사회적 안녕의 보호를 위한 목적 하에 사용되는 수단이 결국 사형수의 인간존엄성을 해치는 결과를 야기할 수 있다.

사회복지사는 인간을 창조적 자아를 가진 존재로 보기 때문에 현재의 극한 상황에서도 변화를 향한 노력을 자극시킨다면 재활(rehabilitation)을 할 수 있다는 믿음을 가져야 한다. 처벌을 통해 얻을 수 있는 기대 효과 중 가장 큰 것은 죄를 저지른 개인이 자신의 죄에 대해 깊은 반성을 하는 것과 또 다른 범죄의 재발을 방지하며, 건강한 사회구성원으로 재적응하게 하는 것이다. 한 개인 또는 집단의 행동으로 인해 사회적 질서가 무너지고, 다른 개인의 자유를 침해하며, 함께하는 사회의 기본개념을 무너뜨리는 행동은 결코 정당화될 수 없다. 응징·위협의 수단으로서의 사형제도보다는 교화와 재사회화를 통해 또 다른 삶의 기회를 제공하여 '함께 사는 사회' 실현의 실천을 모색하는 것이 더 가치 있지 않을까?

응징과 위협의 수단으로서의 사형제도는 Kohlberg에 의하면 사회계약 이행과 질서 유지를 위한 '인습적 수준'이라 볼 수 있다. 그러나 보편 윤리적 입장을 지향하는 '후인습적 수준'에서는 사회적 책임으로서 범죄자의 재활을 통한 정의사회 구현을 주장할 것이다. 이러한 입장에서 본다면 죄에 대한 보복으로서의 사형제도보다는 다른 대체적인 처벌로 그 개인이나 집단에게 반성과 교화의 기회를 주어야 할 것이다.

학교에서 적응하지 못하고 방황하다가 결국 문제아, 반항아로 낙인 찍혀 자퇴나 퇴학을 하는 청소년의 경우를 예로 들어보자. 학교의 입장에서 본다면 문제가 되는 숙주인 아이가 학교에 나오지 않음으로 당장 다른 아이들에게 악영향을 미치는 등의 문제 현상을 줄일 수 있을 것이다. 그러나 자퇴 또는 퇴학 당한 학생의 입장에서 보면 갈 곳 없고, 다시 재기할 기회조차 주지 않는 사회적 반작용으로 또 다른 범죄영역에 흡수될 가능성이 높다. 이러한 사각지대에 대한 보완으로 최근 대안학교의 움직임이 활발해지고 있다. 정규 학교과정에서 적응하지 못했던 아이들도 이곳에서 재사회화의 과정을 경험하는 것이다.

마찬가지로 문제가 되는 숙주, 즉 사회 전체의 질서를 위협하는 자들을 사형제도를 통해 격리시킨다고 사회가 안전해지는 것은 아니다. 사회는 개인과 개인, 개인과 집단, 집단과 집단 간의 끊임없는 상호작용으로 이루어진다. 이것은 사회적 현상에 대한 책임이 개인의 것만이 아닌 사회적 연대감으로 바라보아야 함을 의미한다. 범죄 발생에 대한 사회적 연대의식과 책임의식을 갖고 최소한 범법자들에게 '다시 살 수 있는' 기회를 주어야 할 것이다. 범죄자에게 사회적 의무를 이행할 수 있도록 원조하고, 자신과 타인의 권리를 존중할 수 있도록 지지해야 한다. 사회질서유지 등을 위한 수단으로 사형을 집행한다면 이것은 다수의 합의에 의한 또 다른 살인이며, 사회적 책임 회피에 불과하다.

어떤 상황에서도 사회복지사의 가치기준은 인간존엄성이며, 이것은 사회적 책임성, 기회의 균등성, 인간의 자율성에 우선한다. 따라서 사회정의 실현 하에 묵인되어 온 사형제도에 대해 공익과 개인 존엄성의 보장이란 측면에서 보다 깊이 있게 다루어야 할 것이다.

사례2
인간복제의 법적 규제에 관한 딜레마

　"한 인간은 한 인간을 낳는다"라는 Aristoteles의 말은 인간은 인간에 의해 태어날 뿐 아니라, 인간을 통해 그 다음 세대까지 문화나 언어 등 기본 속성을 이어간다는 뜻이다. 하지만 21세기에도 이 말이 여전히 인간을 정의하는 데 유용한 개념인지에 대해서는 많은 학자가 의문시하고 있다. 이는 20세기 과학의 모든 발견 중에서 인체에 가장 중심적인 DNA 나선형 구조의 발견 이후 급속히 발전하고 있는 생명공학이 인간에 대한 개념 자체를 바꿔 버릴 가능성이 있기 때문이다.

　어느 날 식료품점에서 나와 똑같은 사람과 마주친다면 얼마나 놀랍고 소름끼치는 일인가? 그러나 이것은 영화 〈사이보그(Cyborg)〉의 한 장면이 아니다. 1996년 영국 로슬린 연구소가 복제양 '돌리'를 만든 이래, 쥐, 원숭이, 소 등 각종 복제동물이 탄생하고 있다. 뿐만 아니라 캐나다에서는 인간복제 회사(베일리언트 벤처)가 설립되어 공공연히 아이의 복제신청을 받고 있기도 한다.

　이처럼 인간복제의 가능성이 현실화되면서 이 문제를 놓고 벌이는 과학계, 종교계 그리고 법조계의 논쟁은 상당히 뜨겁다. 윤리적으로나 문화적으로 인간존엄성 붕괴가 비극적으로 전개된다고 믿는 대다수의 여론에 대해 과학자들은 인간의 생명을 구하는 것보다 더 인간적인 것은 없다고 주장한다. 따라서 여기서는 에덴의 반란, 신인류로 비유되는 인간복제가 가져올 수 있는 긍정적인 측면과 부정적인 측면을 알아보고, 그에 따른 윤리적 · 법적 측면에서의 문제점을 살펴보고자 한다.

1. 이론적 배경

1) 인간복제의 개념

1953년 'Watson'과 'Click'이 DNA의 이중나선형 구조를 밝혀 낸 이래 유전자의 발현과 복제에 대한 연구가 시작되었다. 자연계의 모든 생물체는 자기의 고유한 유전자의 발현에 따라 그 형질이 표현되는데, 그 형질에 대한 정보의 청사진은 DNA 분자로 구성되어 있다. 이것은 DNA의 조성과 구조가 생물이 지닌 모든 형질을 결정짓는다는 뜻이다. 즉, 생명복제는 이러한 유전자를 배양하여 똑같은 유전자를 가진 '나 아닌 나'라는 또 다른 개체를 탄생시킬 수 있는 것을 의미한다.

동물은 하나의 세포로 된 수정란(난자와 정자가 결합된 것을 뜻함)으로부터 배(胚)를 형성하고, 그 배가 계속적으로 분열하고 분화하여 조직을 형성한다. 인간복제 문제에 접근하는 데 있어 현재 가장 큰 논란은 인간배아복제의 허용 여부다. 이는 언제부터 생명이 시작되는 것으로 보아야 하는가의 문제로, 종교계 · 윤리학계는 물론 생명과 관련된 연구를 하는 학계 내에서 오랜 논쟁거리였다. 학문적으로 생명의 시작은 수정 이후 14일로 보는 것이 정설이다. 이때 원시선이 생기고 인체의 근간이 되는 척추가 형성되며 신경판, 간, 췌장, 심장, 근육, 혈액 등으로 분화 · 발달한다. 원시선이 나타나지 않은 상태의 배아는 무한히 분열하는 세포차원으로 간주된다. 미국 등 선진국에서는 14일 이전의 인간배아에 대한 연구 및 실험을 허용하는 추세다.

인간배아복제 찬성론자들은 '난치병 치료 연구 등을 위해 정자와 난자의 수정 뒤 14일 이내에는 실험을 허용해야 한다'고 주장한다. 배아복제와 장기가 형성될 때까지 키우는 개체복제는 엄연히 다르다는 것이다. 그러나 '수정 즉시 인간생명이 시작되는데 복제 실험을 하는 것은 생명 경시'라고 보는 반대론에 의하면 인간배아복제는 허용하고 인간개체복제는 금지할 경우 과학기술과 자본의 속성상 인간개체복제까지 나갈 것으로 우려되기 때문이다.

◇생명복제 연표
- 1996년 7월 영국 로슬린연구소 사상 최초 체세포 복제동물 복제양 돌리 탄생
- 1998년 11월 미국 ACT사의 소와 인간세포 융합으로 반수반인 수정란 탄생
- 1998년 12월 유네스코 인간복제금지 윤리규약 제정 촉구
- 1998년 12월 경희대병원 인간복제실험 발표 파문
- 1999년 2월 서울대 수의대 황우석 교수 국내 최초 복제젖소 영롱이 탄생
- 1999년 3월 국제인체게놈기구 인간배아복제연구 허용 촉구

2) 인간복제의 법적 규제 문제

인간복제의 경우는 그 기술적인 측면보다는 윤리적인 측면에서 생각해 봐야 할 것이다. 윤리는 옳음과 그름에 대한 판단을 의미하고, 이는 총체적이고 포괄적인 고찰 후에 내리는 최종적인 판단의 성격을 갖는다. 따라서 논란의 대상이 되고 있는 이슈는 윤리적 판단이 신중해야 함을 요한다. 기술상으로는 지금 당장도 복제가 가능하다고 하지만 인간복제를 허용함으로써 초래될 수 있는 부작용, 즉 기형, 유산, 허약체질, 거대체중 등 예상치 못한 결과가 야기될 수 있다. 또한 기존질서와의 상충 가능성도 주목한다. 인간복제는 기존의 가족, 사회 관계를 전도 또는 와해시킬 수 있다는 것이다. 특히 위계질서를 중시하는 가부장적 가족제도를 수용하는 우리 사회에서는 더 큰 문제를 일으킬 수 있다. 부분적으로 생명공학은 인류의 번식에 개입하여 왔다. 불임부부를 위한 인공수정

등은 2세를 갖지 못하는 사람들에게 획기적인 전환을 마련해 주었다. 그러나 인공수정의 윤리적 측면과 인간복제의 문제를 혼돈해서는 안 된다. 왜냐하면 인공수정의 경우 유성생식의 방법으로 정자와 난자를 결합시켜 생명을 탄생시키는 것이지만 인간복제는 부 또는 모 일인의 세포로 이뤄지는 무성생식이기 때문이다. 이것은 결국 가족체계 내에서 누구를 생모라고 불러야 하는지부터 부모와 아이의 관계가 모호해지며 가족해체를 초래하게 될 것이다.

이러한 각도에서 볼 때 인간복제는 인간의 존엄성을 훼손시킬 뿐만 아니라 사회질서를 붕괴시키는 등 파생되는 위험이 크기 때문에 윤리 및 법적인 규제가 필요하리라 본다.

앞의 윤리적 절대주의 입장과는 달리 인간복제에 관한 찬성논의는 인간의 유익이라는 공리주의적 입장을 중심으로 전개되고 있다. 인간의 유익을 판단하는 대표적인 기준은 결국 경제성과 편리함이다. 경제성과 편리함을 극대화하려는 오늘의 소비문화적 경향은 생명복제에 대한 현실적인 우려들을 무시하고 기술의 성급한 상용화를 재촉하고 있다. 그러나 이것은 자칫 인체가 단순히 부품(장기)용 도구로 전락할 수 있으며, 범죄에 악용될 소지도 적지 않다. 인간복제에 대해 우려하는 사람들 중 일부는 인간복제가 오용되거나 남용될 경우 발생할지도 모르는 재앙을 염려한다. 인간복제가 아니라 그 오용이 문제라면, 인간복제를 금지시키기보다는 오용이나 남용 방지책을 강구하는 것이 합리적일 것이다. 물론 방지책 정도로 안심할 수 없을 만큼 큰 재앙을 몰고 올 가능성이 있다면 규제나 금지가 정당화될 수 있다.

2. 인간복제에 대한 찬반론

인간복제에 대한 찬성론	인간복제에 대한 반대론
• 인간복제를 찬성하는 사람들은 대개 생명과학자다. 인간복제는 두려움의 대상이 아니라 인간의 생명연장을 도와주는 길잡이라는 것이다. 아울러 현재의 기술 수준은 겉모습이 닮은 인간을 제조할 수 있을 뿐이지 유전자나 생각하는 능력 등을 똑같이 제조할 수 있는 것이 아니므로 전혀 우려할 이유가 없다는 것이다. 혹 인간의 DNA 코드를 모두 파악해 낸다 하더라도 이를 생명체에 적용하여 새 생명을 탄생시키는 것은 현대 유전공학으로 불가능하다는 논리다.	• 인간복제를 반대하는 사람들은 미국의 클린턴 전 대통령을 비롯해 독일, 캐나다, 프랑스 등 주요 국가들의 지도자들과 교황청, 각국의 기독교계 등 종교단체들로 강력한 반대 의사를 보이고 있다. 반대론자는 특히 윤리문제를 들고 나온다. 인간을 공장에서 대량 생산하듯 만들어 낸다는 것은 저주를 초래하는 행위라는 것이다.
• 긍정적인 측면을 구체적으로 살펴보면, ① 의약과 식량문제 해결에 큰 기여를 할 것이라는 점, ② 현재 턱없이 부족한 장기 문제의 해결에 공헌할 것이라는 점, ③ 대체에너지를 만들어 내어 환경정화 분야에서 획기적인 공헌을 할 수 있을 것이라는 기대다.	• 인간복제를 반대하는 구체적인 이유는 ① 복제인간 정체성의 문제점, ② 성의 개념과 기존 가족관계의 혼란, ③ 상업적 목적으로 인간의 인체가 장기이식 시장에서 상품으로 전락할 가능성, ④ 무성생식이 보편화될 때 인간이라는 종(種) 내부의 유전자 다양성 소멸 등이다.
• 특히 인간복제 기술을 활용하면 암, 당뇨병, 불임 등 난치병에 걸린 환자들에게 얼마든지 새 장기를 공급할 수 있게 되며, 이는 복제된 인간에게서 장기를 떼어 내는 것이 아니라 수정단계인 배아기에 필요한 장기만을 골라 성장시키는 것이기 때문에 난치병에 걸린 환자를 위해서라도 복제를 허용해야 한다고 주장한다.	

3. 윤리이론에 의한 해석

행위공리주의	규칙공리주의
• 행위공리주의 입장에서는 규제나 금지도 결과적으로 지키지 않는 것이 바람직할 때에는 지키지 않아도 된다. 한 사례로 만성신부전증으로 매주 3회의 혈액투석을 받아야 생존할 수 있는 35세의 환자에게 인간복제를 통해 장기를 제공함으로써 새로운 삶을 되찾을 수 있게 해야 옳다. 왜냐하면 현대의학으로는 아직까지 인공신장을 개발할 수 없으며, 신장 제공자를 만나기란 거의 불가능한 상태로 시한부 생을 살고 있기 때문이다. 물론 행위공리주의는 법으로 금지된 행위로 인하여 두려움을 갖고 법적 제제를 받겠지만 한 생명을 구했다는 사실은 그로 하여금 더 큰 보람과 위안을 갖게 할 것이다.	• 규칙공리주의 입장에서는 물론 법으로 금지된 인간복제 시술은 위법이다. 왜냐하면 법을 지켜야 한다는 것은 하나의 규칙이기 때문이다. 우리나라에서는 인간복제에 대한 법적 규정이 아직 마련되지 않았으나, 국회에 제출된 '인간복제 금지법안'에는 2년 이하의 징역이나 3천만 원 이하의 벌금을 물리도록 되어 있다. 법을 어기는 것이 무방하다면 다른 사람들 또한 법을 어기게 됨으로써 인간복제의 오남용의 문제는 크게 확대될 것이다. 그러므로 인간복제 금지법을 지켜야 할 것이며, 자연적인 방법이 가능한 상태에서도 단지 경제성과 편리함을 배가한다는 이유만으로 인간복제를 시도하는 것은 바람직하지 않다.

4. 사회복지사의 입장

우리는 과학의 발달로 생활의 편리함을 얻은 대신 매순간 끊임없는 선택의 기로에 놓이게 된다. 이동의 자유를 얻은 대신 매연으로 인한 대기오염의 결과를 낳았고, 농업 생산성 증대를 위해 유전자 변형 작물을 재배한 대신 유전자 변형 작물의 부작용으로 건강에 좋지 않은 영향을 감수해야 한다. 생활하수 및 공장폐수로 강과 바다의 수질오염 또한 편리성과 유용성의 결과다.

그러나 앞의 예와는 본질적으로 다른 '인간복제' 문제는 자연의 섭리를 인위적으로 조작하여 인간존엄과 생명에 위협을 가하는, 더 나아가 사회적 혼란과 와해를 초래할 수 있는 심각한 문제다. 사실 인간복제로 인해 복제 장기이식과 생명연장의 기쁨 등을 얻을 수 있게 된다. 따라서 시한부 환자, 자녀가 없는 부모에게 인간복제는 삶의 희망이 될 수 있다. 그러나 인간복제 이후에 발생할 수 있는 상황에서 우리는 어떠한 대안을 제시할 수 있는가? 복제 장기로 인하여 인간 신체는 자동차의 부속품과 같은 존재가 될 수 있고, 인간복제로 인해 기형과 또 다른 유전병이 발생할 수도 있다. 인간 신체의 일부가 생명으로서의 의미를 잃는다면, 인간 존재와 인간의 생명은 무엇을 의미하는 것인가? 그리고 복제과정 속에서 나타날 가능성이 높은 기형이나 새로운 질병의 위험에 대해서는 누가 책임을 질 것인가? 더 나아가 복제된 인간의 정체성과 사회적응 등의 문제는 어떻게 해결할 것인가? 이것은 단순히 개인적인 일이 아닌 사회 전체적인 문제이며, 인간의 생명에 대한 재정의를 요구한다.

최근 사회적 이슈가 되고 있는 인간복제에 대해 모 방송국에서 인터뷰한 내용을 예로 들어 보면 다음과 같다. 불임 때문에 인간복제를 희망하는 부부에게 어머니의 유전자를 통해 딸아이를 복제하는 데 성공했다고 하자. 아이를 낳을 수 없는 부부에게는 복제로 인해 제2의 자신, 분신이라고 일컫는 자식이 생기고 양육 과정에서의 기쁨을 느낄 수 있을 것이다. 그러나 어머니를 꼭 닮은 딸이 성장하면서 딸 자신의 정체성 혼란과 복제된 딸을 둘러싼 주변인과의 갈등이 초래될 수 있다. 이런 시각으로 남편의 입장에서 바라본다면 만약 자신의 젊은 시절에 사랑했던 아내와 똑같이 생기고 행동하는 딸아이에게 젊은 시절 아내에게 느꼈던 사랑의 감정이 다시 일어날 경우, 이 가정을 사회구성의 1차적 집단으로 둔 딸아이는 학교와 직장에서 건강한 구성원으로 살아갈 수 있겠는가? 또한 아내의 입장에서는 복제 딸의 어머니로서, 분신으로서 정체성 혼돈이 야기될 수 있다. 이럴 경우 사회복지사는 기존의 패러다임으로는 전혀 이해할 수 없는 클라이언트에게 개입해야 하는 상황이 벌어질 것이다. 이런 우려 상황 이외에도 수많은 변수의 작용으로 기존의 가치판단 기준으로는 상상할 수 없는 심각한 사회문제들이 속출할 것이다.

어떠한 유용성과 편리성 그 이상의 유혹적 상황에서도 절대적으로 우선하여야 하는 것은 인간의 존엄성이다. 이것은 사회복지 태동의 근원이기도 하다. 인간이 존엄한 이유는 인간은 유한한 시간에 한 번뿐인 생명을 가지며, '나'라는 존재는 이 세상에 단 하나밖에 없는 존재이기 때문이다. 살인하지 말라는 정언명령을 최고의 지상명령으로 삼는 것도 그 이유 때문이다. 아무리 이 세상에 나와 비슷한 외모와 취미와 이상을 갖고 있는 사람이 있다 해도 그들은 나와 비슷한 사람일 뿐 나는 아니다. 인간복제로 얻을 수 있는 장점을 우리가 찬반의 입장에서 논쟁을 벌일 만큼 충분히 유혹적인 부분이지만, 인간복제는 인간을 대체 가능한 존재로 생각하게 하고, 상업적 이익을 위한 수단, 사회적 강자에 의해 비도덕적·착취의 수단이 될 수 있는 위험성을 내포하고 있다. 즉, 인간은 언제나 목적으로서 대우받아야 하며 수단으로 취급되어서는 안 된다는 인간존엄과 생명의 소중함이 훼손되는 것이다. Habermas는 과학기술의 발달은 꼭 필요하지만 오로지 그것만 중시하면 인간에 의해 발전한 과학기술이 인간을 오히려 주체가 아닌 객체로 전락시키는 일이 발생할 것이라 하였다. 즉, 오래 살고 건강하게 살고 싶어 하는 인간의 욕구, 신의 영역을 논리적으로 접근하려는 과학적 탐구심은 도덕적 옳고 그름의 판단을 가리는 장막으로 작용할 수 있다. 따라서 그 '하나의 본래적 가치' 자체를 흔드는 인간복제는 개인이 유일한 존재이기 때문에 가지는 고유성과 존엄성을 침해하는 것이며, 인간을 생명연장과 개인의 욕구를 위해 수단으로 바라보는 비도덕적 행위다. 인간존엄성의 근본 문제뿐 아니라, 그로 인해 파생되는 사회문제도 인간복제를 통해 얻을 수 있는 만족감의 몇십 배에 해당하는 희생을 치러야 할 것이다.

사례3

뇌사자의 장기이식에 관한 딜레마

우리는 항상 선택을 하며 살고 있고, 선택을 위해 그에 따른 과정과 결과를 생각하여 판단하게 된다. 다음에서는 현시대에 있어서의 우리에게 던져진 질문 중 죽음에 관해 판단해 보고자 한다.

우리는 죽은 자가 주위의 도움으로(보호자의 승낙, 허락, 자신의 유언 등) 장기를 타인에게 주는 데에는 별 문제가 없다는 것을 알고 있다. 그러나 뇌사자가 장기를 주는 것에 있어서 왜 갈등하는 것일까? 그것은 '과연 뇌사자가 죽은 사람일까?'라는 의문 때문이다. 현시대에 이러한 질문은 우리가 꼭 판단하고 넘어가야 할 상황까지 가고 말았다. 뇌의 기능이 어느 순간에 정지되었는가를 판단하는 것은 의사들의 몫이지만, 뇌기능의 정지가 인간의 죽음으로 보아야 하는 것은 의학의 문제라기보다는 우리의 가치판단의 문제이기 때문이다.

1. 이론적 배경

1) 뇌사

(1) 뇌사의 정의

뇌사란 뇌가 돌이킬 수 없는 중대한 손상을 받아 뇌의 전체 기능이 상실된 상태로서 생명 유지에 불가결한 생명 중추가 있는 뇌간의 손상을 포함한다. 사실상 자연조건 하에서 뇌사는 곧 죽음을 의미하나 의학의 발달로 이 점이 모호해진 것이다. 과거에는 심장박동과 자발호흡의 정지가 즉각적인 뇌의 죽음을 가져왔고, 역으로 뇌의 파괴는 호흡과 혈액순환의 즉각적인 중지를 일으켰지만 소생술의 발달로 달라졌다. 즉, 심폐소생술의 발전은 뇌사상태에서도 호흡과 혈액순환을 얼마 동안 인공적으로 유지할 수 있게 되었다.

(2) 뇌사의 조건

첫째, 원인 질환이 확실하고 치료될 가능성이 없는 뇌병변이 있어야 한다. 둘째, 깊은 혼수상태로서 자발호흡이 없고 인공호흡기에 의존하여 호흡을 유지하고 있어야 한다. 셋째, 치료가 가능한 급성약물중독이 없어야 하고 간성 혼수, 요독성 혼수, 저혈당 혼수나 뇌병변과 같은 대사성 내지 내분비 장애가 없어야 한다. 넷째, 체온이 32℃ 이하의 저체온 상태가 아니어야 한다.

(3) 뇌사의 판정기준

① 외부자극에 전혀 반응이 없는 깊은 혼수상태
② 회복 불가능한 자가 호흡의 소실
③ 양쪽 눈 동공의 확대와 고정-빛 반사 소실 증거
④ 뇌 반사의 완전 소실-무의식적인 반사의 소실

⑤ 자발적인 운동이나 제뇌 강직, 제피질 강직에 의한 경련 등이 일어나지 않음

⑥ 무호흡검사

⑦ 뇌파검사

2) 장기이식

장기이식은 만성병을 앓고 있는 환자들에게 마지막 희망이다. 장기이식의 장점은 이식을 통해 환자를 정상인으로 되돌려 놓아 가정에서나 사회에서 필요한 사람으로 남아 있게 할 수 있다. 경제적으로도 만성병 치료에 들어가는 의료비 지출을 감소시킬 수 있고 경제소비자를 생산자로 전환시킬 수도 있다. 장기이식은 장기 공여자가 있어야 가능한 수술로, 뇌사자의 장기공여는 전 세계적으로 인류의 보편적 사랑으로 자리 잡아 가고 있다. 보통 장기이식이란 환자를 치료하기 위하여 인간 또는 동물의 생체 내지 사체로부터 적출된 조직 또는 장기를 환자의 체내에 이식하여 그 기능을 대행시키는 외과적 처치를 말한다. 장기이식은 자가이식, 동종이식, 이종이식으로 나누어 볼 수 있다.

3) 이식의료의 보편화

뇌기능의 불가역적인 소실로 사망을 판정하려는 뇌사설은 1968년 8월 9일 오스트레일리아의 시드니에서 개최된 제22차 세계의사회에서 뇌사가 사망결정에 대한 성명으로 채택되면서부터 전 세계적으로 널리 인정되고 있다. 1969년 신장이식의 성공을 계기로 지금까지 6,500차례 이상의 신장이식이 이루어져 왔으며, 최근에는 간, 폐, 췌장 및 심장 등의 분야에서도 이식수술이 이루어지는 이식의료가 정착되어 가고 있다. 이러한 장기이식술의 성패는 주로 이식용 장기의 신선도에 의해 좌우되는데, 장기이식의 성공을 위해서는 현실적으로 뇌사자의 장기를 최적의 대상으로 선호하게 되었다.

4) 뇌사자의 장기이식

(1) 뇌사자의 장기이식에 관한 입법의 의의

우리나라의 경우 현행법에 의해 장기이식이 전혀 불가능한 것은 아니다. 그러나 현행법은 장기이식이라는 의술을 모르고 만들어진 법률이기 때문에 뇌사자 장기적출의 가부, 장기적출 의사에 대한 면책요건 및 장기매매 등의 부작용 방지 등에 대하여 어떠한 기준도 제시할 수 없었다. 여기서 적극적으로 장기이식에 대처하기 위하여 장기이식 일반에 대한 특별법을 요구하게 되었다. 또한 우리 헌법 정신에는 국민의 행복추구권과 평등권이 있는데, 이러한 행복추구권과 평등권의 보장이라는 측면에서 특히 이 법과 관련하여 문제가 될 수 있는 것은 장기이식 수혜에 대한 균등한 기회의 부여다. 이러한 이유에서 더 많은 공평성과 공신력 및 효율성을 가질 수 있는 장기이식에 관한 정보관리와 수혜자 선정이 이루어질 수 있는 제도가 모색되어야 한다. 또한 이러한 맥락에서 경제적 불평등이 생존의 불평등으로 이어지는 것을 방지하기 위해 세계 각국이 예외 없이 상업적 장기매매를 금지하고 있는 이유를 이해해야 한다.

(2) 뇌사자로부터의 장기적출

뇌사자는 살아 있는 사람과 마찬가지의 장기를 가지고 있으면서 죽어 있는 사람으로 볼 여지가 있기 때문에 사회적으로 주목받고 있다. 그런데 뇌사자로부터 장기적출을 위해서는 뇌사자를 사체로 보아야 하고, 뇌사자를 사체로 보기 위해서는 뇌사설을 인정해야 가능하다는 것을 전제로 하고 있다. 따라서 만약 뇌사설이 인정된다면 뇌사자의 장기적출과 관련된 문제는 사체의 장기적출 건과 같으므로 뇌사자 장기적출에 대한 논쟁을 불식시키고, 합법적인 근거를 마련할 수 있으므로 뇌사설이 주목을 받고 있는 이유는 여기에 있다고 할 수 있겠다.

2. 뇌사자의 장기이식에 대한 찬반론

뇌사자의 장기이식 찬성론	뇌사자의 장기이식 반대론
• 현재 심장과 간, 폐, 췌장이식은 뇌사상태에 빠진 사람으로부터 얻을 수 있는 유일한 방법이다. 따라서 뇌사를 인정하게 되면 이식을 위한 장기를 확보하게 되어 장기이식을 통해 죽어가는 많은 생명을 구할 수 있다. 즉, 장기의 만성적인 공급부족을 해소할 수 있다는 것이다. 뇌사 찬성론자의 주장은 뇌사를 심폐사 대신 죽음의 유일한 기준으로 삼자는 것은 아니고, 오히려 인공적으로 호흡과 심장박동이 유지되고 있는 예외적인 경우(전뇌사)에만 뇌사를 죽음으로 인정하자는 것이다. 이렇게 아무런 가망이 없는 상태에서 개인적·사회적 에너지를 계속 소모하기보다는 현실적으로 행복해질 수 있는 집단으로 시선을 돌려야 한다고 주장한다. 또한 이들은 뇌사 반대론에 대해 그것은 뇌사를 지속적 식물인간 상태(persistent vegetative state: PVS)와 혼동하는 일반인의 오해에서 기인한다고 주장한다.	• 비록 의사가 환자의 뇌사를 진단하고 확인했다 하더라도 인간의 생사문제는 종교적·철학적·사회적 이해가 고려되어야 한다. 즉, 죽음의 진단 및 확인과 죽음의 정의는 구분되어야 한다. 뇌사는 죽어 가는 과정의 초기단계에 불과하다. 따라서 뇌사는 죽음의 필요조건일 수 있지만 죽음의 충분조건은 아니라는 것이다. 죽음을 확정하는 데에는 의사의 판정 이외에 사회적·문화적 관행이나 여론 그리고 가족의 소원을 무시할 수 없다.

3. 윤리이론에 의한 해석

윤리적 상대론	윤리적 절대론
• 인간의 생명은 존엄하다. 뇌사자의 마지막 생명의 불꽃도 존엄하고, 이식 받지 않으면 죽을 수밖에 없는 사람의 생명도 존엄하다. 그러나 뇌사자의 심폐소생기를 제거하는 행위가 살인이라는 행위라면 한 사람의 생명을 살리기 위해서 다른 사람을 살인한다는 결과에 이르게 된다. 그렇지만 혹자는 더 많이 살 수 있고, 살아서 사회에 많은 기여를 할 수 있는 생명을 구하는 게 옳다고 말할 수 있을 것이다. 현재 이식용 장기가 너무 부족하고, 이식용 장기가 없어도 혹시나 하는 생각에 하루하루 살아가는 사람들이 많다. 따라서 소생 불가능한 뇌사자의 장기이식으로 더 많은 사람들에게 행복한 삶을 살 수 있도록 해야 한다는 입장에서 장기이식은 허용되어야 한다.	• 우리가 인간생명이 존엄하다는 고정불변의 도덕률을 인정하고 만인은 법 앞에서 평등하다는 민주주의 원칙에 찬성한다면, 더 많이 살 수 있고 사회에 기여를 많이 할 수 있는 생명이나 뇌사자의 생명이나 동등한 가치라고 말할 수 있을 것이다. 따라서 모든 생명은 동등하게 존엄하다는 것을 알 수 있다. 그런데 단지 사회적 기여라든지 생명연장 가능성 등의 사회적으로 통용되는 가치 때문에 하나의 생명에게 사회적인 틀에 의해 희생을 강요한다는 것은 도덕적으로 선하다고 볼 수 없다. 또한 우리가 주목해야 할 것은 결국 모든 틀은 인간이 만들었다는 것이다. 그러므로 인간의 생명에 대한 정의는 결국 인간이 만들었다고 볼 수 있다. 현재 뇌사에 관한 문제는 법안으로 통과되어 2000년 2월부터 효력을 발휘하고 있다. 그러나 만약 뇌사라는 개념이 죽음에 대한 정의로 타당하지 않다는 것이 언젠가 밝혀지면, 즉 뇌사란 죽음의 필요조건일 수 있지만 죽음의 충분조건은 아니라는 것이 사실이라면, 그때는 무엇이라 말할 수 있을까? 인간 생명의 정의가 이렇게 계속 변화될 수 있는 것일까?

4. 사회복지사의 입장

살아 있다는 것은 무엇인가? 뇌사자는 살아 있는 것인가, 죽은 것인가? 뇌사자의 장기이식 딜레마에서는 인간의 생명에 대한 정의와 인간의 자기결정권에 대한 윤리적 갈등해결을 요구한다. 만약 클라이언트가 뇌사 시 장기 기증 의사를 표명하였을 때에는 문제가 되지 않는다. 이것은 클라이언트의 자기결정권으로, 클라이언트 스스로 문제를 명확히 판단하고 결정할 수 있는 능력이 있을 때 의사를 밝힌 것이기 때문이다. 그러나 뇌사 판명 전 클라이언트의 '장기이식 의사'가 확실하지 않은 상황에서 가족의 합의로 클라이언트의 장기를 기증하겠다는 의사를 확인하게 되었을 때 사회복지사는 전문가로서 어떠한 윤리적 결정을 할 수 있는가?

뇌사자의 장기이식에 관한 딜레마는 더 나은 인간의 삶을 위한 상황을 전제로 하지만 뇌사를 죽음으로 인정할 것인가, 인정하지 않을 것인가에 따라서 찬성과 반대의 입장으로 나뉜다. 찬성론자들은 뇌사로 최종 진단된 자의 장기를 이식함으로써 더 많은 사람들에게 건강한 삶과 행복을 줄 수 있으며, 나아가 다수의 행복권을 추구할 수 있는 기회를 주는 것이라고 주장한다. 반대론자는 뇌사는 죽음의 충분조건이 아닌 필요조건이기 때문에 뇌사자의 장기기증은 인간존엄과 생명보호 권리를 훼손시킨다는 입장이다. 그러나 이러한 윤리적 상대주의의 입장을 취하기 전 사회복지사는 전문가적 입장에서 결정을 좀 더 신중히 해야 한다. 어떤 다른 사람이 생명을 필요로 한다고 해서 제3자가 판단하여 그 생명을 이용할 수 있는 것인가? 오진에 의해 사망이 조기판정 되었을 경우 뇌사자의 생명은 누가 책임을 질 것인가? 뇌사자의 장기이식은 다수에게 희망을 줄 수 있다. 그러나 한 생명을 다른 생명을 위해 희생할 수 없고, 인간이 다른 인간의 이익을 위한 수단이 되어서는 안 된다. 수단으로서 인간을 바라보는 것은 인간의 존엄성을 훼손하는 것이며, 필연적으로 야기되는 장기매매 현상에 대하여 우려할 수밖에 없다. 특히 불법적인 장기매매는 인명을 경시하는 풍조를 확산시킬 우려가 매우 높은데, 실제로 경제적으로 어려움을 겪는 많은 사람이 자신의 장기를 하나의 물건으로 파는 경우가 빈번히 나타난다. 살아 있는 사람의 경우, 적출 전 장기는 물건이 아니기 때문에 거래 대상이 될 수 없으며 죽은 사람, 그 일부도 민법상에 물건이 아니므로 적출된 장기도 거래의 목적물로 사용할 수 없음은 명백한 일이다.

의료기술의 발전이 인간의 지식의 폭은 넓혀 주겠지만, 기존의 인간의 가치를 상실시키고 인간을 하나의 이용 가능한 자원쯤으로 전락시킬 수 있다는 것을 간과해서는 안 된다.

사례 4

성폭행으로 인한 임신과 낙태에 관한 딜레마

20대 여성이 밤 귀가 길에 성폭행을 당하여 정신적·육체적으로 심한 충격을 입어 자살기도를 하였다가 발견되어 정신과 치료를 포함한 심리치료를 받았다. 그러던 중 사건 발생 2개월 뒤 피해자는 우연히 성폭행범과 마주하게 되어 성폭행범에게 우발적 살인을 저지르고 그 자리에서 체포되어 조사를 받고 재판을 받게 된다.

조사와 재판이 진행되면서 몇 개월이 흐르고 여성은 자신이 임신 4개월이라는 사실을 알게 되었다. 이 상황에서 여성은 아이를 낳을 것인가, 낙태할 것인가에 대하여 고민에 봉착하게 된다. 판사나 경찰, 의사는 아이에 대해서는 이 여성 자신의 결정에 맡기기로 동의한다.

결과적으로 이 여성은 성폭행에 의해 임신되고 그 성폭행범을 살인한 살인범이며 또한 그 죗값으로 수감하게 된 상황으로 현재 4개월에 접어든 아이를 낙태해야 할 것인가, 아니면 낳아야 할 것인가하는 현실적 문제에 봉착한 상태다.

1. 이론적 배경

1) 낙태(落胎, Abortion)의 정의

흔히 낙태라고 부르는 '인공임신중절'은 잉태된 태아를 자연분만 시기에 앞서서 모체로부터 인위적으로 분리시킴으로서 생명을 소멸시키는 것을 말한다. 과거에 인공유산수술은 위험하고 비윤리적이라고 생각했기에 거의 모든 국가에서 이를 법으로 금지해 왔다. 그러나 의학이 발달하고 사회적으로 인구 폭발에 대한 억제요구, 개인의 편리나 유익 혹은 사회적 이유 때문에 낙태에 대한 접근성이 용이해졌다. 국제가족계획연맹의 보고에 의하면 한 해 전 세계 신생아 수는 9천만 명이고, 그 중 낙태로 죽는 태아는 5천 5백만 명, 낙태수술을 받다가 사망하는 여성은 20만 명에 이른다고 한다. 전 세계 국가의 2/3는 인공유산을 부분적으로 합법화하고 있다. 그러나 이러한 법적인 문제와 상관없이 거의 모든 나라에서 오래 전부터 고의적인 낙태가 일어나고 있다. 후진국에서는 무지로 인한 낙태가 이루어지고 있고, 유럽과 같은 선진국에서는 여성해방운동과 개인의 자율권 보장에 대한 잘못된 적용으로 낙태가 합법화되어 있다. 한국에서는 1962년 가족계획사업이 경제발전의 필수요건으로 인정되면서 1973년 공표된 「모자보건법」에서 인공유산을 합법화하게 된다. 비록 형법에는 낙태죄를 명시하고 있었지만 「모자보건법」의 시행으로 거의 모든 경우에 낙태가 허용됐다. 정부는 정책적으로 인구증가율을 낮추기 위해 1가구 2자녀(혹은 1자녀) 정책을 펴서 결국 낙태를 유도했고, 보건사회부에서는 미성년자 또는 영세민이 원하지 않는 임신을 했을 때에도 낙태 수술을 지원해 주었다. 최근 보건복지부에서는 12년 만에 셋째 아이 출산 시 의료보험 제외를 폐지하였다. 폐지 이전까지 정부는 셋째 아이를 낳을 경우 여러 가지 불이익이 돌아가게 함으로써 간접적으로 낙태를 조장한 것이다. 더군다나 성도덕의 문란으로 인한 미혼모 임신과 전통적인 남아선호사상으로 인해 낙태가 더욱 조장되었다.

2) 낙태를 허용하는 경우

낙태를 허용하는 경우를 「모자보건법」에 의해 살펴보면 다음과 같다. 특히, 성폭행에 의한 임신은 낙태의 정당한 사유가 되는 것을 볼 수 있다.

「모자보건법」제14조(인공임신중절수술의 허용한계)

① 의사는 다음 각 호의 어느 하나에 해당하는 경우에만 본인과 배우자(사실상의 혼인 관계에 있는 사람을 포함한다. 이하 같다)의 동의를 받아 인공임신중절수술을 할 수 있다.

  1. 본인이나 배우자가 대통령령이 정하는 우생학적(優生學的) 또는 유전학적 정신 장애나 신체질환이 있는 경우

  2. 본인이나 배우자가 대통령령이 정하는 전염성 질환이 있는 경우

  3. 강간 또는 준강간(準强姦)에 의하여 임신된 경우

  4. 법률상 혼인할 수 없는 혈족 또는 인척간에 임신된 경우

  5. 임신의 지속이 보건의학적 이유로 모체의 건강을 심각하게 해치고 있거나 해칠 우려가 있는 경우

② 제1항의 경우에 배우자의 사망·실종·행방불명, 그 밖에 부득이한 사유로 동의를 받을 수 없으면 본인의 동의만으로 그 수술을 행할 수 있다.

③ 제1항의 경우 본인이나 배우자가 심신장애로 의사 표시를 할 수 없을 때에는 그 친권자 또는 후견인의 동의로, 친권자나 후견인이 없을 때에는 부양의무자의 동의로 각각 그 동의를 갈음할 수 있다.

「모자보건법」시행령 제15조(인공임신중절수술의 허용한계)

① 법 제14조에 따른 인공임신중절수술은 임신 24주일 이내인 사람만 할 수 있다.

② 법 제14조제1항제1호에 따라 인공임신중절수술을 할 수 있는 우생학적 또는 유전학적 정신장애나 신체질환은 연골무형성증, 남성섬유증 및 그 밖의 유전성 질환으로

서 그 질환이 태아에 미치는 위험성이 높은 질환으로 한다.

③ 법 제14조제1항제2호에 따라 인공임신중절수술을 할 수 있는 전염성 질환은 풍진, 톡소플라즈마증 및 그 밖에 의학적으로 태아에 미치는 위험성이 높은 전염성 질환으로 한다.

2. 성폭행으로 인한 임신의 낙태에 대한 찬반론

낙태 반대	낙태 찬성
• 아이를 낳아야 한다고 생각한다. 왜냐하면 인간의 생명은 최대한 존중되고 보호되어야 하며 태아도 독립적인 인격체로서 존중받아야 하기에 낳아야 한다고 생각한다. 아이로 인하여 과거의 기억에서 벗어날 수 없기 때문에 아이를 낙태한다면 여자는 두 명을 살인하게 된다. 낙태한다고 해도 이 여자는 완전히 죄책감에서 벗어날 수 없으며, 낙태보다는 아이를 낳는 것이 여자에게 이익이 되는 결정이라고 본다. 물론 죄의식도 있겠지만, 강한 모성애로 아이를 잘 양육함으로써 과거의 아픈 기억에서 벗어날 수 있을 것이다. • 원하지 않는 임신으로 태어날 아이를 모두 낙태의 방법으로 문제를 해결하려는 것은 좋지 않다. 이것은 태아를 한 생명으로 인정하지 않고 하나의 물건을 다루듯 나에게 필요하면 낳고 필요 없거나 원하지 않을 경우 지워 버리는 생명 경시현상으로 인해 도덕적인 윤리 질서가 무너질 우려도 있을 뿐더러 개인을 떠나 사회적으로 더 큰 문제를 만든다는 것을 알아야 한다. 현재 우리나라는 사회적 무관심 속에 150~200만 건의 낙태가 행해지고 있고 20초에 1건, 하루에	• 인간의 생명은 존귀하지만 아기 입장에서 생각하면 살인자 어머니, 성폭행범 아버지의 멍에를 안고 살아야 하기 때문에 주위의 질시와 곱지 않은 시선을 감수하며 살아야 한다. 그렇기 때문에 정상적인 생활을 할 수 없는 상황이 많을 것이므로 낙태를 해야 한다고 생각한다. • 아이의 입장도 중요하지만, 여자의 입장에서 생각해 볼 때 첫째, 교도소에서 아이를 양육할 수 없는 상황이고, 둘째 아이를 볼 때마다 자신이 살인자라는 죄책감과 자신을 살인범으로 만든 그 남자에 대한 미움과 원한의 감정에서 평생 벗어날 수 없기 때문에 낙태를 해야 한다는 입장에 동의한다. • '두 번의 살인을 했다'라는 죄책감으로 평생을 살 수도 있다. 그러나 아이를 낳아 양육할 경우 아이를 볼 때마다 과거의 잊고 싶은 기억이 되살아나 평생을 죄인처럼 살아갈 수밖에 없을 것이다. 또한 그 아이에 대한 양가감정(미움, 사랑)으로 인해 아이를 제대로 양육하기 어려울 것이며, 제대로 양육하지 못하는 것에 대한 또 다른 죄책감이 더해져 정상적인 생활이 불가능하리라 생각된다.

6,000명이 낙태로 인해 태어날 권리조차 부여받지 못하고 어른들에 의해 살해되고 있다. 그리고 현재 우리나라는 낙태 1위의 국가다. 우리나라 대법원 판례를 보면, 인간의 생명은 잉태된 때로부터 시작되는 것이고 회임된 태아는 새로운 존재와 인격의 근원으로서 존엄과 가치를 지닌다고 한다. 그러므로 그 자신의 인식여부, 방어능력 유무와 관계 없이 침해되지 않도록 보호되어야 한다고 했다. 이 내용을 보면 태아도 한 생명으로 인정하고 있는 것을 알 수 있다.

- 아이 입장에서도 아버지 없는 한부모 가정으로 살아가야 하며, 아이가 자라는 과정에서 어머니가 아버지를 살인했다는 사실을 알았을 때 아이가 받게 될 정신적인 충격과 이로 인한 사회적인 피해가 우려되는 상황이 벌어질 것이다. 그렇다면 낙태가 이런 사태를 사전에 방지할 수 있는 유일한 방법이 아닐까?
- 인간의 생명은 그 누구도 쉽게 좌우하지 못한다는 것을 인정한다. 그러나 제도나 사회적으로 편견이 심한 현실에서 아이를 낳아 잘 양육할 수 있느냐가 문제다. 그리고 국가적 복지시스템이 잘 되어 있고, 사회적으로나 제도적으로 이러한 상황에 처한 사람들이 불이익이나 사회적인 질시를 받지 않는 상황인데도 무조건 낙태를 찬성하는 것은 아니다. 앞에서 말한 바와 같이 국가의 복지지원이나 사회적으로 이들을 수용하여 생활할 수 있는 프로그램이나 제도적 여건이 마련되어 있다면 낙태 문제를 다시 고려해 볼 수 있을 것이다.

3. 윤리이론에 의한 해석

윤리적 절대론	윤리적 상대론
• 인간생명의 존엄성 입장에서 보면 수정란이 수정된 그 순간 생명으로 간주하고, 잉태되지 않은 태아도 존엄한 인간으로 대우받을 권리가 있다고 본다. 비록 성폭행으로 인한 임신이지만 그 아이도 엄연한 인간으로 존엄성을 존중받아야 한다. 태아는 성폭행으로 인한 원치 않은 임신이기 때문에 가치가 떨어진다고 판단될 수 없으며, 태어나서 사회의 일원으로 자	• 인간의 존엄성에 대해 존중해야 함은 인정하지만 단순한 낙태가 아닌 성폭행으로 인한 낙태다. 폭력으로 인해 신체적·정신적 상처를 입은 여성에게 아이를 출산하게 하는 것은 임신 여성의 삶의 질을 떨어뜨리고 태어날 아이에게도 부정적 영향을 끼칠 것이다. 여성은 아이를 통해 자신의 성폭행 사실을 평생 잊지 못하고, 아이는 그 사건을 상기시키는 촉매역할

신의 삶을 선택할 자유를 주어야 한다.

을 할 것이며, 아이를 정상적으로 양육하지 못하게 되는 경우 결국 아이와 여성 그리고 이들을 둘러싸고 있는 체계의 와해도 초래할 수 있다. 아이의 출산으로 인해 파생되는 문제들은 결과적으로 많은 사람에게 부정적 영향을 줄 수 있다는 것이다. 따라서 성폭행으로 인해 임신한 아이의 낙태로 임신 여성을 성폭행의 고통으로부터 보호하고, 남은 삶의 질을 보장할 수 있을 것이다.

4. 사회복지사의 입장

사회복지 실천과정에서 가치의 우선순위를 결정하기에 앞서 사회복지사는 전문가로서의 윤리적 기준과 클라이언트의 가치체계 및 사회적 가치변화를 모두 고려하여야 한다. 이를 토대로 클라이언트의 만족을 최대화하고, 다각적인 측면에서 클라이언트를 보호하고, 클라이언트 자신이 건강한 자기결정권을 행사할 수 있게 해야 하는 것이 전문가로서의 의무다. 그러나 현대 사회의 가치체계는 계속 변화하고, 가치문제에 있어 절대적 관점만을 고수하기에는 한계가 있다.

앞의 사례에서는 단순한 낙태가 아닌 성폭행으로 인한 임신과 낙태를 결정해야 하는 상황이다. 이러한 클라이언트의 문제에 접근할 때에는 보다 유동적인 자세로 임해야 할 필요가 있다. 이 사례에서 경험하게 되는 사회복지사의 딜레마는 태어나지 않은 태아도 한 인간으로 보고 태아의 존엄성을 보호해야 한다는 것과 다른 한편으로 성폭행이란 지울 수 없는 치욕스런 사건으로 인해 원하지 않은 임신을 한 클라이언트에 대한 보호다.

사회복지사의 기본가치전제는 인간의 존엄성이다. 이 가치전제는 '생명보호'와 '삶의 질 보장'이라는 기준에 의해 적용된다. 이런 입장에서 분석해 본다면 만약 태아가 낙태되지 않고 세상에 태어났을 때 태아는 성폭행이란 지울 수 없는 상처를 안고 살아가는 클라이언트에게 상처의 상징처럼 각인되어 결국 친모에게서 적절한 정서적 · 사회적 지지를 받지 못하게 될 수 있다. 또한 성장 과정에서 자신의 출생사실을 알았을 때 가치혼란에 빠져 사회구성원으로서 적절한 역할을 하지 못할 우려가 있다. 이는 궁극적으로 태어난 아이의 생명은 보호했지만, 삶의 질까지 보장할 수 있다고 말할 수 있을까?

이 여성의 경우 성폭행범을 살해할 만큼 성폭행범에 대한 분노가 극에 달해 있는 상황에서 그의 아이를 낳는다는 것은 남아 있는 자신의 삶 속에서 분노를 계속 일깨우는 결과를 초래하게 될 것이다. 사회적으로도 미혼모에 대한 편견을 극복하는 것이 쉬운 일이 아닌데 더군다나 원치 않는 상황에서 성폭행으로 인해 임신한 아이를 낳아 기른다는 것은 클라이언트의 삶 전체에 위협이 될 것이다.

최근 성에 대한 의식 전환 및 개방의 일환으로 혼전 성관계가 증가하고 있으며, 이 과정에서 혼전 임신으로 인한 공공연한 낙태 불법허용이 미혼모를 양산하기도 한다. 이 경우의 임신은 두 남녀의 합의 하에 성적 쾌락 또는 기타의 이유로 이루어진 관계에서 비롯된 것이다. 그렇기 때문에 태아에 대한 책임과 인권보호 측면에서 낙태는 용인되어선 안 될 것이다. 그러나 성폭행으로 인한 임신으로 갈등하고 있는 클라이언트에게 이와 같은 입장에서 태아의 존엄성 측면만을 다뤄서는 안 된다. 한 여성으로 성폭행의 상처를 안고 살아가는 것도 벅찰 텐데 성폭행범의 아이를 일원화된 도덕의 잣대로 낳아야 한다고 주장한다면 이 여성은 폭력의 피해자로서, 성범죄의 상처자로서, 동시에 성폭행범의 자식을 낳아야 하는 의무자로서 살아가야 할 것이다.

사회복지사는 클라이언트의 자기결정권을 존중해야 한다. 때론 클라이언트가 사회복지사의 윤리적 결정과 다른 결과를 선택할 수도 있다. 그러나 보다 성숙한 사회복지사로서 클라이언트가 현재 처해 있는 상황에서 감정에 치우쳐 결정하는 것을 막고, 클라이언트 상황에 가장 적합한 결정을 할 수 있도록 충분한 정보를 제공해 주어야 할 것이다. 동시에 상담가의 역할로서 결정 과정의 왜곡을 최소화해야 하는 의무를 지닌다.

사례5

베이비 박스에 관한 딜레마

베이비 박스는 갓난아기를 키울 수 없는 부모가 남몰래 아기를 두고 갈 수 있도록 고안된 일종의 무인 창구다. 베이비 박스는 담장의 일부를 뚫어 가로 70cm, 높이 60cm, 깊이 45cm 크기로 만들어진 공간이다. 그 옆에는 "미혼모 아기와 장애로 태어난 아기를 유기하거나 버리지 말고 여기에 넣어 주세요"라는 문구가 붙어 있다. 누군가 아기를 두고 가면 내부에 벨이 울리게끔 되어 있어서 곧바로 관계자가 아기를 실내로 데리고 들어갈 수 있도록 만들어졌다. 아기는 신고절차를 거쳐 어린이 시립 병원으로 보내지고 이후 해당 보호시설로 보내지게 된다. 우리나라에서는 지난 2009년 12월 서울 ○○구의 한 교회에 베이비 박스가 설치된 이후 지금까지 운영되고 있다. 현재 베이비 박스를 두고 많은 논란이 이어지고 있는데, 버려지는 아이들이 해마다 증가하고 있는 만큼 아이들의 생명을 구하고 인간답게 살 권리를 주기 위해 베이비 박스가 필요함을 찬성하는 입장과 베이비 박스가 운영되면 아이를 버릴 수 있는 환경을 만들어 주는 것이나 다름없고 아이를 버리는 부모의 죄책감마저 덜어 줄 우려가 있다는 이유로 반대하는 입장이 있다.

1. 이론적 배경

1) 유기아동 증가의 배경

근래에 들어 급속한 노령화, 최저 출산, 1인 가구 및 다문화 가족의 증가는 한국사회로 하여금 가족에 대한 근본적인 성찰을 요구하고 있다. 특히 가족 안팎에서 새롭게 정의되는 친밀성과 변화는 성과 사랑, 가족에 대한 새로운 정의와 접근을 요구하는 것으로 볼 수 있다. 그러나 이와 같은 변화에도 기성의 가부장적 관념이나 정상가족 이데올로기에 의한 차별 또한 적지 않다. 예컨대, 미혼 남녀의 성관계가 더 이상 규범의 영역에서 논란거리로 등장하는 사회는 아니지만, 결혼이라는 통과의례를 거치지 않은 여성의 자녀출산은 여전히 도덕적으로 비난 받을 뿐만 아니라 사회적으로 인정받지 못하고 있다. 실제로 미혼모와 이들 자녀에 대한 배척과 낙인으로 미혼 여성의 임신과 출산은 공개될 수 없는 개인사인 동시에, 당사자인 여성에게는 평생에 걸친 불명예의 낙인을 안겨 주는 중요한 계기로 작용하고 있다. 따라서 미혼모는 존재 자체가 부정되거나 비가시화되는데, 이는 무엇보다 사회적 편견이 이들의 존재를 암묵적으로 은폐하도록 강요하기 때문이다. 그 결과 이들 중 상당수가 아이를 유기하는 극단적인 선택을 하고 있으며, 유기된 아동의 수는 해마다 증가하고 있는 실정이다.

그러나 2011년 8월 4일 부로 개정된 「입양특례법」은 과거 입양정책의 핵심이었던 「입양촉진법」이 아닌, 출생신고를 의무화하여 입양조건을 엄격하게 제한하고 관리하는 것에 초점을 두었다. 2000년대 초반에 해외입양 되었던 아이들이 자신의 뿌리를 알고 싶어도 출생기록이 남아 있지 않아 원 부모를 찾을 수 없었으며, 입양가정 안에서의 가정폭력이 사회문제로 대두되면서 부모, 조상, 뿌리에 대한 알 권리가 기본 권리로 적극 보장되어야 한다는 목소리가 나오게 된 것이다. 그러한 사회적 분위기를 통해 개정된 「입양특례법」은 아동의 권익, 복리증진을 위해 만들어졌다고 하지만 궁극적으로 입양이 매우 어려워지는 결과를 초래하였다. 더욱이 법이 개정된 이후 출생신고가 되지 않은 아이들을 데리고 있거나 양육하는 경우 처벌을 받게 되었다. 따라서 개인은 물론 심지어 기관에서도 아이를 맡기를 꺼리게 된 것이다. 결국 어디에도 아이를 맡길 수 없게 된 미혼모는 아이를 버리는 극단적인 선택을 하게 된다. 결과적으로 이상적인 법 취지가 오히려 합법적인 입양을 저해하고 영아를 유기하는 부작용을 초래하였다.

2) 국내 베이비 박스 관련 실태

현재 우리나라에서는 2009년 12월 서울의 A교회에서 처음으로 베이비 박스 운영을 시작했으며, 2014년 5월 경기도 B교회에서 두 번째로 베이비 박스를 설치했다.[1]

서울 A교회의 통계자료에 따르면 베이비 박스에 버려진 영아의 수는 2011년 35명에서 2012년 78명, 2013년 235명으로 급증했다. 반면 보건복지부 통계 자료를 살펴보면 미혼모 자녀 입양자 수는 2011년 1,452명에서 2012년 1,048명, 2013년 641명으로 점점 줄어들고 있는 것으로 나타났다. 이처럼 늘어나는 영아 유기와 줄어드는 입양의 원인으로 전문가들은 개정된 「입양특례법」의 부작용을 문제로 제기한다.

(1) 서울 ○○구의 사례

서울시 ○○구청은 베이비 박스 문제로 골머리를 앓고 있는 대표적인 지자체다.

베이비 박스 운영을 처음으로 시작한 A교회는 '버려진 아기들을 추위나 고양이로부터 안전하게 지켜준다'는 취지로 베이비 박스를 설치했다. 만들어진 베이비 박스에는 2010년 3월부터 약 500여 명의 아기들이 버려진 것으로 알려졌다. ○○구청은 지속적으로 베이비 박스 철거를 권고하고 있다. 아동을 보호할 수 있는 시설로서의 자격이 없는

---

1) 해외의 경우 베이비 박스는 독일에 100개, 체코 47개, 폴란드 45개 등으로 활발히 운영되고 있으며, 미국, 헝가리, 프랑스, 캐나다, 벨기에, 스위스, 러시아, 중국 등 18개 국가에서 운영 중인 것으로 알려졌다. 미국에는 친부모가 익명으로 신생아를 맡겨 둘 수 있도록 한 「안전 피난처(safe haven)법」이 존재한다. 그러나 유엔 아동권리위원회는 2011년 8월 체코에 대해 '베이비 박스는 아동권리협약에 명시된 부모를 알고 부모로부터 양육 받을 권리를 침해하므로 중단시켜야 한다'고 권고한 바 있다.

교회가 베이비 박스를 운영함으로써 아동 유기를 조장하고 있으며, 이는 엄연히 불법이라는 게 구청 측의 일관된 입장이다.

　　○○구청 측의 입장을 종합하면 A교회는 아동을 보호하기 위한 시설 자격을 갖추지도, 관할 지자체에 신고하지도 않은 미신고 시설이다. 「아동복지법」 제50조에 따르면 아동복지시설은 시설 기준 등을 갖추고 관할 시·군·구청장에게 신고해야만 한다. 또한 아동복지시설은 보건, 위생, 안전, 교통편의 등이 관련 기준에 따른 환경이 갖춰져야 한다. ○○구청은 A교회가 이러한 시설을 갖추지 않았으면서도 아기를 보호한다는 이유를 들며 베이비 박스를 운영하고 있다고 설명했다. 해당 구청은 「아동복지법」 제50조에 근거해 아동복지시설로 신고해야 하며, 신고하지 않으면 「사회복지사업법」 제14조에 의해 처벌될 수 있으며, 신고할 자격이 안 되면 당장 중지해야 한다는 입장을 고수했다. 이와 관련해서 ○○구청은 '미신고 시설 아동보호 중지 안내' 공문을 보내고 아동보호를 명분으로 한 베이비 박스를 자진 철거하라는 뜻을 A교회에 전달했다.

　　특히 ○○구청은 베이비 박스가 아기를 보호해 준다는 생각이 잘못됐다는 입장이다. 베이비 박스에 아기가 버려지면 아기는 ○○경찰서에 기아로 등록이 된다. ○○구청 직원들은 매주 월, 수, 금요일에 A교회를 방문, 이 아이들을 데리고 서울시립어린이병원에서 진료를 본다. 진료가 끝나면 서울시아동복지센터에 아이들을 인계한다. 아이들은 서울시아동복지센터에서 일정 기간 머문 뒤, 장기양육시설에 자리가 나면 그곳으로 옮겨져 생활하게 된다. 결국 베이비 박스에 버려진 아기들은 A교회가 아닌 시설에서 자란다는 것이다. 한 인터뷰에 따르면 '아직까지도 대부분의 사람들이 베이비 박스에 대해 긍정적으로 생각하지만, 베이비 박스는 엄연히 아기를 버리는 곳일 뿐'이라며 '아기를 버린 뒤 나중에 데리러 오겠다는 부모가 있는데 아기들은 모두 시설로 간다'고 지적한다. 아기들이 계속적으로 버려지면서 서울시 양육시설은 포화상태가 된지 오래다. 그러나 ○○구청은 이미 몇 년 간 베이비 박스가 운영되어 왔고, 베이비 박스를 옹호하는 여론도 어느 정도 형성된 상황에서 강제 철거하기란 쉽지 않다는 입장이다. 우리나라에서는 베이비 박스에 대한 명확한 규정이 없기 때문에 단순 사유물로 여겨지고 있는 상황이다.

(2) 부산 △△구의 사례

부산 △△구청은 서울 ○○구 베이비 박스에 이어 두 번째 베이비 박스가 △△구에 설치되려고 하자, 경찰에 수사를 의뢰하고 강경한 입장을 취해 결국 베이비 박스 운영을 막은 것으로 알려졌다. 한 사회복지법인이 아기용품과 침대 등을 구입하며 베이비 박스 운영을 추진해 왔다. 실제 설치한 달 5일, 법인은 신생아를 받아 데리고 있다가 하루만인 6일에 경찰에 신고했다. 이를 확인한 △△구청은 이튿날인 8일 경찰에 법인을 아동유기 방조 등의 이유로 수사 의뢰했다. 현재 베이비 박스는 설치가 무산됐고, 재설치 움직임도 없는 상황이다.

△△구청은 해당 법인을 수사 의뢰한 근거 법령으로 ① 「아동복지법」 제17조(금지행위) 및 제50조(아동복지시설의 설치) ② 형법 제32조(종범) 및 제272조(영아유기) ③ 「사회복지사업법」 제34조(사회복지시설의 설치)를 내세웠다. 법인은 아기침대나 용품 등을 시설에 두고 아이를 불법으로 보호했다. 베이비 박스는 서울에 주문 의뢰한 상태였으며, 베이비 박스가 무엇인지에 대한 정확한 판단 없이 운영될 수 있다는 점이 문제가 된 것이다. △△구청은 부모나 미혼모의 인권도 중요하지만 아동의 인권이 더 중요하다는 입장이다. 해당 구청은 아이들을 돌보는 사람들의 자격여부도 확인해야 하는데, 정상적인 시설로 신고하지 않고 자격이나 시설 기준도 어떻게 되는지 알 길이 없다는 입장을 견지하며 베이비 박스 설치에 대한 반대 입장을 분명히 밝혔다.

2. 베이비 박스 운영에 대한 찬반론

베이비 박스 찬성론	베이비 박스 반대론
유기 아동의 생명을 구할 수 있는 유일한 장치로, 전국적으로 확대·설치해야 한다.	아기를 버리기 쉽도록 하는 시설이 실제로 아기를 버리는 사례를 증가시킬 것이다.

<table>
<tr>
<td>

• 화장실·쓰레기통·지하철 사물함 등에 함부로 버려져 결국 저체온증 등으로 사망하는 유기 아동들을 각종 위험으로부터 보호할 수 있는 유일한 방법이라는 견해다. 이들은 유엔 아동권리협약의 제3조, 제6조 상 아동의 생명권이 최우선으로 보장받아야 한다는 조항을 찬성 근거로 삼고 있다. 현실적 상황을 인정한다면 주목해야 할 것은 버려지는 영아의 생명이 결정적인 위험에 처한다는 사실이다. 여기서 찬성론자는 "이를 그냥 두고 볼 것인가?" 묻고, "위험에 처한 영아의 생명을 보호하기 위한 방편이 필요하다"라고 답하며, 베이비 박스가 그 방편일 수 있다고 본다. 반대론자는 베이비 박스가 가진 익명성을 부정적으로 보지만, 찬성론자들에게는 익명성이야말로 베이비 박스의 현실적 장점이라고 주장한다.

</td>
<td>

• 아무도 모르게 베이비 박스에 넣어 보낼 수 있다면 책임과 고민은 줄어들 것이며 죄책감마저 감쇄되는 효과가 있다. 베이비 박스가 없었더라면 아기를 버리는 일에 망설이고, 결국 버리지 않았을 부모가 한 명이라도 있었을지 모른다. 그렇다면 이 점이 베이비 박스의 결정적 결함이라는 주장은 소위 '미끄러운 경사길 논변'에 기초한다. 가파른 경사에서 조금만 미끄러지기 시작해도 결국 바닥까지 떨어질 우려가 있는 것처럼, 남용의 여지를 허용하면 결국 근간이 흔들릴 수 있다는 보수적 논리다.

</td>
</tr>
<tr>
<td>

베이비 박스에 버려지는 아이들의 대부분은 출생 연월일 등이 적혀 있고, 부모 상담도 하고 있어 자신의 기록을 알지 못하는 기본적 인권 침해의 소지는 적다.

• 찬성 측에서는 베이비 박스 때문이 아니라 2012년 8월부터 개정·시행된 「입양특례법」 때문에 유기 아동이 늘어났다고 주장한다. 「입양특례법」이 입양기관에 아기를 맡길 때 반드시 출생신고를 하도록 의무화하는 바람에 신분 노출 등에 부담을 느낀 사람들이 베이비 박스에 아기를 맡기고 있다는 것이다.

</td>
<td>

베이비 박스는 '생명존중'이란 가치를 위해 설치됐다지만 다른 한편으로는 신생아를 유기할 기회를 열어 주는 역할을 한다.

• 반대하는 입장에서 베이비 박스는 생명 유기를 방조하거나 조장하는 위험장치라고 주장한다. 어떠한 경우라도 아기를 버리기 쉽도록 하는 환경을 조성해서는 안 된다는 것이 주장의 요지다. 즉, 아이를 버리는 것 자체를 인정하는 행위가 될 수 있다는 것이다. 반대 측에서는 베이비 박스가 유기 아동 수를 늘리는 데 결정적인 역할을 하고 있다고 주장하지만, 실제 유기 아동 수가 급증하기 시작한 것은 「입양특례법」 개정안이 시행된 2012년 8월 말 이후가 아니라 그 이전인 2010~2011년 사이다. 유기 아동 수는 2009년 222명에서 2010년 191명으로 줄었다가 베이비 박스가 방송 등에 의해 보도되어 유명세

</td>
</tr>
</table>

를 타기 시작한 2011년에 218명으로 늘어나기 시작해 2012년에는 235명으로 증가했다. UN아동권리위원회는 독일, 체코 등 일부 유럽 국가에 설치된 베이비 박스가 당초 의도와 달리 영아 유기를 부추긴다며 철거를 강력히 권고했다. 한국 정부도 베이비 박스가 미인가 시설이고, 유기 영아가 베이비 박스로 집중된다며 철거를 요구한 바 있다. 보건복지부 자료에 따르면 작년 한 해 유기 영아의 절반가량이 베이비 박스에서 발견됐다.

3. 윤리이론에 의한 해석

베이비 박스 합법화 찬반에 있어 가장 핵심이 되는 것은 바로 영유아의 유기조장에 관한 내용이다. 주지해야 할 점은 베이비 박스 찬성론과 반대론 모두 기본적으로 아동의 생명, 즉 인간의 존엄을 기초로 하여 논리를 전개한다는 것이다. 찬성론의 경우 아동의 생명권 그 자체를 바라보며 아동이 인간으로서 가지는 당연한 권리인 생명권을 지키기 위해서라도 베이비 박스는 존속되어야 한다는 것이다. 반대론의 경우 원치 않는 아이를 합법적으로 버릴 수 있게 하는 제도, 말하자면 베이비 박스는 유기 가능성을 긍정하여 아이를 버리는 행위 자체를 인정함으로써 인간의 가치를 땅에 떨어트리는 결과를 가지고 온다는 것이다. 베이비 박스 문제는 낙태나 피임을 둘러싼 찬반논란만큼이나 복잡하고 결론이 쉽지 않은 문제다. 사람의 생명이 걸린 문제인 만큼 그 누구도 섣부른 판단을 내리기 어려운 주제이기 때문이다. 따라서 이 장에서는 아동의 유기라는 단어를 종래의 보호를 거부하고 안전하지 못한 곳에 방치하는 것이라 명확하게 정의하고, 이를 토대로 찬반론의 입장을 정리하여 이론으로 해석하고자 한다.

생명권(절대론)	공리주의(사회적 통념, 인식)
베이비 박스 설치의 합법화는 유기되는 영아의 생명을 보존할 수 있는 하나의 수단이 될 수 있다.	베이비 박스는 아이의 유기가 합법적으로 가능하다는 인식을 심어 줄 우려가 있다.

생명권(절대론)

- 베이비 박스에 대한 찬반 논의에서 가장 핵심이 되는 것은 바로 유기된 영아의 생명이다. 생명은 인간의 탄생과 함께 주어지는 것이고, 어떤 이유에서도 함부로 침해당해서는 안 된다. 이것은 절대적이다. 인간존엄과 가치, 인간생명의 존귀함을 기준으로 하는 보편적 도덕원리는 인간생활에서 시간과 공간을 초월한 보편타당한 법칙으로, 어느 사회에서나 지켜져야 하는 행위 원칙과 규범으로 존재하는 것이다. 예를 들어, '사람의 생명을 소중히 하라'라는 말은 어느 시대나 지켜야 하는 행위 준칙으로 작동해 왔고 또한 지금도 유효한 행위규범으로 지배한다.

이러한 절대론은 누가 보아도 타당한 가치이며, 그런 측면에서 객관적이라고 말할 수 있다. 사람의 생명을 존중하라는 윤리 규범은 만민에게 윤리 규범으로 받아들여져 왔기 때문에 누구나 알고 또 누구나 지키려 한다. 그렇기에 누가 보아도 타당한 명제로서 작용하는 것이다. 보편적 가치를 인정하게 되면 객관적 윤리질서를 창출해 내고, 윤리질서와 규범을 통해서 윤리적 문제의 중요성을 인식할 수 있게 되어 종국적으로 사회질서를 유지하는 것을 가능하게 한다.

이러한 논지를 근거로 할 때, 버려지는 영아들의 생명을 조금이라도 안전하게 지켜주는 역할을 하는 베이비 박스는 꼭 필요하다. 실제로 현재 우리나라는 「입양특례법」이 개정된 이후로 베이비 박스를 통해 구제된 아동의 수가 전년도보다 두 배 가까이 상승하였다. 이때 우리가 집중해서 생각해야 할 부분은 현실에서 이미 아기는 태어났고 경제적으로 아이를 맡아 기를 수 없는 처지

공리주의(사회적 통념, 인식)

- 규칙공리주의자들의 논지를 살펴볼 때, 행위의 옳고 그름은 그 행위가 전제하고 있는 규칙이 평가기준이 된다. 규칙공리주의에서 유용성이란 행위의 규칙에만 제한적으로 적용시켜 행위의 옳고 그름을 판단하는 것이다. 즉, 특정행위의 공리성보다는 규칙을 강조하는 것이다. 따라서 직접적인 행위가 기준이 아니고 옳은 행위를 이행하는 데 사회적 통념과 규칙을 통하여 공리를 추구한다. 이들의 관점에서 행위의 옳고 그름은 하나의 단독 행위의 결과에 의한 것이 아니라 그것이 보편화되었을 때 나타날 결과의 기준으로 판단되어야 한다.

이에 근거하여 베이비 박스의 설치를 논할 때 유념해야 할 것은 베이비 박스라는 시설 자체가 아동을 합법적으로 유기할 수 있는 가능성을 내포하고 있다는 점이다. 이는 자칫 미성숙한 책임의식을 가진 부모가 아이를 쉽게 포기하도록 할 수 있는 기회를 제공하는, 말하자면 사회 존속에 있어 가장 중요한 통념으로 작용하는 생명자체의 가치와 권위가 땅에 떨어지게 되어 생명경시의 풍조가 생겨날 가능성이 존재한다는 것이다. 규칙공리주의는 아무리 현재의 행위가 이익이 되는 결과를 창출한다 하더라도 그 행위에 내재된 규칙이 보편화되었을 때 최대 다수의 최대 이익이라는 공리주의의 원리에 어긋난다면 허용될 수 없다는 입장이다.

였든 혹은 원치 않는 임신이었든 간에 부모가 아
기를 포기하기로 결정을 내렸다는 점이다. 이러
한 경우 최선은 아기가 가능한 한 위험에 빠지지
않도록 하는 것이며, 그런 환경을 마련하는 것을
단순히 유기를 조장한다는 가능성의 측면만을
들어 무조건 비난하기는 어렵다.

4. 사회복지사의 입장

앞의 사례에서 경험하게 되는 딜레마는 유기된 아이의 생명보호와 합법적 유기환경
의 조장이라는 충돌이다. 기실, 양측의 논리는 두 가지 모두 논리적으로 신빙성이 있다.
원인이야 어찌 되었든 베이비 박스를 통해 많은 아이가 살아서 입양센터로 보내진 것도
사실이며, 이전에 비해 상대적으로 아동을 버리는 부모의 비율이 늘어난 것 또한 사실
이다. 명심해야 할 것은 인간존엄의 가치는 생명권을 포함한다. 생명권 항목에서도 언
급되었듯 생명권의 핵심은 누구도 타인의 생명을 해쳐서는 안 된다는 것이다. 이러한
절대적인 명제를 가치판단의 기준으로 둔다면 베이비 박스는 유기되는 아동의 최소한
의 생명권 보장을 목적으로 사용되어 많은 아이를 보호할 수 있는 최저선의 역할을 수
행할 수 있다. 외국의 사례들을 살펴보면 미국이나 유럽 등 복지 선진국에서는 익명출
산제가 이미 보장되어 있어서 사실상 베이비 박스가 필요 없다. 그럼에도 독일에서는
베이비 박스, 독일어로 '아기요람(babyklappe)'이라고 불리는 시설을 아동복지국과 교
회, 병원 및 자율시설 단위로 100여 개가량 운영하고 있다. 혹시라도 희생될 수 있는 단
한 명의 아이라도 있어서는 안 된다는 경계심 때문이다. 기본적으로 국가 차원에서 생
명 자체를 보호하고자 하는 것이다. 독일연방의회에서는 「비밀출산법안(Gesetz zur
vertraulichen Geburt)」에 대한 논의가 대두되었다. 이 법안에 따르면 모든 산모는 의료 보
호를 포함한 익명 출산에 대한 권리를 갖지만, 그와 동시에 의무적으로 본인의 인적사
항 자료를 서류 봉투에 봉인해 병원에 남겨야 한다. 이렇게 되면 곤란한 상황에 놓인 산

모가 익명으로 안전하게 아이를 출산할 수 있고, 또 아이에게도 출생 정보 접근 및 친모 접견에 대한 권리가 보장될 것이라는 취지를 함축하고 있다. 이 법안은 독일윤리위원회와 독일아동협회의 협력 속에 2014년 6월에 결의되었고 2015년 4월 말에 발효되었다.

사회복지사는 보다 실천적이고 구체적인 대안들을 제시할 줄 알아야 한다고 생각한다. 물론 사회복지사가 일정 계층의 욕구만을 다루는 전문가가 아니며, 베이비 박스 문제가 단순히 청소년 미혼모들만의 인식개선 등으로 해결될 수 있는 것은 더더욱 아니다. 그렇지만 현재 아동유기의 상당수가 청소년 미혼모들을 통해 이루어지고, 그들의 미성숙한 책임의식과 그로 인한 생명경시의 문제가 아동을 유기하는 주된 이유라고 판단되는 만큼 이 장에서는 그들에게 눈높이를 맞춰 예방책을 생각해 보고자 한다. 주지하듯 사회복지사는 사회적 문제를 예방하고, 사회적 기능 향상을 위한 지식과 기술을 가르치는 교육자의 역할을 수행해야 한다. 교육자로서의 사회복지사는 사회구성원에게 문제해결에 필요한 정보를 제공하고, 사회의 다양한 규칙이나 법 그리고 규범을 지지하여 그들의 인접환경을 수정하며, 사회기술을 개발하고, 역할상의 기능수행을 학습하도록 하는 것이 필요하다. 이로 말미암아 선행되어야 할 것은 바로 청소년들의 성교육 효율성 강화라고 생각한다. 청소년기는 건강한 성인 남녀로 성장하기 위한 제도교육을 이수하고 건강한 청소년문화를 향유하는 시기라는 점에서 성교육 강화를 통한 혼전임신의 예방은 재차 강조해도 지나침이 없다. 또한 청소년에 대한 효율적인 성교육의 효과는 청소년 미혼모·부 발생의 감소에만 그치지 않는다는 점에서 성교육을 건전하고 상식 있는 성인 남녀로 성장하기 위한 필수적인 인성교육의 하나로 자리매김할 필요가 있다. 현행 성교육 실태를 살펴보면 2001년부터 학교별 성교육 담당교사를 통해 재량활동시간을 이용하여 연간 10시간 이상의 성교육을 실시하도록 되어 있다. 허나 대부분의 경우 생물, 보건, 체육교육의 연장선에서 특별한 전문성 없이 일방적인 순결교육의 방식으로 진행되고 있는 실정이다. 뿐만 아니라 교과교육시간에 밀려 제대로 실시조차 되지 않는 학교들도 있어 실효성은 미비하다. 따라서 보다 현실적이고 실제적인 성교육 강화방안을 마련하는 것이 아동유기 예방의 차원에서 사회복지사가 가장 먼저 고민해야 할 부분이라고 생각한다. 또한 청소년 미혼모에 관한 연구논문들을 살펴보면 청소년이 임신을 경험하면서 학교를 이탈하는 경우가 빈번하게 일어나고 있다고 한다. 가장 먼저 생각해 볼 수 있는 것은 현재 우리나라에 만연한 사회적 정서상 여학생의 경우 임신 시점부터 문제를 터놓고 상의할 수 있는 적절한 대상을 발견하지 못한다는 것이다. 뿐만 아니라 학교 선생님만을 믿고 임신 사실을 털어놨다가 해결방안이 아닌 자퇴를 강요당하거나 남들에게 알려지는 것이 두려워 스스로 자퇴를 하는 경우도 부지기수다. 따라서 이러한 문제를 해결하기 위해 학교에 의무적으로 상담교사를, 되도록이면 전문적으로 교육받은 사회복지사를 배치시켜야 한다고 생각한다. 사회복지사는 기본적으로 희망을 전하고, 감정을 인식하고 관리하며, 개인의 감정을 공감하고 사회적 자원을 발굴하여 지지해 주는 조력자의 역할을 수행한다. 뿐만 아니라 목적을 분명하게 하여 청소년이 문제해결을 이룰 수 있는 방법을 인식하게 할 수 있다. 이러한 관점에서 볼 때 사회복지사는 그 지역사회 내의 다양한 여성 및 청소년 복지시설과 연계할 수 있는 체계를 구축하여 청소년들의 고민과 문제에 대해 능동적으로 대처할 수 있어야 한다. 또한 배치된 사회복지사의 사례관리가 권역별로 정리될 수 있는 관리지침과 나아가 보수교육과정을 통해 성관계와 임신 및 출산을 경험한 청소년들을 위한 구체적인 사례관리 매뉴얼이 마련되도록 해야 한다. 더해서 사회복지사는 현재 진행되고 있는 정책들을 점검하고 그것을 수정 혹은 지지할 줄 알아야 한다. 현재 베이비 박스를 대신해서 복지 사각지대에 놓인 이들을 위해 보건복지부가 운영하는 129콜센터, 미혼모 쉼터 등의 제도는 점진적으로 확장되고 있지만 제대로 활성화되지 못한 상태다. 사회복지사는 사회복지에 크게 영향을 미치는 정책의 내용을 철저하게 점검하고 분석해서 수정하고 지지하는 일을 적절하게 시행해야 하는 바, 베이비 박스를 하나의 제도로 인정하여 현재 유기되는 아동들의 생명을 보호하는 차선책 중 하나로 정부에서 지원을 해 주도록 옹호하는 역할을 하는 한편, 다른 제도들이 이른 시간 안에 자리를 잡을 수 있도록 최대한 조속하게 정책을 수정할 수 있게 노력해야 한다. 물론 베이비 박스도 최선책은 아니다. 단순히 베이비 박스를 합법화 할 것인지 아닌지의 문제를 떠나 사회제도와 근본적인 문제를 제대로 파악하여야 한다. 현재 생각할 수 있는 최선은 이런 일이 가능한 한 생기지 않도록 사회복지 시스템을 철저하게 구축하는 일일 것이다. 그렇지만 난점은 이러한 문제를 제대로 인식하여 유기된 아동들을 돌봐 줄 사회복지 시스템이 완벽하게 갖추어진다 하더라도 그렇게 마련된 시스템 역시도 아동들의 유기를 조장한다는 비판에서 자유롭기 힘들다는 것이다.

그렇다면 이러한 사회상의 변화를 통해 야기되는 부작용, 예컨대 앞에서 다룬 베이비 박스와 같은 문제에 대하여 사회복지사는 어떠한 태도를 취해야 할까? 사회복지사의 가장 기본적인 가치판단 기준은 인간생명의 존엄성이다. 이는 절대적인 명제로서 작용하며, 이에 우선하는 가치는 없다. 더구나 사회복지 전문직은 인간과 그와 관계된 일을 대상으로 서비스를 시행함에 있어서 타 전문직보다는 훨씬 윤리 지향적이며, 직업의 이타적인 성격상 윤리적 가치를 요구하고 있어 사회복지 전문가 자신의 윤리적 기반이 중요하다. 이러한 사상적 기반을 전제로 사회복지사는 보다 명확한 가치기준을 가지고 생명을 다루는 문제를 바라보아야 한다. 앞에서 언급했듯이 베이비 박스 합법화 찬반의 이면에 공통으로 깔려 있는 것은 바로 유기되는 아동의 생명이다. 이 점을 명확하게 인지하지 못한다면 베이비 박스 문제는 보다 나은 국면으로의 도약이 불가능할 것이라 사료된다.

사례6

대기업의 골목상권 진입,
SSM 진출에 관한 딜레마

최근 기업형 슈퍼마켓이 증가하고 있으며, 이에 따라 대기업이 골목까지 상권을 확장하여 기존 슈퍼마켓 상인들의 이익을 침해한다는 주장이 제기되고 있다. 그러나 대기업의 상권 확장은 저렴한 물건 판매를 통해 물품을 구입하는 다수의 소비자에게는 많은 이익을 부여한다. 이 문제는 대기업의 이익, 소비자의 이익, 영세상인의 이익 그리고 각자의 권리가 상충하는 딜레마다. 이 장에서는 이러한 딜레마에 대해 대기업의 슈퍼마켓 입점 행위에 대한 윤리적 논의를 다루고자 한다. 찬성 측 입장에서는 소수의 권리를 위해 다수의 권리를 포기하는 것은 사회발전에 장애물이 되며 다수는 소수보다 존중되어야 한다고 주장하며, 반대 측 입장에서는 사회는 사회적 약자를 보호해 주어야 할 책임이 있음을 강조하며 강자에 의한 약자의 권리 침해를 말하고 있다. 기업형 슈퍼마켓에 대하여 사회정의와 정의로운 배분의 관점에서 모두에게 이익이 될 수 있는 방법은 어떤 방법인지 윤리이론을 통해 살펴보고자 한다.

1. 이론적 배경

1) SSM의 정의

SSM의 사전적 정의를 살펴보자면 SSM은 Super Super-Market의 준말이며, '기업형 슈퍼마켓'으로 불리는 것으로 대형마트보다 작고 일반 동네 슈퍼마켓보다 큰 유통매장을 지칭한다. 일반적으로는 개인 점포를 제외한 대기업 계열 슈퍼마켓을 지칭한다. 즉, 대규모 할인점과 동네 슈퍼마켓 중간 크기의 식료품 중심 유통매장으로, 할인점이 수요를 흡수하지 못하는 소규모 틈새시장을 공략 대상으로 삼고 있다.[1] SSM은 할인점에 비해 부지 소요 면적이 작고, 출점 비용이 적게 들며, 소규모 상권에도 입지가 가능해 차세대 유통 업태로 각광받으면서 그 수가 급증했다. 또 대형마트와 달리 주거지에 가까이 위치하고, 영세슈퍼에 비해 다양한 품목을 취급한다는 점 때문에 그 수가 증가하면서 전통시장과 동네슈퍼의 고사라는 부작용을 일으켰다.

2) 사회정의와 궁극적 사회복지의 목적

우리는 이 문제를 사회정의의 시각과 궁극적인 사회복지의 목적인 '국민 모두의 생활안정과 권리의 보장'의 시각에서 바라볼 필요가 있다.

사회정의란 무엇인가? 사회정의(Social Justice, 社會正義)[2]는 개인에게 정당한 몫을 부여하고 그 몫에 대한 권리, 책임의식, 이익을 정당하게 부여하는 것, 기회의 균등한 분배와 투명한 사회를 지향하는 것을 함축시킨 사회-철학 용어다. 사회정의는 어느 한 개인에게 희생을 부여하는 것을 반대하며, 그 희생 강도가 약하나 강하나 차등을 부여

---

1) 네이버 지식 백과, 2015.

2) 위키 백과, 2015.

하지 않는다. 이 외에도 권리에 대한 책임의식 또한 주장한다. 사회정의에 대해 처음으로 정립화시킨 미국의 진보주의자이자 철학자인 Rawls가 1971년에 저작한 『정의론(*A Theory of Justice*)』에서는 "모든 이에게 자유를 완벽하게 누릴 수 있도록 하여야 한다는 것이 정의의 첫째 원칙이고, 가장 빈곤한 사람들의 복지에 대하여 우선으로 배려하여야 한다는 것이 정의의 둘째 원칙이고, 결과의 불평등은 존재하되 모든 사람에게 균등한 기회를 주는 것이 정의의 셋째 원칙이다"라고 사회정의를 정의하였다. 사회정의는 형식적 정의와 실질적 정의를 모두 중시하는 사회에서 나타나는 정의로운 현상에 대한 것을 총망라하여 나타낸 의미다.

우리는 골목상권까지 증식한 대기업의 슈퍼마켓이 골목 슈퍼마켓과의 경쟁으로 얻은 이익은 사회정의에 근거하여 정당한 이익이라고 할 수 있는지 살펴볼 것이다. 또한 이를 통해 궁극적 사회복지 목표를 성취하기 위해 어떤 사회적 행동을 펼쳐야 할지에 대해 다루고자 하며, 그간 사회복지사의 미시적인 틀에서 벗어나 거시적 차원의 사회적 행동에 대해 말하고자 한다.

3) 이 문제와 사회복지와의 연관성

SSM과 영세 상인의 권리 상충을 시장 경제의 문제이며 경제적 문제로만 바라볼 수 있는데 이는 매우 위험하다. 경제는 효율성을 중시하는 반면, 복지는 형평성을 중시한다. 효율성을 위해 형평성을 포기한다면 사회적으로 매우 큰 위험이다. 이 문제를 사회복지의 입장에서는 어떻게 바라볼 수 있을까?

복지정책은 삶의 질에 대한 기준을 높이고, 국민 전체가 행복하게 살아갈 수 있도록 하는 데 중점을 두어야 한다. 시장 경제에서 경제 주체는 어느 개인 혹은 특정 기업만이 아닌 소비자와 공급자 전체다. 이 문제는 시장 경제 속에서 발생하는 영세상인과 SSM 기업 이익의 상충이며, 권리의 상충으로 이어진다. 또한 SSM이 더 싼 물건을 공급한다는 점에서 소비자의 이익까지 포함되어 있고, 이는 다수(SSM과 소비자)와 소수(영세 상인)의 권리 상충이라 말할 수 있다. 또한 기본적인 상업 자본과 유통력 등을 고려하여 상대적으로 볼 때, 사회적 강자와 사회적 약자의 상충이다. 때문에 국민 일부만이 아닌, 국민 전체의 행복과 권리를 추구하는 사회복지 측면에서도 반드시 관심을 기울여야 할 문제다. 이에 우리는 모두의 권리와 정의로운 사회를 위해 사회복지를 실천하는 사회복지사의 역할은 어떤 것인가 살펴보고자 한다.

2. SSM 진출에 대한 찬반론

SSM 입점에 대한 찬성론	SSM 입점에 대한 반대론
• 대기업이 운영하는 슈퍼마켓은 가격이 저렴하다. 이는 물품을 구매하는 소비자에게 큰 이익으로 직결되며, 경제 활성화로 이어져 서민들에게 큰 도움이 된다. • 기업과 소비자는 영리를 추구할 권리가 있으며, 시장에서의 자유로운 선택권을 가진다. 정부가 SSM 입점에 대해 규제하는 행위는 소비자의 선택권과 기업의 선택권을 침해하는 행위다. • SSM의 확대는 유통 구조를 개선하여 다수의 소비자가 양질의 상품을 보다 싸고 더 나은 서비스를 통해 구입할 수 있게 함으로써 사회적 후생을 증대시키는 매우 중요한 효과가 있다. • SSM 입점은 소비자 이익뿐만 아니라 지역경제 내 일자리 창출 효과까지 기대할 수 있다. • 더 많은 상품이 공급되고 거래되면서 SSM에 납품하는 농민들의 이익 등 부가적인 경제 이익 또한 증가할 수 있다. • 저렴한 가격에 물품을 판매하는 SSM이 확대된다면 생필품을 포함한 물가가 내려가 오히려 서민들에게 더 큰 도움이 된다.	• SSM이 입점하게 된다면 기존 영세 상인들의 상권이 침해되어 생존권을 위협한다. • 대기업의 골목 상권 잠식까지도 허용하게 된다면 대기업의 독과점으로 이어져 시장 기능을 잃게 함으로써 사회에 더 큰 위협이 된다. • 대기업과 영세 상인의 자본, 유통력 등을 비교하여 감안할 때 경쟁이 불가능하다. 이를 방치한다면 경제 생태계가 무너지는 결과가 나오게 될 것이다. • SSM이 확대됨으로 물가가 낮아질 수는 있겠지만, 그 낮은 가격이 언제까지나 보장될 것이라고 그 누구도 장담할 수 없다. • 영세 슈퍼마켓은 SSM 기업에 비해 상대적으로 사회적 약자에 속한다. SSM을 인정하는 행위는 대기업의 권리를 보호하기 위해 영세 상인의 권리를 보장하지 않는 행위이며, 사회정의 시각으로 보았을 때 기회의 평등, 약자에 대한 우선적 배려의 원칙에 어긋나 정의롭지 않은 행위다. • 기업이 영리를 추구하는 것은 사실이며, 그에 따른 많은 선택을 할 수 있다. 하지만 기업에게는 사회적 책임이 부여되며 SSM 확장으로 영세 상인의 상권을 침해하는 행위는 기업이 사회적 책임을 지키지 않는 행위다(최진봉, 2014).

3. 윤리이론에 의한 해석

규칙공리주의	행위공리주의
• 공리주의 이론에 따르면, 최대 다수에게 최대 행복을 주는 행위는 도덕적으로 옳은 행위다. 비록 영세 슈퍼마켓의 희생이 따르긴 하겠지만 SSM 입점으로 나타나는 물가 하락과 거래량 상승으로 인한 경제 활성화 등의 더 큰 사회적 이익을 생각할 수 있어야만 한다. 규칙공리주의를 적용할 때도 SSM 입점에 대한 무분별한 규제는 유통을 포함한 또 다른 시장에서도 새로운 사업의 등장을 막는 기반으로 전락해 버릴 수 있다. SSM이 영세 상인의 이익을 침해한다 하여 입점에 대해 비윤리적인 행위로 규정하는 것은 옳지 않다.	• 단순히 최대 다수에게 최대 행복을 주는 행위 자체가 옳은 행위라고 보는 것은 행위공리주의에 속하며, 소수의 희생을 당연시 생각할 수 있어 매우 위험하다. 우리는 행위 자체에 내재된 규칙을 통해 옳고 그름을 판단해야 하며, 해당 문제의 경우 SSM 입점에 대해 옳은 행위라고 평가하기 위해서는 '사회적 이익을 위해서 소수의 희생이 따르더라도 SSM 입점은 옳은 것이다'라는 규칙이 성립되어야만 한다. 그러나 사회적 이익을 산출한다고 하여 영세 상인을 보호하지 않는다면 오히려 경제 생태계 붕괴와 대기업의 독과점 등으로 이어져 심각한 사회적 문제로 급부상할 것이다.
심리적 이기주의	**윤리적 이기주의**
• 모든 인간은 이기적인 존재이기 때문에 이기적 행동을 한다는 것과 인간은 자기이익을 마땅히 추구해야 한다는 이기주의 이론에 따르면 SSM 기업의 상권 진출 또한 기업의 이익을 위한 선택으로 당연한 것이며, 소비자 또한 어떠한 규제 없이 이익을 추구하고자 하는 자기결정권을 포함한 권리가 있다. SSM 입점에 대해 규제하는 것은 인간의 욕구와 권리에 대해 침해하는 것이다.	• 이기주의 이론을 인정한다 하더라도, 인간은 누구나 이기적이고 모두가 이익을 추구한다고 하여 모든 행위를 비판하지 않을 수는 없다. 기업은 SSM 입점으로 발생하는 사회적 문제에 대해 책임이 있으며, 무책임한 SSM 입점은 오히려 기업의 브랜드 가치와 신뢰도에 부정적인 영향을 주게 되어 장기적으로 보았을 때 큰 손실이 있을 것이다. 정말 기업이 자기업의 이익을 위한다면 장기적인 안목으로 영세 상인과 합의하고, 지역상권 등을 고려하여 SSM 입점에 대해 최선의 방법으로 접근하는 윤리적 이기주의 방법이 적용되어야 한다. 이는 기업의 사회적 책임과 맥락이 같다.

공리주의와 이기주의를 통해 현 문제를 살펴볼 때, '어떠한 상황에서도 SSM 입점은 정당하다' 혹은 '어떠한 상황에서도 SSM 입점은 비정당하다' 중 하나의 결론을 짓기란 불가능하다. 각기 상황에 따라 SSM의 지역 상권에 주는 영향이 모두 다르기 때문이다. 하지만 도덕 이론을 통해 사회적으로 합의된 SSM 입점이 안착되어야 비로소 모두에게 이익이 될 수 있음을 발견하였다. 자발적인 사회적 합의가 물론 가장 중요하겠지만, 모두가 자기이익을 가장 중요시하는 이기주의 이론을 따르면 자발적인 합의란 사실 불가능해 보인다. 현 문제에 대해 시장 경제를 자율적으로 순환되게 한다면 영세 상인은 SSM과의 경쟁에서 이길 수 없고 상생할 수 없다. 이에 시장을 통제하는 기구이면서도 모두의 권리를 보장하기 위한 기구인 정부의 개입이 필요하다는 것을 확인할 수 있었다. 이 문제를 해결하기 위해 정부는 법안 제정을 통해 SSM의 입점을 다소 제한하며 그들의 합의를 중재해 줄 필요성이 있다.

(1) 공리주의

공리주의란, 최대의 유용성을 산출하거나 또는 적어도 다른 행위(규칙)들보다 많은 유용성을 산출하는 행위(규칙)들을 옳다고 보는 입장이며, 사태의 결과로 영향을 받는 모두에게 행복의 양이 증가하면 도덕이라 한다. 그렇다면 공리주의 이론을 이 문제에 적용시켜 보았을 때, SSM 입점에 대해 어떤 시각을 가질 수 있을까?

SSM 입점은 행위공리주의로 볼 때에는 아주 바람직한 행위다. SSM 입점은 미입점의 경우보다 가격이 싸기 때문에 더 많은 사회적 후생을 낳고, 이는 공리주의 이론의 초기 최대 다수에게 최대 행복을 가져오는 행위가 좋다는 영국 철학자 Hutcheson의 말과 부합한다. 행위공리주의 입장에서 볼 때, SSM 입점의 행위 자체가 미입점의 행위보다 더 많은 유용성(사회적 후생)을 창출하므로 옳은 행위라고 볼 수 있다. 그러나 사회문제를 행위공리주의로만 보기에 위험이 도사리고 있다. 다수의 이익을 위해 소수가 희생되는 경우가 발생하고, 반대로 소수의 큰 이익을 위해 다수의 적은 이익이 희생되는 경우 또한 발생할 수 있기 때문이다.

행위공리주의는 옳은 행위를 그 행위 자체가 최대의 유용성을 산출하거나 다른 행위보다 더 많은 유용성을 산출하는지에 의해 판단한다면, 규칙공리주의는 그 행위에 전제된 도덕규칙이 최대의 유용성 또는 다른 규칙보다 많은 유용성을 산출하는지의 여부에 따라 옳은 행위가 무엇인지 판단한다. 기업들은 당연히 영리를 추구하지만, 기존 상권

들을 침해해 가면서 영리를 추구하는 행위는 옳은 행위일까? 이러한 행위들이 보편화된 다면 어떤 규칙이 인정되며, 어떤 문제가 발생하는가?

SSM 입점이 계속해서 이뤄지는 것에 대해 아무런 제재가 없을 경우 '기업은 영리를 추구하기 위해 다른 기업의 영리를 침해할 수 있다'라는 규칙이 인정될 수 있다. 이러한 규칙이 보편화될 경우 대기업과 중소기업의 상생 또한 불가능해져 버리며, 결국 시장에서 공급력이 높은 대기업들의 독과점으로 진행되고, 이는 장기적으로 보았을 때 사회적 유용성을 감소시킨다. 가격이 싼 공급업체는 타 공급업체에 비해 소비자를 더 많이 끌어들이는 것과 사회적 후생을 증가시키는 사실은 분명하지만 그 싼 가격이 언제까지나 계속된다는 보장이 없으며, 한 기업이 독점적 지위를 가지게 된다면 현재의 상황이 깨지는 것을 원치 않을 것이기 때문에 기술혁신에 적대적인 입장을 취할 가능성이 크며, 이에 따라 유용성이 감소된다고 말할 수 있다.

그러나 규칙공리주의 시각으로 보면 SSM 입점에 대해 무분별한 제한 또한 옳지 않다. 기업은 영리를 추구한다. 영리를 추구하기 위해 기업은 다소 위험이 있는 선택을 할 수 있고, 새로운 시장을 개척하기 위한 혁신 또한 나타나며, 이는 사회적 유용성을 불러일으킨다. 예를 들어, 스마트폰의 보급으로 기존 휴대전화의 수요와 공급이 없어졌지만, 그 당시 스마트폰의 보급은 기존 휴대전화 기업의 상권을 침해하므로 공급되어서는 안 된다는 여론이 발생한 적은 없다. 단순히 공급력이 강하다는 이유만으로 SSM 입점을 규제한다면 이는 소비자 후생을 침해할 뿐만 아니라, 시장경제에서의 경쟁의 규칙을 무너뜨리고 새로운 사업의 등장을 막는 행위다. 무분별한 규제는 '영세 상인의 이익은 대기업의 이익보다 더 중시되어야 한다'라는 규칙이 성립되어 대기업의 독점을 막기 위해 영세 상인의 독점을 허가하는 행위로 전락해 버릴지도 모른다.

결국 규칙공리주의에서 SSM 입점은 어떠한 의미에는 옳은 행위이고, 어떠한 의미에는 옳지 않은 행위다. 그러므로 규칙공리주의 입장에서 볼 때 시장을 통제하는 역할을 하고 있는 정부는 SSM 입점에 대해 적당한 제한과 적당한 허가를 해 주어야 하는데, 여기서의 '적당하다'는 매우 추상적이므로 기존의 사회적 규칙을 깨지 않는다는 전제 하에서 새로운 규칙이 만들어져야 함을 시사하고 있다. 규칙공리주의적 시각으로 본 SSM

입점에 대한 결과로 SSM 논란이 발생한 후에 유통법이 개정되어 0~9시 사이에 대형마트 영업 불가와 대형마트 강제 휴무 조치 등의 규칙이 만들어졌다. 이는 영세 상인들의 이익을 보전하면서도 대형마트의 선택을 침해하지 않겠다는 정부의 의도로 이어졌다고 볼 수 있겠다. 유통법과 강제 휴무 조치 등에 대해서도 실효성 논란과 폐지 주장이 나오고 있는 상황이나 규칙공리주의로 보아 SSM에 대한 규제는 필요하다. 그 이유는 유통법과 강제 휴무 조치는 영세 상인들을 보호하기 위한 조치이며, 장기적으로는 사회적 생태계를 보존시켜 더 큰 유용성을 얻으면서도 사회적 규칙들을 존중하는 것이기 때문이다.

(2) 이기주의

SSM 입점을 이기주의 이론으로 보면 어떻게 볼 수 있을까? 모든 인간은 이기적인 존재이기 때문에 이기적 행동을 한다는 것과 인간은 자기이익을 마땅히 추구해야 한다는 이기주의 이론에 따르면 소비자가 비싼 물건과 싼 물건 중 싼 물건을 택하게 되는 경제학의 합리성의 기초와 같은 맥락이며, 그 누구도 SSM과 영세 슈퍼마켓 중 SSM에 가서 물건을 소비한다고 비윤리적이라 비판할 수 없는 이유다. 그러나 인간은 누구나 이기적이고 모두가 이익을 추구한다고 하여 모든 행위를 비판하지 않을 수는 없다. 이기주의는 물론 개인의 이익을 추구하는 것을 말하나, 개인의 이익을 추구하기 위해 타인의 이익과 상충하는 상황에서 보편적 이기주의와 개인적 이기주의가 이기주의적 행동은 모두 윤리적이라 규정한다면 상황에 따라 큰 문제를 야기할 수 있다.

아무도 슈퍼마켓이 없는 곳에 SSM이 입점된다고 SSM을 비판하지는 않는다. SSM 입점이 문제가 되는 이유는 기존 슈퍼마켓의 이익에 영향을 주기 때문이며, SSM 입점에 대한 기업의 선택은 슈퍼마켓과의 이익이 상충하는 상황에서 기업의 이익을 더 중요시 보겠다는 보편적 이기주의적인 선택이다. 하지만 이러한 사회적 문제가 제기되는 시점에서도 과연 기업의 SSM 입점은 기업에게 이익이 될 것인가? 비슷한 사례로 한 마리에 5500원이란 가격으로 선풍적인 인기를 끌었던 '○○치킨'은 L마트에서 기업의 이익을 위해 판매를 시작했으나, 치킨을 파는 영세 상인들의 반발로 1주일 만에 판매를 중단했다. 눈여겨볼 것은 당시에 많은 프랜차이즈 치킨업체가 ○○치킨에 대해 불공정거래라 주장하며 공정거래위원회에 제소했지만, 불공정거래가 아니라고 판단한 공정거래위원회의 결론을 볼 때, '○○치킨' 판매 중단은 L마트의 자발적인 선택이라는 점이다. 이기주의 이론에서는 인간의 모든 행위는 이기적이라고 말한다. 그런데 이익을 창출하고자 판매하기 시작한 L마트는 왜 치킨 판매를 중단했을까? 그것은 장기적으로 보았을 때 영세 상인과 상생하고자 하는 사회적 기업, 소비자에게 저렴한 가격으로 팔고 싶어 하는 착한 기업의 이미지 등 브랜드 가치 상승이 '○○치킨' 판매를 계속하는 것보다 이익이 될 것이라 판단했음을 의미한다. 이는 장기적으로 보는 이기주의로 윤리적 이기주의에 속하는데, SSM 기업들이 갖추어야 할 태도일 것이다.

만약 SSM 입점을 고려하여 입점 계획을 발표하였을 때 영세 상인 및 다른 주민들의 반대가 심하다면 신중히 판단하여 단기적 이익만을 쫓지 않고 좋은 방향으로 이루어지게끔 주민을 설득하거나 입점 계획을 포기하는 것이 기업의 브랜드 가치와 신뢰도 등을 확보하면서도 영세 상인의 이익을 존중해 주어 기업에게도, 영세 상인에게도 모두가 좋을 수 있는 윤리적 이기주의라고 생각한다. 어떠한 법적인 규제보다는 SSM 입점 기업의 의식 변화로 SSM 기업이 대기업으로서 중소기업 및 지역 상인을 보호하고 소통하는 행위가 SSM 점포 하나를 입점시키는 것보다 더 이익이 될 수 있다는 것을 기업이 인지하는 것이 이 문제를 해결하기 위한 최선의 방법이라고 생각한다.

4. 사회복지사의 입장

사회정의의 관점에서 사회는 사회 참여자 모두에게 균등한 기회라는 평등을 제공하여야 하며 어느 개인에게 희생을 강요하는 것을 반대한다. 이미 대형마트라는 상업적 입지를 기반으로 삼은 SSM과 개인이 운영하는 영세 슈퍼마켓은 가격과 서비스 면에서 경쟁이 불가능하기에 SSM 입점을 방치하는 행위는 기회의 평등에 어긋나며, 대기업과 소비자의 이익을 위해 영세 상인의 희생을 강요하는 것이므로 문제가 된다. 시장을 통제하는 기구인 정부가 누군가의 권리를 일방적으로 통제할 수는 없겠지만, 기회의 평등과 권리의 보장을 위해 SSM을 다소 제한하면 사회정의에 다가갈 수 있을 것이라고 본다.

결론부터 말하자면 기존 슈퍼마켓이 위치한 지역의 SSM 입점을 고집하는 행위는 옳지 않으며 비윤리적이다. SSM 입점이 되더라도 소비자가 슈퍼마켓을 이용한다면 문제될 것이 없다. 하지만 문제는 그것이 불가능하기 때문에 발생하는 것이다. 우리는 이 문제에 대해 기업이 윤리적 이기주의를 가지며 장기적인 안목으로 지역 상인을 배려하는 태도를 가져야 함을 언급하였다. 또한 공리주의를 통해 SSM 입점이 주는 소비자 후생의 크기와 유용성을 설명하였으며, 규칙공리주의를 통해 이러한 시장현상에 대한 방임 혹은 무분별한 규제가 줄 수 있는 규칙의 파괴와 장기적 유용성에 관하여 설명하였다. 실제 SSM 논란이 발생한 이후 SSM을 규제하기 위한 많은 법안이 통과되었고, 그 법안은 또 다른 논란을 낳았음은 사실이다. 하지만 정부는 시장의 생태계를 보존시켜 주어야 할 의무가 있으며, 기업은 자기업의 이익만을 고집하지 말아야 할 사회적 책임이 있기 때문에 사회적 약자에 속하는 영세 상인의 권리를 보호해 주어야 한다. 영세 상인의 권리(상권 유지)를 보호하기 위하여 SSM의 권리를 다소 제한해야 하였으며, 이는 후에 논란이 된 소비자 선택권과 소비자 후생 침해에 일부 영향이 있음은 사실이다. 하지만 규칙공리주의와 윤리적 이기주의를 적용시켜 SSM 규제는 무분별한 SSM 입점이라는 비윤리적 사회문제에 대한 방안으로서, 장기적으로 보았을 때 더 큰 사회적 이익을 위한 조치였고, 사회를 위한 윤리적 행동이라고 평가한다.

현 문제처럼 시장 경제의 경우 사회복지사가 개입할 수 있는 사안이 제한적인 것은 사실이다. 그러나 사회복지의 궁극적인 목적을 고려했을 때, 개입이 제한적이라 하여 사회복지와 무관하다고 할 수 없다. 사회복지는 국가가 국민의 빈곤과 고난을 경감시킬 목적으로 그들의 최저생활 보장과 안녕을 위해 마련된 국가 차원의 복지정책 및 제도, 프로그램을 의미한다. 즉, 사회복지는 각 개인에게 인간적인 삶을 영위할 기회와 일할 기회를 제공하는 정의로운 사회를 지향하고, 결핍과 폭력으로부터 안전을 제공하는 사회적 책임을 강조하며, 또한 개개인의 장점에 기초하여 평가하고 평등을 권장하는 사회

를 위한 국가의 체계적이고 조직적인 노력으로서 국민의 기본권을 모두 포함하는 사회
보장 제도라고 그 개념을 정의할 수 있다(이효선 외, 2012). 사회복지사는 사회복지를 실
천하며 사회복지에 대해 전문적인 지식과 기술을 가지고 있는 사람이다. 그러므로 사회
복지사는 개인을 대상으로 사정, 진단, 개입한다는 미시적인 틀에서 벗어나 거시적으로
사회문제를 바라보아야 할 것이다.

현 문제도 예외는 아니다. 그렇다면 많은 사람의 이익과 권리가 상충하는 현 문제에
서 사회복지사는 어떻게 행동해야 할 것인가? 첫 번째는 옹호자의 역할이다. SSM 기업
진출에 의해 권리를 잃어버릴 위험에 처한 영세 상인의 권리를 보호하기 위해 영세 상
인과 SSM이라는 체계 간의 중재자로서 그들 간의 사회적 합의를 이룩하기 위해 행동해
야 한다. 보다 구체적으로, 영세 상인의 권리를 위해 SSM 혹은 시장을 통제하는 기구인
정부 혹은 지역사회와 논쟁, 주장, 흥정, 타협, 환경조작 등을 수행하며 행동할 수 있어
야 한다.

두 번째로는 행동가의 역할이다. 사회행동가는 공공의 사회적 문제점이나 불평등에
관해서 일반 대중에게 알리며, 사회활동에 있어 좋지 않은 조건을 경감시키기 위한 지
지를 얻는다. 행동가(activist)는 사회정의와 평등이 구현되며 모든 인간이 인간으로서의
기본적 권리를 행사할 수 있는 사회를 건설하기 위해 행동중심의 적극적 활동에 관여한
다. 현 문제에서는 SSM 입점으로 인한 영세 상인의 이익 감소 및 생존권 위협을 사회활
동의 불이익 조건으로 볼 수 있으며, 현 문제의 불공정성을 일반 대중에게 알리며 영세
상인의 권리를 보호해 주기 위해 협의, 정면 대결, 집단 행동 등의 방법으로 사회적·정
치적 과정에 영향을 미칠 수 있다.

사회정의는 어느 한 개인에게 희생을 부여하는 것을 반대하며, 권리에 대한 책임의식
또한 주장한다. 대기업은 이미 대형마트 등의 확보된 시장을 통해 충분한 이익을 얻고
있다. 충분한 이익을 얻고 있다는 말은 충분한 권리를 보장받고 있다는 뜻으로 해석이
가능하며, 이에 따른 책임의식(사회로의 환원, 도덕의식 등)이 분명히 필요하다. 기업은 자
선단체가 아니다. SSM 입점이라는 사회적 문제에 대해 SSM 입점은 소비자를 위한 자선
의 개념이 아닌 SSM 자기업의 이익을 위한 행동이며, 그 이익이 영세 상인이 점유하고

있던 이익을 가져감으로 얻게 되는 이익이란 것을 반드시 알아야 한다. 이러한 맥락으로 보면, 개인에게 정당한 몫을 부여하고 그 몫에 대한 권리, 책임의식, 이익을 정당하게 부여하며, 기회의 균등한 분배와 투명한 사회를 지향하는 사회정의의 측면에서 SSM 입점은 윤리적으로 비판될 수 있으며, 규제되어야 한다.

사례7
영화 속의 윤리적 딜레마

1. 〈모정〉

1) 영화 속 이야기

영화는 마약중독자로 약을 구하기 위해 다른 남자와 관계를 가지는 과정에서 임신을 하고 아기까지 낳게 되는 흑인 여성 카알라가 어느 날 밤 또다시 마약을 구하기 위해 집을 나섰다가 아기를 쓰레기통에 버려둔 채 정신을 잃게 되는 일로 시작된다.

다음 날 마약에 취해 환각상태에 빠져 있던 카알라는 정신을 차리고 아이를 찾아보지만 아기는 이미 그 자리에 없고 쓰레기를 수거해 가는 큰 쓰레기(쓰레기 분쇄기)차만 보일 뿐이었다. 그것을 본 카알라는 이미 그 쓰레기차에서 아기가 죽었다고 생각하게 되고, 자신의 잘못으로 죽게 된 아기에게 깊은 죄책감을 느끼며 슬퍼한다. 하지만 아기를 잃은 슬픔과 허탈감으로 그녀는 또다시 마약을 하게 되고, 마약에 취해 근처 식료품 가게에서 물건을 훔치던 중, 경찰에 발각되어 절도죄와 자신의 몸속에 남아 있었던 마약

성분의 흔적으로 감옥에 가게 된다.

한편, 아기는 근처 쓰레기통을 청소하던 청소부원들에게 구사일생으로 발견되어 병원으로 옮겨져 치료를 받았으며, 마가렛이라는 백인 사회복지사에 의해 보살핌을 받게 된다. 그런데 백인 사회복지사인 마가렛은 자신이 보살피는 그 아기에게서 묘하게 끌리는 힘을 느끼게 되었고, 결국 마가렛의 희망에 의하여 아기는 법적으로 마가렛 가정에 입양되어졌으며 이사야라는 새 이름을 얻게 된다.

아기(이사야)는 부유한 백인 가정에서 좋은 환경과 가족의 사랑을 받으며 건강하고 행복한 나날을 보내며 성장하게 된다. 또한 자신의 잘못으로 아기가 죽게 되었다고 생각하고 깊은 죄책감으로 힘들어 하던 친엄마 카알라 역시 감옥에서 사회재활 프로그램을 통해 마약을 끊게 되고, 출옥 후 흑인 여자 상담가와 상담을 하며 보모 일을 하면서 새 생활을 시작하게 된다. 그러던 중 세 들어 살던 주인집 여자의 침대에서 마약을 발견했을 때, 그녀는 잠시 마약의 유혹을 느끼기도 하였다. 하지만 결국 그녀는 마약의 유혹을 이겨 낸다.

이렇게 새 생활에 적응하고 있던 카알라는 죽었다고 생각했던 아기가 백인 부모에게 입양되었다는 소식을 듣게 된다. 이 사실을 안 카알라는 아기를 찾기 위하여 소송을 결심한다. 그 과정에서 그녀는 흑인 변호사의 도움을 받게 되고, 그의 도움으로 아기를 키울 만한 가정환경과 경제적 능력을 마련해 간다.

반면, 갑작스런 이사야의 친엄마 카알라의 등장으로 혼란을 겪게 된 마가렛은 힘든 나날을 보내게 되며, 자신들의 입양절차가 법적으로 아무런 문제가 없었음을 주장한다. 그러나 법정은 아기(이사야)는 친엄마에 의해 양육되어야 하고, 흑인 아이는 흑인 엄마에 의해 길러져야 한다는 보편적인 시각에 기초하여 친엄마인 카알라의 손을 들어준다.

친엄마인 카알라에 의해 다시 양육되는 아기(이사야)는 변화된 환경으로 인하여 적응하는 데 많은 어려움을 겪게 되지만 아기(이사야)를 길러준 마가렛의 도움으로 극복하게 된다.

2) 이론적 배경

(1) 도덕이란

도덕이란 인간의 모든 행위에 대하여 그것의 옳고 그름을 분별하게 해 주는 도덕적 판단, 표준 그리고 규칙을 의미한다. 이러한 도덕은 인간의 행동뿐만 아니라 그 행동에 대한 동기나 이유 그리고 사람들이 가지고 있는 보다 일반적인 성품에 관해서도 판단의 기준이 된다. 예를 들어, 어떤 사람이 고의적으로 누군가를 해치려고 한다면 우리는 그 행동은 '옳지 않다(wrong)'고 말할 수 있다. 또한 어떤 누군가가 도움을 필요로 할 때 그 사람을 돕는다면 우리는 그 행동에 대하여 '옳다(right)'라고 말할 수 있다. 만약 어떤 사람이 자신의 목적 달성을 위해 타인을 부당하게 이용했다면 결과가 좋다고 해도 그 개인의 동기가 나빴기 때문에 옳지 않다고 판단될 수 있다. 반면에 타인을 잘 되게 하려는 진정한 관심에서 행해질 때에는 비록 자신의 잘못에 의한 것은 아니지만 의도했던 결과를 달성하지 못했더라도 좋은 행위로 판단될 것이다. 그리고 개인의 성품에 관해서도 만약 누군가가 어떤 사람을 대할 때 한 사람은 시종일관 정직한 반면에, 다른 사람은 위선적인 태도로 대한다고 하자. 여기서 전자는 정직하기 때문에 좋은 성격을 가졌다고 말하고, 후자는 위선적이기 때문에 나쁜 성격을 가졌다고 결론을 내릴 수 있을 것이다.

이렇게 인간의 모든 행동, 동기 그리고 성품에 관한 판단을 내릴 때 우리는 도덕을 적용한다. 다시 말하면 도덕이란 행위의 규칙이거나 평가의 표준이라 할 수 있다. 즉, 도덕은 어떤 주어진 상황에서 사람들이 어떤 행동을 해야 하는지 또는 하지 말아야 하는지에 대한 판단 기준이며, 어떤 것이 좋은지 나쁜지, 바람직한 것인지 아닌지, 가치 있는 것인지 아닌지를 결정할 수 있는 평가의 표준이다(Taylor, 1985).

① 윤리적 상대주의

윤리적 상대주의에 의하면 한 사회를 지배하는 윤리관 또는 도덕체계는 그 사회 및 개인의 문화적 특수성에 의해 결정된다고 보는 윤리적 입장이다. 따라서 윤리적 상대주의를 주장하는 사람들은 문화적 보편성을 전제하지 않는 한 윤리적 보편성을 기대할 수 없다고 말한다. 또한 보편적이고 절대적인 도덕규칙을 거부하고, 보편적인 도덕규범이 아니라 그 사회와 개인의 차이를 고려하여 각기 다른 윤리적 기준을 적용해야 한다고 주장한다.

② 윤리적 절대주의

대체로 형이상학적 세계관, 종교적 세계관에 근거를 둔 윤리적 절대주의는 초경험적, 초현실적 세계에서 근원하는 보편타당한 윤리관 또는 도덕체계, 인생의 목적, 행동법칙이 선천적으로 인간에게 주어져 있다고 보는 윤리적 입장이다. 그래서 윤리적 절대론자는 한 사회에서 실제로 받아들여지고 있는 윤리관이나 도덕규범이 무엇이든 간에 모든 사람에게 적용되는 보편타당한 범문화적인 도덕규범이 있다고 보고 있다. 이러한 윤리나 도덕규범은 모든 인간의 행위에 올바르게 적용될 수 있다고 주장한다.

(2) 딜레마란

딜레마란 황소의 오른쪽 뿔을 피하면 왼쪽 뿔에 찔리고, 왼쪽 뿔을 피하면 오른쪽 뿔에 찔리는 상황의 선택을 표현하는 데서 나온 용어로서 '이럴 수도 저럴 수도 없는 상황'을 표현할 때 사용되는 말이다(이성록, 2000).

여기서 우리가 다루려고 하는 윤리적 딜레마란 두 가지 이상의 도덕적인 의무나 도덕원칙 사이의 선택에 직면하게 되었을 때, 양쪽의 선택이 모두 나름대로의 장단점이 있고 정당한 이유를 가지고 있어 어떤 선택을 해야 할지 명확하게 결정하기 어려운 경우를 말한다. 때때로 우리는 마땅히 어떤 일을 해야 할 의무를 지니면서 동시에 그것을 행해서는 안 될 도덕적인 이유를 갖기도 한다. 또한 어떤 것을 행해야 할 의무와 동시에 다른 의무를 행해야 할 갈림길에 놓이기도 한다. 이처럼 우리는 각각으로 보면 모두가 그 나름대로 정당한 이유를 갖지만 동시에 두 가지 모두가 행해질 수 없기 때문에 이렇게도 저렇게도 못하는 경우 윤리적 딜레마에 빠지게 된다.

3) 영화 〈모정〉에서 나타난 딜레마

카알라(친엄마)와 마가렛(길러준 엄마)의 갈등으로, 둘 중 누가 아이(이사야)를 키워야 하는가에 대한 딜레마가 나타난다.

카알라는 자신에게 친권이 있음을 주장하면서 자신이 마약 중독에서 완전히 벗어나 아이를 키울 능력이 되며, 흑인은 흑인에게 길러져야 한다는 이유로 아이를 키워야 한다고 주장한다. 반면, 마가렛은 카알라가 아이에 대해 의무는 하지 않고 권리만 주장해서는 안 됨을 이야기하면서 그동안 기른 정에 대한 부모로서 의무와 권리를 주장하고 있다. 이사야에게 갑작스러운 환경 변화는 좋지 않으며, 아이가 자라기에는 자신의 가정환경이 더 낫다는 등의 이유로 아이를 키우고자 하고 있다.

윤리적 절대주의	윤리적 상대주의
카알라(친엄마)가 아이를 키워야 한다.	마가렛(길러준 엄마)이 아이를 키워야 한다.
• 친권이 있다. 마약으로 인해 이사야를 잃었지만, 이사야가 살아 있다는 사실을 알게 된 상황에서 이사야의 생모인 카알라가 이사야의 친권을 주장하고 아이를 양육하기를 원하는 것은 당연하다. 재판 과정에서 레나타 판사가 판결의 이유로 들었듯이, 카알라는 이사야의 생모다. 생모에게는 아이를 양육할 수 있는 친권이라는 권리가 있다. 카알라는 스스로 친권을 포기한 적이 없으며, 카알라 스스로 이사야를 양육하기를 원하는 한 그렇게 해 줘야 한다. 그것이 모든 인류의 보편적이고 절대적인 원칙이다. • 흑인은 흑인 가정에서 길러져야 한다. 아무리 부유한 환경과 가족 간에 사랑이 넘치는 가정이라 할지라도 흑인과 백인이라는 인종적 차이로 인하여 생기는 문화적 갈등이 일어날 수 있	• 환경 변화는 이사야에게 안 좋은 영향을 미친다. 학령 전기에는 애착행동을 유발할 수 있으며 다양한 스트레스 상황에서 평가해야 한다. MAWG(MacArthur Working Group on Attachment, 1999)에서는 스트레스 정도에 따라 애착을 평가하는 실험실 애착 측정 지침서를 제공하였다. 그 내용은 다음과 같다. −반구조화된 자유놀이(스트레스 수준이 가장 낮음): 환경에 대한 아동의 탐색을 평가하고, 어머니가 아동의 경험을 지지하는 정도를 측정한다. −수정된 낯선 상황(스트레스 수준이 가장 높음) −쿠키 과제(중간 정도의 스트레스): 만족을 지연해야 쿠키를 먹을 수 있는 상황에서 상호 간의 계획을 조종하는 능력을 직접적·간접적으로 평가한다. 앞에서 나타나는 바와 같이 어린 시절의 갑작스러

다면 과연 행복하다고 할 수 있겠는가?

아직은 이사야가 어려서 그것을 느끼지 못한다고 할지라도 이사야가 살아가는 환경이 인종 갈등이 심한 미국 사회임을 고려할 때, 이사야가 점점 성장하면서 자신과 피부색이 다르고 그로 인한 여러 가지 다른 특성을 보이는 가족을 발견하게 된다면 그때 느끼게 될 이사야의 극심한 정신적 충격이나 고통도 고려해 보아야 할 것이다.

어쩌면 그 충격과 고통은 지금껏 자신을 길러준 마가렛의 가정에서 생모인 카알라의 가정으로 옮겨져서 겪는 정신적 충격이나 적응의 어려움보다 더 큰 갈등과 고통일 수도 있다.

영화 내용 중 재판 과정에서 기관장이 증인으로 나와 말한 바와 같이 대부분의 기관들이 아이는 같은 인종의 가족과 있어야 한다고 생각하며, 그것은 기관의 원칙이기도 하다. 따라서 동일 인종인 카알라에게 친권이 인정되고, 양육권이 주어지는 것이 마땅하다.

• 마약으로부터 완벽한 갱생이 이루어졌다.

마약중독자들의 대부분이 마약을 끊고 얼마 되지 않아 다시 투약하는 실수를 저지르게 된다고 한다. 그러나 카알라의 경우 재활프로그램을 통해 마약을 끊고 보모를 하면서 집주인의 마약을 발견하고도 유혹의 순간에 동요하지 않았던 점을 볼 때 카알라 스스로 충분히 마약을 통제할 수 있는 능력이 있다고 보인다. 비록 재중독의 위험에 노출되어 있지만 친아들인 이사야에게 가지는 강한 책임감으로 마약에 대한 재범 가능성은 낮다고 보이며, 지속적인 재활프로그램과 사회사업가의 접근을 통한다면 충분히 해결할 수 있을 것이다.

운 환경 변화는 이사야에게 높은 수준의 스트레스를 가져오게 되며, 이사야가 그러한 변화를 받아들이는 것도 어려운 일이다.

• 마약 재중독의 가능성이 있다.

마약은 한번 중독되면 끊고 나서도 계속되는 유혹에서 완전히 벗어나기 힘들기 때문에 재중독의 가능성이 높다.

따라서 카알라가 현재는 마약을 끊고 있다 하더라도, 언제든지 마약을 접할 수 있는 상황이기 때문에 언제 다시 마약을 하게 될지 모르는 카알라가 아이를 키운다는 것은 어려운 일이다.

• 부모로서 의무는 하지 않고 권리만 주장한다.

사람은 태어나서 부모의 도움이 없으면 살 수 없고 낳기만 했다고 전부가 아니라 낳아서 사랑으로 돌봐 줄 때 비로소 사람이 사람답게 클 수 있다. 따라서 부모로서의 의무를 다해 아이를 사랑으로 키워야 부모라고 할 수 있다.

• 아이가 자라는 데에는 가정환경이 중요하다.

이사야의 성장, 발달에 미치는 가정환경의 영향은 매우 지대하다고 할 수 있다. 아이의 성장 발달이 환경의 영향을 전제로 하고 있다는 점과 아동과 가장 밀접한 관계를 맺는 대상은 그의 부모이며, 부모가 바로 아이의 환경에 중추적 요인이 된다는 점은 가정환경이 얼마나 중요한가를 강조하는 관점이 된다.

경제적 · 물리적 상황뿐 아니라 안정된 가정에서 이와 같은 가정환경을 충족시켜 줄 수 있는 것은 마가렛이므로 이사야의 장래를 위해서라도 마가렛에게 키워져야 한다.

4) 사회복지사의 입장

사회복지사로서 클라이언트 체계와 클라이언트를 둘러싼 환경 체계에 개입할 때 겪게 되는 가치혼란과 도덕적 딜레마는 종종 전문가로서의 서비스 개입과 서비스 결정에 어려움을 준다. 영화 〈모정〉에서 카알라를 클라이언트라고 보았을 때, 아이를 잃어버리기 전 클라이언트는 심한 마약중독 상태여서 아이에 대한 의무를 충실히 이행할 수 없었다. 클라이언트의 욕구는 아이를 찾고 다시 양육의 기회를 얻고자 하는 것이지만 마약으로 인한 아이의 방임, 그 방임으로 인해 아이를 쓰레기통에 버리는 행위는 아이의 생명을 위협하는 결과를 초래할 수도 있었을 것이다. 그러나 마약의 환각상태에서 벗어나지 못했던 클라이언트가 어떠한 계기로 마약을 끊고 재활을 통해 사회에 재적응하려는 모습과 노력 또한 중독성을 극복하기 위한 의지를 통해 인간의 창조성과 자율성을 엿볼 수 있는 부분이다.

반성의 세월을 지나 아이를 찾고자 하는 클라이언트의 욕구도 중요하지만 그 과거를 염두에 두고 재중독 위험 상황에 노출되어 있는 클라이언트를 신뢰하지 못하는 양부모 마가렛과 사회적 시각도 무시되어서는 안 된다. 카알라는 부모로서의 의무를 수행하지 못했던 과거를 반성하지만 실제 의무에 최선을 다하지 못한 것은 사실이며 지금에 와서 부모로서 권리를 주장한다는 것은 아이에게도 충격이며 많은 변화를 예고하는 것이다. 이 사안에서 또한 민감한 것은 아이가 양부모와 같이 살기를 원한다는 것이다. 백인 가정 속의 흑인 입양아임에도 아이는 친모인 카알라를 신뢰하지 못하고 양부모에 대한 강한 유대감을 표현하고 있다. 결국 법정은 카알라의 부모로서 권리를 인정하고 양육권을 카알라에게 주었다. 이 경우 아이는 친모를 만나고 같이 살 수 있는 기회를 얻었다고 할 수 있다. 그러나 한편으로는 더 좋은 환경에서 자랄 기회를 놓치고, 현재의 안정된 상태에서 긴 적응기간이 요구되는 새로운 환경의 부담을 동시에 느낄 것이다.

서로 다른 욕구지향점을 가지고 있는 클라이언트 체계에 접근함에 있어 사회복지사로서 어떠한 기준을 적용할지는 항상 논란의 소지를 갖고 있다. 이 문제에서 사회복지사는 클라이언트의 단면적 욕구만을 보는 것이 아니라 서로 다른 욕구지향점을 갖고 있는 클라이언트에게 여러 사회체계와 자원을 동원해서 최대한 그들의 욕구에 맞는 서비스를 제공해야 할 것이다. 비록 카알라가 과거에 마약중독 경험이 있고 일반 부모보다 재중독 위험에 노출되어 있는 부분이 높기는 하지만 스스로의 재활 의지가 강하다. 또한 아이에 대한 양육을 진정으로 원하고 있으며 과거에 다하지 못했던 부모로서의 의무를 충실히 수행할 준비가 되어 있다. 따라서 카알라가 아이를 양육할 수 있도록 카알라의 권리를 인정해 주며, 양육과정에서 부족한 부분을 사회복지 서비스를 통해 제공해야 할 것이다. 또한 양부모와의 관계에 있어서 이미 친모보다 두텁게 형성된 아이와의 관계를 단절하는 것이 아니라 지속할 수 있는 환경적 토대를 제공해서 아이가 새로운 환경에 적응할 수 있는 정서적 지지자로서의 역할을 수행하게 해야 할 것이다. 양부모도 이사야를 상실했다는 상실감과 슬픔에 빠질 수 있을 것이다. 사회복지사는 친모와의 상담을 통해 양부모와 아이의 관계를 인정하게 하고, 기존의 관계와 환경체계를 유지하면서 새로운 엄마와 환경에 적응할 수 있는 여지를 남겨야 할 것이다.

2. 〈I am Sam〉

1) 영화 속 이야기

"이렇게 행복한데 왜 같이 살 수 없어?"
"나는 이제 8살이 될 텐데 아빠는 언제나 7살. 그래서 아빠처럼 나도 성장하지 않기로 했다"

샘의 지능은 7살 수준이다. 어느 날 그저 잠자리가 필요했을 뿐인 떠돌이 여자와의 하룻밤으로 인해 샘은 딸을 얻게 되었는데 여자는 딸을 남겨 놓고 "내가 원한 건 이게 아니었다"는 말 한마디와 함께 사라지고 만다. 비틀즈의 노래 제목을 따서 '루시'라고 이름 붙인 샘은 주위의 도움을 받으며 누구보다 열심히 아이를 돌본다. 그러나 루시가 학교에 들어가고 아버지의 지능을 넘어서게 되자 문제가 생기기 시작한다. 루시는 7살이 되면서 아빠의 지능을 추월해 버리는 것을 두려워한 나머지 학교 수업을 일부러 게을리하고, 이로 인해 사회복지기관에서 루시의 생일날 샘의 가정을 방문한다. 루시의 생일파티를 준비하던 중 샘은 루시의 친구가 "루시가 그러던데 진짜 아빠도 아니라면서요. 자긴 입양됐다던데……"라는 말을 듣게 되며, 사회복지사도 그 상황을 목격하게 된다.

　그 후 샘은 아빠로서 양육 능력이 없다는 선고를 받게 된다. 결국 루시는 시설로 옮겨지고, 샘은 주 2회의 면회만을 허락받게 되었다. 세상에서 가장 사랑하는 딸과의 행복한 날들을 빼앗기고 실의에 빠진 샘은 법정에서 싸워 루시를 되찾을 결심을 굳히고, 승승장구하는 엘리트 변호사 리타 해리슨의 사무실을 찾아간다. 정력적이고 자아도취적인 변호사 리타는 동료들에게 자신의 능력을 과시하기 위해 무료로 샘의 변호를 맡겠다고 공언하고는 샘과의 도저히 어울리지 않을 것 같은 연대를 맺게 된다. 아무리 생각해도 샘에게는 불리한 재판으로 그가 양육권을 인정받을 가능성은 낮았다. 샘이 훌륭한 아빠라는 것을 인정해 줄 친구들(샘과 비슷한 장애인)은 재판에서 증언조차 불가능하다. 음악대학을 수석 졸업한, 유일하게 법정에 설 수 있는 애니 역시 어렵게 외출 공포증을 극복하고 증언대에 서지만, 상대 변호사의 추궁을 받으면서 답변을 하지 못하게 된다.

　결국 샘 측이 재판에서 지게 되고, 루시는 입양된다. 그 후, 샘은 계속해서 루시를 찾아가고, 루시가 살고 있는 옆집으로 이사까지 하게 된다. 루시는 밤마다 몰래 방에서 빠져나와 샘의 집으로 찾아가는 등 둘 사이에 끊을 수 없는 애정을 보인다. 그러는 중에 변호사 리타가 다시 찾아와서 아직 한 번의 기회가 더 있다고 말한다. 그것은 바로 양육보호권을 따내는 일이다. 양육보호권을 갖게 되면 보고 싶을 때 루시를 볼 수 있고 옆집에서 아무 제재 없이 살 수 있는 것이다.

　드디어 양육보호권을 따내기 위한 재판을 앞둔 전날 밤, 루시의 입양모인 랜디는 잠든 루시를 안고 샘을 찾아간다. 그리고 울면서 너무나 애틋한 둘 사이를 갈라놓으려 했던 것에 대해 미안함을 전하며 재판에서 도와줄 것을 약속한다. 이런 랜디에게 샘은 루시에게는 엄마가 필요하며, 그 역할을 랜디가 해 주길 바란다고 말한다.

샘은 양육보호권을 따게 된다. 그리고 입양부모와 샘은 서로 협력해서 루시를 보살피게 된다.

2) 이론적 배경

(1) 정신지체의 정의

정신지체란 제한된 지적능력과 주변 환경의 사회적 요구를 극복하는 데 어려움이 있는 상태를 말하는데, 미국정신지체협회에서는 '적응행동에 결함이 있을 뿐 아니라 이와 동시에 일반적 지적 능력이 상당히 평균 수준에 못 미치는 상태로서 발달 기간 동안에 야기되는 것'이라고 정의하였다. 여기에는 지적 지체와 적응행동수준의 낮음이라는 개념이 포함되어 있다. 지적 지체의 측정은 개인의 추리, 판단, 학습, 이해, 구체적 · 추상적 사고 등의 복잡한 능력을 수량화하여 측정하는 것을 의미한다. 또한 적응행동수준은 성숙, 학습, 개인적 자립 그리고 연령 수준과 문화적 집단으로 기대되는 사회적 책임감의 기준에서 정하는 정도와 능력으로 결정한다.

(2) 정신지체의 원인

정신지체의 원인은 복잡하고 다양하며 100여 종 이상이 된다고 한다. 대부분의 정신지체인은 경도 정신지체인이고, 그 원인은 심리적, 사회적 또는 유전적 요인과 상호관련으로 인하여 발생한다. 생물학적 원인으로 보면 임신 중 산모와 태아의 감염이나 중독, 산모와 태아의 혈액형 부조화, 물리적인 외상, 뇌의 성장 이상, 난산으로 인해 태아에게 산소공급의 부족이 원인이 된다. 그리고 Ramey와 Finkelstein(1981)이 정리한 심리사회적 원인으로는 모성적 요인, 가족 요인, 출산 전 주의 부족, 낮은 사회적 또는 경제적 수준의 원인이 있다.

(3) 정신지체의 분류

미국정신지체협회(American Association on Mental Retardation: AAMR, 현 AAID)에서는 정

지적기능수준과 적응행동장애 정도에 따른 분류

수준	지적기능수준	적응행동장애
경도	50~70	교육 가능급에 해당
중등도	35~49	훈련 가능급에 해당
중도	20~34	언어나 운동능력의 지체가 현저하며 신체적 장애를 가지고 있는 자
최중도	19 이하	신체협응능력이나 감각운동의 발달장애가 현저하기 때문에 완전한 보호와 감독이 필요한 자

참조: American Association on Mental Retardation, 2002.

신지체를 분류했는데, 장애의 정도에 따라 경도, 중등도, 중도, 최중도로 나누어진다. 지적기능수준과 적응행동장애 정도에 따라 분류하면 앞의 표와 같다.

(4) 정신지체의 특성

정신지체인은 다양한 상황에 대체로 활동할 수 있으나 환경적 요구에 대처하는 데 어려움이 있을 때가 많다. 특성을 알아보기 전에 다음 몇 가지 사항을 이해할 필요가 있다. 첫째, 정신지체인은 여러 가지 면에서 그들 간에도 많은 개인차가 있다. 모든 정신지체인이 동일하게 지적, 신체적, 사회 · 정서적, 심리 · 운동적 특성을 가지고 있는 것은 아니다. 둘째, 정신지체인의 특성에 대한 이해는 어디까지나 개인차의 관점에서 이루어져야 하며, 본질적인 지적 결함과 이에 따라 파생된 이차적인 장애에 대한 이해를 해야 한다.

① 개인적 · 동기 유발적 특성

정신지체인은 문제 상황을 해결하기 위해 일반적으로 다른 사람에게 의존하는 것으로 알려져 있다. 이것은 자신의 능력을 불신한 결과라고 볼 수 있다. 그래서 정신지체인은 열등한 자아개념을 가진다고 한다. 자신의 능력과 잠재성에 대해 부정적인 자아개념을 갖고 있기 때문에 생활에서도 부적응을 초래하게 된다.

② 사회적 · 행동적 특성

정신지체인은 정의에서 보듯이 적응 행동에 결함이 있다. 따라서 대인관계가 원만하지 못하고 여러 상황에서 적절하게 대처하지 못하는 것은 그들에게 적응능력이 부족하기 때문이다. 특히 자기지향성, 책임감, 사회적 기술 등의 부족으로 인해 부적절한 행동을 함으로써 주위 사람들로부터 거부당하는 경우를 볼 수 있다.

③ 학습 특성

첫째, 주의집중의 문제로 주의집중 지속시간, 주의집중의 범위와 초점, 선택적 주의(중요한 자극 특성의 변별) 등을 들 수 있다. 둘째, 중재 전략의 문제로 주어진 투입 정도를 나중에 재생하기 위해 조직, 구성하는 효과적인 기술이 부족하다. 셋째, 기억의 문제로 단기기억 분야에 어려움을 겪고 있다. 넷째, 전이와 일반화의 문제로 정신지체인은 새로운 일이나 문제 그리고 자극상황에 지식이나 기술을 잘 적용하지 못한다. 다섯째, 추상화의 문제로 추상적으로 사고하는 능력이나 추상적 자료를 가지고 일하는 능력이 제한되어 있을 뿐만 아니라 상징적 사고가 제한되어 있다. 여섯째, 우발학습의 선호로 정신지체인은 우발정보에 더 주의를 기울이는 경향이 있다.

3) 영화 〈I am Sam〉에서 나타난 딜레마

루시는 입양되어야 하는가와 아빠인 샘에게 보내야 하는 갈등으로, 둘 중 누가 루시를 키워야 하는가에 대한 딜레마가 나타난다.

윤리적 절대주의	윤리적 상대주의

루시는 샘(아빠)에게 보내져야 한다.
• 루시의 의사를 존중해 주어야 한다.
  루시는 아빠와 함께 살기를 원한다. 아빠와 사는 것이 루시에게는 행복이기 때문이다. 루시의 의사를 무시하고 입양을 한다는 것은 아동의 인권
	루시는 샘이 아닌 다른 사람에게 입양되어야 한다.
	• 루시가 성장 · 발달하는 데 있어서 적절한 환경이 갖추어져야 한다.
	  인간에게 있어서 성장 · 발달하는 데 환경이 미치는 영향은 매우 크다. 생태학적 접근으로 인간발달

을 침해하는 것이다. 영화를 보면 알 수 있듯이 입양된 루시는 입양부모에게 맘을 열지 못하고 아빠를 그리워해 새로운 환경에 적응하지 못한다. 7살 아동은 자신이 좋고 싫은 것을 분명하게 밝힐 수 있는 나이다.

- 샘(아빠)은 루시를 키울 권리를 가진다.
  비록 샘은 7살의 지능을 가졌지만 딸 루시를 위해서 부모로서 노력하는 모습을 보였다. 샘은 루시에게 아빠로서의 역할을 충분히 했고, 그만큼 의무를 다했기 때문에 루시를 키울 권리를 가질 수 있는 것이다.
- 루시에게 필요한 것은 샘(아빠)의 사랑이다.
  샘은 루시에게 많은 관심과 사랑을 쏟는다. 루시와 함께 공원에 가 그네도 타고, 생일파티를 해 주며, 예쁜 신발도 사 주고, 잠자기 전에 책도 읽어주며, 베개싸움 상대도 되어 준다. 루시는 샘이 다른 아빠와 다르다는 걸 알지만 샘에게는 다른 아빠는 공원까지 오지 않는다며 자신은 운이 좋다고 하면서 오히려 샘을 위로한다.
- 장애인이라고 아이를 키울 양육권을 빼앗을 수는 없다.
  「장애인복지법」 제8조에 보면 '누구든지 장애를 이유로 정치·경제·사회·문화생활의 모든 영역에 있어 차별을 받지 아니하고 누구든지 장애를 이유로 정치·경제·사회·문화생활의 모든 영역에 있어 차별하여서는 안 된다'라고 명시되어 있다. 장애를 가진 부모라는 이유로 아이를 키울 양육권을 빼앗는다는 것은 차별이고 인권침해다. 장애를 가진 부모라 할지라도 아이를 낳고 키울 권리를 가진다.

을 설명하는 Bronfenbrenner는 인간발달을 '인간이 자신의 환경을 지각하고 다루는 방식에서의 지속적인 변화'라고 정의한다. 또한 Erikson은 가족상황 속에서 개인과 그 부모의 관계뿐 아니라 그 가족이 위치한 역사적·문화적 상황 속의 사회적 관계에 관심을 가졌다. 즉, 자아가 형성되는 심리역사적 환경을 중요하게 여겨 자아발달이 사회제도와 변화하는 가치체계에 밀접하게 연관되어 있음을 강조하였다. 이와 같은 이론들에서 뒷받침되듯이 인간 성장에 있어서 환경에 중요성을 생각했을 때, 루시가 입양되어서 교육적·경제적으로 더 좋은 환경에서 자랄 수 있도록 하는 것이 바람직하다.

- 샘은 정신지체 장애인으로 아이를 기를 능력이 부족하다.
  정신지체의 발생 원인은 뇌 손상에 있기 때문에 뇌의 기능 저하는 다음에 2차, 3차의 다른 장애를 수반하게 된다. 그래서 신체 성장이나 운동 능력, 지적 활동, 인격, 행동, 학습, 사회생활 등의 모든 영역에서 특성을 가지고 있다. 이러한 특성을 가지고 있는 샘이 루시에게 미칠 수 있는 영향은 부정적인 면들이 크다. 구체적인 예를 살펴 보자면, 7살의 지능에 머물러 있는 샘은 루시가 당장 7살 이후의 나이가 되었을 때 교육을 시킬 능력이 부족하고, 루시가 자라면서 겪게 될 여러 성장과정과 그에 따라 필요로 하게 될 보살핌에 대해 잘 대처할 수 있는 능력이 부족하다. 또한 비록 현재 직업을 갖고 있기는 하나, 경제적으로 루시를 양육하기에는 부족하다.
- 좀 더 먼 미래를 내다봤을 때, 입양이 루시에게도 좋은 선택의 길이 될 가능성이 있다.
  지금 현재는 루시가 아빠와 떨어지기를 싫어하지만, 그것은 어쩌면 당장 아빠와 헤어지는 것에 대한 두려움일 수 있다. 새로 입양된 집에서 지내다 보면 그곳에 적응이 되고 행복하게 지낼 수 있는 가능성이 있다.

4) 사회복지사의 입장

〈I am Sam〉에서의 이슈는 정신지체 장애를 가진 아버지가 비장애 여아를 키울 때 부모로서의 의무를 충실히 할 수 있는가의 문제와 아버지 샘의 욕구와 권리, 딸 루시의 욕구 그리고 루시와 샘을 둘러싸고 있는 현실적 사회환경 체계일 것이다. 비장애인에 기준을 두고 부모의 역할을 규정한다면 샘은 적합한 아버지상은 아닐 것이다. 어눌하고, 느리고, 계속해서 성장하는 루시보다 지능도 낮고, 경제적으로 대단히 여유 있는 것도 아니다. 이런 입장에서라면 입양이란 채널을 통해 루시는 비장애인 부모를 만나 더 좋은 환경에서 성장할 수 있는 기회를 획득해야 한다고 볼 수 있다. 그러나 사회복지사로서 이 문제에 개입할 때 간과해선 안 될 것은 샘과 루시의 절대적 유대관계와 아버지로서의 의무에 최선을 다하는 샘이다. 일반적으로 생각하는 부모의 모습과 샘이 보여 주는 부모의 모습은 차이가 있지만 그 근본인 아이에 대한 사랑과 존중은 어떤 형태의 부모의 역할에서도 적용할 수 있을 만큼 견고하다.

사회의 구성원으로서 살아가기 위해서 우리는 '의무'를 충실히 행해야 한다. 이것은 사회질서유지와 함께 사는 사회를 위한 구성원으로서의 권리를 주장하기 전에 이행되어야 한다. 그러나 의무와 함께 '권리'의 주장 또한 중요하다. 인간은 이성을 가진 존재로 자유를 누리기 위해서는 권리와 의무를 동시에 가진다.

샘의 경우 아버지로서의 권리와 의무에 있어 장애인이란 낙인으로 인해서 아버지의 권리에 무게를 두기보다는 "장애를 가진 당신이 과연 잘할 수 있겠어?"라는 의심으로 의무에 무게를 두어 강조한 것이 아닐까. 영화에서 볼 수 있듯이 샘은 어느 아버지보다 자신의 일과 딸을 사랑하는 데 최선을 다하며 아버지로서의 역할에 충실히 임하고 있다. 따라서 샘이 가지는 아버지로서의 권리에 있어서 편파적인 시각을 가져서는 안 될 것이다. 그렇지만 현실적인 문제에 봉착하게 되면서 샘의 능력으로 감당할 수 없는 부분이 발생하게 된다. 루시의 성장과정에서는 아버지의 사랑도 중요하지만 환경도 무시할 수 없는 부분이다. 샘의 장애는 성장하고 변화하는 루시에게 더 좋은 환경을 경험할 기회를 축소시킬 수 있으며, 이 점은 샘의 양육권이 사회나 다른 가정으로 이양되어야 한다는 의견에 타당성을 제공해 준다.

삶의 과정에 있어서 환경은 대단히 중요한 요소다. 우리는 환경과의 끊임없는 상호작용 속에서 살아가고 있으며 사람을 둘러싸고 있는 환경은 그 사람의 성향, 성격 형성에 지대한 영향을 끼칠 수 있다. 그러나 인간과 환경, 루시와 환경에 있어 환경의 변화가 인간, 루시 자체를 모두 변화시킬 수 있다고 보는 입장은 위험하다. 환경을 바꿔 주면 지금보다 루시의 삶의 질이 높아질 것이라고 가정했을 경우, 설명할 수 없는 부분이 있기 때문이다. 예를 들어, 사회지도층의 자녀, 즉 목사님의 자녀나 교수, 선생님의 자녀, 경제적 여유가 많은 사업가의 자녀 모두는 자신의 삶에 만족하며 사회구성원으로서 '훌륭한' 위치에 서야 할 것이다. 그러나 이들 자녀 모두가 현실에서 꼭 그렇지는 않다. 그들이 환경적으로 다양한 경험을 할 수 있고, 사회적 기회를 남들보다 많이 가질 수 있기는 하지만 일탈이나 탈선으로 사회역기능의 주축이 되는 경우도 있다.

'상호작용'을 한다는 것은 개별성을 가진 개인과 환경 간의 의사소통 과정이며, 상호작용 과정을 통한 개인과 환경체계와의 변화는 단선적 시각으로 일반화할 수 있는 부분이 아니다.

사회복지사로서 샘과 루시와 같은 클라이언트의 문제에 개입할 경우, 앞서 말한 윤리적 절대주의, 윤리적 상대주의의 관점 중 하나를 선택해 서비스를 제공해야 한다는 경직에서 벗어나 보다 통합적인 시각으로 접근해야 한다. 샘은 아버지로서 루시에게 더할 나위 없는 존재이며 자신의 권리를 주장하기에 충분한 의무를 행하고 있다. 그러나 샘이 할 수 있는 아버지의 역할에 한계가 있기 때문에 사회복지사는 사회복지 서비스를 통해 샘이 할 수 없는 부분을 보충해 주고, 다양한 정보를 제공해야 한다.

아동복지에 있어서 문제가 되고 있는 아동 학대의 경우, 비장애인 부모로부터의 냉대와 방임, 폭력으로 아이는 돌이킬 수 없는 상처를 입게 된다. 이들은 외관상으로는 부모의 역할을 하기에 손색이 없는 사람들이지만 여러 형태로 자신의 아이 양육에 책임을 다하지 못한다. 여기서 우리는 부모의 기준에 대해 생각해 볼 필요가 있다. 장애인이 아이를 양육할 경우 비장애인에 비해 불편하고 부족한 점이 많을 수 있다. 그러나 이러한 이유로 양육권을 박탈한다는 것은 사회가 지향하는 부모의 기준이 비장애인 중심이라는 것을 보여 주는 건 아닐까? '더불서 사는 사회'를 표방하는 현대사회에서 사회적 약자의 단점을 지적하며 그들의 권리를 빼앗기보다는 그 부족한 점을 사회연대감을 통해 '우리의 문제'라고 인식하고 도우며 그들이 사회에 적응할 수 있도록 지지자의 역할을 해야 할 것이다. 그 핵심의 주축이 되는 것이 바로 사회복지이며, 사회복지사로서 샘과 루시, 즉 장애인과 아동의 문제 개입에 있어 보다 통합적이고 총체적인 시각으로 바라보아야 할 것이다.

참고문헌

강재윤(1996). 사고와 행동: 현대윤리학의 제문제. 서울: 일신사.

권오훈 역(1999). 전문직의 사회학[The Sociology of the Profession]. K. Macdonald 저. 서울: 일신
    사. (원저는 1995년에 출판).

김교환, 박진환, 방영준, 이태건, 조남국 역(1994). 가치와 사회: 윤리학과 사회철학 입문[Values
    and Society : An Introduction to Ethics and Social Philosophy]. P. Facione, S. Donald, A.
    Thomas 공저. 파주: 교육과학사. (원저는 1978년에 출판).

김기덕(2002). 사회복지윤리학. 서울: 나눔의 집.

김기덕, 최소연, 권자영(2012). 사회복지윤리와 철학. 파주: 양서원.

김기순 역(1989). 도덕철학[Elements of moral philosophy]. J. Rachels 저. 파주: 서광사. (원저는
    1986년에 출판).

김만두(2000). 현대사회복지개론. 서울: 홍익재.

김미원(1997). 사회사업실천의 정체성확립을 위한 제언: 사회사업실천의 임상중심경향과 전문
    화지향에 대한 비판적 고찰. 한국사회복지학, 31, 171-190.

김민남(1992). 도덕발달이론. 파주: 교육과학사.

김민남, 김봉서, 진미숙 역(2000). 도덕발달의 철학[Philosophy of moral development]. L.
    Kohlberg 저. 파주: 교육과학사. (원저는 1981년에 출판).

김민남, 진미숙 역(2001). 도덕발달의 심리학[Psychology of moral development]. L. Kohlberg 저.

파주: 교육과학사. (원저는 1984년에 출판).

김상균, 오정수, 유채영(2002). 사회복지 윤리와 철학. 파주: 나남출판.

김선구(1999). 공동체주의와 교육. 서울: 학지사.

김선택(1993). 행복추구권과 헌법에 열거되지 아니한 권리의 기본권 체계적 해석. 안암법학. 안암법학회.

김수철(1995). 현대인을 위한 도덕과 윤리. 파주: 교문사.

김영모(2000). 사회복지학. 서울: 고헌출판부.

김영진(1983). 윤리적 상대주의. 윤리연구, 15, 321-334.

김영호(2003). 자원복지의 이론과 실천. 서울: 현학사.

김융일(1991). 사회복지총람. 한국사회복지협의회.

김익규(1998). 더불어 사는 삶의 윤리. 서울: 학문사.

김재현 외(1996). 하버머스의 사상. 파주: 나남출판.

김진(2011). 콜버그의 윤리상대주의 비판과 도덕교육의 과제. 범한철학, 63, 307-338.

김철수(2001). 헌법학개론. 서울: 박영사.

김태길(2002). 윤리학. 서울: 박영사.

김태성(1997). 사회복지학, 사회복지 전문직, 그리고 사회복지 교육제도. 사회복지연구, 9, 서울대학교 한국사회복지연구회.

김학택, 박우현 역(1994). 도덕이론을 현실문제에 적용시켜 보면[Applying Moral Theories]. C. E. Harris 저. 파주: 서광사. (원저는 1986년에 출판).

김항규(1995). 공리주의와 롤스(Rawls) 정의론의 복지정책관 비교 연구. 지방화시대 복지정책의 방향과 과제. 한국정책학회.

김혜란(2000). 사회복지실천기술론. 파주: 나남출판.

나병균(2013). 한국 사회복지학의 정체성. 한국사회복지교육, 24, 101-125.

남경희(1998). 권리 개념 소고. 철학, 29.

노영란(1997). 인간의 권리와 합리성. 국민윤리연구, 36.

노유자, 김남초, 이선미(1996). 한국 호스피스의 현황과 전망에 관한 연구. 호스피스교육연구소지, 1(1), 5-17.

노인철(1995). 말기환자 관리를 위한 호스피스의 제도화 방안. 한국보건사회연구원.

문헌병(1993). 프랑크푸르트학파의 사회비판 이론. 파주: 동녘출판사.

박은미 역(2002). 사진과 그림으로 보는 철학의 역사[*The Story of Philosophy*]. Magee, B. 저. 서울: 시공사. (원저는 2001년도에 출판).

박순영 역(1993). 해석학의 철학[*Hermeneutische Philosophie*]. O. poggeler 저. 파주: 서광사. (원저는 1983년에 출판).

박종원(2007). 공리주의 윤리설의 존재론적 기초에 대한 연구. 철학, 92, 113-130.

박찬구(1995). 흄과 칸트에 있어서의 도덕감. 철학, 44, 85-110.

백동주(1989). 현대법의 근본문제: 권리론. 사법행정, 30(5).

서미경, 김영란, 박미은(2000). 사회복지 실천 윤리. 파주: 양서원.

서미경(2004). 정신보건사회사업실천 장면에서의 윤리적 딜레마와 의사결정. 한국정신보건사회사업학회 추계학술대회, 23-43.

서봉연 역(2007). 발달의 이론[*Theories of development : concepts and applications*]. W. C. Crain 저. 중앙적성출판사. (원저는 2004년도에 출판).

서양철학사연구회(1994). 반철학으로서의 철학. 서울: 지성의 샘.

서울대학교 사회복지실천연구회 (1998). 사회복지실천 기법과 지침. 파주: 나남출판.

서울대학교 사회복지실천연구회 (2000). 사회복지실천 기법과 지침(개정판). 파주: 나남출판.

송명자(1997). 인간발달연구. 서울: 학지사.

송명자, 조용하, 설기문, 김상윤(1991). 한국 대학생의 도덕사태 개념화 및 그 변화과정에 관한 연구. 동아대학교학생생활연구소, 5-23.

안수향(1992). 한국대학생 자원봉사의 동기 및 관리방안에 관한 조사연구. 서울여자대학교 석사학위논문.

양옥경(1993). 사회복지실천과 윤리. 파주: 한울아카데미.

양옥경(2000). 사회복지실천론. 파주: 나남출판.

오영달(2001). 주권과 인권에 대한 홉스와 로크이론의 비교연구. 고려대학교 평화연구논집, 10, 143-167.

오혜경(2006). 사회 복지 윤리와 철학. 서울: 창지사.

우국희, 임세희, 성정현, 최승희, 장연진, 좌현숙(2013). 사회복지 윤리와 철학. 고양: 공동체.

유연숙(2015). 사회복지사가 경험한 윤리적 갈등과 윤리적 의사결정의 의미구조. 강남대학교 사회복지전문대학원 박사학위논문.

유팔무(1996). 대학생의 의식구조와 대학생활. 대학교육, 83, 18-25.

윤평중(1996). 담화이론의 사회철학. 철학, 46.

이경자(1987). 기혼여성인력활용과 자원봉사활동에 관한 연구. 연세대학교 석사학위논문.

이근원, 이태우, 김경훈 편저(1998). 삶과 윤리. 서울: 학문사.

이대희(1997). J. S. 밀의 도덕철학. 철학논총, 13, 329-367.

이봉철(2001). 현대인권사상. 파주: 아카넷.

이석호(2000). 도덕, 윤리교육의 본질과 교육적 과제. 국민윤리연구, 45(1).

이성록(2000). 새로운 공동체 영역@제4섹터. 서울: 금영에드컴.

이성록(2001). 자원봉사행동에 대한 다차원적 동인의 영향력. 서울여자대학교 박사학위논문.

이승환(1992). 선진의 사회사상; 왜 유학에서는 권리존중의 윤리관이 형성되지 못했는가: 유가와 자유주의 사회철학의 비교적 관점에서. 중국철학, 3.

이은주(2003). 사회복지실천의 전문성과 정체성 확립에 대한 고찰. 상황과 복지, 16, 203-245.

이재호(2006). 근대적 인권이념의 기초와 한계. 정신문화연구, 29, 195-223.

이종범, 윤견수(2000). 정부의 딜레마에 대한 제도적 해결장치의 연구. 한국정치학회보, 34(3), 149-171.

이준구, 이창용(2012). 경제학 들어가기. 서울: 법문사.

이팔환(2001). 사회복지실무. 서울: 홍익출판사.

이팔환 외 역(1999). 사회복지실천이론의 토대[Foundations of social work practice. (2nd ed.)]. M. Mark, L. Christine, & M. Carol 저. 서울: 나눔의 집. (원저는 1998년에 출판).

이화수(1984). 자원봉사활동의 좌표: 자원봉사활동의 이론과 실제. 이화여자대학교 한국여성연구소.

이효선(2005). 사회복지실천을 위한 질적연구: 이론과 실제. 파주: 학현사.

이효선 역(1999). 사회심리학적 발달이론[Sozialpsychologische Entwicklungstheorien: von Mead, Piaget und Kohlberg bis zur Gegenwart]. Garz, D. 저. 서울: 한울아카데미. (원저는 1989년에 출판).

이효선, 유연숙(2011). Moral Thought and Behavior of Juvenile Delinquents in South Korea. Association for Moral Education conference. Nanjing.

이효선, 정푸름(2012). 사회복지 실천론. 파주: 정민사.

이현청(1999). 한국의 대학생. 서울: 원미사.

이혜원 역(2005). 인권과 사회복지실천[Human Rights and Social Work]. UN Centre for Human

Rights 저. 서울: 학지사. (원저는 1994년에 출판).

이혜정(2002). 여성주의 윤리학에 관한 연구-길리건, 나딩스, 러딕을 중심으로-. 한국외국어대학교대학원 박사학위논문.

임덕준(1996). 도덕과 합리적 자기이익에 관한 연구. 고려대학교 석사학위논문.

장인성(2006). 근대한국의 국제관념에 나타난 도덕과 권력. 서울: 서울대학교 출판부.

장인협(1989). 사회복지실천론 상. 서울: 서울대학교 출판부.

장인협(1992). 사회복지학개론. 서울: 서울대학교 출판부.

장인협, 이혜경, 오정수(1999). 사회복지학. 서울: 서울대학교 출판부.

장휘숙(1999). 청년심리학. 서울: 학지사.

전용호(1997). 장애인 복지론. 서울: 학문사.

정선욱(2000). 사회복지사의 전문가 책임의 내용과 법리에 관한 고찰. 비판사회정책, 8, 187-213.

정선욱(2000). 사회복지사의 전문가 책임의 내용과 법리에 관한 연구. 상황과 복지, 8.

정영선(2000). 인권사상의 재인식과 인권의 보편성. 한국동북아논총, 16, 207-225.

정원식(2001). 인간의 동기. 파주: 교육과학사.

정창우(2004). 도덕교육의 새로운 해법. 파주: 교육과학사.

조관성(2014). 후설 윤리학의 전역사 -흄, 칸트, 후설-. 범한철학, 75, 241-281.

조영달(1996). 민주공동체 시민운동의 이론과 실제. 공보처, 289-303.

조정근(1992). 의무개념에 근거한 도덕적 판단에 관한 연구. 동국대학교 석사학위논문.

조추용(1998). 사회복지 전문직에 관한 연구. 사회복지학회 추계학술대회 자료집.

조휘일(1988). 자원봉사의 동기에 관한 이론적 고찰. 논문집, 17(1), 31-55.

조휘일(1991). 한국사회복지분야의 자원봉사행동과 관련된 개인 및 조직 특성에 관한 연구. 숭실대학교 박사학위논문.

조휘일(1997). 현대사회와 자원봉사. 서울: 홍익재.

조휘일, 김선희, 권순미, 김정희, 최원희(2008). 사회복지실천론. 고양: 서현사.

주영길(1986). 볼런티어활성화를 위한 실증적 연구. 연세대학교 석사학위논문.

진교훈 역(1992). 가치론[Wertlehre]. J. Hessen 저. 파주: 서광사. (원저는 1959년에 출판).

채서일(1995). 사회과학조사방법론. 파주: 학현사.

추병완 역(1999). 도덕 발달 이론[Theories of Moral Development]. J. M. Rich 저. 서울: 백의. (원저는 1994년에 출판).

최남훈(1995). 님비현상에 대한 윤리적 정당성에 관한 연구. 연세대학교 석사학위논문.

최문기(1999). 안락사의 도덕성 논증과 수용. 인문과학연구, 8(2). 서원대학교인문과학연구소, 137-164.

최문기(2000). 윤리적 의사결정의 이론적 토대. 인문과학연구, 9(2), 29-62.

최성재(1988). 사회복지서비스의 확대에 따른 사회사업의 전문성: 복지국가의 환상과 현실적 대응. 서울대학교 사회복지학과 창설 30주년 학술대회.

최용철 역(1994). 도덕행위론: 현대 윤리학의 문제들[Human conduct: Problems of ethics]. J. Hospers 저. 서울: 지성의 샘. (원저는 1982년에 출판).

최윤진(2005). 청소년의 자기결정권에 관한 연구. 교육법학연구, 17(2), 189-208.

최진봉(2014). 기업의 사회적 책임. 서울: 커뮤니케이션북스.

한국사회복지협의회(1987). 자원봉사활동 현황 및 활성화방안.

한국사회복지협의회(1988). 자원봉사활동의 조직과 운영에 관한 조사연구, 33-35.

한규석(1995). 사회심리학의 이해. 서울: 학지사.

허남결(1996). 공리주의와 정의의 문제: J. S. 밀의 정의론. 국민윤리연구, 35, 한국국민윤리학회.

허라금(1991). 행위자 중심의 관점에서 본 도덕성의 문제. 철학연구, 28(1). 철학연구회.

허완중(2011). 인권과 기본권의 연결고리인 국가의 의무. 저스티스, 124, 136-168.

황경식(1991). 자유와 간섭: 자율성과 선의의 간섭주의. 철학사상, 1, 55-86.

황성기(1997). 아동의 권리에 관한 제문제: 헌법적 관점에서의 고찰. 아동과 권리, 1(2), 65-82.

황성철(1996). 사회사업가의 윤리적 갈등과 의사결정에 관한 연구-의료사회사업가의 윤리적 갈등상황에 대한 반응과 의사결정을 중심으로-. 한국사회복지학, 29, 218-240.

Adorno, T. W. (1969). Der Positivismusstreit in der deutschen Soziologie. Darmstadt.

Arendt, H. (1963). Eichmann in Jerusalem, A Report on the Banality of Evil. New York: Penguin.

Austin, D. (1983). The Flexner Myth and The History of Social Work. Social Service Review, 57, 357-377.

Austin, K. M., Moline, M, E., & Williams, G. T. (1990). Confronting Malpractice: Legal and Ethical Dilemmas in Psychotherapy. Newbury Park, Calif: Sage.

Ayer, A. J. (1946). Language, Truth and Logic. London: Victor Gollancz.

Ayer, A. J. (1954). *Philosophical Essays*. London: Macmillan.

Barker, R. L. (1995). *The Social Work Dictionary*. Washington, DC: NASW Press.

Bellah, R. N. (1986). Individualism and Commitment in American Life. *Habits of the Heart*. Berkeley: University of California Press.

Berger, F. R. (1984). *Happiness, Justice, and Freedom: The Moral and Political Philosophy of John Stuart Mill*. Berkeley: University of California Press, 123-126.

Billups, J. O. (1992). The Moral Basics for a Radical Reconstruction of Social Work. In P. N. Reid & P. R. Popple (Eds.), *The Moral Purposes of Social Work (pp.*100-119). Chicago: Nelson-Hall.

Bourdieu, P. (1974). *Habitus als Vermittlung Zwischen Stuktur und Praxis*. In: Zur Soziologie der symbolischen Formen. Frankfurt a. M.: Suhrkamp.

Boyes, M. C., & Walker, L. J. (1988). Implications of cultural diversity for the universality claims of Kohlberg's theory of moral reasoning. *Human Development, 31*, 44-59.

Brill, C. (2001). Looking at the Social Work Profession Through the Eye of the NASW Code of Ethics. *Research on Social Work Practice, 11*(223). DOI: 10.1177/104973150101100209.

Broad, C. D. (1950). *Egoism as a Theory of Human Motives*. The Hibbert Journal, Vol. 48, 105-114.

Cahn, S. M. (1985). *Classics of Western Philosophy*. Indianapolis: Hackett Publishing Company.

Callahan, D. T. (1981). Minimalist Ethics. *The Hastings Center Report, 7*(5), 19-25.

Callahan, D. T. (1984). Autonomy: A Moral Good, not a Moral Obsession. *The Hastings Center Report, 14* (5), 40-42.

Caplan, A. L. (1986). Professional Ethics: Virtue or Vice. *Jewish social Work Forum, 22*, 1-14.

Christensen, K. E. (1986). Ethics of information technology. In G. R. Geiss & N. Viswanathan (Eds.), *The human edge* (pp. 72-91). Binghamton, New York: Haworth Press.

Colby, A. et al. (1978). *The measurement of Moral Judgment*, Vol. 2. Cambridge: Cambridge University Press.

Compton, B. R., & Galaway, B. (1984). *Social Work Process* (3rd ed.). Homewood, Ill.: The Dorsey Press.

Congress, E. (1999). *Social Work Values and Ethics: Identifying and Resolving Professional Dilemmas.* Belmont: Wadsworth.

Congress, E. (2005). *Social Work Values and Ethics: Identifying and Resolving Professional Dilemmas* (2nd ed.). Belmont: Wadsworth.

Dewey, J. (1916). *Democracy and Education.* New York: The Macmillan Co.

Dolgoff, R., Loewenberg, F., & Harrington, D. (2005). *Ethical Decisions for Social Work Practice* (7th ed.). Belmont: Brooks/Cole.

Donagan, A. (1977). *The Theory of Morality.* Chicago: University of Chicago Press.

Eisenmann, P. (2006). *Werte und Normen in der Sozialen Arbeit.* Stuttgart: Verlag W. Kohlhammer.

Erikson, E. H. (1988). *Vollstaendige Lebenszyklus.* Frankfurt a. M. : Suhrkamp.

Etzioni, A. (1994). The Spirit of Community. *The Reinvention of American Society.*

Etzioni, A. (1995). *New communitarian thinking.* Charlottesville: University Press of Virginia.

Facione, P. A., Scherer, D., & Attig, T. (1991). *Ethics and Society.* Edlewood Cliff, NJ: Prentice Hall.

Fairchild, P. F. et al. (Eds.). (1975). *Dictionary of Sociology and Related Sciences.* Littlefield : Adams and Co.

Flexner, A. (1915). Is social work a profession? *National Conference of Charities and Correction.*

Frankena, W. K. (1974). *Ethics* (2nd ed.). Englewood Cliffs, NJ: Prentice Hall.

Frankena, W. K. (1980). *Thinking about morality.* Ann Arbor, Mich.: University of Michigan Press.

Friedländer, W. A., & Apte, Z. A. (1980). *Introduction to Social Welfare* (5th ed.). Englewood Cliffs, NJ: Prentice Hall.

Garber, M., & Hanssen, B. (Eds.) (2000). *The Turn to Ethics.* New York and London: Routledge.

Garz, D. (1988). *Moral, Erziehung und Gesellschaft.* Bad Heilbrunn: Klinkhardt.

Garz, D. (1996). *Lawrence Kohlberg zur Einfuehrung.* Hamburg: Junius.

Garz, D. (2000). *Biographische Erziehungswissenschaft.* Opladen: Leske+Budrich.

Gewirth. A. (1978a). *Reason and Morality.* Chicago: University of Chicago Press.

Gielen, U. (1991). Research on moral reasoning. In Kuhmerker, L.(Ed.), *The Kohlberg legacy for the helping professions*. Birmingham, Al: REP.

Gilligan, C. (1982). *In a different voice*. Cambridge, Mass.: Harvard University Press.

Goffman, E. (1959). *The presentation of self in everyday life*. Garden City, New York: Doubleday Anchor Books.

Goldstein, H. (1987). The neglected moral link in social work practice. *Social Work, 32*, 181-186.

Gordon, W. E. (1965). Knowledge and Values. *Social Work*, Vol. 10, No. 3.

Gorovitz, S. (Ed.). (1971). *Mill: Utilitarianism, Indianapolis*. Ind.: Bobbs-Merrill.

Greenwood, E. (1957). Attributes of a Profession. *Social Work, 2* (3), 45-55.

Habermas, J. (1969). Erkentnis und Interess. in: ders. *Technik und Wissenschaft als Ideologie*. Frankfurt a. M.: Suhrkamp.

Habermas, J. (1981). *Theorie des Kommunikativen Handelns*, Bd. 1. Frankfurt a. M.: Suhrkamp.

Habermas, J. (1981). *Theorie des Kommunikativen Handelns*, Bd. 11. Frankfurt a. M.: Suhrkamp.

Habermas, J. (1981). *Zur Logik der Sozialwissenschaften*. Frankfurt a. M.: Suhrkamp.

Habermas, J. (1982). Zur Rekonstruktim des Historischen Materialismus. Frankfurt a. M.: Suhrkamp.

Habermas, J. (1983). Was heisst Universalpragmatik. in: ders. *Vorstudien und Ergaengzung zur Theorie des Kommunikativen Handelns*. Frankfurt a. M.: Suhrkamp.

Habermas, J. (1985). *Der philosophische Diskurs der Moderne*. Frankfurt a. M.: Suhrkamp.

Habermas, J. (1991). *Erlaeuterungen zur Diskursethik*. Frankfurt a. M.: Suhrkamp.

Habermas, J. (1995). *The Philosophical Discourse of Modernity*. Cambridge: MIT Press.

Halleck, S. L. (1963). The impact of professional dishonesty on behavior of disturbed adolescents. *Social Work, 8* (2), 48-56.

Harper, S. (2009). Ethics versus Morality. *Philosophy & Social Criticism, 35* (9), 1063-1077.

Harris, C. E. (1986). *Applying Moral Theories*. California: Wadsworth Publishing Company.

Healy, L. (2007). Universalism and cultural relativism in social work ethics. *International Social Work, 50* (1), 11-26.

Heideger, M. (1927). *Sein und Zeit*.

Hessen, J. (1959). *Wertlehre*. Munchen-Basel. Ernst Reinhardt Verlag.

Hofstede, G. (1980). *Cultures consequence: International differences in work-related values*. CA: Sage, Beverly Hills.

Honneth, A. (1995). *The other of justice-Habermas and ethical challenge of postmodernism*. Cambridge Mass.: Cambridge University Press.

Horkheimer, M. (1968). *Traditionelle und Kritische Theorie*. Frankfurt a. M.: Fischer.

Horkheimer, M. (1969). *Zur Kritik der Instrumentellen Vernunft*. Frankfurt a. M.: Suhrkamp.

Horkheimer, M. (1972). *Gesellschaft im Uebergang*. Frankfurt a. M.: Fischer, 36-59.

Hospers, J. (1972). *Human Conduct: Problems of Ethics*. New York: Wadsworth Publishing.

Hughes, P. E. (1983). *Christian Ethics in Secular Society*. Michigan: Baker Books House.

Kant, I. (1982). *Kritik der praktischen Vernunft Grundlegung zur Metaphysik der Sitten*. Frankfurt a. M.: Suhrkamp.

Kim, U. et al. (Eds.) (1994). *Individualism and collectivism*. Thousand Oaks.: Sage.

Kitchner, K. S. (1984). Intuition, critical evaluation and ethical principles: The foundation of ethical decisions in counseling psychology. *Counseling Psychology, 12,* 43-55.

Kohlberg, L. (1969). Stage and Sequence: The Cognitive Developmental Approach to Socialization. In D. A. Goslin (Ed.), *Handbook of Socialization Theory and Research*. Chicago: Rand McNally.

Kohlberg, L. (1970). The Moral Atmosphere of the School. In N. Overly. (Ed.), *The Unstudied Curriculum: Its Impact on Children,* 104-127.

Kohlberg, L. (1971). From Is To Ought: How to Commit the Naturalistic Fallacy and Get Away with It in the Study of Moral Development. In T. Mischel (Ed.), *Cognitive Development and Epistemology*. New York.: Academic Press.

Kohlberg, L. (1981). Essays in Moral Development. Vol. 1. *The Philosophy of Moral Development*. San Francisco: Harper & Row Pub.

Kohlberg, L. (2000). *Die Psychologie der Lebensspanne*. Frankfurt a. M.: Suhrkamp.

Kuhse, H., & Singer, P. (1985). *Ethics and the handicapped newborn infant*. Social Research, *52,* 505-542.

Kunzmann, P., & F. P. Burkard (1991). *Zur Philosophie,* Deutscher Taschenbuch Verlag.

Levy, C. S. (1973). The Value Base of Social Work. *Journal of Education for Social Work, 9,* 34-42.

Levy, C. S. (1976). *Social work Ethics.* New York: Human Science Press.

Levy, C. S. (1979). *Values and Ethics for Social Work Practice.* Washington, DC: NASW Press.

Linzer, N. (1999). *Resolving Ethical Dilemmas in Social Work Practice.* Boston: Allyn & Bacon.

Loewenberg, F., & Dolgoff, R. (1995). *Ethical Decisions For Social Work Practice.* Itasca, IL: F. E. Peacock pub.

Manning, S. S. (1997). The Social Worker as Moral citizen. *Social Work, 42* (3), 223-230.

Manning, S. S. (2003). *Ethical Leadership in Human Services: A Multi-Dinensional Approach.* Wie Linzer: Pearson Education.

Marcia, J. E. (1966). Development and Validation of Ego-Identity Status. *Journal of Personality and Social Psychology, 3,* 551-558.

Matthes, J. (1985). Zur transkulturellen Relativitat erzahlanalytischer Verfahren in der empirischen Sozialforschung. In: *Kolner Zeitschrift fur Soziologie und Sozialforschung, 37,* 310-326.

McLaughlin, H. (2009). What's in a name: 'client', 'patient', 'customer', 'expert by experience', 'service user' – What's next? *British Journal of Social Work, 39,* 1101-1117.

Moore, L. F. (1985). *Motivating Volunteers.* Vancouver: The Vancouver Volunteer centre.

Morris, W. (Ed.). (1975). *The American Heritage Dictionary of English Language.* Boston: Houghton Mifflin.

Mosher, R. L. (1980). *Moral Education: A First Generation of Research and development.* New York: Praeger.

Mueller-Doohm, S. (2000). *Das Interesse der Vernunft.* Frankfurt a. M.: Suhrkamp.

NASW (1995). *Encyclopedia of Social Work.* Silver Spring: NASW.

NASW, Ad Hoc Committee on Advocacy. (1996). *Code of Ethics.* Washington, D. C.: Author.

Nisan, M., & Kohlberg, L. (1982). Universality and variation in moral judgment: A longitudinal and cross-sectional study in Turkey. *Child Development, 53,* 865-876.

Oevermann, U. (1981). *Professionalisierung der Paedagogik-Professionalisierbarkeit paedaogischen Handelns*. Ms. Berlin.

Oevermann, U., Allert, T., Konau, A., & Krambeck, J. (1987). Structures of meaning and Objective Hermeneutics. In V. Meja et al. (Eds.), *Modern German Sociology*. New York: columbia university press, 436-447.

Perry, W. (1970). *Forms of Intellectual and Ethical Development*. New York: Holt, Rinehart & Winston.

Pumphrey, M. (1959). *The teaching of values and ethics in social work education*. New York: Council on Social Work Education.

Purtill, R. L. (1976). *Thinking about Ethic*. Eglewood Cliff, NJ: Prentice Hall.

Raven, U., & Garz, D. (2011). Professionalizaton in Social Work. 한국사회복지, 17(4), 79-96.

Raven, U. (2014). Professional understanding. 강남대학교 인간발달연구소 DAAD Summer School 워크숍.

Rawls, J. (1971). *A theory of justice*. Cambridge, Mass.: Harvard University Press.

Reamer, F. G. (1995). *Social Work Values and Ethics*. New York: Columbia University Press.

Reamer, F. G. (1997a). Ethical Issues for Social Work Practice. In M. Reisch, & E. Gambrill (Eds.), *Social Work in the Twenty First Century* (pp. 340-349). Thousand Oaks, Calif.: Pine Forge/Sage.

Reamer, F. G. (1998d). The Evolution of social Work Ethics. *Social Work, 43* (6), 488-500.

Reamer, F. G. (1999). *Social Work Values and Ethics* (2nd ed.). New York: Columbia University Press.

Reamer, F. G., & Abramson, M. (1982). *The Teaching of Social Work Ethics*. Hastings-on-Hudson, New York: Hastings Center.

Reamer, F. G., & Frederic, G. (1989). Toward Ethical Practice: The Relevance of Ethical Theory. *Social Thought, 15* (3/4), 67-68.

Reamer, F. G., & Frederic, G. (1995). *Social work Values & Ethics*. New York: Columbia University Press.

Reid, P. N. (1992). The Social Function and Social Morality of Social Work: A Utilitarian Perspective. In P. N. Reid, & P. R. Popple (Eds.), *The Moral Purposes of Social Work* (pp. 34-50). Chicago: Nelson-Hall.

Reiner, H. (1964). *Die Philosophische Ethik.* Meyer Verlag Heildelberg.

Rhodes, M. L. (1986). *Ethical Dilemmas in Social Work Practice.* London: Routledge.

Rhodes, M. L. (1991). *Ethical Dilemmas in Social Work Practice.* Family Setvice America.

Riley, D. (2008). *Engineering and Social Justice.* Smith College.

Ritzer, G., Kammeyer, K., Yetman C. W., & Norman, R. (1979). *Sociology.* M. A.: Allyn & Bacon.

Robinson, D., & Garratt, C. (1997). *Introducing Ethics.* New York: Natl Book Network.

Siporin, M. (1982). Moral Philosophy in Social Work Today. *Social Service Review, 12.*

Siporin, M. (1989). The Social Work Ethic. *Social Thought, 15* (3/4), 42-52.

Stalley, R. F. (1975). Determinism and the Principle of Client Self-Determination. In F. E. McDermott (Ed.), *Self-Determination in Social Work* (pp. 93-117). London: Routledge and Kegan Paul.

Stoerig, H. J. (1969). *Kleine Weltgeschichte der Philosophie Bd. 1.* Frankfurt a. M.: Fischer Verlag.

Tappan, M. (1990). Hermeneutics and moral development. *Developmental Review,* Vol. 10, 239-265.

Taylor, P. W. (1975). *Principles of Ethics.* California: Dickenson Pub. Co.

Thiroux, J. P. (1977). *Ethics: Theory and Practice.* New York: Macmillan Publishing Co., Inc.

Thompson, R. (1990). *Ethical Dilemmas in Psychotherapy.* New York: Free Press.

Timms, Noel. (1983). *Social Work Values: An Enquiry.* London: Routledge & Kegan Paul.

Triandis, H. C. (1989). Cross-cultural studies of individualism and collectivism. *Nebraska Symposium on Motivation, 27,* 41-133.

Triandis, H. C. et al. (1993). An etic-emic analysis of individualism and collectivism. *Journal of Cross-Cultural Psychology, 24,* 366-383.

Troth, M. A. (1999). *The Psychology Contract of Volunteer Workers and Its Consequences.* The University Arizona, A Dissertation for the Degree of Doctor.

Vigilante, J. L. (1974). Between Values and Science: Education for the Profession or Is Proof Truth. *Journal of Education for Social Work, 10* (3), 107-115.

Walden, T., Wolock, I., & Demone, H. (1990). Ethical Decision Making in Human Services. *Families in Society, 71* (2), 67-75.

Walker, L. J. (1988). The development of moral reasoning. In R. Vasta (Ed.), *Annals of Child Development,* Vol. 5, 33-78.

Walker, L. J., & Moran, T. J. (1989). Moral reasoning in a communist Chinese society. *Journal of Moral Education, 20* (1991), 139-155.

Wasserstrom, R. (Ed.) (1971). *Morality and the Law.* Belmont, Calif.: Wadsworth.

Weber, M. (1985). *Wirtschaft und Gesellschaft.* Tübingen: J. C. B. Mohr.

Weber, M. (1988). *Gesammelte Aufsaetze zur Wissenschaftslehre.* Tübingen: J. C. B. Mohr.

William, M. (Ed.). (1975). *The American Heritage Dictionary of the English Language.* Boston: Houghton Mifflin.

Williams, B. (1972). *Morality: An Introduction to Ethics.* New York: Harper & Row.

Williams, R. (1968). The Concept of Values. *International Encyclopedia of the social Sciences,* Vol. 16 (pp. 283-287). New York: Macmillan/Free Press.

네이버지식백과, 2015 검색. "SSM".

http://terms.naver.com/entry.nhn?docId=74800&cid=43667&categoryId=43667

위키백과, 2015 검색. "사회정의".

https://ko.wikipedia.org/wiki/%EC%82%AC%ED%9A%8C%EC%A0%95%EC%9D%98

찾아보기

내 용

저자 소개

이효선(Lee, Hyoseon)

서울여자대학교 사회사업학과(문학사)

서울여자대학교 대학원 사회사업학과(문학석사)

독일 Univ. of Carl von Ossietzky Oldenburg 사회사업/사회교육(철학박사)

독일 Univ. of Carl von Ossietzky Oldenburg 'Qualitative Research Method' 로

   Post Doc. 과정 이수

2006년 독일 Univ. of Frankfurt 객원 교수

2011년 독일 Univ. of Mainz 문화연구소 객원 교수

현재 강남대학교 사회복지전문대학원 교수

   한국인간발달학회 이사

   강남대학교 인간발달연구소 소장

사회복지 윤리와 철학

Social Work Ethics and Philosophy

2016년 1월 5일 1판 1쇄 인쇄
2016년 1월 15일 1판 1쇄 발행

지은이 • 이효선
펴낸이 • 김진환
펴낸곳 • (주) 학지사
　　　　　04031 서울특별시 마포구 양화로 15길 20 마인드월드빌딩
대표전화 • 02-330-5114　　팩스 • 02-324-2345
등록번호 • 제313-2006-000265호

홈페이지 • http://www.hakjisa.co.kr
페이스북 • https://www.facebook.com/hakjisa

ISBN 978-89-997-0859-6　93330

정가 18,000원

인터넷 학술논문 원문 서비스 **뉴논문** www.newnonmun.com

이 도서의 국립중앙도서관 출판시도서목록(CIP)은 서지정보유통지원
시스템 홈페이지(http://seoji.nl.go.kr)와 국가자료공동목록시스템
(http://www.nl.go.kr/kolisnet)에서 이용하실 수 있습니다.
(CIP 제어번호: CIP2015033538)